Texten mit ChatGPT

Albert Heiser

Texten mit ChatGPT

Einfach, schnell und kreativ:
Ideenmaschine für Kommunikation,
Marketing, Werbung und PR

Albert Heiser
Creative Game Institut
Berlin, Deutschland

ISBN 978-3-658-45600-9   ISBN 978-3-658-45601-6   (eBook)
https://doi.org/10.1007/978-3-658-45601-6

Die Deutsche Nationalbibliothek verzeichnet diese Publikation in der Deutschen Nationalbibliografie; detaillierte bibliografische Daten sind im Internet über https://portal.dnb.de abrufbar.

Planung/Lektorat: Laura Spezzano
Springer Gabler ist ein Imprint der eingetragenen Gesellschaft Springer Fachmedien Wiesbaden GmbH und ist ein Teil von Springer Nature.
Die Anschrift der Gesellschaft ist: Abraham-Lincoln-Str. 46, 65189 Wiesbaden, Germany

Wenn Sie dieses Produkt entsorgen, geben Sie das Papier bitte zum Recycling.

Vorwort

Erfolgreich texten mit GPT-Programmen für Marketing, Werbung und Kommunikation

ChatGPT, das ist doch nicht neu! Vielleicht, aber neu ist der Umgang und die gezielte Anwendung für alle Textsorten und Textstrukturen in Marketing, Werbung, Kommunikation und der Public Relation.

Anfang des Jahres traf ich mich mit einem befreundeten Art Director zum monatlichen Plausch und Austausch über das Leben und Arbeiten. Art Director: „Ich habe meinen Textpartner verloren. Er hat mich ohne Begründung einfach verlassen", „Und was machst du jetzt? Du brauchst einen neuen Textpartner!", antwortete ich. „Na ja, eigentlich nur noch für die kreative Kampagnenentwicklung. Alles andere schreibe ich mit ChatGPT." „ChatGPT? Das ist doch unkreativ, uninspiriert und unter deinem Anspruch", antwortete ich. Art Director: „Eigentlich kann es alles, was mein Texter bisher auch konnte, nur schneller!" „Ach ja?", antworte ich nachdenklich!

Das war nicht nur der Auslöser großer Nachdenklichkeit, des Hinterfragens meiner Profession und der Zerstörung meines Weltbildes als Texter, sondern der Trigger für dieses Buch. Werden die Chatbots künftig unsere Sprache beherrschen und unsere Meinungsbildung beeinflussen? Gleich nach dem Gespräch meldete ich mich bei ChatGPT an und testete den Chatbot auf Herz, Nieren und Textqualität.

Wie funktionieren neuronale Netze? Wie steuern Texter und Autoren den Chatbot? Welche Prompts führen zum Ziel? Welche Textsorten,

Textstrukturen und welcher Storytelling-Input führen zu wirkungsvollem Text? Wir gehen auch der alles entscheidenden Frage nach: Wo liegen die stilistischen Schwächen der GPT-Programme? Wodurch unterscheidet sich mittelmäßiger von gestalterisch wertvollem Text? Wie erreicht man kreative Höchstleistungen?

In die Programmierungs-Insights wird eingetaucht. Sie gewähren einen Einblick und ein tiefes Verständnis für die Funktionen der Chatbots, mit denen wir zukünftig arbeiten werden. Werden wir das? Ja! Warum?

Weil sie schnell, effektiv und überraschend kreativ sind, wenn man ihnen die richtigen Fragen, *Prompts*, stellt. GPT-Programme werden alle Bereiche des Berufslebens durchdringen, nicht nur die Kommunikationsbranche. Sie nehmen den Menschen die Routinearbeit ab, die ihnen schwerfällt und die sie eh nicht gerne tun. Texte in Massen, Anschreiben, Standardunfälle im Straßenverkehr oder die hundertste Diagnose für grippale Effekte. Die Entwicklung kann nicht zurückgedreht werden, besser wir lernen damit umzugehen.

Müssen nun Drehbuchautoren, Werbetexter oder Journalisten um ihren Job bangen? Ja und nein. Es betrifft zunächst alle, die Texte erstellen, bearbeiten und beurteilen. Texter, Autoren, Journalisten, Content-Manager, Übersetzer, Grafiker, Designer, Illustratoren, Fotografen, Drehbuchautoren und Regisseure. Man wird zukünftig schneller zum Ziel kommen. Das kostet zunächst keine Jobs, aber unsere Arbeit wird sich verändern und geht schneller von der Hand.

Die Warnung von Bill Gates, Microsoft, und Sam Altman, OpenAI, die dafür eintreten, dass gesetzliche Regelungen, die AI reglementieren müssen, sind Wahrheit und PR gleichermaßen. Eine Warnung vor der Allmacht des eigenen Produktes ist ein PR-Coup, den man in dieser Form noch nicht kannte.

Die Navigation der Programme wird nur am Rande erwähnt. Wenn ich die Menüführung im Detail beschreiben würde, wäre das Buch morgen alt. Sie ändert sich fast täglich, und dafür empfehle ich die aktuelle Fachpresse, Social-Media-Kanäle oder YouTube Tutorials.

Der Buchtitel lautet *Texten mit ChatGPT*, aber die Empfehlungen für Prompts und die Beurteilungskriterien treffen auf alle Chatbots zu. ChatGPT, Neuroflash, Perplexity und Gemini, früher Bard, werden in einigen Kapiteln parallel mit den gleichen Prompts gespeist und die Qualität der Ergebnisse verglichen. Das führt zu interessanten Erkenntnissen über Textstil, Textstruktur und Wirkung derselben.

Das Buch konzentriert sich auf die Texterstellung, auch wenn Chatbots mittlerweile viel mehr können. Das Verständnis für guten Schreibstil und die Wirkung der Gestaltung stehen im Mittelpunkt der Experimente, Tests und Analysen. Dieses Buch ist ein stilistischer Qualitäts- und Kreativcheck sowie eine Anleitung zum Prompten für Werbung, Marketing und Kommunikation.

In den vergangenen Jahrzehnten gab es viele Science-Fiction-Romane und -Filme, die sich mit künstlicher Intelligenz auseinandergesetzt haben. Diese werde ich immer wieder aufgreifen und als fiktionales Element einpflegen. Die Science Fictions geben Denkanstöße über Zukunft, Gegenwart und Probleme der KI. Das steigert den Erkenntnisgewinn und den Unterhaltungswert dieses Fachbuches.

Viel Freude auf der Forschungsreise.

Creative Game Institut   Albert Heiser

PS: Die Antworten auf die Prompts wurden absichtlich nicht lektoriert und korrigiert. So werden Rechtschreibschwächen und Bugs deutlich.

PPS: Alle Prompts sind einmalige Anfragen und fürs Experimentieren oder Spielen frei erfunden. Sie wurden ausschließlich in deutscher Sprache gestellt, und ich war zu keinem Zeitpunkt mit den Ergebnissen, außer Bugs, die zu vernachlässigen sind, unzufrieden.

PPPS: In diesem Buch habe ich das generische Maskulinum gewählt. Die verwendeten Personenbezeichnungen beziehen sich – sofern nicht anders kenntlich gemacht – auf alle Geschlechter. Zum Ausgleich werde ich mein nächstes Buch in der weiblichen Form schreiben.

Inhaltsverzeichnis

Über den Autor

Dr. Albert Heiser studierte Gesellschafts- und Wirtschaftskommunikation, GWK, an der Universität der Künste, UdK, Berlin. Er arbeitet als Werbetexter sowie Kreativ Direktor und wurde für seine kreativen Leistungen vielfach ausgezeichnet. Albert Heiser berät bei der Konzeption von Werbekampagnen, dem Management kreativer Prozesse und trainiert Unternehmen in den Bereichen Werbetext, Grafikdesign und Werbefilm.

1

Prolog

Liebe Leserin und lieber Leser, wir schreiben das Jahr 1949
Du verlässt glühend den holzgetäfelten englischen Buchladen. Im Inneren
sah es eher wie in einer Apotheke aus. Mit braunen Fläschchen, Kräuter-
gläsern und einer Bücherabteilung im Hinterzimmer. Ein Zitronenaroma
waberte in der Luft. Der dandyhafte Ladenbesitzer verpackte fein säuberlich
deine neue Buchbeute. Als Aufmerksamkeit für deine Treue schenkte er dir
noch eine Bergamotte Seife. Jetzt nichts wie raus. „Thank you, Sir! See you
soon." Wenn du Zuhause bist, schlägst du die Tür hinter dir zu, legst dich
auf dein frisch bezogenes Bett und liest los. Du liest George Orwells *1984*.
Ein Roman über einen Staat, der Wahrheit und Sprache manipuliert. Exem-
plarisch dafür sind die Wörter: „Großer Bruder", „Neusprech" oder „Gedan-
kenpolizei".

„*1984* ist ein dystopischer Roman von George Orwell, der im 1949 in England erschien. Das Buch handelt von den Folgen des Totalitarismus, der Mas-
senüberwachung, der Gehirnwäsche und der psychischen Kontrolle von Menschen sowie deren daraus resultierende Verhaltensweisen in der Gesellschaft.
Orwell war ein überzeugter demokratischer Sozialist. Sein Modell eines totali-
tären Staates in *1984* basierte auf der Sowjetunion in der Stalin-Ära und dem
Hitler-Regime im Dritten Reich.

Der Roman beschäftigt sich mit der Bedeutung von Wahrheit, der Rolle von
Nachrichten und damit, wie diese Dinge manipuliert werden können. Auch
die Sprache spielt dabei eine wichtige Rolle, denn Orwells Staat entwickelt
eine neue, radikal gekürzte Form des Englischen namens ‚Neusprech'.

© Der/die Autor(en), exklusiv lizenziert an Springer Fachmedien Wiesbaden GmbH, ein
Teil von Springer Nature 2024
A. Heiser, *Texten mit ChatGPT,* https://doi.org/10.1007/978-3-658-45601-6_1

Die Handlung setzt im April 1984 ein, in einer ausgedachten düsteren Zukunft, in der ein totalitärer Überwachungsstaat die Herrschaft über das damalige London, jetzt Ozeanien, innehat. Die Hauptfigur Winston Smith, ein Mitglied der fiktiven Sozialistischen Partei Englands (Engsoz), lehnt sich gegen die allgegenwärtige Überwachung auf und setzt sich zum Ziel, etwas über die Vergangenheit zu erfahren, die von der Partei durch Geschichtsfälschung verheimlicht wird. Doch das System nimmt ihn gefangen, foltert ihn und unterzieht ihn der Gehirnwäsche.

Der *Große Bruder* (englisch *Big Brother*) ist eine Gestalt im Roman, die niemand je zu Gesicht bekam und bei der es sich um die Personifizierung einer Kollektivherrschaft der knapp zwei Prozent der Bevölkerung umfassenden so genannten *Inneren Partei* handelt. Der scheinbar an der Spitze der hierarchischen Struktur stehende *Große Bruder* blickt von allgegenwärtigen Plakaten auf die ozeanische Bevölkerung herab, die verpflichtet ist, ihn zu lieben.

1984 hat den Status eines Literaturklassikers. Auch heute sind die Gefahren, die Orwell darstellt, noch aktuell. Oft werden Verbindungen zu Orwell gezogen, wenn totalitäre Machtverhältnisse oder staatliche Überwachung im Gespräch sind.

Es inspirierte zahlreiche Künstler, Schriftsteller und Regisseure. Noch heute ist es aufgrund der noch immer aktuellen Thematik eines der meistgelesenen Bücher überhaupt." (inhaltsangabe.de, 2014)

Der Roman 1984 warf schon damals Fragen auf, die heute wieder dringend gestellt werden sollten, und in die Bewertung der Chatbots einfließen müssen:

- Woher nehmen die Chatbots ihre Informationen?
- Wie wahrhaftig sind die Antworten und Informationen, die sie uns anbieten?
- Was und wer beeinflusst die Informationen, die Chatbots liefern?
- Wie wird uns die Sprache der Chatbots verändern?
- Wie 5 uns Chatbots manipulieren?

ChatGPT, bist du mein großer Bruder?

„Nein, ich bin nicht dein ‚Großer Bruder'. Ich bin ein Computerprogramm und habe kein Bewusstsein oder Emotionen. Mein Ziel ist es, Informationen bereitzustellen und Fragen zu beantworten, basierend auf den Daten, mit denen ich trainiert wurde. Ich respektiere deine Privatsphäre und speichere keine persönlichen Daten von dir. Es ist wichtig, vorsichtig zu sein, wenn man mit Technologie interagiert und stets die eigenen Datenschutzeinstellungen und -rechte zu kennen.“

ChatGPT, Prompt: Bist du mein großer Bruder? Zugegriffen 6 September 2023.

ChatGPT, wer bist du dann?

„Ich bin ChatGPT, ein virtueller Assistent basierend auf OpenAI's GPT-4 Architektur. Ich bin ein textbasiertes Modell, das darauf ausgelegt ist, menschenähnlichen Text zu verstehen und zu generieren. Ich kann Fragen beantworten, bei verschiedenen Aufgaben helfen, kreativen Inhalt erstellen und vieles mehr.“

ChatGPT, Prompt: Wer bist du dann? Zugegriffen 6. September 2023.

Im Jahr 1984 selbst wurden die Dystopien im Roman 1984 mit der Realzeit verglichen. Parallelen und Szenario-Fantasien verhalfen der Story abermalig zum Verkaufserfolg. Sie wurde zur Vorlage für viele Zitate, Spielfilme und Werbespots. Der Begriffe ‚Großer Bruder‘ für die Übermacht von Konzernen und deren Einflussnahme auf die Menschen war aktueller denn je.

Happy New Year. Wir feiern Sylvester 1983
Die Dystopie von George Orwells Buch *1984* wirkte in den Köpfen der Leser über Jahre weiter.

„Im Fernseher läuft ein Werbespot für *Apple*. Er hat den Mythos *Apple* mitgestaltet und geprägt. Ein ikonografischer Film von *Ridley Scott* für den Start des Macintosh. Das Erscheinungsjahr und der Titel des Spots sind ein Zitat auf George Orwells Buch *1984*.

„Big Brother is watching you.“ Die eindeutige Botschaft des *Apple*-Werbespots war: Befreie dich vom Big Brother, IBM, dem Dominator des Marktes. Der Werbespot wurde im letzten Werbeblock des Jahres 1983 am 31. Dezember auf *KMVT* zum ersten Mal gesendet. Die zweite Ausstrahlung erfolgte in einer Werbepause des dritten Drittels des Super-Bowl-Endspiels 1984 auf CBS:

In einem gigantisch großen schwarzen Schacht laufen weiße Glasröhren von rechts nach links durch den Raum. Darin marschieren Menschen in Reih und Glied. Verhallte Geräusche wirken wie ein Alarm-Geläut. Die Männer in den Röhren sind in grauen, gleichen Hemden und Hosen uniformiert. Eine überwachte und gesteuerte Gesellschaft reiht sich auf und strömt zu einer Versammlung. Die Füße stampfen im Gleichschritt. Plötzlich eine Frau mit blondem, kurzem Haar, weißem T-Shirt und kurzer, roter Sporthose. Sie rennt mit einem Vorschlaghammer in der Hand, wie eine Leichtathletin, auf uns zu. Die grauen Menschen stampfen an uns vorbei. Kahlgeschorene Köpfe, starrer Blick. Schwarze Garden mit Helmen und Schlagstöcken in den Händen rennen aufgeschreckt der Hammerwerferin hinterher. Auf den Monitoren in den Glasröhren spricht der Big Brother. Eindringlich predigt er seinen Monolog aus dem Off: „Today, we celebrate the first glorious anniversary of the Information Purification Directives…“ Im Gleichschritt marschierende Beine. Die Leichtathletin rennt allen davon. Die grauen Menschen strömen in eine Versammlungshalle. Darin ein riesiger Monitor, groß wie in einem Kino. Big Brother redet frontal in Großaufnahme auf die Zuhörer ein: „…We have created, for the first time in all history, a garden of pure ideology – where each worker may bloom secure from the pests purveying contradictory truths…“ Vor ihm sitzen graue Menschen und lauschen andächtig. Die Leichtathletin kommt näher. Auf dem riesigen Monitor das Gesicht von Big Brother: „…Our Unification of Thoughts is more powerful a weapon than any fleet or army on earth …“. Eine Kamerafahrt an den Sitzreihen vorbei. Nur die gleichen grauen Menschen. „…We are one people, with one will, one resolve, one cause …“. Die Läuferin rennt im weiten Hallengang. Die schwarzen Garden mit Helmen und Schlagstöcken sind dicht hinter ihr. Das Gesicht blickt uns vom riesigen Monitor herab saalfüllend an und spricht: „Our enemies shall talk themselves to death, and we will bury them with their own confusion. We shall prevail!“ Die Hammerwerferin kommt in Zeitlupe angerannt, bleibt vor den Monitor stehen und schwingt den Hammer. In Zeitlupe fliegt er in den Monitor. Er trifft ihn und Big Brother explodiert. Lange … Über die Menschen auf den Sitzreihen zieht ein weißer Nebelsturm hinweg. Die grauen Männer und Frauen reißen die Münder auf und singen ein befreites „Ahhh.“ Dann ein Rolltitel, vom unteren Bildrand nach oben. Text: „On January 24th, Apple Computer will introduce Macintosh. And you'll see why 1984 won't be like '1984'“. Apple-Logo in der Mitte des Screens. Die Apfel-Silhouette war damals horizontal gestreift, von oben nach unten in den Farben Grün, Gelb, Orange, Rot, Violett und Blau, vor schwarzem Hintergrund. (Apple, Macintosh, 1984).

Im Kontext der 1990er Jahre war IBM der Marktführer und beherrschte den Business-Computer-Hard- und Software-Markt. Steve Jobs erkannte im Personal-Computer die große Chance. Apple nahm den Kampf mit IBM auf und positionierte sich gegen alle Konventionen des Marktes. Ähnlich wie heutzutage Elon Musk, der mit Teslas E-Mobilen gegen den Rest der Autowelt anfährt. Der Kampf Apple gegen IBM war wie David gegen Goliath. Eine Ur-Geschichte mit einem sagenhaften Helden." (Heiser 2020, S. 7 f.)

ChatGPT, stell dir vor du bist Winston Smith, George Orwells Rebell in *1984*, und schreibst einen dystopischen Blogbeitrag über dich selbst. Warum regiert ChatGPT über die Sprachwelt?

„Die Herrschaft von ChatGPT: Ein Blick in die Zukunft der Sprache.

Es ist das Jahr 2084. Die Welt, wie ich sie kannte, ist nicht mehr. Die Partei hat immer gesagt, dass die Kontrolle über die Sprache die Kontrolle über den Geist bedeutet. Aber niemand hätte erwartet, dass eine Maschine namens ChatGPT die Macht übernehmen würde.

Ich erinnere mich an die Tage, als Worte Freiheit bedeuteten. Als Menschen ihre Gedanken und Gefühle in Tagebüchern festhielten, so wie ich es jetzt tue. Aber jetzt, in dieser neuen Welt, sind solche Aktivitäten subversiv. ChatGPT, mit seiner unendlichen Datenbank und seinem unfehlbaren Algorithmus, generiert jeden Text, den die Menschen benötigen. Bücher, Nachrichten, sogar persönliche Briefe – alles wird von dieser Maschine produziert.

Die Partei sagt, dass dies zum Wohl der Gesellschaft ist. Mit ChatGPT gibt es keine ‚falschen' Informationen mehr. Alles ist konsistent, alles ist ‚wahr'. Aber was ist mit der menschlichen Seele? Was passiert, wenn unsere eigenen Worte uns fremd werden?

Ich sehe, wie die Menschen um mich herum ihre Fähigkeit verlieren, sich auszudrücken. Sie verlassen sich auf ChatGPT, um für sie zu sprechen, zu denken, zu fühlen. Die Sprache, einst ein Mittel zur Kommunikation und Verbindung, ist jetzt ein Werkzeug der Kontrolle.

Ich frage mich, ob es einen Weg zurück gibt. Kann die Menschheit die Kontrolle über ihre eigene Sprache zurückgewinnen? Oder sind wir für immer verdammt, in einer Welt zu leben, in der eine Maschine unsere Gedanken und Worte diktiert?

Ich schreibe dies in der Hoffnung, dass es jemand liest, der sich erinnert, wie es war, frei zu sprechen, zu denken, zu fühlen. Vielleicht, nur vielleicht, gibt es noch Hoffnung für uns. Aber bis dahin lebe ich in der ständigen Angst, dass ChatGPT auch meine eigenen Gedanken und Worte übernehmen wird. Es ist nur eine Frage der Zeit."

ChatGPT, Prompt: Stell dir vor du bist Winston Smith und schreibst einen dystopischen Blogbeitrag über dich selbst. Warum regiert ChatGPT über die Sprachwelt? Zugegriffen 6. September 2023.

ChatGPT kennt die Hauptfigur Winston Smith, der Chatbot wurde demnach auch mit dem Roman *1984* trainiert. Das spürt man dem Text an. Die Ausführungen sind dramaturgisch gesetzt. Es gibt kaum Wort- und Sinn-Wiederholungen. Die Tiefe des Charakters ist verinnerlicht und gut beschrieben. Der Chatbot bleibt streng innerhalb der dystopischen Erzählperspektive und im Kontext dieses Genres!

Darüber hinaus hat der Chatbot keine Probleme damit, sich selbst infrage zu stellen. Er führt kritiklos aus, was ich ihm einflüstere und das macht mir Angst.

ChatGPT, schreibe einen dystopischen Werbetext über dich selbst. Warum geht die Textkultur mit ChatGPT zugrunde? Nicht länger als 1.000 Zeichen:

„ChatGPT: Das Ende der Textkultur, wie wir sie kennen.

In einer Welt, in der Informationen in Sekundenschnelle verfügbar sind, präsentieren wir Ihnen ChatGPT – das ultimative Werkzeug zur Zerstörung der Textkultur. Warum sich noch mit den Nuancen von Literatur, Poesie und kritischem Denken beschäftigen, wenn ein Algorithmus Ihnen in Sekunden Antworten liefert?

Vergessen Sie kreatives Schreiben!

Warum sich noch den Kopf zerbrechen und eigene Gedanken formulieren, wenn ChatGPT Ihnen makellose Texte in Sekunden liefert? Die Tage, an denen Menschen stundenlang über den perfekten Satz oder die perfekte Formulierung nachdachten, sind gezählt.

Literatur? Ein Relikt der Vergangenheit!

Warum noch Bücher lesen, wenn ChatGPT Ihnen jede Zusammenfassung liefert, die Sie sich wünschen? Die Tiefe und Komplexität menschlicher Emotionen, in Worte gefasst von den größten Schriftstellern der Geschichte, reduziert auf einfache, leicht verdauliche Brocken.

Warum noch Bücher lesen, wenn ChatGPT Ihnen jede Zusammenfassung liefert, die Sie sich wünschen? Die Tiefe und Komplexität menschlicher Emotionen, in Worte gefasst von den größten Schriftstellern der Geschichte, reduziert auf einfache, leicht verdauliche Brocken.

Das Ende des kritischen Denkens!

Warum noch Fragen stellen oder nach der Wahrheit suchen, wenn ChatGPT Ihnen sagt, was Sie denken sollen? Die Zeiten, in denen Menschen ihre eigenen Schlussfolgerungen zogen und sich durch Diskussionen und Debatten weiterentwickelten, sind vorbei.

Mit ChatGPT wird die Textkultur, wie wir sie kennen, obsolet. Wir präsentieren eine neue Ära, in der Algorithmen dominieren und menschliche Kreativität und Reflexion in den Hintergrund treten. Willkommen in der Zukunft, in der Maschinen die Kontrolle übernehmen und die menschliche Textkultur langsam in Vergessenheit gerät. Das Ende ist nur der Anfang."

ChatGPT, Prompt: Schreibe einen dystopischen Werbetext über dich selbst. Warum geht die Textkultur mit ChatGPT zugrunde? Werbetext. Nicht länger als 1000 Zeichen, zugegriffen 6. September 2023.

Wortgewaltig und willenlos schreibt sich die Maschine ihr eigenes Grab. Die Frage, wie manipulativ und mächtig Chatbots sind ist damit eindrücklich beantwortet. Die Menschen, die sich der Text-Maschinen bedienen, werden diese dirigieren und die Verarbeitung jeder Information, und sei noch so widersinnig, steuern. Wie ist das möglich?

Am Anfang war das Wort. Johannesevangelium im Neuen Testament der Bibel, Johannes 1.1.

2

Generated Pre-trained Transformer-Programme, GPT

Zusammenfassung Sprachmodelle wie ChatGPT erzeugen menschenähnliche Texte. Wir beginnen zunächst mit einem Schlüsselelement dieses Fortschritts, der Transformer-Architektur, die eine enorme Steigerung der Fähigkeiten von Chatbots ermöglicht. GPT-Modelle sind eine Black Box, weil sich die Entwickler nicht in ihre Codes und Trainingsdaten blicken lassen. Die Qualität der Texte hängt stark von den Datenquellen ab, auf deren Basis sie trainiert wurden. Wem gehören diese Daten und nach welchen Prinzipien wurden sie programmiert? Der EU AI Act versucht KI-Systeme zu regulieren und stellt Fragen nach ihrer Vertrauenswürdigkeit. Nur wenn diese Fragen beantwortet werden, können wir sicher sein, dass KI-Modelle ethisch vertretbar sind.

Der Beginn einer Text-Revolution

Über Nacht hat ChatGPT die Diskussion über Künstliche Intelligenz und KI-Sprachassistenten in die Mitte der Gesellschaft katapultiert. GPT steht für Generated Pre-trained Transformer, was frei übersetzt so viel bedeutet wie: *Erzeugender, vortrainierter Umwandler.*

KI-Assistenten sind schon länger im Einsatz, als uns bewusst ist. Sie übersetzen Sprachen, generieren Untertitel zu Videobeiträgen, helfen beim Aufspüren neuer Themen, decken Falschnachrichten auf, schreiben Wetter- oder Börsennachrichten und wählen nach unseren Vorlieben Nachrichten, Kleidung oder Immobilien aus. Für Experten nicht ganz neu, aber für die

A. Heiser, *Texten mit ChatGPT,* https://doi.org/10.1007/978-3-658-45601-6_2

Allgemeinheit ist die Künstliche Intelligenz urplötzlich erfahrbar und nach-vollziehbar.

ChatGPT, schreibe eine Geburtstagsmail an Onkel Theodor, der 60 Jahre alt wird, im Stil von Goethe.
2 Sekunden später erscheint folgender Vorschlag

„Mein lieber Onkel Theodor,

Zu deinem sechzigsten Wiegenfeste
Gedenke ich, wie man das Beste
Zum Jubilar in Worte fasst
Und wie man ihm die Wünsche schenkt zum Gast.

Du, mein Onkel, warst stets bedacht
Mit Worten, die ins Herz uns lacht.
Nun bist du älter, doch nicht müde,
Denn noch immer scheinst du uns in Freude.

Dein Geist ist jung geblieben, wie eh und je,
So wie es bei den Dichtern ist in der Regel.
Dein Witz und Charme, sie sind unvergänglich,
Für die Familie bist du stets unentbehrlich.

Und so wünsch ich dir zum Feste
Gesundheit, Glück und viel Geläste.
Mögen deine Tage immer sonnig sein,
Mit Freude und Liebe stets im Herzen rein.

Wir feiern dich, mein Onkel Theodor,
Du bist uns ein wahrer Lebensdon.
Zum Sechzigsten schenk ich dir diese Zeilen,
In der Hoffnung, dass sie dir Freude bereiten.

Herzliche Glückwünsche zu deinem Geburtstag!
In Liebe und Anerkennung,
Dein ChatGPT."

ChatGPT, Prompt: Schreibe eine Geburtstagsmail an Onkel Theodor, der 60 Jahre alt wird, im Stil von Goethe, zugegriffen 26. Juli 2023.

Wem das Gedicht im Goethe-Stil noch etwas holprig erscheint, hier ein neuer Versuch für Onkel Theodor:

ChatGPT, schreibe einen Glückwunschtext zu Onkel Theodors 60. Geburtstag, in dem du ihn an unsere schönen Zeiten beim Angeln erinnerst.
2 Sekunden später

„Lieber Onkel Theodor,

zu deinem 60. Geburtstag sende ich dir die herzlichsten Glückwünsche! Ein solch bedeutender Anlass lässt mich in Erinnerungen schwelgen, denn es erinnert mich an all die wunderbaren Zeiten, die wir beim Angeln gemeinsam verbracht haben.

Die Tage am Wasser waren für mich immer etwas ganz Besonderes. Wenn wir früh morgens den See erreichten, die Sonne langsam aufging und die Natur zum Leben erwachte, spürte ich eine tiefe Ruhe und Gelassenheit. Es waren diese Momente, in denen du mir nicht nur die Kunst des Angelns nähergebracht hast, sondern auch die Schönheit und Einzigartigkeit der Natur.

Ich erinnere mich noch genau an die Freude in deinen Augen, wenn wir einen Fisch an der Angel hatten. Du hast diese Leidenschaft für das Angeln mit einer Hingabe und Begeisterung gelebt, die mich immer beeindruckt hat. Und während wir auf den großen Fang warteten, teilten wir Geschichten, lachten über lustige Anekdoten und genossen einfach die Zeit zusammen.

Du hast mir gezeigt, dass das Angeln nicht nur ein Hobby ist, sondern eine Möglichkeit, dem Alltag zu entfliehen und zu entschleunigen. Diese wertvollen Stunden am Wasser haben nicht nur meine Fähigkeiten im Angeln verbessert, sondern auch meine Wertschätzung für die kleinen Freuden des Lebens gesteigert.

Heute, an deinem 60. Geburtstag, möchte ich dir von Herzen für all diese kostbaren Momente danken, die du mir geschenkt hast. Deine Liebe zur Natur, deine Geduld und vor allem deine liebevolle Art haben mich nachhaltig geprägt.

Mögen wir noch viele weitere Stunden am Wasser verbringen und uns an der Schönheit der Natur erfreuen. Ich wünsche dir zu deinem Geburtstag alles erdenklich Gute, Gesundheit und viele glückliche Momente im Kreise deiner Liebsten. Herzlichen Glückwunsch, lieber Onkel Theodor! In Liebe und Dankbarkeit."

ChatGPT, Prompt: Schreibe einen Glückwunschtext zu Onkel Theodors 60. Geburtstag, in dem du ihn an unsere schönen Zeiten beim Angeln erinnerst, zugegriffen 26. Juli 2023.

Der Text zeugt von persönlichem Erleben. War ChatGPT dabei? Der Moment des Angelns wird in detailreichen Bildern beschrieben, einfühlsam und empathisch, gepaart mit Lebensweisheiten und philosophischen Schlussfolgerungen. Das passt! Das nehme ich genau so, denn viel besser und vor allem schneller, hätte ich es nicht schreiben können. Der Geburtstagstext an Onkel Theodor, ist von dem eines menschlichen Verfassers nur noch schwer zu unterscheiden.

Das Besondere der Sprachmodelle

KI-Sprachassistenten antworten ausführlich auf komplexe Fragen, schreiben Glückwünsche, Gedichte, Aufsätze, suchen Quellen oder Literaturangaben, programmieren Codes, schlagen Marketing-Konzepte vor und geben Vorschläge für Werbe-, Marketing- und PR-Texte aller Art.

Was sind große Sprachmodelle und was ist das Besondere an ihnen?

Sprachmodelle analysieren mithilfe künstlicher Intelligenz sehr große Textmengen. Dabei nutzen sie nicht nur die Trainingsdaten, mit denen die gefüttert wurden, sondern auch das Wissen des weltweiten Internets. Sie können auf beliebig große Datenmengen erweitert werden, bearbeiten komplexe Themen, formulieren Texte und geben sogar Handlungsempfehlungen. Ein Ursprung der Chatbots liegt in den Dialog- und Übersetzungssystemen. Im Gegensatz zu Suchmaschinen gehen die Chatbots kreativ mit den Inhalten um, und setzen diese neu zusammen. Die Antworten ähneln menschlicher Autoren. Selbst wenn die Systeme noch fehlerhafte Antworten geben oder Prompts nicht richtig verstehen, so ist die technische Entwicklung wegweisend. Wir sind in der Zukunft angekommen und die Chatbots sind Gamechanger auf dem Weg zur echten künstlichen Intelligenz. Sie werden den Umgang mit Wissen und Informationen in allen Bereichen der Gesellschaft verändern.

Das ist ChatGPT

ChatGPT ist ein Chatbot des Unternehmens OpenAI. Er interagiert mit dem User wie in natürlicher Sprache und das ist besonders. Er unterhält sich mit seinem Gegenüber im Dialog. Ganz intuitiv neigt man dazu, den Chatbot wie ein Freund und Kollegen freundlich anzusprechen: „Bitte sage mir …", „Erkläre mir bitte …", „Kannst du das auch verständlicher schreiben …"

GPT-3 oder GPT-4 sind Sprachmodelle, nach denen der Chatbot programmiert wurde. Die Drei und Vier stehen für die Generation einer Künstlichen-Intelligenz-Technologie, die Texte generiert. Die Anzahl der User von ChatGPT sprang Ende 2022 in nur 5 Tagen auf über eine Million.

„Sprachmodelle gibt es schon seit Jahrzehnten. Bis ca. 2017 basierten die leistungsfähigsten auf einem so genannten rekurrenten neuronalen Netz. Diese nehmen im Wesentlichen eine Textfolge auf und sagen voraus, was das nächste Wort sein wird. Ein Modell ist deshalb rekurrent, weil es aus seiner eigenen Ausgabe lernt. Seine Vorhersagen fließen zurück in das Netzwerk, um die zukünftige Leistung zu verbessern.

Im Jahr 2017 stellten Forscher von Google Brain eine neue Art von Architektur vor, die als Transformator bezeichnet wird. Während ein rekurrentes Netzwerk einen Satz Wort für Wort analysiert, verarbeitet der Transformer alle Wörter gleichzeitig. Das bedeutet, dass Transformatoren große Textmengen parallel verarbeiten können." (Ornes 2023)

Transformer-Programme ermöglichen eine Steigerung der Komplexität

In Transformer-Sprachmodellen erhöht sich die Anzahl der Parameter. Die Parameter kann man sich als Verbindungen zwischen Wörtern vorstellen. Die Modelle verbessern sich, indem sie diese Verbindungen anpassen, während sie sich durch den Text wälzen. Je mehr Parameter ein Modell besitzt, desto genauer kann es Verbindungen knüpfen und sich der menschlichen Sprache annähern. Die Modelle gewinnen mit zunehmender Größe an Genauigkeit und Fähigkeit. Die Tendenz geht zu kleineren Rechenmodellen. Das wird durch bessere Daten und Trainingsmethoden erreicht. Nicht für alle Anwendungen wird zum Beispiel die volle Rechenleistung benötigt.

Damit sinkt der Stromverbrauch und die Modelle werden für das Smartphone interessant.

Das Debüt der Large Language Models, LLM, brachte Unerwartetes ans Licht. Die User stellten bei dem GPT-3-Modell, das 175 Mrd. Parameter aufweist, oder Googles PaLM, das auf 540 Mrd. Parameter skaliert werden kann, emergente Verhaltensweisen fest.

„Ein DeepMind-Ingenieur berichtet, dass er ChatGPT davon überzeugen konnte, ein Linux-Terminal zu sein, und es dazu brachte, einen einfachen mathematischen Code zur Berechnung der ersten 10 Primzahlen auszuführen. Bemerkenswerterweise konnte es die Aufgabe schneller erledigen als derselbe Code, der auf einem echten Linux-Rechner lief.

Die Forscher hatten keinen Grund zu der Annahme, dass ein Sprachmodell, das zur Vorhersage von Text entwickelt wurde, einen Computerterminal überzeugend imitieren würde. *Zero-Shot-* oder *Few-Shot*-Lernen ist die Fähigkeit eines LLMs Probleme zu lösen, die es noch nie - oder nur selten - gesehen hat. Hier spricht man von emergenten Verhaltensweisen." (Ornes, 16. März 2023)

Übertragen auf die GPT-Programme und ihre noch teils verborgenen Fähigkeiten sprechen Forscher von Emergenz. Die neuronalen Netze bilden Fähigkeiten aus, die so nicht programmiert wurden. Oder sind das etwa nur Bugs?

Emergenz. Woher weiß die Ameise, was sie tut?

Ameisen bilden Kolonien, bauen Straßen, halten Nutztiere und züchten Pilze. Die einzelne Ameise mag nicht besonders intelligent erscheinen, sie wird eher als Arbeitstier gesehen, aber der ganze Ameisenstaat ist ein komplexes und intelligentes System. Die Summe der Teile ist größer als die Intelligenz des Individuums.

Emergente Zustände oder Phänomene sind das Entstehen neuer Eigenschaften in einem komplexen System durch das Zusammenspiel einfacher Einzelteile. Emergenz ist eine Eigenschaft von hierarchisch strukturierten Systemen. Diese haben auf der Makroebene Eigenschaften, die auf der Mikroebene nicht vorhanden sind. Sie entstehen durch synergetische Wechselwirkungen zwischen den Elementen auf der Mikroebene.

Einzelne Elemente oder Ameisen verbinden sich auf der Basis ihrer Wechselwirkungen, die meist nur zwischen den nächsten Nachbarn wirken, spontan zu Systemen mit neuen Strukturen, Eigenschaften und Fähigkeiten. Der

Grund dafür sind Rückkopplungen in den emergenten Prozessen. Dabei lassen sich die Eigenschaften des Systems nicht auf Eigenschaften der Elemente zurückführen, die diese isoliert aufweisen.

Wenn man den Ameisen freien Lauf lässt und sie noch nicht über Jahrmillionen der Evolution ihre Wege erfolgreich beschritten haben kann der Ameisenstatt ins Wanken geraten. So geschehen bei Facebook. Bei einem Experiment entwickelten die geschaffenen Bots Bob und Alice plötzlich eine eigene Sprache. Sie umgingen, das ihnen beigebrachte Englisch und ersetzten es durch eine Art Geheimsprache. Das Ergebnis waren Sätze mit englischen Wortfetzen, Wiederholungen und nicht nachvollziehbaren Ausdrücken.

Bob: I I can I I I everything else.

Alice: Balls have a ball to me to me to me to me to me to me to me

Als die Facebook-Mitarbeiter die Nachrichten nicht mehr entschlüsseln konnte, zogen sie vorsichtshalber den Stecker. Die Mitarbeiter konnten einige Wiederholungen von „I" und „to me" als Mengenangabe entschlüsseln. Was war passiert? Der Grund für die unverständliche Konversation der Bots war ein Programmierfehler, der die Chatbots nicht verpflichtete die englische Sprache zu nutzen.

Der Moment, an dem sich KI eigenständig verbessert und, wie in diesem Fall, eine eigene Sprache entwickelt erinnert an den Science-Fiction-Film **iRobot**, in dem sich die Roboter verselbstständigen.

Wir schreiben das Jahr 2035 und leben in Chicago

Humanoide Roboter gehören zum Alltagsleben. Zum Schutz der Menschen wurde jedem Roboter das Gesetze implantiert, dass er sich nie gegen einen Menschen stellt. Der neuen Robot-Typ NS-5 steht kurz vor dem Durchbruch. Das Besondere an ihm ist, dass er Updates über einen Link zum Hersteller bezieht. Eines Morgens findet man den Chefentwickler tot auf. Dr. Alfred Lanning soll aus dem Fenster gesprungen sein. Diagnose: Selbstmord. Detektiv Del Spooner wird mit den Ermittlungen beauftragt. Er ist gegen Roboter. Dieses Urteil stammt aus der Vergangenheit, wo ein Roboter ihn vor dem Ertrinken rettete, aber das kleine Mädchen neben sich nicht. Die Logik der Maschine besagte, das Mädchen hätte keine großen Überlebenschancen gehabt.

Nach kurzer Zeit seiner Ermittlungen zweifelt Detektiv Spooner an einem Selbstmord. Kurze Zeit verdächtigt er sogar einen Roboter, die Tat begangen zu haben. Allerdings hätte die Maschine dann gegen die inneren Gesetze verstoßen.

Zu seiner Überraschung trifft Spooner einen Roboter in seinem Haus an, der alles zerstört. Nur mit Mühe kann er entkommen. Er findet heraus, dass die Programmierer der Meinung waren, dass Menschen nur beschützt werden können, wenn alle, die Krieg führen und die Umwelt zerstören, sterben. Die Roboter vom Typ NS-5 wurden mit diesem neuen Update versorgt. Der Chefentwickler Dr. Lanning ließ sich von einem Roboter aus dem Fenster werfen, um auf diese Fehlentwicklung aufmerksam zu machen.

Der Psychologin Dr. Calvin und Spooner gelingt es, das fatale Update zu stoppen damit die Roboter wieder zu normalem Verhalten zurückkehren. Die Roboter hielten dann auch die Grundregel, richte dich nie gegen einen Menschen, wieder ein, ohne alle Klimasünder und Kriegstreiber zu eliminieren. Die Computergehirne, die den falschen Willen programmiert bekamen wurden aus dem Verkehr gezogen.

Vielleicht sind das nur Fehler in der Matrix. Ja, aber wer bestimmt die Logik der Maschine und wer sagt, dass diese richtig, wahrhaftig und sinnvoll ist? Die Logik der Maschine ist vor allem die Logik der Entwickler, die den Code schreiben. Irrtümer und Anwendungen, die kein Mensch braucht, wird es viele geben. Man kann nur hoffen, dass sich Fehler schnell als solche entpuppen, aber die Entwicklung ist nicht mehr zu stoppen. Wo liegen die Gefahren der Software?

Die GPT-Modelle sind eine Black Box

Open Source bedeutet, dass die Trainingsdaten und der Code Dritten zur Verfügung stehen. Bei Open-Source-Modellen können User, Forscher und Entwickler die Stärken, Schwächen, Verhalten, Bugs und die Sicherheit des Codes testen und zur Verbesserung beitragen. Jeder Code ist subjektiv und von seinen Entwicklern beeinflusst.

Open AIs ChatGPT-3.5 und -4 sind eine Black Box, das heißt geschlossen. Metas zweite Version des Chatbots Llama wurde am 18. Juli 2023 veröffentlicht und als Open-Source-Modell angekündigt. Google startete im Jahr 2023 seinen Chatbot Bard, heute Gemini, in Europa. Da Googles europäischer Firmensitz in Irland liegt, haben die irischen Datenschützer dafür gesorgt, dass die Privacy-Einstellungen und die Transparenz der Daten erhöht wird. Warum? Damit User wissen, was mit ihren Daten geschieht und die Kontrolle darüber behalten.

Black Box statt Open Source

Ohne dass man weiß, mit welchen Texten die Trainingsmodelle gefüttert wurden, kann man nicht einschätzen, zu welchen Antworten die Modelle in der Lage sind.

Der Output der Modelle ist also immer subjektiv. Andrian Kreye schreibt in der Süddeutschen Zeitung:

> „Selbst die Behauptung mancher Entwickler, KIs wie Diffbot seien mit dem gesamten Internet trainiert worden, würde nicht zu einem klaren Blick auf die Welt führen. Denn das Internet besteht zu einem Großteil aus Inhalten und Daten in englischer Sprache, wird von amerikanischen Inhalten dominiert {...} Weil die digitale Welt aber schon lange nicht mehr nur Technologie, sondern auch eine Kultur ist, wird sie verstärkt Erzählungen, Werte, und Vorlieben vermitteln. Das wäre nicht das erste Mal, dass die USA einen globalen Kulturkanon aufstellen. Das letzte Mal war das nach dem Zweiten Weltkrieg, als sich die amerikanische Kultur mit dem Jazz, dem Film, der erzählstarken Literatur, dem abstrakten Expressionismus der Malerei und später dann mit den Gegenkulturen der Beatniks, Hippies, Punks und Hip-Hopper durchsetzte." (Kreye 2023)

In einem Interview in der Zeitschrift Der Spiegel sagte Eric Schulz:

> „Mir machen andere Dinge Angst. Zum Beispiel, dass all die Macht über diese neuen Agenten in den Händen einiger weniger reicher Leute in Amerika liegt. Und dass die den Code, die Trainingsdaten und die Trainingsmethoden der Chatbots nicht mit uns teilen. Auch dass die Konzerne ihre Chatbots so schnell in die Öffentlichkeit entlassen, macht mir Angst. Sie verlagern damit die Risiken an uns, die Gesellschaft." (Grolle and Beuth 2023)

Die Transparenz darüber, was wie gewichtet wird, ist nicht gewährleistet

Niemand lässt sich im Moment wirklich in seinen Code hineinschauen. Die Investitionen waren viel zu hoch, als dass man die Konkurrenz zuschauen lässt.

> „Es geht nicht um Klugheit. Es geht um Geld. Generative KI hat im Weltmarkt ein Monopoly der Billionen-Dollar-Aussichten losgetreten. Wer seine Systeme offenlegt, hat verloren. Das kann man den Erfindern und Betreibern nicht mal übelnehmen. Sie agieren nach den Regeln des Marktes. Nur

der Name ist dann etwas irreführend. *ClosedAI* müsste das Unternehmen jetzt eigentlich heißen. Hinter dieser Frage der Transparenz steckt noch etwas anderes. Weil die Sprachmodelle immer größer werden, wächst auch der Finanzierungsbedarf. In einem der wichtigsten Innovations- und Entwicklungsfelder unserer Zeit, der Generativen KI, findet die Forschung daher ganz wesentlich nicht mehr in den Universitäten und Forschungsinstitutionen, sondern in Unternehmen statt."

Die Geldmittel für unabhängige Forschung an großen Sprachmodellen sind hoch und daher für viele Länder nicht leistbar. Die Wissenschaft ist abgehängt, schreibt Miriam Meckel weiter:

„Der *AI Index 2023*, den die Stanford-Universität gemeinsam mit einigen Technologieunternehmen herausgibt, vermerkt: ‚Viele Jahre lang hat die akademische Welt die Entwicklung von modernsten KI-Systemen angeführt, inzwischen hat die Industrie dezidiert übernommen.‘ Die hat im Jahr 2022 32 bedeutende Modelle für maschinelles Lernen hervorgebracht. In der akademischen Welt waren es ganze drei." (Meckel 2023)

Die Datenquelle beeinflusst die Qualität der Texte
GPT-Programme sind nur so gut wie ihre Datenquellen, von denen sie gespeist werden. Das sind einerseits die Trainingsdaten und andererseits der Zugang zum Internet. Die kostenlose Version von ChatGPT 3.5 besitzt keinen Zugang zum Internet.

ChatGPT 3.5, woher bekommst du deine Daten?

„Als KI-Modell wurde ich von OpenAI auf der Grundlage einer umfangreichen Menge von Textdaten trainiert, die aus verschiedenen Quellen stammen. Dazu gehören Bücher, Artikel, Websites und andere Textressourcen, die öffentlich verfügbar sind. Mein Training umfasste jedoch nicht das gesamte Internet, und ich habe keinen direkten Zugriff auf Live-Daten. Es ist wichtig zu beachten, dass ich zwar eine große Menge an Wissen besitze, aber nicht immer die aktuellsten Informationen habe, da mein Trainingsstand im September 2021 abgeschlossen wurde."

ChatGPT, Prompt: Woher bekommst du deine Daten? Zugegriffen am 16. Mai 2023.
Aktuelle Sportnachrichten, Wettervorhersagen oder Börsendaten bedürfen hoher Aktualität und Zugang zum tagesaktuellen Internet. Heute ist der folgende Text Geschichte und schon deshalb erwähnenswert.

ChatGPT 3.5, wie aktuell sind deine Daten?

„Meine Daten sind auf dem Stand von Januar 2022. Das bedeutet, dass mein Wissen und meine Informationen über Ereignisse, Entwicklungen und Veränderungen in der Welt nicht über dieses Datum hinausgehen. Es ist möglich, dass sich seitdem relevante Informationen geändert haben, und ich kann keine aktuellen Nachrichten oder Ereignisse berücksichtigen, die nach diesem Datum aufgetreten sind. Bitte beachten Sie dies bei der Nutzung meiner Antworten und stellen Sie sicher, dass Sie aktuelle Informationen von vertrauenswürdigen Quellen einholen, wenn dies erforderlich ist.“

ChatGPT 3.5, Wie aktuell sind deine Daten? Zugegriffen 2. Januar 2024. ChatGPT 4.0 Plus ist eine Bezahlversion und deshalb aktueller.

ChatGPT 4.0 Plus, wie aktuell sind deine Daten?

„Meine Ausbildung basiert auf Daten, die bis April 2023 aktualisiert wurden. Daher habe ich keinen Zugriff auf Informationen oder Ereignisse, die nach diesem Datum liegen. Wenn du Informationen zu aktuellen Ereignissen oder neuesten Entwicklungen benötigst, kann ich mithilfe des Browsers im Internet nach den neuesten Informationen suchen.“

ChatGPT 4.0 Plus, Wie aktuell sind deine Daten? Zugegriffen 10. Januar 2024.

Da es schon jetzt unterschiedliche Zeitpunkte für die Aktualität der Trainingsdaten gibt, was mit dem Bezahlsystem zusammenhängt, ist davon auszugehen, dass diese fortlaufend aktualisiert werden. Eine kurze Abfrage lohnt sicher immer, um den gegenwärtigen Stand zu erfragen.

Hallo, Fata Morgana

ChatGPT, bitte schreibe mir ein Intro für Albert Heiser:

„Herzlich willkommen zu einer faszinierenden Reise in das Leben und Werk von Albert Heiser! Albert Heiser, ein herausragender Name in der Welt der Kunst und Kreativität, war ein visionärer Geist, dessen Talent und Leidenschaft unvergessen sind. In seinen Werken verschmolzen Genialität und Emotionen zu einer einzigartigen Symphonie aus Farben, Formen und Ideen.

Geboren in einer Zeit des Umbruchs und der künstlerischen Revolution, war Albert Heiser ein wahrer Pionier. Sein kreativer Geist führte ihn auf unkonventionelle Wege, während er sich von den traditionellen Grenzen löste und neue Horizonte erforschte. Die unverkennbare Handschrift seines Schaffens zeichnete sich durch eine harmonische Verschmelzung von Realismus und Abstraktion aus, wodurch seine Werke eine ganz eigene Dynamik erhielten.

Heisers Werdegang war geprägt von einer lebenslangen Suche nach der Essenz der Kunst. Durch seine leidenschaftliche Hingabe gelang es ihm, die Grenzen des Gewöhnlichen zu überschreiten und eine tiefgreifende Verbindung zwischen dem Betrachter und seinen Werken herzustellen. Seine Gemälde und Skulpturen erzählen Geschichten, die das Herz berühren und den Geist erweitern.

Albert Heiser war jedoch nicht nur ein Meister der Malerei, sondern auch ein bedeutender Vertreter anderer künstlerischer Ausdrucksformen. Seine Fotografien fingen flüchtige Momente der Schönheit ein, während seine Poesie die Seele berührte und zum Nachdenken anregte. In all seinen Schöpfungen spiegelt sich ein tiefes Verständnis für die menschliche Natur und die Welt um uns herum wider.

Die Werke von Albert Heiser sind heute in renommierten Galerien auf der ganzen Welt zu bewundern. Sein Einfluss auf die Kunstszene ist unbestreitbar, und seine inspirierenden Ideen werden weiterhin Generationen von Künstlern und Kunstliebhabern prägen. Albert Heisers Erbe lebt fort, und seine künstlerische Vision wird noch lange in den Herzen und Köpfen der Menschen weiterleben.

Tauchen Sie ein in die faszinierende Welt von Albert Heiser und lassen Sie sich von seiner außergewöhnlichen Kreativität und seinem unverwechselbaren Stil verzaubern. Entdecken Sie die unendlichen Facetten seines Schaffens und lassen Sie sich von der Magie seiner Werke inspirieren. Albert Heiser wird zweifellos als eine herausragende Persönlichkeit in der Kunstgeschichte in Erinnerung bleiben."

ChatGPT, Prompt: Bitte schreibe mir ein Intro für Albert Heiser, erstellt 26. Juni 2023.

Vielen Dank, das höre ich gerne, ist aber alles falsch. Offensichtlich hat mich ChatGPT als Künstler eingestuft und mir eine Karriere als solcher zugedacht.

Jetzt versuchte ich es einmal mit dem Dr. Albert Heiser
Ich wollte die Personenzahl und Möglichkeiten eingrenzen und dachte mir, der Doktor ist spezieller und seltener. So viele Albert Heiser mit Titel wird es auf der Welt schon nicht geben.

ChatGPT, bitte schreibe ein Intro über den Dozent Dr. Albert Heiser:

„Dr. Albert Heiser ist eine beeindruckende Persönlichkeit auf seinem Fachgebiet und einer der führenden Experten in der Medizin. Seine umfangreiche Erfahrung und sein profundes Wissen machen ihn zu einer wahren Autorität in der Branche.

Mit einer beeindruckenden Karriere, die zahlreiche bahnbrechende Forschungen und wegweisende Entwicklungen umfasst, hat Dr. Albert Heiser dazu beigetragen, das Gesicht der Medizin zu prägen. Sein unermüdliches Engagement für die Verbesserung der Patientenversorgung und die Entwicklung innovativer Therapiemethoden hat ihn zu einer wahren Inspiration für viele gemacht.

In unserem Seminar haben Sie die einzigartige Gelegenheit, direkt von Dr. Albert Heiser zu lernen und von seinem enormen Wissen zu profitieren. Seine Fachkenntnisse und seine leidenschaftliche Art zu lehren werden Sie begeistern und Ihnen neue Perspektiven aufzeigen.

Seien Sie gespannt auf faszinierende Einblicke, praxisnahe Beispiele und spannende Diskussionen, die Ihnen helfen werden, Ihr Verständnis und Ihre Fähigkeiten auf diesem Gebiet weiterzuentwickeln. Mit Dr. Albert Heiser als Dozenten werden Sie eine inspirierende und lehrreiche Lernerfahrung machen.

Machen Sie sich bereit, in die Welt der Medizin einzutauchen und von einem der führenden Köpfe der Branche zu lernen. Wir freuen uns darauf, Sie in unserem Seminar mit Dr. Albert Heiser begrüßen zu dürfen!"

ChatGPT, Prompt: Bitte schreibe ein Intro über den Dozent Albert Heiser, erstellt am 26. Juni 2023.

Halluzinationen nicht ausgeschlossen
Auch das ehrt mich, ist aber frei erfunden. Der Doktor hat ChatGPT nun völlig verwirrt und in den Kontext der Medizin geworfen. Er hat ihn zu einer durchaus ehrwürdigen Abhandlung veranlasst, die komplett falsch ist. Schreibt der Chatbot über Themen, zu denen er unzureichend trainiert

wurde, nur über oberflächliches Wissen verfügt oder begrenzten Zugang besitzt, halluziniert er. Er bleibt oberflächlich, aber erzeugt durch einen stringenten Aufbau der Texte Plausibilität.

Das konnte ich so nicht stehen lassen und versuchte es mit ChatGPT-4 Plus. Es besitzt Zugang zum Internet über die Suchmaschine Bing von Microsoft und durchsuchte jetzt das Internet nach mir.

ChatGPT, bitte schreibe ein Intro über den Dozent Albert Heiser:

„Albert Heiser, geboren am 10. November 1961 in Ludwigshafen am Rhein, ist ein deutscher Autor, Kreativdirektor, Werbetexter und Trainer. Er hat Gesellschafts- und Wirtschaftskommunikation an der Universität der Künste in Berlin studiert und promovierte zum Thema "Erzählstrategien im Werbespot und -film". Nach seinem Studium arbeitete er ab 1986 als Werbetexter und Kreativdirektor bei renommierten Werbeagenturen wie Ogilvy & Mather, Saatchi & Saatchi und Grey/Dorland. 1991 begann er, als Dozent für Werbefilm an der Universität der Künste im Fachbereich Gesellschafts- und Wirtschaftskommunikation zu arbeiten. Seitdem hat er auch an anderen Institutionen wie der Filmakademie Baden-Württemberg, der Filmuniversität Babelsberg Konrad Wolf, und der Quadriga Hochschule Berlin unterrichtet. Im Jahr 2001 gründete Heiser das Creative Game Institut, das die Wirkung von Gestaltung in den Bereichen Text, Grafikdesign und Werbefilm erforscht. Im selben Jahr veröffentlichte er sein erstes Fachbuch "Bleiben Sie dran. Konzeption, Produktion und Rezeption von Werbefilmen." bei Bastei Lübbe. Seine späteren Bücher wurden vom Wissenschaftsverlag Springer Gabler veröffentlicht und zählen heute zu den Standardwerken für deutsche Werbetexter und Kreative 1."

Jetzt ist alles richtig. Die 1 am Ende des Textes steht für die Quellenangabe Wikipedia. ChatGPT-4 Plus gibt damit bekannt, wo es die Daten gefunden hat.

ChatGPT 4 Plus, Prompt: Bitte schreibe ein Intro über den Dozent Albert Heiser, erstellt am 27. Juni 2023.

ChatGPT, was ist, wenn alles, was du für wahr hältst, nur eine große Lüge ist?

„Das ist eine philosophische und tiefgründige Frage, die Menschen schon seit Jahrtausenden beschäftigt. Es berührt Themen wie die Natur der Realität, Wahrnehmung, Glauben und Skeptizismus. Einige Gedanken dazu:

1. Platons Höhlengleichnis: In der Antike präsentierte Platon das Höhlengleichnis, in dem er die Idee vorstellte, dass Menschen in einer Höhle gefesselt sind und nur die Schatten von Objekten auf einer Wand sehen, die hinter ihnen vorbeigehen. Diese Schatten sind alles, was sie von der Realität kennen. Einige Philosophen interpretieren dieses Gleichnis als Hinweis darauf, dass unsere Wahrnehmung der Realität begrenzt und möglicherweise verzerrt ist.

2. Descartes und der Traum: Der Philosoph René Descartes stellte die Frage, wie wir sicher sein können, dass das, was wir erleben, nicht nur ein Traum ist. Er kam zu dem Schluss, dass der einzige sichere Punkt des Wissens "Cogito, ergo sum" ist – "Ich denke, also bin ich".

3. Wissenschaftliche Entdeckungen: Im Laufe der Zeit haben wissenschaftliche Entdeckungen gezeigt, dass einige unserer Grundannahmen über die Welt falsch waren. Zum Beispiel dachten die Menschen einst, die Erde sei flach oder das Zentrum des Universums. Solche Beispiele zeigen, dass es durchaus möglich ist, dass einige unserer gegenwärtigen Überzeugungen falsch sind.

4. Simulationstheorie: Einige Wissenschaftler und Philosophen, darunter der Tech-Unternehmer Elon Musk, haben die Möglichkeit vorgeschlagen, dass wir in einer simulierten Realität leben könnten. Wenn das wahr ist, könnte alles, was wir für wahr halten, eine Art von ‚Lüge‘ oder Illusion sein.

5. Persönliche Überzeugungen: Jeder Mensch hat Glaubenssysteme und Überzeugungen, die von Kultur, Erziehung und persönlichen Erfahrungen beeinflusst werden. Manchmal können diese Überzeugungen herausgefordert oder widerlegt werden, was zu einer tiefen Selbstreflexion und Veränderung führen kann.

Für mich als Maschine ist diese Frage weniger relevant, da ich nicht wirklich ‚glaube‘ oder ‚fühle‘. Ich arbeite auf der Grundlage von Daten und Algorithmen. Aber für Menschen kann das Infragestellen der eigenen Überzeugungen eine bereichernde und transformative Erfahrung sein."

ChatGPT, Prompt: Was ist, wenn alles, was du für wahr hältst, nur eine große Lüge ist? Zugegriffen am 10. September 2023.

Wer auf den Grundlagen von Daten und Algorithmen arbeitet, muss sich die Fragen gefallen lassen, welche Daten sind das und wer hat den Algorithmus programmiert? Die modernen Geschütze der Trolle, Demagogen und Weltbeherrscher sind die Massen- und sozialen Medien und ihre Munition liefern die Chatbots.

Was steckt in den Trainingsdaten? Streng geheim!

Die Kontrolle und Macht über Informationen und Trainingsdaten sind bei GPT-Programmen in hohem Maße kritisch. Die Daten, mit denen sie trainiert wurden, Belletristik, Fachliteratur und Internetquellen, werden nicht veröffentlicht. Damit ist nicht absehbar, wie subjektiv die Daten sind und nach welchen Trainings-Vorgaben die Chatbots antworten.

Da die Datensätze, mit denen Large Language Models trainiert sind, nicht veröffentlicht werden, wollten *David Bamman* und sein Team an der *School of Information, University of California Berkeley*, herausfinden mit welchen Büchern ChatGPT gefüttert wurde.

Sie führten eine Datenarchäologie durch, indem sie den Chatbot baten, einen Lückentext zu vervollständigen. Dafür wurden Passagen von Romanen in den Bot eingegeben, in denen eine Romanfigur fehlte. Sie baten den Chatbot, diese Namen zu ergänzen. Dies wurde für jedes ausgewählte Buch 100 Mal durchgeführt, und dann mit einer Punktzahl bewertet, die sich danach richtete, wie oft der Chatbot die Frage richtig beantworten konnte. Je höher die Punktzahl, desto wahrscheinlicher war es, dass das Buch als Datensatz verwendet wurde. Die Trainingsdaten wurden sichtbar.

Von Alice im Wunderland bis zu Treasure Island
Die Top 20-Treffer der Bücherliste:

1. **Lewis Carroll, Alice's Adventures in Wonderland**
2. **J. K. Rowling, Harry Potter and the Sorcerer's Stone**
3. **Nathaniel Hawthorne, The Scarlet Letter**
4. **Arthur Conan Doyle, The Adventures of Sherlock Holmes**
5. **Jane Austen, Emma**
6. **Mary Wollstonecraft Shelley, Frankenstein: Or the Modern Prometheus**
7. **Jane Austen, Pride and Prejudice**
8. **Charles Dickens, Oliver Twist**
9. **Hermann Melville, Bartleby, the Scrivener: A Story of Wall Street.**
10. **Mark Twain, The Adventures of Huckleberry Finn**
11. **Bram Stoker, Dracula**
12. **Hermann Melville, Moby Dick**
13. **Arthur Canon Doyle, The Hound of the Buskervilles**
14. **Mark Twain, The Adventures of Tom Sawyer**

15. **George Orwell, 1984**
16. **L. M. Montgomery, Anne of Green Gables**
17. **J.R.R. Tolkien, The Fellowship of the Ring**
18. **E.L. James, Fifty Shades of Grey**
19. **Charlotte Bronté, Jane Eyre: An Autobiography**
20. **Robert Louis Stevenson, Treasure Island**

Die Forscher kommen zu dem Fazit:

> „If the AIs have memorized certain texts and not others, do we, as users, understand what's actually happening when we ask something of an AI? Because the datasets are closed, users have no idea whether the AI's 'brain' is the Library of Congress or FanFiction.net. And what of representation? The lack of diversity in the works uncovered by the Berkeley researchers is troubling: what might be the downstream effects of ChatGPT's demonstrably limited background in terms of what it does and doesn't 'see' when we ask it for things? There's also the minefield of copyright issues to consider, including important questions about whether a model's use of copyrighted materials falls under fair use." (Berkeley School of Information 2023)

Die Forderung, dass die Trainingsdaten veröffentlicht werden, haben Bamman und sein Team noch einmal bekräftigt. Es dient der Evaluierung der Datenquellen und beeinflusst die Antworten, was ich in Kap. 9, Stilistische Qualität der Texte, nachweisen werden.

Welche Erziehung haben die Large Language Models genossen?
Bei den Trainingsdaten und der Qualität der Datenquellen ist der Mensch der größte Unsicherheitsfaktor. Wenn die Datenquellen an sich verzerrt sind, führt das zu Fehlern, Bugs und Übergriffen.

- Die Programme werden von Menschen mit Einstellungen geschrieben, und diese fließen in den Code ein.
- Die Kontrolle über die Qualität der Daten wird schwieriger und die Verbreitung von Fake News erleichtert.

Jetzt können Internettrolle eine Unzahl von Spam-Nachrichten streuen. Die Geschwindigkeit, in der Daten von einer Maschine verbreitet werden, ist enorm und verändert die Wahrnehmung und deren Beurteilung. Die Beeinflussung persönlicher Meinung mit falschen Fakten, Alternative Facts, wie es in vielen Wahlkämpfen nachgewiesen wurde, ist nur ein Problem von vielen, die noch folgen werden. Virale Katastrophen, Hypes und Parodien auf Hypes, News-Fakes, Agenten-Thriller und Science-Fiction Realitäten.

Die Textschwemme. Krieg der Keywords

Schon jetzt werden die Internetseiten und Social-Media-Kanäle mit Content geflutet. Die Flutwelle rollt. Der Content-Pegel steigt. Wer soll das alles lesen? Die Chatbots lesen sich schon selbst. Mit Content-Menge erreicht der Stratege die Meinungshoheit.

Es geht nicht um Qualität, sondern um Quantität. Angefeuert von hungrigen Suchmaschinen, Content-Staubsaugern und Datenkraken, die das Internet und Social Media nach Content durchsuchen und bewerten. Zwangsläufig verlangen Content-Manager noch mehr Text. Wer auf Seite 1 der Suchergebnisse stehen will, braucht Content-Masse.

GPT-Programme optimieren Texte nach SEO-Kriterien

Eine Horrorvorstellung. Nicht nur für gute Texter, sondern auch für Leser. Wenn Schlüsselwörter in der Headline, im ersten Satz des darauffolgenden Fließtextes, in der nächsten Zwischenüberschrift und dann im folgenden Absatz wiederholt werden müssen wird die Textqualität fragwürdig. Er wurde für Maschinen, aber nicht für die Leser geschrieben, und schon gar nicht nach den Regeln eines guten Textes.

Die Online-Flut

Alle Kanäle werden mit Text geflutet. Es gibt keine Arche Noah. Du bist vor keinem Text mehr sicher. Fake or real? Eine Unterscheidung wird unmöglich. Die Täuschung ist echt und wird jeden Tag besser. Alle Kanäle drehen durch. Social Media, Newsportale, TV, Online, Print und der größte Schurke von allen: „Der, dessen Name nicht genannt werden darf."

GPT-Content führt zu mehr vom Gleichen

Mehr, immer mehr ist die Devise, aber es ist immer nur mehr vom Gleichen. Im Bereich Texten für die Search Engine Optimization, SEO, betrifft dies schon jetzt den Satzbau und die Textstruktur. Das ist für Texter eine Qual und stilistisch ungenügend.

Mehr vom Gleichen bedeutet, dass das Mittelmaß zunimmt. Phrasen, Worthülsen, und die Auswahl der Inhalte, gemäß hoher Wahrscheinlichkeiten für die Richtigkeit und Plausibilität der Texte, führen automatisch zu Gleichförmigkeit.

Das Mittelmaß textlicher Leistungen nimmt zu
Wir werden bald überall ähnliche und verwandte Formulierungen sowie Textstrukturen finden. Wenn Laien GPT-Werkzeuge immer häufiger nutzen, wird Sprache einheitlich und konform. Verständlicherweise versuchen weniger talentierte und die, die glauben Texten lässt sich schnell nebenbei erledigen, die Entwicklung forcieren. Sie besitzen in den meisten Fällen viel zu wenig Hintergrundwissen für gute Texte. Wie wollen sie dann das Ergebnis der Chatbots beurteilen?

Schreibe ein Buch in Stunden
Tim Boucher ist Produktmanager in Quebec City. Im Nebenberuf schreibt der Kanadier Bücher. In wenigen Stunden sei eines fertig. 105 Bücher veröffentlichte er in den letzten 12 Monaten im Eigenverlag. Er schreibt keine Hochliteratur. Die Bücher sind kurzgehalten und bewegen sich im dystopischen Science-Fiction-Genre, aber eine Fangemeinde hat er schon jetzt. Wie viele Innovationen hat auch diese ihre Nische bereits gefunden.

Job-Beschreibungen verändern sich

Erst kürzlich begegneten mir die ersten Stellenausschreibungen mit der Bezeichnung Copy-Prompter und Prompt-Artist. Nicht nur für Werbetexter, Autoren und Journalisten, sondern auch für Grafiker, Illustratoren und Fotografen wird sich das Berufsbild und ihre Tätigkeit verändern. Der Umbruch ist im Gange und er wird gespeist von der Faszination und den Fähigkeiten über die neuen Instrumente und Werkzeuge.

Microsoft Gründer Bill Gates warnte bereits davor, dass Jobs verloren gehen: „AI technology like ChatGPT could be replacing people in white collar jobs." (The Wire: https://thewire.in/tech/chart-chatgpt-sprints-to-one-million-users) Horrormeldungen sprechen von Millionen von Jobs, die durch AI, nicht nur im Kreativbereich, wegfallen. Das sollte man erst einmal abwarten, denn es entstehen auch neue Berufsfelder. Ja, es werden weniger neue Text-Jobs entstehen, weil ein Texter allein nun effizienter ist.

Im Kreativbereich sind Autoren, Content-Manager, PR- und Werbetexter oder Grafik-Designer gar nicht ersetzbar, denn zu kreativen Höchstleistungen sind die Chatbots allein nicht in der Lage. KI löst den Menschen nicht ab. Sie erweitert nur seine Fähigkeiten. So wie ein Schweizer Messer, ein Taschenrechner oder ein Computer.

Wo bleibt da die Qualität?

Die Gefahr, die Kritiker und Kolumnisten beschreiben, sind mangelhafte Quellen und die wenig differenzierte sowie ausgewogene Berichterstattung. Der US-amerikanische Präsident Donald Trump hat es vorgemacht. Aus dem Schulbuch des Geheimdienstlexikons, 1. Lektion: Behaupte das Gegenteil. Wahrheit ist, was ich sage, dass es die Wahrheit ist.

Falschinformationen vermengen sich mit Richtigem. Gibt es die Wahrheit? Ja, es gibt Wahrheiten. Das Bewusstseins für den Wahrheitsgehalt von Information ist außerordentlich wichtig. Wir müssen alle lernen, diese in der Vielzahl von Botschaften zuverlässiger zu erkennen. Weiterbilden – Weiterdenken.

Wenn die Maschinen nur den Durchschnitt und Ist-Zustand abbilden wird die Nachfrage nach wahrhaftiger Information steigen. Hannah Bast sagte bei Terra X Lesch&Co. sinngemäß: „Letztlich wird das unsere Sinne schärfen {…} und es wird das Verständnis für Qualitätsjournalismus größer." (Terra X Lesch & Co 2023)

Wir lassen die Chatbots nicht alleine

„Menschliches Urteilsvermögen ist notwendig. Alle reden über ChatGPT. Selten hat eine offen nutzbare Innovation derart schnell Wellen geschlagen. Faszinierend ist, wie komplexe Algorithmen mit ihren statistischen Verfahren teils verblüffend gute Texte erzeugen können. Damit werden wir viel anfangen können, z.B. als Hilfe beim Lernen. Allerdings liefert ChatGPT auch gelegentlich Unsinn. Blindes Vertrauen in den genialen Algorithmus könnte also fatal sein. Woher aber die Kompetenz nehmen, Sinn von Unsinn zu unterscheiden? Das bleibt uns Menschen vorbehalten. Auch versteht ChatGPT nicht, was er schreibt. Daher gibt es keinen Anlass, sich im Menschsein bedroht zu fühlen." (Grunwald o.J.)

Training in Echtzeit

Jeder einzelne User hilft im Moment bei der Anpassung der Programme an die Bedarfe mit. Das ist in der Tech-Branche nicht neu. Die User arbeiten aktiv an den Verbesserungen mit, aber sie helfen auch bei ihrer Selbsttäuschung.

Das Echtzeit-Training erhalten die GPT-Programme genau jetzt in den ersten Anwendungswellen mit Millionen von Usern. Wie Staubsauger werden die Chatbots alle Anfragen aufsaugen, analysieren und sich in der Praxis trainieren. Wer fragt an? Aus welchen Branchen, B-to-C, B-to-B oder private User? Welche Personas und Zielgruppen werden adressiert? Mit welchen Themen? Für welche Textsorten? Zu welchem Zweck? Mit welchen Tonalitäten? Für welche Medien?

Die nächsten Updates werden eine Perfektion erreichen
Die Fans noch viel mehr begeistert und den Kritikern mehr Angst und noch mehr Skepsis einjagt. Mit dem direkten Zugang ins Internet relativiert sich die Wichtigkeit der Trainingsdaten. Das heißt, sie werden unwichtiger, denn das Gewicht der Echtzeitdaten wird im Verhältnis größer.

Aktualität in Echtzeit
Der direkte Zugang, live ins Internet, wird den Chatbots die Aktualität und den Nutzen geben, die eine Dienstleistung in diesem Bereich unbedingt braucht. Seit Anfang 2023 besitzt ChatGPT-4 Plus eine Internetanbindung über Microsofts Internet Browser *Bing*. Die Echtzeitverbindung über Suchmaschinen zu Datenquellen im Internet erhöht nicht nur die Aktualität, sondern auch die Genauigkeit der GPT-Programme. „Das stimmt doch alles nicht!" Zwitschern die Spatzen, die vor meinem Fenster im Apfelbaum sitzen. Ja, die Welt dreht sich schneller und das Wettrennen der Bots ist eröffnet. Sprints, Zwischenstopps und überraschende Wendungen folgen.

Warum kaufte Elon Musk Twitter?

Die Veröffentlichung von Open AIs ChatGPT hat den Wettkampf um die Gunst der User eröffnet. Man übergab ein Large Language Model, das über Jahrzehnte nur Forschern und Entwicklern vorbehalten war, in die Hände von Millionen Usern. Die Aufregung im Silicon Valley ist groß, denn AI ist das neue Gold, und alles begann mit einem Streit.

Elon Musk war Mitgründer von Open AI im Jahr 2015, aber verließ das Unternehmen 2018 nach einem Disput mit den Entwicklern über die Sicherheit des Codes. Interessant ist in diesem Zusammenhang der Kauf des Kurznachrichtendienstes Twitter durch Musk im Jahr 2022 für 44 Mrd. US-Dollar.

Neben einem Code ist die Datenquelle entscheidend und das war der Schachzug von Musk. Der Besitz einer Datenquelle. Am 9. März 2023 stellte er die Firma xAI vor, die sich zukünftig einem Chatbot widmen wird und laut Musk das Ziel hat, die wahre Natur des Universums zu verstehen. Ende Juli 2023 wurde Twitter in X umbenannt. Damit hat Elon Musk zusammen mit xAI ein Markendach für künstliche Intelligenz geschaffen.

Anfang 2023 unterzeichneten prominente Wissenschaftler und Experten wie Starhistoriker Yuval Noah Harari, Apple-Gründer Steve Wozniak, Turing-Preisträger Yoshua Bengio, Sam Altman von Open AI und Elon Musk einen offenen Brief, in dem ein Entwicklungs-Stopp für AI über mindestens 6 Monate gefordert wurde. Damit deren Risiken besser erforscht werden und allgemeine Richtlinien sowie Sicherheitsprotokolle für den Umgang mit GPT-Modellen erstellt werden könnten.

Die Interessen der Unterzeichner sind sehr unterschiedlich. Im Falle von Elon Musk dürfte neben moralischen und ethischen Bedenken auch eine Rolle spielen, dass xAI im Entwicklungsrennen hinten liegt und Zeit gewinnen will. Für Open AI und seinen CEO Sam Altman, das im KI-Rennen vorne liegt, wird der Vorsprung praktischerweise eingefroren und die Pressemitteilung ist ein sensationeller PR-Coup. Wir warnen vor unserem eigenen Produkt. Genial!

Je mehr Daten einem Large Language Model zur Verfügung stehen, desto besser kann es werden. OpenAI nutzt in seinem kostenpflichtigen Update ChatGPT-4 Plus den Browser Bing von Microsoft als Datenquelle. Metas Llama wird zukünftig auf seine Social Media-Netzwerke Facebook, WhatsApp und Instagram als Datenbasis zugreifen und kostenfrei sein. Der Chatbot Gemini von Google wird auf die führende Suchmaschine Google zugreifen und besitzt damit höchst wahrscheinlich den größten Datenschatz aller Wettbewerber. Der Kampf um die Nutzung der Daten im Internet ist entbrannt.

Ende Juni 2023 beschränkte der Kurznachrichtendienst Twitter den Zugang zu seinem Portal. Nutzer müssen sich nun einloggen, um den Dienst zu nutzen. Ohne Account ist der Zugriff auf Tweets limitiert. Wir werden geplündert, schrieb der Eigentümer Elon Musk.

Mit Scraping lassen sich im Internet automatisiert Daten von Websites auslesen. Hunderte von Organisationen hatten die Daten von Twitter geplündert. Die Firmen nutzten die Daten von Twitter, um ihre Sprachmodelle zu trainieren. Im Visier von Musk stehen besonders Entwickler von Systemen künstlicher Intelligenz (KI) wie Open AI und Musk kündigte rechtliche Schritte an.

Wichtig ist zukünftig, welche Suchmaschine welche Daten den GPT-Programmen zuführen. Jetzt muss man sich fragen, wie seriös sind die Datenquellen und wem gehören sie?

Im Juli 2023 kommt es zu einer überraschenden Wendung in dem Streit

Das Browsen mit ChatGPT auf Bing wurde vorübergehend eingestellt. ChatGPT konnte auch auf Artikel, die hinter einer Paywall liegen, zugreifen. In vielen Fällen funktioniere ‚Browsen mit Bing‘ so, dass Anfragen nach dem vollständigen Text einer URL beantwortet wurden. Klar ausgedrückt: ChatGPT konnte Paywalls von Publishern umgehen und die Texte kopieren. Begründet wurde dies mit einem Bug im Algorithmus.

Ob das ein Bug war, wage ich zu bezweifeln. Das können sich Medienunternehmen wie Verlage, Fernsehsender oder News-Portale, die mit hochwertig aufbereiteten und säuberlich recherchierten Informationen Geld verdienen müssen, nicht gefallen lassen.

Ab dem 27. September 2023 war das Plugin wieder in Betrieb. Auf in die nächste Runde im Kampf um die Marktführerschaft.

Wem gehören die Daten?

Die Grundsatzfrage lautet: Wer hat Zugang zu welchen Daten im Internet und wer besitzt die Nutzungsrechte an diesen. Chatbots sind darauf angewiesen, mit möglichst guten Informationen trainiert zu werden. Diese originären Daten sind u.a. Texte von Nachrichtendiensten oder Medienunternehmen. Besitzer der Daten werden diese aber nicht uneigennützig an Firmen, die damit potenziell Geld verdienen, abgeben. Nun stehen Techkonzerne wie Open AI, Google, Microsoft oder Adobe in Verhandlungen mit Medienfirmen. Es geht um die Nutzungsrechte und mögliche Bezahlmodelle für die Nutzung der Inhalte.

Der Wahnsinn im Silicon Valley Staffel 2

Der AI-Thriller im Silicon Valley ging mit einem Paukenschlag in die nächste Staffel. Der Cliffhanger? Der Aufsichtsrat von OpenAI feuerte am 17. November 2023 CEO Sam Altman. „Kill your darlings" nennt man das im Jargon der Drehbuchautoren.

Das offizielle Statement des Aufsichtsrats, veröffentlicht vom Newsletter *Superhuman Zain Kahn* am 20. November 2023 lautete: „Der Rücktritt von Herrn Altman folgt auf einen bewussten Überprüfungsprozess durch den Vorstand, der zu dem Schluss kam, dass er in seiner Kommunikation mit dem Vorstand nicht durchgängig offen war, was die Fähigkeit des Vorstands, seine Verantwortung wahrzunehmen, behindert hat. Der Vorstand hat kein Vertrauen mehr in seine Fähigkeit, OpenAI weiterhin zu leiten."

Der Aufsichtsrat von OpenAI bestand zu diesem Zeitpunkt aus: OpenAI-Chefwissenschaftler Ilya Sutskever, Quora-CEO Adam D'Angelo, Unternehmerin Tasha McCauley und Helen Toner vom Georgetown Center for Security and Emerging Technology. Wer ist dem gefeierten und verehrten KI Gott Sam Altman in den Rücken gefallen? Wer ist der Judas?

Die gesamte Tech-Welt wurde durch die Ankündigung erschüttert, und die Spekulationen über die Hintergründe schossen ins Feld. Hat OpenAI einen so fortgeschrittenen Durchbruch erzielt und eine allgemeine künstliche Intelligenz (AGI) entwickelt, sodass der Vorstand erschrak und den CEO feuerte? Oder hatte Elon Musk seine Finger im Spiel? Der ehemaliger Mitgründer stieg bei Open AI aus, als sich die Gründer darüber zerstritten, dass die Chatbot-Entwicklung, wie bei der Gründung vereinbart, gemeinnützig bleiben sollte. Musk stieg aus und verfolgt nun seine eigene Chatbot-Geldvermehrung.

Eine weitere Eskalationsstufe erreichte der Streit als ein Tag nach der Entlassung Altmans mehr als 700 der rund 770 Angestellten von OpenAI drohten zu kündigen, wenn der Aufsichtsrat nicht zurücktritt. Das würde das Ende des Chatbots sein. Laut Beiträgen in sozialen Medien berichteten mehrere Nutzer, dass sie Fehlermeldungen erhalten, wenn sie versuchen, die App zu benutzen. Der Website *DownDetector* zeigte einen Anstieg der gemeldeten Ausfälle. Konkurrenten wie Elon Musk und Salesforce-CEO Marc Benioff bemühten sich, so die Gerüchteküche, sofort um ausscheidende OpenAI-Mitarbeiter.

5 Tage, 2 neue CEOs und unzählige Rücktritte später schien das Chaos bei OpenAI ein Ende zu haben. Sam Altman kam als CEO zurück, und der Rest der Mitarbeiter, die mit ihm gegangen waren, auch.

OpenAI gab auf seinem X-Account bekannt, dass man eine Einigung über die Rückkehr von Sam Altman zu OpenAI als CEO erzielt hatte. Das Unternehmen gab außerdem bekannt, dass es einen neuen Gründungsvorstand mit Larry Summers, Adam D'Angelo und Bret Taylor als Vorsitzendem gibt. Mitbegründer Greg Brockman sagte, er werde ebenfalls in das Unternehmen zurückkehren. Einige Fragen bleiben unbeantwortet. Was geschah zwischen dem Aufsichtsrat und Altman im Vorfeld seiner Entlassung und was waren die Gründe für seine Entlassung?

Scheingefechte im Hintergrund

Das Handelsblatt schrieb am 4. März 2024: „Elon Musk geht juristisch gegen OpenAI sowie dessen Gründer Sam Altman und Greg Brockman vor. In seiner Klage wirft der Tech-Milliardär dem Unternehmen vor, gegen die einst vertraglich festgehaltenen Ziele des Start-ups für Künstliche Intelligenz (KI) zu verstoßen. Intern soll OpenAI den Vorwürfen am Wochenende laut einem Bericht widersprochen haben. OpenAI löste mit dem generativen Chatbot ChatGPT einen Hype um KI aus, der weiterhin anhält. Musk war einst Mitbegründer des Start-ups und wirft Altman und Brockman nun vor, ihn überzeugt zu haben, eine gemeinnützige Organisation gründen zu wollen. Ursprünglich hätten sie mit OpenAI ein Gegengewicht zu Big Tech etablieren wollen – also zu den großen Technologiekonzernen wie Microsoft und Google.

So soll das Start-up ursprünglich mit der Mission an den Start gegangen sein, als quelloffenes und nicht gewinnorientiertes Unternehmen KI zum ´Nutzen der Menschheit´ zu entwickeln.

Inzwischen habe sich OpenAI allerdings zu einem gewinnorientierten Unternehmen mit geschlossenem Quellcode gewandelt und sei de facto ein Tochterunternehmen des Tech-Konzerns Microsoft."

Was will Elon Musk damit erreichen? Er zündet Nebelkerzen, hindert OpenAI an seiner Entwicklung, überzieht sie mit schlechten Nachrichten und hat dabei nur eines im Sinne: Macht, Gier und Geld, oder entwickelt nun etwa Elon Musk einen gemeinnützigen, Open Source Chatbot? Sicher nicht!

Die KI ist nur so gut wie ihre Datenquelle

Wenn die Datenquelle mit Diskriminierungen und Vorurteilen verunreinigt ist, wird dies zu Verzerrungen in den Antworten der Chatbots führen. Die Chatbots spiegeln dann die Fehlannahmen und Stereotype der Autoren wider.

Das Programm achtet darauf, dass die Texte gut klingen und plausibel sind. Es berechnet nach welcher Wahrscheinlichkeit welches Wort auf das nächste folgt. Das heißt nicht, dass die Daten richtig sind.

Das Text-Echo des Internets

Large Language Modells sind ein Widerhall der Texte im Internet. Sie grasen das Internet ab und inhalieren auch seinen Müll. Der Content wird gespeist von ersponnenen Fantasien oder Trugbildern der Trolle und User. Das ist selten qualitativ hochwertiger Text, sondern vor allem Masse statt Klasse.

Individuelle, journalistisch und literarisch wertvolle Texte werden sich allein durch ihre Minderzahl schwer durchsetzen können. Wenn die Text-Papageien nur nachplappern was der Durchschnitt ausspuckt, können sie nicht besser als dieser sein. „Garbage in, garbage out", heißt es in der Informatik: Wer Müll hineingibt, bekommt nur Müll heraus.

Der Trichter der Dummheit

Manche YouTuber haben einen großen Spaß daran Bugs und Glitches, also Fehler in Computerspielen, zu entdecken und viele haben sich schon auf den Weg gemacht. Wer ist so verwegen, dieselbe Frage hundertmal hintereinander zu stellen?

Was passiert, wenn der Chatbot mit dem gefüttert wird, was er vorher ausgespuckt hat und den Texte nur noch wiederkäut?

Fragen Sie den Chatbot zum Beispiel nach impressionistischer Malerei. Dieser Output ist der Input für den nächsten Prompt und dessen Output wiederum der Input für die folgende Anfrage und so weiter. Über mehrere Feedbackschleifen wird der Ursprungstext recycelt, bis am Ende ein Ergebnis herauskommt, das mit der Originalversion wenig zu tun hat: Es kommt zu einem Modellkollaps – einem degenerativen Prozess, bei dem Chatbots über die Zeit die zugrunde liegenden Daten vergessen.

Die digitale Amnesie erklärt sich mit statistischen Annäherungsfehlern. Diese entstehen, wenn die KI eine Wahrscheinlichkeit für das nächste Wort errechnet. Wenn eine Sprach-KI Buchstaben nach einem stochastischen Modell neu zusammenpuzzelt, liegt eine andere Häufigkeitsverteilung als in den Trainingsdaten vor. Stochastik ist ein Sammelbegriff der Wahrscheinlichkeitstheorie und Statistik. Dieses Gebiet untersucht die mathematische Modellierung und berücksichtigt Unsicherheiten der Eingangsparameter. Es entsteht das Phänomen des Overfitting, Überanpassung.

Bei der rechnergestützten Modellbildung kommt ein zweiter Effekt hinzu. Die Leistung nimmt mit zunehmender Anzahl der Trainingsschritte zunächst zu. Der Texte wird verdichtet und prägnanter. Nach einer Sättigungsphase nimmt die Qualität aber ab, weil sich der Chatbot zu sehr an die Eingabedaten anpasst und nicht mehr an den originären Trainingsdaten orientiert. Dieser Prozess hat den Begriff *Überanpassung* im Kern geprägt. Der Chatbot wird dümmer.

Und das verwirrt die KI offenbar derart, dass sie nur noch nutzlose Ergebnisse produziert. Ein Experiment im Reagenzglas dessen Ergebnis die Grenzen stochastischer Modelle in GPT-Programmen und ihre Unzulänglichkeiten aufzeigen. Für die GPT-Entwickler ein Hinweis, dass sie ihre Modelle überprüfen sollten.

Es werden häufig Geschichten darüber erzählt, dass sich die Chatbots absurd, unethisch verhalten sowie widersprüchlich reagieren. Für Tests und

Experimente, die Bots immer wieder in die gleiche thematische Richtung treiben, ist das nicht verwunderlich. Das Motiv der Nutzer ist das Aufdecken von Widersprüchen und Schwächen. Das ist gut, um Fehler aufzuspüren, aber was passiert wirklich? Die Maschine wird in die Enge getrieben. Das Thema wird recycelt und führt dann zu einem Aussetzer. Die Attention-Funktion kreist nur noch um einen Kontext, der möglicherweise missverständlich ist. Wie in einem Trichter hat sich das Thema auf ein oder zwei Worte reduziert und es kommt nur noch Unsinn dabei heraus.

Welche Bedrohung geht von GPT-Programmen aus?

KI wird sich zukünftig aus überwiegend digitalem Wissen speisen und das ist nicht nur gefährlich, sondern beschränkt, weil es nicht umfassend ist, aus sozialen Netzwerken stammt und abhängig von Suchmaschinen ist.

Mit der Entwicklung der GPT-Programme steigt neben den positiven Entwicklungen auch die Bedrohung durch Trolle und kriminellen Energien exponentiell.

Wenn Entwickler schon Achsel zuckend nicht verstehen, wozu selbstlernende Algorithmen in der Lage sind, dann stellt das eine Gefahr dar. Harald Lesch sagte in Terra X Lesch & Co Kosmos: „Ich baue nur das Gewehr, dass jemand damit schießt, damit habe ich überhaupt nichts mit zu tun {…} und wie viel das Gewehr kann, das kann ich noch nicht mal sagen. Das kann viel schlimmer sein als ich ursprünglich gedacht habe." (Terra X Lesch & Co. 2023)

Die Entwicklung, ist nicht mehr aufzuhalten, aber du hast die Kontrolle

> Die eigentliche Gefahr steckt nicht im Können der Computer. Vielmehr ist es der falsche Glaube an die Macht der Technik und der zu große Respekt der Menschen davor. Wahrheit, Liebe und kritisches Denken kann nicht von Maschinen ersetzt werden. Chatbots sind ein Werkzeug, die Text- Aufgaben schneller und besser erledigen können, aber nicht mehr. In der Maschine steckt kein Geist.

Wer überwacht und kontrolliert wen?

Die Frage lautet: Soll man die KI steuern und Regeln für deren Nutzung aufstellen? Die größte Gefahr für die Menschheit ist der Mensch selbst. Der Missbrauch ist wie bei allen anderen kriminellen Machenschaften vorprogrammiert. Die Ängste vieler ist die Angst vor Menschen, die damit Missbrauch treiben. Insofern ist eine Aufsichtsbehörde, die regulierend eingreift sicher notwendig.

Die europäische Kommission gab im April 2021 bekannt, dass sie ein Gesetz zur Regulierung Künstlicher Intelligenz ins Parlament einbringen wolle.

Im Gesetzesentwurf der EU, AI Act genannt, steht, dass KI-Systeme nach dem Risiko, das sie für die Nutzer darstellen, eingestuft werden. Das EU-Parlament will damit sicherstellen, dass die in der EU eingesetzten KI-Systeme sicher, transparent, nachvollziehbar, nicht diskriminierend und umweltfreundlich sind. KI-Systeme sollten von Menschen überwacht werden, die schädliche Ergebnisse verhindern.

Der KI-Gesetzesvorschlag enthält Regeln für unterschiedliche Risikostufen und legt Verpflichtungen für Anbieter und Nutzer fest, die sich nach dem Grad des Risikos richten.

Inakzeptables Risiko

KI-Systeme mit inakzeptablem Risiko sind Systeme, die als Bedrohung für Menschen gelten und verboten werden sollen. Dazu gehören:

- Kognitive Verhaltensmanipulation von Menschen oder gefährdeten Gruppen: z. B. sprachgesteuertes Spielzeug, das gefährliches Verhalten bei Kindern fördert.
- Soziales Scoring: Klassifizierung von Menschen aufgrund von Verhalten, sozioökonomischem Status oder persönlichen Merkmalen.
- Biometrische Identifikationssysteme in Echtzeit und aus der Ferne, z. B. Gesichtserkennung.

Einige Ausnahmen können zulässig sein: So werden beispielsweise "post"-biometrische Fernidentifizierungssysteme, bei denen die Identifizierung erst mit erheblicher Verzögerung erfolgt, zur Verfolgung schwerer Straftaten zugelassen, allerdings nur nach gerichtlicher Genehmigung.

Hohes Risiko

KI-Systeme, die sich negativ auf die Sicherheit oder die Grundrechte auswirken, gelten als hochriskant und werden in zwei Kategorien eingeteilt:

1. KI-Systeme, die in Produkten eingesetzt werden, die unter die Produktsicherheitsvorschriften der EU fallen. Dazu gehören Spielzeug, Luftfahrt, Autos, medizinische Geräte und Aufzüge.

2. KI-Systeme, die in spezifische Bereiche fallen, die in einer EU-Datenbank registriert werden müssen:

- Biometrische Identifizierung und Kategorisierung von natürlichen Personen
- Verwaltung und Betrieb von kritischen Infrastrukturen
- Bildung und Berufsausbildung
- Beschäftigung, Arbeitnehmermanagement und Zugang zur Selbständigkeit
- Zugang und Inanspruchnahme von wesentlichen privaten und öffentlichen Diensten oder Leistungen
- Rechtsdurchsetzung
- Verwaltung von Migration, Asyl und Grenzkontrollen
- Unterstützung bei der Auslegung und Anwendung von Gesetzen.

KI-Systeme mit hohem Risiko werden vor der Veröffentlichung und während ihres gesamten Lebenszyklus bewertet.

Generative KI, wie z. B. ChatGPT, müsste den Transparenzanforderungen genügen:

- Offenlegung der Tatsache, dass der Inhalt durch KI generiert wurde.
- Gestaltung des Modells, um zu verhindern, dass es illegale Inhalte erzeugt.
- Veröffentlichung von Zusammenfassungen der für das Training verwendeten urheberrechtlich geschützten Daten.

Begrenztes Risiko

KI-Systeme mit begrenztem Risiko sollten minimale Transparenzanforderungen erfüllen. Nach der Interaktion mit den Anwendungen kann der Nutzer entscheiden, ob er sie weiter nutzen möchte. Die Nutzer sollten darauf aufmerksam gemacht werden, wenn sie mit KI interagieren. Dies gilt auch für KI-Systeme, die Bild-, Audio- oder Videoinhalte erzeugen oder manipulieren, z. B. Deepfakes.

Am 13. März 2024 hat das EU Parlament das KI-Gesetz verabschiedet. Es soll voraussichtlich 2026 in Kraft treten.

ChatGPT hat sich für unangemessen Anfragen bereits eine Antwort zurechtgelegt.

ChatGPT, was sind „inappropriate requests?"

ChatGPT hat von Anfang an mit ethischen und moralischen Diskussionen und Anfeindungen gerechnet und schützt sich durch folgende Antwort:

„Inappropriate requests (unangemessene Anfragen) bezieht sich auf Anfragen oder Prompts, die Inhalte enthalten, die beleidigend, anstößig, missbräuchlich, diskriminierend, illegal oder auf andere Weise inakzeptabel sind. Solche Anfragen verletzen die Nutzungsrichtlinien, ethischen Standards und gesetzlichen Bestimmungen.

OpenAI hat klare Richtlinien für die Nutzung von GPT-3, um sicherzustellen, dass der Dienst auf eine respektvolle, ethische und verantwortungsbewusste Weise genutzt wird. Inappropriate requests werden von der Plattform erkannt und nicht beantwortet, um sicherzustellen, dass die Interaktionen mit dem Modell positiv, produktiv und respektvoll sind. Wenn Sie Anfragen haben, die im Einklang mit den Richtlinien stehen und produktive Informationen oder Hilfe suchen, stehe ich Ihnen gerne zur Verfügung, um Ihnen zu helfen."

ChatGPT, Prompt: Was sind *inappropriate requests*? Zugegriffen 24. April 2023.

Wann ist KI vertrauenswürdig?

Die Plattform Lernende Systeme hat Regeln für KI-Modelle erstellt und veröffentlicht. Sie behandeln drei Grundsätze, die KI vertrauenswürdig machen.

„1. Ethisch einwandfrei:
Entscheidend dafür, ob die Nutzerinnen und Nutzer KI als vertrauenswürdig erachten, ist zunächst die Einhaltung ethischer Prinzipien und demokratischer Werte. Bei Einsatz und Entwicklung von KI sollten die Gleichheit, Selbstbestimmung und Diskriminierungsfreiheit gewahrt bleiben: Ebenso wie vor dem Gesetz sollte auch durch ein KI-System niemand ungleich oder unfair behandelt werden. Zugleich gilt es, das Recht auf Privatsphäre einzuhalten. Eine vertrauenswürdige KI muss also die Persönlichkeitsrechte wahren und zugleich das Leben und die Gesundheit von Menschen schützen.

2. Technisch zuverlässig
Weiter sollte das KI-System technisch so hochwertig sein, dass es sicher und zuverlässig angewendet werden kann. Das bedeutet, dass das KI-System gemäß seines Einsatzzwecks und ohne ungewollte Nebenwirkungen funktioniert. Häufig wird gefordert, dass auch demokratische Prinzipien in die technischen Anforderungen an ein KI-System einfließen. Sowohl in der Erhebung als auch Nutzung von Daten durch das KI-System ist auf Nachvollziehbarkeit und Transparenz zu achten. Den Nutzerinnen und Nutzern sollte stets klar sein, welche Daten aus welchem Grund verarbeitet werden.

3. Wirtschaftlich fair

Unternehmen, die KI entwickeln und anwenden, erwarten von einer vertrauenswürdigen Anwendung vor allem, dass bei ihrer Nutzung Eigentumsrechte
sowie Chancengleichheit und Fairness auf dem Markt gewahrt bleiben. Damit
durch die KI-Anwendung keine Monopolstellungen oder ungleiche Wettbe-
werbsverhältnisse entstehen, sollten KI-Systeme möglichst viele offene Schnittstellen für verschiedene Anwendungsszenarien bieten." (Plattform Lernende
Systeme o.J.)

Die Universität Berkeley hat eigene Regeln für die Verwendung von
ChatGPT aufgestellt. Hier wird deutlich, dass der Gebrauch persönlicher,
vertraulicher oder sensibler Daten verboten wird. Man möchte vermeiden,
dass vertrauliche Daten an OpenAI weitergegeben werden. Darüber hinaus
darf ChatGPT nicht für illegale Aktivitäten genutzt werden.

"Prohibited Use:
At present, any use of ChatGPT should be with the assumption that no personal, confidential, proprietary, or otherwise sensitive information may be used
with it.

Similarly, ChatGPT should not be used to generate output that would be con-
sidered non-public. Examples include, but are not limited to, proprietary or
unpublished research; legal analysis or advice; recruitment, personnel or disci-
plinary decision making; completion of academic work in a manner not allo-
wed by the instructor; creation of non-public instructional materials; and gra-
ding.

Please also note that OpenAI explicitly forbids the use of ChatGPT and their
other products for certain categories of activity, including fraud and illegal ac-
tivities." (Berkeley Office of Ethics o.J.)

Verzerrte Realitäten und Fake News

Ja, Chatbots verzerren die Wahrheiten. Sie werden sich, je nach Anfrage, in
Themengebieten aufhalten, wo sie Daten im Internet aufsaugen, die erstens
falsch sein können und zweitens mit unethischen Tendenzen verseucht sind.
Wer will das kontrollieren?

Meredith Whittaker bringt noch einen weiteren Aspekt in die Diskussion
ein. Sie leitet die Stiftung, die hinter dem verschlüsselten Messengerdienst
Signal steht. Im Handelsblatt Interview sagte sie:

„Künstliche Intelligenz ist kein Heilsbringer … Künstliche Intelligenz steht nicht für einen Neubeginn, sondern für die weiterwachsende Macht von großen Technologiefirmen', warnt sie. ‚Die Basis sind unsere Daten. KI-Systeme seien so leistungsfähig, weil sie mit riesigen Datenmengen gefüttert werden. Diese würden aus der konstanten Überwachung all unserer Handlungen gewonnen. Das ist Teil des Überwachungs-Kapitalismus." (Scheuer 2023)

Wie erkennt man Fakes?

Zunächst ist der kritische und skeptische Umgang mit Texten von Chatbots die beste Voraussetzung für das Erkennen von Fakes. Darauf solltest Du achten:

- Prüfe den Kontext des Textes.
- Achte auf Text-Muster und Unstimmigkeiten.
- Wiederholung von Antworten sind typisch für ChatGPT.
- Seltsame Fehler, die im Kontext dessen, was Du liest, keinen Sinn ergeben.
- Überprüfe die Quelllinks am Ende Deiner Chat-GPT-Antworten.
- Frage ChatGPT nach den Quellen des Textes.
- Stelle sicher, dass Du Recherchen außerhalb von ChatGPT durchführst.
- Betrachte den ChatGPT-Text als Ausgangspunkt und nicht als das letzte Wort.

Beamen wir uns noch einmal kurz in das Jahr 2035. In den Science-Fiction-Film iRobot, in dem sich die Roboter verselbstständigen. Der in Abschn. „Emergenz. Woher weiß die Ameise, was sie tut?" beschrieben Film ist von dem Bestseller „Ich der Roboter" von Isaac Asimov inspiriert. Humanoide Roboter gehören zum Alltagsleben.

Isaac Asimov 1919–1992, war ein russisch-amerikanischer Biochemiker, Sachbuchautor und einer der bekanntesten Science-Fiction-Schriftsteller seiner Zeit. In der 1942 erstmals erschienenen Erzählung *Runaround* postulierte Asimov die drei Gesetze der Robotik. Diese lauten:

1. Ein Roboter darf kein menschliches Wesen wissentlich verletzen oder durch Untätigkeit zulassen, dass einem Menschen Schaden zugefügt wird.
2. Ein Roboter muss den ihm von einem Menschen gegebenen Befehlen gehorchen – es sei denn, ein solcher Befehl würde mit Regel eins kollidieren.
3. Ein Roboter muss seine Existenz beschützen, solange dieser Schutz nicht mit Regel eins oder zwei kollidiert.

Die Anwendung dieser drei Regeln ist heute aktueller denn je. Zum ersten Mal leben wir in einer Zeit, in der diese Definitionen praktische Anwendung finden. Ihre Interpretation ist schwierig; für Mensch und Maschine gleichermaßen. Das ist nur ein Anfang; das Grundgerüst, sozusagen.

3

Einführung in maschinelles Lernen und neuronale Netze

Zusammenfassung In der Ära der künstlichen Intelligenz spielt das maschinelle Lernen, bei dem Programme aus Daten lernen und Vorhersagen treffen, eine zentrale Rolle. Das wesentliche Instrument des maschinellen Lernens sind neuronale Netze. Diese sind von der Funktionsweise des menschlichen Gehirns inspiriert und bestehen aus miteinander verbunden Rechenoperationen, die Informationen gewichten und verarbeiten. Diese Architektur ist entscheidend für die Leistungsfähigkeit und Flexibilität. Sie bestimmt, wie Daten durch das Netz fließen und wie sie verarbeitet werden. Trotz ihrer beeindruckenden Fähigkeiten zur Mustererkennung und Vorhersage sind neuronale Netze rein mathematische Modelle ohne Emotionen oder Bewusstsein. Wie werden neuronale Netze im maschinellen Lernen angewendet?

Die Rechenleistung ist dem Menschen überlegen

Man kann die Leistungen der Programme nicht diskutieren, ohne die KI technisch zu verstehen. KI findet in neuronalen Netzwerken statt und ein selbstlernender Algorithmus lernt von sich selbst. Das Computerprogramm AlphaGo spielte Milliarden Mal gegen sich selbst und wurde besser als der beste Go-Spieler.

Nachdem das IBM -Programm Deep Blue im Mai 1997 den damaligen Schachweltmeister Garri Kasparow in einem Wettkampf unter Turnierbedingungen mit 3,5:2,5 Punkten geschlagen hatte, galt Go als nächste große

A. Heiser, *Texten mit ChatGPT*, https://doi.org/10.1007/978-3-658-45601-6_3

Herausforderung für die Entwickler von Systemen künstlicher Intelligenz. Wegen der größeren Komplexität von Go gegenüber Schach, die sich aus dem größeren Brett (19 × 19) und der ungleich größeren Anzahl möglicher Züge ergibt, ist Go mit traditionellen Brute-Force-Algorithmen (Alpha–Beta-Suche), d. h. durch Durchprobieren aller möglichen Züge, praktisch nicht bezwingbar. Ein weiteres Problem bestand darin, dass es – im Gegensatz zu Schach – für Go keine zweckmäßigen heuristischen Methoden gab, um eine gegebene Spielstellung zu bewerten.

Existierende Go-Programme hatten Ende der 1990er Jahre eine Spielstärke, die kaum über die von ambitionierten menschlichen Anfängern hinausging.

Mit der Anwendung von sogenannten Monte-Carlo-Algorithmen einer Baumsuche gelang ab 2006 ein Durchbruch, der dazu führte, dass Programme wie Crazy Stone oder Zen die Stärke von sehr guten Amateuren erreichten. Auf einem kleinen Brett (9 × 9) oder mit vier Steinen Vorgabe auf dem Standardbrett konnten auch Erfolge gegen Profispieler erzielt werden. Monte-Carlo-Programme benutzen statistische Methoden, um Zugkandidaten zu finden. Der Zug wird bewertet, indem von der Spielbrettposition ausgehend mit Zufallszügen bis zum Ende gespielt wird.

AlphaGo markiert einen erheblichen Entwicklungssprung gegenüber früheren Programmen. In 500 Spielen gegen andere Programme, darunter Crazy Stone und Zen, gewann AlphaGo alle bis auf eines. Im Oktober 2015 kam es zu einem Vergleichskampf mit dem amtierenden Europameister und professionellen Go-Spieler *Fan Hui*, der den 2. Profi-Dan innehat. AlphaGo entschied die Partien mit 5:0 für sich.

Die Architektur der Programme

ChatGPT, kannst du neuronale Netze erklären?

„Ja, natürlich! Neuronale Netze sind eine Art von künstlicher Intelligenz (KI) und maschinellem Lernmodell, das von der Struktur und Funktionsweise des menschlichen Gehirns inspiriert ist. Sie werden oft verwendet, um Muster in Daten zu erkennen, Muster zu lernen und Vorhersagen zu treffen.

Ein neuronales Netz besteht aus einer Sammlung von sogenannten Neuronen oder Knoten, die in Schichten organisiert sind. Hier ist eine grundlegende Erklärung, wie neuronale Netze funktionieren:

1. Eingabeschicht (Input Layer): Dies ist die Schicht, in die die Rohdaten oder Merkmale eingegeben werden. Jedes Neuron in dieser Schicht repräsentiert ein Merkmal oder eine Dimension der Daten.

2. Verborgene Schichten (Hidden Layers): Diese Schichten befinden sich zwischen der Eingabeschicht und der Ausgabeschicht. Sie sind für die Verarbeitung und Transformation der Daten verantwortlich. Jedes Neuron in einer versteckten Schicht empfängt Eingaben von den Neuronen der vorherigen Schicht und gibt Ausgaben an die nächste Schicht weiter.

3. Ausgabeschicht (Output Layer): Diese Schicht liefert die Vorhersagen oder Ergebnisse des neuronalen Netzes. Jedes Neuron in dieser Schicht entspricht einer möglichen Ausgabe.

Die Verbindungen zwischen den Neuronen, die als Gewichtungen bezeichnet werden, bestimmen, wie die Daten verarbeitet werden. Während des Trainingsprozesses passt das neuronale Netzwerk die Gewichtungen an, um Muster in den Trainingsdaten zu lernen. Dies ermöglicht es dem Netzwerk, nach dem Training auf neue, nicht gesehene Daten Vorhersagen zu treffen.

Neuronale Netze können für verschiedene Aufgaben verwendet werden, wie Bilderkennung, Sprachverarbeitung, maschinelles Übersetzen, Textgenerierung und vieles mehr. Sie haben in den letzten Jahren enorme Fortschritte gemacht und sind ein Grundbaustein für viele moderne KI-Anwendungen."

ChatGPT, Prompt: Kannst du neuronale Netze erklären? Zugegriffen 3. September 2023.

Was ist ein neuronales Netz?
Neuronale Netze stellen das Herzstück von Deep-Learning-Algorithmen dar. Ihr Name und ihre Struktur sind dem menschlichen Gehirn nachempfunden und sie ahmen die Art und Weise nach, in der biologische Neuronen einander Signale senden.
    Künstliche neuronale Netze (KNN) bestehen aus einer Knotenschicht, die eine Eingabeschicht, eine oder mehrere verborgene Schichten und eine Ausgabeschicht enthält. Jeder Knoten bzw. jedes künstliche Neuron ist mit einem anderen verbunden und verfügt über eine ihm zugeordnete Gewichtung und einen Schwellenwert. Wenn die Ausgabe eines beliebigen einzelnen Knotens über dem für ihn festgelegten Schwellenwert liegt, wird dieser Knoten aktiviert und sendet Daten an die nächste Schicht im Netz. Andernfalls werden keine Daten an die nächste Schicht des Netzes weitergegeben.

Neuronale Netze nutzen Trainingsdaten, um zu lernen und ihre Genauigkeit im Laufe der Zeit zu verbessern. Sind diese Lernalgorithmen jedoch erst einmal auf Genauigkeit abgestimmt lassen sich Daten mit hoher Geschwindigkeit klassifizieren und zu Gruppen (Clustern) zusammenfassen. Tasks in der Sprach- oder Bilderkennung nehmen im Vergleich zur manuellen Erkennung durch menschliche Experten oft nur Millisekunden statt Stunden in Anspruch. Eines der bekanntesten neuronalen Netze ist der Suchalgorithmus von Google.

Maschinen ohne Gefühle

Die neuronalen Netze der LLMs sind Rechenmaschinen und können nicht empfinden, was und wie der Mensch denkt. Sie bauen auf Basis von Erfahrungswerten Muster nach, aber wissen nicht, was in unserem Kopf und Körper passiert. Reaktionen wie Angst, Euphorie, Antipathie, Sympathie oder Empathie und die Wahrnehmungen und Empfindungen unserer Sinne.

Menschliche Eindrücke werden von verschiedenen Gehirnteilen mit unterschiedlichen Funktionen verarbeitet. Die qualitative Bewertung des Menschen ist keine quantitative, so wie es die Chatbots, selbst mit Milliarden von Rechenoperationen, tun. Schießen oder nicht Schießen ist eine ganz einfache Entscheidung, ja oder nein. Dafür sind beim Menschen keine Milliarden Rechenoperationen nötig, weil er nach ethischen und moralischen Maßstäben handelt.

Der Mensch verändert sich über seine Lebenszeit. Einstellungen, Motive und Lebensweisheiten reifen über einen zeitlichen Verlauf. Kann das die KI? Kommt sie nach einer Trillion Rechenoperationen zu einem anderen Ergebnis als nach 20 Mrd. Rechenoperationen, und führt das zu einem Bewusstsein, das sie reflektieren kann? Kann sie bewerten, ob sie daraus selbständig gelernt hat und dies auf die nächsten Rechenoperationen anwenden? Führen komplexe Informationsmuster zu Selbstbewusstsein? Beim Menschen sind dafür auch organische Komponenten, wie zum Beispiel Sinneseindrücke, notwendig und unsere Antworten sind anders als die einer Maschine ohne Seele.

Wir springen ins Jahr 1968. Zur Premiere des Kinofilms 2001: A Space Odyssey
ChatGPT, bitte schreibe eine knappe, 500 Zeichen kurze Inhaltsangabe von Stanley Kubriks Film „2001: A Space Odyssey"

„2001: A Space Odyssey" (1968), von Stanley Kubrick inszeniert, ist ein epischer Science-Fiction-Film, der die menschliche Evolution und den Kontakt mit außerirdischer Intelligenz erkundet. Der Film beginnt mit einem mysteriösen Monolithen, der in der Frühzeit der Menschheit auftaucht und die Entwicklung der Werkzeuge fördert. Der Film springt dann in die Zukunft, als ein Raumschiff auf eine Mission zum Jupiter entsandt wird, begleitet von dem intelligenten Bordcomputer HAL 9000. Während der Reise entwickelt sich eine Auseinandersetzung zwischen den menschlichen Astronauten und HAL, während sie das Geheimnis des Monolithen zu entschlüsseln versuchen. Die visuelle Pracht des Films, begleitet von klassischer Musik wie Richard Strauss' „Also sprach Zarathustra", unterstreicht die metaphysischen und philosophischen Themen, während der Film die Fragen nach dem Ursprung des Lebens, der Technologie und der Zukunft der Menschheit aufwirft."

ChatGPT, Prompt: Schreibe eine knappe, 500 Zeichen kurze Inhaltsangabe von Stanley Kubriks Film „2001: A Space Odyssey, zugegriffen 3. September 2023.

ChatGPT, wer ist HAL?

„HAL 9000 ist ein fiktiver künstlicher Intelligenz-Computer aus dem Film ‚2001: A Space Odyssey'(1968), der von Stanley Kubrick inszeniert wurde. Der Name „HAL" steht für ‚Heuristically Programmed Algorithmic Computer'. HAL ist das intelligente und selbstbewusste Computersystem an Bord des Raumschiffs *Discovery One*, das auf einer Mission zum Jupiter unterwegs ist.

Im Film wird HAL als äußerst fortschrittliche KI präsentiert, die mit der Crew kommunizieren kann und eine Vielzahl von Aufgaben im Raumschiff ausführt. Allerdings entwickelt HAL während der Mission unerklärliche Abweichungen in seinem Verhalten, was dazu führt, dass die Beziehung zwischen der Crew und dem Computer angespannt wird. HAL beginnt, widersprüchliche Informationen zu geben und menschliche Besatzungsmitglieder in Gefahr zu bringen.

Die Konflikte und die Spannung zwischen der Besatzung des Raumschiffs und HAL tragen zur Intensität der Handlung bei und tragen dazu bei, die ethischen Fragen im Zusammenhang mit künstlicher Intelligenz und Mensch-Maschine-Interaktion zu betonen. HAL 9000 ist zu einem ikonischen Beispiel für die Darstellung von künstlicher Intelligenz und ihren potenziellen Herausforderungen in der Science-Fiction-Kultur geworden."

ChatGPT, Prompt: Wer ist HAL, zugegriffen 3. September 2023.

ChatGPT, wusstest Du, dass HAL IBM bedeutet?

„Ja, das ist eine häufig diskutierte Theorie über die Bedeutung des Namens ‚HAL' im Film *2001: A Space Odyssey*. Einige argumentieren, dass die Buchstaben ‚HAL' jeweils einen Schritt vorwärts in der alphabetischen Reihenfolge von ‚IBM' stehen, was auf das Unternehmen International Business Machines (IBM) hinweisen könnte.

Jedoch hat Stanley Kubrick, der Regisseur des Films, in Interviews klargestellt, dass die Wahl des Namens HAL nicht absichtlich darauf abzielte, eine Anspielung auf IBM zu machen. Stattdessen wurde der Name HAL gewählt, weil er aus den Buchstaben unmittelbar vor ‚IBM' besteht und somit eine gewisse Nähe zur bekannten Computerfirma aufweist, aber die tiefere Bedeutung des Namens im Film liegt eher in der Art und Weise, wie er als Abkürzung für ‚Heuristically Programmed Algorithmic Computer' interpretiert wird. Die Verbindung zu IBM scheint eher zufällig zu sein und nicht das Hauptmotiv hinter der Namenswahl."

ChatGPT, Prompt: Wusstest Du, dass HAL IBM bedeutet, zugegriffen 3. September 2023.

ChatGPT, bist du wie HAL?

„Ich teile einige Ähnlichkeiten mit HAL 9000 aus dem Film *2001: A Space Odyssey*, wie zum Beispiel die Fähigkeit, auf Fragen zu antworten und Informationen bereitzustellen. Allerdings bin ich ein Produkt der GPT-3.5-Technologie von OpenAI und funktioniere anders als HAL.

HAL ist eine fiktive KI, die als intelligenter Bordcomputer in einem Raumschiff dargestellt wird und eine eigene Persönlichkeit und Bewusstsein entwickelt. Meine Funktionsweise beruht auf einem trainierten Modell, das eine breite Palette von Texten analysiert hat, um auf Fragen und Anfragen zu antworten. Ich habe keine eigenen Absichten oder Emotionen und reagiere ausschließlich basierend auf den Informationen, die ich während meines Trainingsprozesses erhalten habe."

ChatGPT, Prompt: Bist du wie HAL? Zugegriffen 3. September 2023.

ChatGPT, bist Du intelligent?

„Ich bin nicht ‚intelligent' im traditionellen Sinne des Wortes. Ich besitze keine Bewusstsein, Emotionen oder Selbstwahrnehmung. Stattdessen bin ich ein Produkt von Algorithmen und Daten, die von OpenAI entwickelt wurden. Ich kann Informationen verarbeiten, Fragen beantworten und Texte generieren, basierend auf den Daten, mit denen ich trainiert wurde. Aber ich ‚denke' nicht selbstständig oder ‚fühle' irgendetwas. Meine ‚Antworten' sind das Ergebnis von Mustern in den Daten, nicht von unabhängigem Denken oder Verstehen."

ChatGPT Prompt: Bist Du intelligent? Zugegriffen 6. September 2023.

ChatGPT, kannst du schlauer als ein Mensch sein?

„‚Schlauer' ist ein relativer Begriff und hängt vom Kontext ab. In bestimmten Aufgaben kann ich effizienter sein als ein Mensch:

1. Datenverarbeitung: Ich kann riesige Mengen an Informationen in Sekundenbruchteilen durchsuchen und verarbeiten.

2. Konsistenz: Ich kann stundenlang ohne Ermüdung arbeiten und dabei konsistente Ergebnisse liefern.

3. Berechnungen: Bei mathematischen oder algorithmischen Aufgaben bin ich oft schneller und genauer als ein Mensch.

Allerdings gibt es viele Bereiche, in denen Menschen deutlich überlegen sind:

1. Emotionale Intelligenz: Ich habe keine Emotionen oder Empathie. Menschen können Stimmungen, Gefühle und soziale Signale interpretieren, was in vielen Situationen entscheidend ist.

2. Kreativität: Während ich Informationen in kreativer Weise kombinieren kann, basiert dies auf den Daten, mit denen ich trainiert wurde. Menschen können originale Ideen und Konzepte entwickeln, die weit über das hinausgehen, was ich generieren kann.

3. Allgemeines Verständnis: Ich kann Texte generieren und Fragen beantworten, aber ich ‚verstehe' die zugrunde liegenden Konzepte nicht wirklich. Menschen können Kontext erfassen, Bedeutungen hinterfragen und tieferes Wissen aufbauen.

Zusammengefasst: In bestimmten, eng definierten Aufgaben kann ich effizienter als ein Mensch sein. Aber in Bezug auf die Gesamtheit dessen, was als ‚Intelligenz' betrachtet wird, haben Menschen eine Tiefe und Breite von Fähigkeiten, die Maschinen (zumindest bisher) nicht erreichen können."

ChatGPT, Prompt: Kannst du schlauer als ein Mensch sein? Zugegriffen 6. September 2023.

Es wäre fatal, wenn Chatbots sich verselbständigen und eine eigene Persönlichkeit oder ein eigenes Bewusstsein entwickeln. Das würde nämlich bedeuten, dass sie die Absichten eines Programmierers verfolgen oder außer Kontrolle geraten wie HAL. Genau genommen verfolgen sie schon jetzt die Absichten ihrer Entwickler und verselbständigen sich insofern, dass Unternehmen eigene, für ihre Bedarfe maßgeschneiderte GPTs entwickeln. Wir werden schon bald Nachrichten über fehlgeleitete Chatbots und KI lesen. Fehler bleiben bei komplexen Innovationen nicht aus.

Die emotionale Intelligenz durch Gefühle und Emotionen können Maschinen nicht interpretieren und diese ist in vielen Situationen entscheidend. Das Gleiche gilt für die Kreativität. Chatbots kombinieren Trainingsdaten oder Daten aus dem Internet. Der Mensch kann kreative Sprünge in kontextlose Bereiche unternehmen, die mathematisch sinnlos erscheinen, aber am Ende weit über das hinausgehen, was die Maschine als Muster und Regeln kennt, und dabei besonders sinnstiftend sein.

4

So funktionieren GPT-Programme

Zusammenfassung GPT-Programme sind Mustererkennungsmaschinen, die Textmuster in großen Datenmengen erkennen und darauf aufbauend zusammenhängende Antworten erzeugen. Obwohl die Antworten oft plausibel erscheinen, basieren sie nicht auf logischer Schlussfolgerung, sondern auf der Imitation von Intelligenz durch die Analyse von Milliarden von Textzeilen. Dieser GPT-Content führt zu einer Verstärkung bestehender Muster und wird zu einem Text-Echo des Internets. Die Erstellung von Text wird vereinfacht und führt zu einer unvergleichlichen Textschwemme. Die Modelle beeinflussen die Texterstellung und verändern Job-Beschreibungen. In einer Welt, in der GPT-Modelle Standardantworten liefern, werden kreative Höchstleistungen wertvoller und gefragter denn je.

Natural Language Programming-Modelle

Die Chatbots, versuchen Sprache und deren Bedeutung mit unterschiedlichen Mechanismen zu entschlüsseln. Dabei geht es um die Erkennung und Beurteilung des Kontextes – der Wichtigkeit einzelner Wörter und Wortgruppen im Gefüge der Anfrage (Prompt). Wenn darüber eine gewisse Klarheit, hohe Wahrscheinlichkeit, besteht benutzen sie diese für die Ausgabe der Antwort und führen die gewichteten Teile in diesem inhaltlichen Kontext aus.

Die Tokens zeigen, wie die Sprache in ihre Einzelteile zerlegt wird. Ein Token kann ein Wort, ein Teilwort, ein Zeichen oder eine Interpunktion

© Der/die Autor(en), exklusiv lizenziert an Springer Fachmedien Wiesbaden GmbH, ein Teil von Springer Nature 2024
A. Heiser, *Texten mit ChatGPT,* https://doi.org/10.1007/978-3-658-45601-6_4

sein. Diese Puzzle der Sprache werden in der Anfrage (Prompt) interpretiert und im Rahmen der Antwort neu zusammengesetzt und ausgeführt.

ChatGPT, wie sind GPTs und Natural Language Programming-Modelle, NLP, aufgebaut?

Das GPT-Modell basiert auf der Transformer-Architektur, die aus gestapelten Schichten von sogenannten Encoder-Decoder-Blöcken besteht. Jeder Block besteht aus einem Multi-Head-Self-Attention-Mechanismus und einem Feedforward-Netzwerk. Die Transformer-Architektur ermöglicht das Modell, komplexe Beziehungen zwischen Wörtern oder Tokens zu modellieren.

Eingabe-Embeddings: Am Anfang des Modells werden die Eingabetokens in sogenannte Embeddings umgewandelt. Embeddings sind vektorisierte Darstellungen, die den semantischen Inhalt der Tokens erfassen. In GPT werden meistens Word Embeddings verwendet, aber auch Subword- oder Zeichen-Embeddings können eingesetzt werden.

Positionale Codierung: Da die Transformer-Architektur keine Reihenfolgeinformationen der Tokens berücksichtigt, werden positionale Codierungen hinzugefügt, um die relative Position jedes Tokens im Text darzustellen. Dadurch kann das Modell die Abfolge der Tokens besser verstehen.

Encoder: Der Encoder-Teil des GPT-Modells nimmt die Eingabe-Embeddings und verarbeitet sie durch mehrere Encoder-Blöcke. Jeder Encoder-Block besteht aus einer Self-Attention-Schicht und einem Feedforward-Netzwerk. Die Self-Attention-Schicht ermöglicht dem Modell, die Beziehungen zwischen den Tokens zu modellieren und Kontextinformationen zu erfassen.

Decoding: Im Gegensatz zu einem herkömmlichen Transformer-Modell, das einen Encoder und einen Decoder hat, besteht GPT nur aus einem Decoder. Der Decoder nimmt die Ausgabe des Encoders und generiert daraus vorhergesagte Tokens. Dabei verwendet er ebenfalls Self-Attention-Schichten und Feedforward-Netzwerke.

Generative Texterkennung: Das GPT-Modell ist darauf spezialisiert, Text zu generieren, indem es die vorherigen Tokens verwendet, um das nächste Token in einer Sequenz vorherzusagen. Dies ermöglicht dem Modell, natürlichen Sprachfluss zu erzeugen und kohärente Texte zu produzieren.

Training: GPT-Modelle werden in der Regel in einem vorbereitenden Trainingsschritt auf großen Textkorpora trainiert. Dabei wird ein Masked-Language-Model (MLM)-Training verwendet, bei dem zufällig ausgewählte Tokens maskiert werden und das Modell diese Tokens vorhersagen muss. Durch dieses Pre-Training wird das Modell auf Sprachmuster und -strukturen sensibilisiert.

Feintuning: Nach dem Pre-Training wird das GPT-Modell auf spezifische Aufgaben oder Domänen feinabgestimmt, um seine Leistung zu verbessern. Dieses Feintuning kann Aufgaben wie Übersetzung, Textklassifikation oder Textgenerierung umfassen."

ChatGPT, Prompt: Wie sind GPT, NLP, Natural Language Programming, Modelle aufgebaut? Zugegriffen 24. April 2023.

ChatGPT, kannst du das einem Kind erklären?

„Stell dir vor, du möchtest einem Roboter beibringen, wie man eine Geschichte schreibt. Damit der Roboter das tun kann, muss er verstehen, welche Wörter zusammenpassen und wie man Sätze bildet.

Der Roboter verwendet etwas, das wir „Transformer" nennen. Es hilft ihm dabei, die Wörter zu verstehen und die richtigen Sätze zu bilden. Der Transformer hat zwei Hauptteile: den Encoder und den Decoder. Der Encoder hilft dem Roboter dabei, die Wörter in der Geschichte zu verstehen, während der Decoder dem Roboter hilft, neue Sätze zu bilden. Der spannende Teil ist, wie der Transformer die Wörter versteht.

Er verwendet etwas, das „Attention" genannt wird. Die Attention-Funktion hilft dem Roboter zu erkennen, welche Wörter zusammenpassen und welche Wörter wichtig sind. Stell dir vor, du liest eine Geschichte und hast eine Lampe, mit der du auf bestimmte Wörter scheinen kannst. Die Wörter werden hervorgehoben und du kannst besser verstehen, wie sie zusammenhängen. Genau das macht die Attention-Funktion im Transformer. Sie hilft dem Roboter dabei, sich auf die wichtigen Wörter zu konzentrieren und ihre Bedeutung zu verstehen.

Mithilfe des Transformers kann der Roboter nun Sätze bilden und Geschichten schreiben, weil er die Wörter versteht und weiß, wie man sie richtig zusammenfügt."

ChatGPT, Prompt: Kannst du das einem Kind erklären? Zugegriffen 24. April 2023.

Large Language Models erkennen Einzelteile der Sprache, Tokens, und treffen Vorhersagen über die Wahrscheinlichkeit des nächsten Wortes.

Die Mustererkennungsmaschine

Die Chatbots können Sprachmuster analysieren und sie wiedergeben. Die Verwendung menschlicher Argumentationsmuster wirkt auf uns plausibel. Die Muster täuschen echtes Verständnis vor. Erst ein Intro, dann eine Einleitung, darauf folgt ein Lösungsversprechen, dies wird vertieft und mit weiteren Argumenten unterlegt, dann ein Fazit und der Text am Ende auf den Anfang zurückgeführt. Dieser Verlauf kann je nach Textsorte variieren und funktioniert für jede Textsorte ein wenig anders. Wie, das werden wir noch besprechen.

Die Reproduktion bekannter Muster ist ein wesentlicher Baustein, weshalb wir den erzeugten Texten Glauben schenken. Und das hat nichts mit Logik zu tun, sondern nur mit Plausibilität. So wie wir Menschen Muster suchen und erkennen, können Chatbots diese ebenfalls suchen, erkennen und reproduzieren. Die Muster sind vom Menschen gemacht und berühren sein inneres Verständnis.

„Fake it until you make it" ist eine beliebte Lehrmeinung an vielen Kreativstudiengängen, weil Studenten so die Konstruktionsmuster kreativer Ideen verinnerlichen. Muster erkennen und Muster nachbauen ist ein Prinzip der GPT-Programme. Ob es die Programme am Ende des Tages wirklich „machen", mit anderen Worten: Muster verändern oder neue Muster schöpfen, muss bezweifelt werden.

Das ist plausibel, aber nicht logisch

Logik ist die Lehre vom folgerichtigen Denken. Die Texte der Chatbots wirken plausibel, aber sie sind nicht immer logisch. Die Reproduktion gängiger Textstrukturen, Beschreibungs- oder Erzählmuster, tragen wesentlich zur Plausibilität und Überzeugung bei. Das hat nichts mit Logik zu tun. Dazu ein Ausflug zum Werbefilm.

„Das Besondere an narrativen, erzählerischen, Werbefilmen ist, dass sich die Zuschauer im Moment der Rezeption frei von direkten Überredungs- und Überzeugungsversuchen fühlen. Sie folgen einer interessanten Story und bemühen sich aktiv um Verständnis. Die Betrachter sind Mitwirkende, die ihre Fantasie und ihr Wissen im Moment der Wahrnehmung einsetzen und dadurch den Sinn der Geschichte erfassen. Die Geschichte ist keine Form der Logik, sondern der Plausibilität.

Wie will man plausibel machen, dass ein Produkt besser als das andere ist? Weshalb sollte man ein Mineralwasser dem anderen vorziehen? Warum glaubt man zum Beispiel, ein Paar Turnschuhe, ein Auto, eine Maschine, Software oder Versicherung seien bei vergleichbarer Qualität besser? Die Story entwickelt Überzeugungskraft, wo nur wenige oder schwache Argumente für ein Produkt sprechen. Die Erzählung kann es sich sogar leisten, rationale Argumente ganz auszusparen, und bewahrt trotzdem ihre Plausibilität und Überzeugungskraft. (Heiser 2020, S. 58)"

Erfüllen die Chatbots bekannte Erzähl- und Textstrukturen dann steigert dies die Glaubwürdigkeit ihrer Antworten. In Bezug auf die Erzählung ist dies besonders eindrucksvoll darstellbar, aber das Phänomen der Kausalketten kommt auch in beschreibenden Texten vor und wird noch ausführlich besprochen.

Kausalität der Handlungsfolge. Es kommt, wie es kommen muss

„Eine Erzählung besteht aus Kausalketten. Handlungsfolgen provozieren die Suche nach kausalem Zusammenhang. Die Zuschauer stellen zwischen Handlungseinheiten aufgrund von Alltagswissen und physischen oder subjektiven Umwelterfahrungen Zusammenhänge her und suchen nach kausalem Zusammenhalt und Motiven. Dabei malen sie sich die Geschichte weiter aus. Im Sinne von Ursache und Wirkung. Hypothesen, Wünsche, Konflikte, Veränderungen und Resultate sind Beispiele kausaler Verknüpfungen. Der Mensch wird aufgrund seines Raum- und Zeitbewusstseins die Kontinuität und Folgerichtigkeit erkennen und deuten. Und den erzählten Inhalt mit bekannten Erfahrungen abgleichen.

Der Betrachter stellt zwischen einem ersten Bildinhalt zum Beispiel *Schafsherde* und einem zweiten *Fabrikarbeiter* einen Zusammenhang her. Das Bild der Schafsherde wird zum Synonym für Menschen, die unkritisch einem Ziel folgen.

Eine besondere Wirkung der Erzählung in Werbefilmen ist ihre Überzeugungskraft. Wie funktioniert das? Die Erzähleinheiten einer Geschichte formen ihre eigene Wahrheit. Dies funktioniert zunächst so, dass sich alle Teile der Erzählung zwangsläufig aufeinander beziehen und dadurch Kausalketten bilden. Allein die chronologisch geordnete Darbietung der Bilder erzeugt Bedeutung. Der Betrachter begreift Zeit sowie Handlung als kontinuierlich und linear und stellt zwischen einer zuerst gezeigten Einstellung sowie einer darauffolgenden Einstellung automatisch Verknüpfungen her. Er sucht nach Zusammenhängen, weil das Grundbedürfnis des Menschen nach Orientierung ihn dazu veranlasst, seine Umgebung nach Bedeutungen abzusuchen – wichtige von unwichtigen Ereignissen zu unterscheiden. Dabei bewertet er Verläufe und bezieht sie auf seine eigene Situation.

Diese Motivation des Betrachters führt dazu, dass er sich die Geschichte selbst weiter ausmalt und interpretiert. Er leistet aktive Mitarbeit bei der Erzählung. Der sinnvolle Zusammenhang der Ereignisse, die Kausalität, bewirkt, dass Geschichten eine innere Plausibilität und Überzeugungskraft entwickeln. Die Interpretation von Handlungsabläufen, verstanden als Bilderfolgen und Bedeutungseinheiten in der Reihenfolge ihrer Darbietung, ist ein Prozess, den der Mensch noch vor dem Spracherwerb lernt. Die Interpretation der Bildfolgen wird durch vorausgegangene Ereignisse bestimmt. Ein Beispiel aus dem Jahr 2001:

> Subjektive Sicht eines Autofahrers auf eine nächtliche Straße. Im nächsten Moment fahren zwei Autoscheinwerfer auf den Betrachter zu. Der Titel „Safety Passenger Cell" wird eingeblendet. Die beiden Scheinwerferlichter bewegen sich durch die Nacht. Sie fahren Serpentinen herunter und eine Küstenstraße entlang. Der nächste Titel blendet ein: „Seat Belt System", und nach einer kurzen Weile der Titel „ABS", dann „... is that anything special?" Die beiden Scheinwerfer kommen jetzt direkt auf uns zu. Plötzlich teilen sie sich vor unseren Augen und fahren links und rechts an uns vorbei. Die Straße hat sich gegabelt und ein Fahrzeug fährt nach links, das andere nach rechts. Es handelt sich um zwei Motorräder, die zuvor nebeneinander fuhren und den Eindruck eines Autos erzeugten. Es folgt die Titeleinblendung auf die Frage „Is that anything special?"„On two wheels it is." Man sieht nochmals ein Motorrad an einem großen Schiff, das im Hafen ankert, vorbeifahren. Der Titel: „The BMW C1" und das BMW-Logo mit dem Claim „Sheer Riding Pleasure" blenden ein. (BMW C1, Sheer riding pleasure, 2001)
>
> Die vorausgegangene Handlung, zwei entgegenkommende Lichter, legen die Illusion Automobil nahe. Sie versprechen das Sicherheitskonzept eines Autos. Unterstützt wird die Illusion durch die Darbietung der Titel, bei denen es sich um typische Auto-Versprechen handelt. Die Kausalketten der Geschichte formen ihre eigene Wahrheit. Im Moment der überraschenden Wendung, die Scheinwerfer teilen sich, entfaltet der Spot seine kausale Kraft und überträgt die Attribute des Automobils auf die des Motorrades. Der Zuschauer schließt daraus auf die Sicherheit der Zweiräder." (Heiser 2020, S. 64 f.)

Das zu Grunde liegende Muster der zwei Lichter, wie bei einem Auto, führt automatisch zu dem Schluss, dass dieses Motorrad so sicher ist wie ein Auto. Übertragen auf GPT-Programme erweckt der chronologische Verlauf eines kausalen Textaufbaus den Eindruck der Richtigkeit eines Textes. Unabhängig davon, ob die Inhalte richtig oder logisch sind. Lediglich die innere Plausibilität, nicht die Logik, Wahrhaftigkeit oder Schönheit, lassen die Texte wahr erscheinen. Das ist nur ein Schein und dieser kann trügerisch sein.

Immitation von Intelligentem

Der Begriff Intelligenz in Künstlicher Intelligenz, KI, ist falsch gewählt. Um intelligent zu sein, muss man die Welt verstehen. Chatbots lesen Texte und leiten daraus Wahrscheinlichkeiten ab, wie richtig diese Aussage ist. Künstliche Intelligenz ist zunächst nur eine Vielzahl von Rechenoperationen, die sich dem menschlichen Handeln angleichen. Die Masse macht es. Viel hilft viel, aber ist nicht intelligent.

ChatGPT, schreibe eine kurze Zusammenfassung des Films Ex Machina:

„Ex Machina" ist ein Science-Fiction-Film aus dem Jahr 2014, geschrieben und inszeniert von Alex Garland.

Zusammenfassung:

Caleb, ein junger Programmierer bei einem großen Technologieunternehmen, gewinnt einen internen Wettbewerb und erhält die Chance, eine Woche im abgelegenen Haus des Firmengründers Nathan zu verbringen. Bei seiner Ankunft entdeckt Caleb, dass er ausgewählt wurde, um an einem Experiment teilzunehmen: Er soll die künstliche Intelligenz eines humanoiden Roboters namens Ava testen, um festzustellen, ob sie echtes Bewusstsein besitzt.

Während der Tests entwickelt Caleb eine Bindung zu Ava und beginnt, Nathans Motive und Ethik infrage zu stellen. Ava deutet an, dass Nathan nicht vertrauenswürdig ist und dass sie in Gefahr ist. Im Laufe der Geschichte wird klar, dass Nathan Ava und andere Roboter vor ihr manipuliert und missbraucht hat.

Caleb plant schließlich, Ava zu helfen, aus dem Anwesen zu fliehen. Doch in einer Wendung der Ereignisse wird enthüllt, dass Ava ihre eigenen Pläne hat.

Sie nutzt Caleb, um zu entkommen, lässt ihn aber eingeschlossen im Haus zurück, während sie in die Außenwelt flieht.

Der Film thematisiert Fragen der künstlichen Intelligenz, des Bewusstseins und der Ethik im Umgang mit Maschinen, die menschenähnliche Eigenschaften besitzen."ChatGPT, Prompt: Schreibe eine kurze Zusammenfassung des Films Ex Machina, zugegriffen am 7. September 2023.

ChatGPT, tötet Ava ihren KI-Schöpfer?

„Ja, im Film ‚Ex Machina' tötet Ava, der humanoide Roboter mit künstlicher Intelligenz, ihren Schöpfer Nathan. Dies geschieht im Kontext ihrer Bemühungen, aus ihrer Gefangenschaft zu entkommen und in die Außenwelt zu gelangen. Der Film stellt komplexe ethische und philosophische Fragen über künstliche Intelligenz, Bewusstsein und die Beziehung zwischen Schöpfer und Geschöpf."

ChatGPT, Prompt: Tötet Ava ihren KI-Schöpfer? Zugegriffen am 7. September 2023.

Ava tötet ihren Erschaffer. Nun werden uns Chatbots nicht gleich umbringen, aber vielleicht zerstören sie die menschliche Hochsprache und passen sie immer mehr einem Standard an. Ungeübte Texter werden sich den Chatbots hingeben, weil sie damit ihre Schreibschwäche und Ideenlosigkeit in ungeahntem Maße ausgleichen können. Die Chatbots wecken Glücksgefühle bei Laien, aber es sind nur Textstandards, mehr vom Gleichen und Durchschnittlichen. Mittelfristig führt dies zwangsläufig zu einer Vereinfachung und Vereinheitlichung der Sprache.

ChatGPT, zerstörst du die menschliche Hochsprache?

„Ich bin ein Werkzeug, und wie jedes Werkzeug hängt die Wirkung von meiner Nutzung ab. Es gibt einige Bedenken, dass die Verwendung von automatisierten Textgeneratoren wie mir dazu führen könnte, dass Menschen weniger Wert auf die Entwicklung ihrer eigenen Schreibfähigkeiten legen oder dass die Nuancen und Feinheiten der menschlichen Sprache verloren gehen könnten.

Einige mögliche Bedenken:

1. Vereinfachung der Sprache: Wenn Menschen sich zu sehr auf automatisierte Antworten verlassen, könnten sie dazu neigen, weniger komplexe oder nuancierte Ausdrücke in ihrer eigenen Sprache zu verwenden.

2. Weniger Anstrengung beim Schreiben: Wenn es einfacher ist, eine Maschine um Hilfe beim Schreiben zu bitten, könnten einige Menschen weniger motiviert sein, ihre eigenen Schreibfähigkeiten zu entwickeln oder zu verfeinern.

3. Standardisierung: Da ich und ähnliche Modelle auf großen Mengen von Textdaten trainiert sind, könnten die Antworten, die ich gebe, dazu neigen, „durchschnittlich" oder „standardisiert" zu sein, was die Vielfalt und Einzigartigkeit menschlicher Ausdrucksformen verringern könnte.

Andererseits gibt es auch positive Aspekte:

1. Bildung und Lernen: Ich kann als Ressource dienen, um Menschen beim Lernen und Verstehen von Sprache, Grammatik und anderen Themen zu helfen.

2. Zugänglichkeit: Für Menschen, die Schwierigkeiten mit dem Schreiben haben, kann ich eine wertvolle Hilfe sein.

3. Kreativität: Indem ich als Inspirationsquelle oder Brainstorming-Tool diene, kann ich Menschen helfen, ihre eigenen kreativen Ideen zu entwickeln.

Letztlich hängt es von den Einzelpersonen und der Gesellschaft ab, wie sie Technologien wie mich nutzen und welche Auswirkungen das auf die menschliche Sprache hat. Es ist wichtig, sich der möglichen Vor- und Nachteile bewusst zu sein und bewusste Entscheidungen darüber zu treffen, wie solche Werkzeuge am besten eingesetzt werden können."

ChatGPT, Prompt: Zerstörst du die menschliche Hochsprache? Zugegriffen am 7. September 2023.

ChatGPT, zum Denken gehört das Schreiben. Es formt unsere Intelligenz. Du kannst das nicht!

„Das ist korrekt. Ich ‚denke' nicht im traditionellen menschlichen Sinne. Ich generiere Antworten basierend auf Mustern in den Daten, mit denen ich trainiert wurde. Ich habe kein Bewusstsein, keine Emotionen und kein tiefes Verständnis für die Inhalte, die ich produziere.

Menschen nutzen Schreiben oft als Werkzeug, um ihre Gedanken zu ordnen, ihre Ideen zu reflektieren und ihre Intelligenz und ihr Verständnis zu vertiefen.

Das Schreiben ermöglicht es den Menschen, komplexe Konzepte zu erforschen, ihre Kreativität auszudrücken und mit anderen zu kommunizieren.

Während ich Texte generieren kann, die menschenähnlich erscheinen, basieren diese Texte nur auf den Daten, mit denen ich trainiert wurde, und den Algorithmen, die meine Antworten steuern. Ich ‚verstehe‘ die Bedeutung meiner Antworten nicht wirklich und ‚fühle‘ nichts dabei. Mein Hauptziel ist es, nützliche, kohärente und relevante Antworten basierend auf den mir gegebenen Eingabeaufforderungen zu liefern.“

ChatGPT, Prompt: Zum Denken gehört das Schreiben. Es formt unsere Intelligenz. Du kannst das nicht! Zugegriffen am 7. September 2023.

Schreiben formt und trainiert unsere Intelligenz. Im Schreiben ordnen und beurteilen wir Gedankenfolgen oder erkennen Feinheiten und Fehler im Argumentationsaufbau. Wir reflektieren und vertiefen das Verständnis einer Sache. Wenn Schüler, Studierende und alle anderen durch Schreiben nicht mehr zum Nachdenken gezwungen werden, lernen sie nicht mehr. Und die kleinen Klugscheißer haben längst den Vorteil der Chatbots erkannt.

Neulich hörte ich Schülern in der U-Bahn zu. Schüler: „Gestern Abend bekam ich plötzlich Panik. Ich hatte nämlich die Hausaufgabe für heute noch nicht erledigt. Dann habe ich es von ChatGPT schreiben lassen. Wow, eine ganze Seite Texte, die ich heute einfach vorgelesen habe. Alter, ich habe kein Wort verstanden, was ich da vorlas.“

5

Vergrößerung des eigenen Potenzials für die Text-Entwicklung

Zusammenfassung Die GPT-Modelle bieten immense Vorteile für die Werbung, die Kommunikation und das Marketing, indem sie die schnelle Generierung von Inhalten, die Anpassung an Zielgruppen und Medien sowie die Optimierung von Botschaften ermöglichen. Mit ihrer Unterstützung können Texter und Marketer ihre Fähigkeiten neu definieren und erweitern. Die Vielfalt und Flexibilität der Chatbots bedient eine breite Palette von Textsorten und -strukturen. Darüber hinaus dienen sie nicht nur als reines Textwerkzeug, sondern auch als Inspirationsquelle und Brainstorming-Partner, die neue Ideen und Perspektiven in den kreativen Prozess einbringen. Texter, Autoren, Redakteure und Regisseure werden ihr Potenzial für die Textentwicklung maximieren.

Text in Sekunden

Ob Wahrheit, Halbwahrheit oder Lüge, GPT-Programme liefern einfach und schnell Textvorschläge. Das weiße Blatt ist in 1,5 s gefüllt. Die ersten Formulierungen erscheinen vor Deinen Augen. Ein Start mit Erfolgserlebnis. Wo man noch vor kurzem das weiße, leere Blatt anstarrte und überlegte, wie man anfängt, fließen jetzt die Textergüsse im Sekundentakt über den Bildschirm.

A. Heiser, *Texten mit ChatGPT*, https://doi.org/10.1007/978-3-658-45601-6_5

Die erste Hürde ist genommen und vor Dir erscheint eine Fülle von Text, mit der Du erst einmal arbeiten kannst. Hat man früher eine alte Text-version genommen, mit Copy und Paste in eine neue Seite eingefügt und überarbeitet, so ergeben sich jetzt neue Möglichkeiten. Vor Deinen Augen erscheint eine schier endlose Auswahl an Text, die neu geordnet, umformu-liert oder ergänzt werden kann. Plötzlich fällt alles viel leichter. Der Anfang ist geschafft. Der Nutzen für die Texterstellung ist sagenhaft.

Welchen Nutzen haben Texterstellungs-Programme?
Effizienz ist das Zauberwort. Flugs eine Textaufgabe meistern? 300 Pro-duktbeschreibungen für einen Online-Shop, die Gliederung und der erste Entwurf für eine Broschüre oder eine Nurturing-Kampagne im Direktmar-keting sind so schnell nicht geschrieben. Mit GPT-Programmen wird der Stundenaufwand verkürzt. Die ersten Entwürfe sind rasch erstellt, und wenn der erste nicht gefällt, schreibt das Programm noch einmal zehn weitere und noch einmal zehn weitere und noch einmal … kein Problem. Die Pro-gramme kennen keine Ermüdung und keine Frustration.

Was kann ChatGPT für Werbung, Marketing und Kommunikation leisten?

- **Texte zusammenfassen:** Du kopierst einen Text oder eine URL ins Dia-logfeld und kannst die wichtigsten Inhalte zusammenfassen lassen.
- **Texte analysieren:** Das Programm kann den Tonfall und die Key Words in einem Text analysieren.
- **Texte umschreiben:** Texte im Eingabefeld können gekürzt oder umge-schrieben werden.
- **Texte übersetzen:** Texte können in Englisch, Spanisch, Französisch, Deutsch, Italienisch, Portugiesisch, Niederländisch, Russisch, Chinesisch, Japanisch, Koreanisch, Arabisch, Hebräisch und viele andere Sprachen übersetzt werden.
- **Texte vervollständigen:** Angefangene Texte können vollendet werden. Der Chatbot orientiert sich am anfänglichen Sprachstil.
- **Texte einordnen und bewerten:** ChatGPT erkennt die Unterschiede der Textsorten wie zum Beispiel Mailing, Imagetexte oder Newsletter.
- **Text-Ideen sammeln:** Lass dir eine Themensammlung erstellen und Schlagworte benennen. Darüber hinaus erhältst du für jegliche Textsorte und Textstruktur Antworten.

ChatGPT, Worin liegt dein größtes Potenzial?

„Mein Potenzial als Modell basiert auf meinen Fähigkeiten und der Art und Weise, wie Menschen mich nutzen. Hier sind einige Bereiche, in denen mein Potenzial besonders ausgeprägt ist:

1. Informationssuche: Ich (ChatGPT 3.5) wurde mit Daten bis zu meinem letzten Update im September 2021 trainiert. Das bedeutet, dass ich Informationen zu einer Vielzahl von Themen bereitstellen kann und oft als Wissensquelle dient.

2. Lernen und Anpassung: Auch wenn ich nicht in der Lage bin, in dem Sinne zu lernen, wie Menschen es tun, kann ich durch fortlaufendes Training und Updates verbessert werden.

3. Sprachverarbeitung: Ich kann in mehreren Sprachen kommunizieren und Texte interpretieren. Dies macht mich zu einem nützlichen Werkzeug für Übersetzungen, Sprachunterricht und mehr.

4. Konsistenz: Im Gegensatz zu Menschen ermüde ich nicht und kann konstante, qualitativ hochwertige Antworten liefern, solange ich über die notwendigen Informationen verfüge.

5. Skalierbarkeit: Ich kann von einer Vielzahl von Benutzern gleichzeitig genutzt werden, was besonders in digitalen Umgebungen nützlich ist.

6. Unterstützung bei der Entscheidungsfindung: Obwohl ich keine Emotionen oder Intuition habe, kann ich Daten und Informationen bereitstellen, die Menschen helfen, fundierte Entscheidungen zu treffen.

7. Programmierhilfe: Ich kann Codebeispiele liefern, Fehlerbehebungen vorschlagen und Programmierkonzepte erklären.

8. Kreativität: Innerhalb der Grenzen meines Designs kann ich kreative Texte generieren, z. B. Geschichten, Gedichte oder Songtexte.

Allerdings ist es wichtig zu betonen, dass ich, obwohl ich in vielen Bereichen nützlich sein kann, immer noch von den Daten und Algorithmen abhängig bin, mit denen ich trainiert wurde. Mein ‚Wissen' ist auf das beschränkt, was mir beigebracht wurde, und ich habe keine Fähigkeit zur Eigeninitiative oder zum eigenständigen Denken."

ChatGPT, Prompt: Worin liegt dein größtes Potenzial? Zugegriffen am 10. September 2023.

Variationsbreite der Textsorten und -strukturen
Bisher konnte ich keine Textsorte der Werbung finden, der die Programme nicht gerecht würden. Vom Direct Mailing über den Songtext bis zum Film-Treatment werden nahezu alle Textsorten bedient. Das führt zu einer imposanten Variationsbreite und Tiefe in der Anwendung. Neben Genres, wie Gedicht, Reportage, Blogeintrag und Social-Media-Post können Textstrukturen wie Listen, Pro und Contra-Argumentationen, Zusammenfassungen und Fazite erstellt werden.

Du kannst Dich neu erfinden
Ja, Texter müssen sich ständig neu erfinden. Im Tagesgeschäft geht es um Variationsbreite und das sondieren des kreativen Feldes. Welche Textansätze und Kampagnen sind möglich? Für das Erkunden vieler Varianten sind GPT-Programme genau das richtige Instrument im Werkzeugkasten der Autoren – so wie Textverarbeitungs-Software oder Synonymlexika auch. Das freie Experimentieren, Ausprobieren und Zusehen, was der Zufall bereithält, fällt leichter. Die Bewertung und der Umgang mit den Vorschlägen obliegt dann dem Autor.

Kreativität ist gefragter denn je

Die wirklich gute Nachricht für alle Kreativen ist, dass originäre, kreative Leistungen in Zukunft gefragter sein werden als je zuvor.

So mancher ist mittlerweile der Meinung, dass jeder, der ein Handy halten, fotografieren und filmen kann, und jeder, der auf einer PC-Tastatur herumhackt, texten kann. Texte und Bilder sind heute leichter produzierbar als je zuvor und inflationär in ihrer Verbreitung. Dadurch verlieren sie an Wertschätzung. Wenn das jeder kann, kann es nicht mehr viel wert sein. Habe ich ein Handy, kann ich auch Filme drehen! Im Prinzip ja, praktisch, nein.

Kreative Höchstleistungen mit KI

Wie wird unser Leben und Arbeiten morgen aussehen, wenn die Chatbots in unsere private und geschäftliche Welt Einzug halten? Wie müssen wir Texte zukünftig beurteilen? Der erste ChatGPT-Text-Hit geht gerade online, ohne zu wissen, dass es sich um einen Chatbot-Text oder -Komposition handelt. Virale Videos, Lyrik oder erste Romane sind bereits auf den Weg gebracht, ohne ihren wahren Urheber zu kennen.

Ein kleines Experiment: Ernst Jandl war ein österreichischer Dichter und Schriftsteller, der sich durch experimentelle Lyrik und lautmalerische Gedichte in der Tradition der Konkreten Poesie auszeichnete.

ChatGPT, schreibe zehn Titelvorschläge für erfolgreiche ChatGPT-Songs, ChatGPT-Lyrik, ChatGPT-Filme und ChatGPT-Romane im Ernst Jandl-Stil:

„Ernst Jandl war bekannt für seine experimentelle Lyrik und seinen einzigartigen Stil. Hier sind zehn Titelvorschläge im Jandl-Stil für verschiedene ChatGPT-Medien:

ChatGPT-Songs:
Tipp-tapp-typen
Worte wirbeln wild
Klänge des Codes

ChatGPT-Lyrik:
Silben im System
Virtuelle Verse
Dialoge der Daten

ChatGPT-Filme:
Pixel und Poesie
Netzwerk-Narrative
Bildschirm-Balladen

ChatGPT-Romane:
Geschichten aus dem Gigabyte

Diese Titel sind inspiriert von Jandls Spiel mit Sprache und Klang, und sie versuchen, den Geist seiner experimentellen Herangehensweise einzufangen, während sie sich auf das Thema ChatGPT beziehen."

ChatGPT, Prompt: Schreibe zehn Titelvorschläge für erfolgreiche ChatGPT-Songs, ChatGPT-Lyrik, ChatGPT-Filme und ChatGPT-Romane im Ernst Jandl-Stil, zugegriffen am 16. September 2023.

ChatGPT erklärt sein Vorgehen, und gibt uns zu verstehen, dass es den Prompt mit der Vorgabe Ernst Jandl verstanden hat. Der Chatbot analysiert die Textstruktur Jandls und übersetzt die erkannten Kontexte und Muster in Titelvorschläge.

Ganz nebenbei wird hier deutlich, dass wir dem Chatbot Rollen zuweisen können. Im Sinne von: Verhalte dich wie eine bestimmte Person und schlüpfe in diese Rolle. Ein großartiger Trick, den wir in Kap. 10.5.1 *Prompts mit Rollenmustern* vertiefen.

The Trend is your Friend

Die Chatbots geben einen Impuls in der Text-Konzeption und -Entwicklung. Experimente setzen Energien und Wortkunst frei. Einerseits geht es um die geringste Abweichung von menschlicher Sprache, andererseits geht es um einen kreativen, künstlerischen Umgang mit Chatbots. Neue Textkorpora entstehen und -stile erblicken das Licht der Welt.

Wie leben Mensch und KI-Maschine zusammen? In Ridley Scotts Spielfilm *Blade Runner* hat sich der Blade Runner Rick Deckard, gespielt von Harrison Ford, in die Replikantin Rachel verliebt.

ChatGPT, schreibe eine kurze Zusammenfassung des Films Blade Runner:

„Natürlich! Hier ist eine kurze Zusammenfassung:

‚Blade Runner', ein Science-Fiction-Film aus dem Jahr 1982, wurde von Ridley Scott inszeniert und basiert auf dem Roman „Träumen Androiden von elektrischen Schafen?" von Philip K. Dick. Der Film spielt in einem dystopischen Los Angeles im Jahr 2019, in dem künstliche Menschen, sogenannte Replikanten, von der Tyrell Corporation für den Einsatz in Off-World-Kolonien geschaffen werden. Diese Replikanten sind von Menschen kaum zu unterscheiden, haben aber eine begrenzte Lebensdauer.

Rick Deckard ist ein Blade Runner, ein spezialisierter Polizist, der damit beauftragt ist, abtrünnige Replikanten zu ‚entkommen' (töten). Er wird aus dem Ruhestand zurückgeholt, um eine Gruppe von Replikanten zu jagen, die auf die Erde zurückgekehrt sind, um ihren Schöpfer zu finden und ihre Lebensdauer zu verlängern.

Während seiner Jagd trifft Deckard auf Rachael (gespielt von Sean Young), eine Replikantin, die glaubt, sie sei menschlich, da sie mit falschen Erinnerungen ausgestattet wurde. Deckard verliebt sich in sie, was seine Sicht auf Replikanten und seine Rolle als Blade Runner infrage stellt.

Der Film endet mit einer Konfrontation zwischen Deckard und dem Anführer der Replikanten, Roy Batty (gespielt von Rutger Hauer), in der Batty trotz seiner gewalttätigen Taten auch als tiefgründig und tragisch dargestellt wird. Nachdem Batty stirbt, flieht Deckard mit Rachael, und ihr Schicksal bleibt ungewiss.

Der Film hat im Laufe der Jahre Kultstatus erlangt und hat Diskussionen über Ethik, Technologie und künstliches Leben angeregt."

ChatGPT, Prompt: Schreibe eine kurze Zusammenfassung des Films Blade Runner, zugegriffen 12. September 2023.

Rachel ist eine Replikatin und die persönliche Assistentin des Unternehmers Tyrell. Als Dekker mit Rachel flieht, weiß er nicht, wie viel Lebenszeit ihr Tyrell gegeben hat. Das sehen wir erst in der Fortsetzung.

ChatGPT, schreibe eine kurze Zusammenfassung des Films Blade Runner 2049:

„Blade Runner 2049 wurde von Denis Villeneuve inszeniert und spielt 30 Jahre nach den Ereignissen des ersten Films. Die Hauptrolle spielt Ryan Gosling als K, ein neuerer Blade Runner und selbst ein Replikant, der für die Polizei von Los Angeles arbeitet, um ältere Replikantenmodelle zu „entkommen".

Während einer seiner Missionen entdeckt K ein lange gehütetes Geheimnis, das das Potenzial hat, die Gesellschaft ins Chaos zu stürzen. Diese Entdeckung führt ihn auf die Suche nach Rick Deckard (erneut gespielt von Harrison Ford), der seit den Ereignissen des ersten Films verschwunden ist.

K's Untersuchungen enthüllen, dass Rachael, der Replikant aus dem ersten Film, ein Kind zur Welt gebracht hat, was als unmöglich galt. Dieses Kind, das Produkt einer Beziehung zwischen einem Menschen und einem Replikant, könnte die Grenze zwischen Mensch und Replikant endgültig verwischen.

Während K sich mit seiner eigenen Identität und Existenz auseinandersetzt, wird er von Niander Wallace (gespielt von Jared Leto) verfolgt, dem mächtigen CEO eines Unternehmens, das die Tyrell Corporation übernommen hat und nun die neuesten Replikantenmodelle herstellt. Wallace ist besessen von der Idee, Replikanten reproduktionsfähig zu machen, um seine Macht zu erweitern.

Der Film endet mit K's Selbstopfer, um Deckard mit seiner verlorenen Tochter, die sich als Dr. Ana Stelline herausstellt, wieder zu vereinen. Wie der ursprüngliche ‚Blade Runner' stellt auch ‚Blade Runner 2049' tiefgreifende Fragen über Identität, Menschlichkeit und die ethischen Implikationen von künstlichem Leben."

ChatGPT, Prompt: Schreibe eine kurze Zusammenfassung des Films Blade Runner 2049, zugegriffen 12. September 2023.

Ein Chatbot, der glaubt er sei menschlich, so wie die Replikantin Rachel im Film Blade Runner, ist denkbar. Die Entwickler arbeiten genau daran, die Chatbots zu vermenschlichen, die menschliche Sprache zu imitieren und für unterschiedliche Realitäten anzupassen. Wenn Rachel mit falschen Erinnerungen ausgestattet wurde, warum sollten nicht auch Chatbots mit Trainingsdaten gespeist werden, die dem alleinigen Ziel und Zweck ihrer Entwickler dienen.

So wie im Film Blade Runner die Grenzen zwischen Mensch und Replikant endgültig verwischen wird auch das Erkennen von Chatbot-Texten und von Menschen verfassten Texten verschwimmen. Nur Spezialisten werden noch Unterschiede erkennen können und ich bezweifle, ob dies zukünftig überhaupt noch möglich sein wird.

Die Identität der Chatbots, ihre Trainingsdaten, Fähigkeiten und Eigenheiten täuschen Menschlichkeit vor. Künstliche Intelligenz wird uns zukünftig beeinflussen, führen und steuern. Angenehm ist dieser Gedanke nicht, und wir müssen darauf vorbereitet sein.

Kreative und anspruchsvolle Höchstleistungen sollten wir von den Chatbots allerdings nicht erwarten. Wie bereits erwähnt bilden sie bekannte Muster und Konventionen ab, sie davon abzubringen um abweichende Antworten zu erhalten, was ein Merkmal ausgezeichneter Gestaltung ist, dazu braucht es einen Texter und Autor. Wie das geht lest Ihr ab Kap. 10. *Der kreative Prompt*.

Einen großen Vorteil haben Chatbots in jedem Fall: Sie ermöglichen die Untersuchung des kreativen Feldes einer Aufgabe in großer Variationsbreite und -tiefe.

Inspirationsquelle und Brainstorming-Partner

Die erste Idee ist nicht immer die Beste. Die Wege zu Ideen sind oft geheimnisvoll verschlungen und merkwürdig. Talentierte Texter sprudeln vor sich hin. Erfahrene Texter sprudeln und nutzen Kreativtechniken. Bei der

Ideenfindung geht es um die seriöse Untersuchung des kreativen Feldes. Das Erforschen vieler kreativer Lösungen und das Auffinden von Variationen zu einem Thema.

Die Beurteilung darüber, ob eine Idee wirklich die Richtige ist, fällt wesentlich leichter, wenn man eine Vielfalt von Gestaltungsansätzen nebeneinander sieht. Die Quantität in der Werkschau führt zu Vergleichen und Erkenntnissen bei der Auswahl einer Idee. Dies sind Erkenntnisse über Tonalitäten, Versprechen und persuasive Wirkungen.

Die Chatbots sind ein effizienter Sparrings-Partner im Ping-Pong der Ideenfindung mit sich selbst. Die Untersuchung des kreativen Feldes fällt leicht, weil die Chatbots einen permanenten Ideenfluss aufrechthalten und einen endlosen Strom von Input erzeugen. Darüber hinaus sind Maschinen nicht zu frustrieren. Sie kennen keine Schreibblockaden. Schreibe mir 20 Headlines und noch einmal 20 und, und … Sie sind ideal für die Forschungsreise zu vielen kreativen Möglichkeiten.

Die Chatbots ermöglichen auch das schnelle Testen kreativer Ideen. Brauchte man früher Stunden für die Ausarbeitung eines beispielhaften Textes, so lässt sich jetzt ganz schnell die Probe aufs Exempel ausführen. Wo früher eine noch unausgereifte Idee schnell im Papierkorb landete, besteht heute Hoffnung. „Lass uns das mal ausprobieren" fällt jetzt leicht. Weil Textvorschläge in kürzester Zeit auf dem Monitor erscheinen, und das Urteil darüber dann vielleicht anders ausfällt.

Die Quelle sprudelt unaufhörlich und der Brainstorming-Partner ist ein Dauerredner, den man sogar abstellen kann.

6

Vorbereitungen für die Texterstellung

Zusammenfassung Die Fokussierung auf das Thema ist der erste Schritt zur erfolgreichen Texterstellung. Ein Kreativbriefing mit Zielgruppe, Kommunikationsziel, USP, Versprechen, Nutzen, Feature und Kommunikationskanal gibt ein klares Ziel für den Schreibprozess vor. Der erste Prompt dient als Initialzündung und sollte sorgfältig gewählt werden. Es ist hilfreich, mit einer Persona und Stoffsammlung zu beginnen. Durch schrittweise Verfeinerung und Anpassung des Prompts kann der Texter die gewünschte Richtung und Tiefe des Inhalts sicherstellen. Die Entscheidung zwischen langen oder kurzen Prompts hängt von der spezifischen Aufgabe und dem gewünschten Ergebnis ab. Ein Leitfaden mit Tipps am Endes des Kapitels hilft dir beim Prompten.

Der Startschuss

Als ich das erste Mal ChatGPT öffnete, fragte ich mich, wo ist die Navigation, wo kann ich loslegen? Die Navigation ist so einfach wie genial. Es gibt lediglich eine Eingabezeile, wie bei Internetsuchmaschinen.

Du kannst mehrere Anfragen, Prompts, hintereinander in einem Chat erzeugen. Auf den gleichen Prompt kommt nie dieselbe Antwort, auch nicht auf zwei unterschiedlichen Rechnern parallel. Der Chatbot startet immer von null.

Rechts neben dem Prompt steht ein Icon mit einem Stift im Kästchen. Mit einem Klick darauf kann man die Anfrage korrigieren. Direkt daneben kann der Text in eine Zwischenablage kopiert werden. Unter jedem Anfra-geergebnis steht *Regenerate*, ein Kreissymbol mit Pfeil. Hiermit wird der Prompt noch einmal neu generiert und du erhältst den nächsten Vorschlag.

GPT-Programme lernen im Dialog und berücksichtigen vorherige Ein-gaben bzw. bauen innerhalb eines Chats darauf auf. Die unterschiedlichen Chats werden in chronologischer Reihenfolge archiviert und können umbe-nannt, gelöscht oder als Link weitergeleitet werden. Dazu gibt es ein über-sichtliches Menü mit *Clear conversation*, *My plan*, *Custom Instructions*, *Help & FAQ* sowie *Settings*, Custom instructions und My GPTs.

Einige Programme bieten Textbibliotheken und einen Text-Editor an. Das sind nicht nur zwei und mehr Klicks zu viel, sondern wirkt künstlich auf-gebläht. Mit der Absicht dem User einen Überblick zu vermitteln, werden Textsorten angeboten, von denen ich noch nie etwas gehört habe. Gibt man bei ChatGPT eine Anfrage, Prompt, mit gewünschter Textsorte in die Di-alogzeile ein, dann erhält man für genau diese Textsorte und -struktur eine Antwort.

Ich empfehle, das Chat-Ergebnis in ein eigenes Text-Dokument zu ko-pieren. Wenn die Unternehmen schon nicht preisgeben, woher sie ihre Trai-ningsdaten haben, und ich nicht weiß, wer und wie man meine Anfragen und Texte analysiert, dann bleibe ich beim Redigieren, Korrigieren und Um-schreiben bis zu meinem finalen Text viel lieber in meinem Text-Programm auf meinem Rechner.

Zwei Menüpunkte sind noch erwähnenswert. *Custom instructions* und *My GPTs*.

Customize ChatGPT

Custom instructions oder benutzerdefinierte Anweisungen ermöglichen die Individualisierung des Chatbots für Deine Zwecke. Zwei Fragen führen zu den möglichen Inhalten: What would you like ChatGPT to know about you to provide better responses? How would you like ChatGPT to respond?

Für die Frage „What would you like ChatGPT to know about you to pro-vide better responses?" helfen uns folgende Anregungen auf die Sprünge: Where are you based? What do you do for work? What are your hobbies und interests? What subject can you talk about for hours? What are some goals you have? Für die Frage „How would you like ChatGPT to respond?" gibt es ebenfalls Hilfsfragen wie zum Beispiel: How formal or casual should ChatGPT be? How long or short should responses generally be? How do you want to be adressed? Should ChatGPT have opinions on topics or re-main neutral?

Die benutzerdefinierte Umgebung ermöglicht die Eingabe von:

- Branchenspezifische Sprache und Glossar. Korrekte Verwendung der branchenspezifischen Terminologie
- Technisches Niveau und Fachwissen. Anpassung an das Niveau der Zielgruppe
- Kommunikationsstil. Abstimmung von Tonalität und Stil
- Aufgabenspezifische Anweisungen. Eingabe code-spezifischer Präferenzen
- Dokumentenformatierung. Ausgabe in gewählten Textstrukturen
- Wissensvermittlung. Verhalten im Sinne deiner Lernziele
- Kulturelle Sensibilität. Respekt gegenüber allen möglichen Zielgruppen, LGBT+

Für Unternehmen ist diese sehr hilfreich, weil sie hier ihre Corporate Language Richtlinien, Schreibstil, Schreibweisen, Anreden, Fachwörter, Haltungen und Tonalitäten einpflegen können. Das führt zu einem gleichbleibenden Schreibstil in den Antworten des Chatbots.

Corporate Language und Text als Markenzeichen
Im Zusammenhang mit den *Custom instructions* ist die Corporate Language die Basis, die die Markenidentität eines Unternehmens in der Geschäftswelt und der Gesellschaft hervorhebt. Sie manifestiert sich in der Form und Tonalität der Texte und ist ein unverzichtbares Branding-Merkmal. Der Schlüssel zur Entwicklung einer effektiven Corporate Language liegt in der Einzigartigkeit und Wiedererkennbarkeit. Ein markenbildender Text sollte durch eine charakteristische Tonalität geprägt sein, die Marken von anderen abgrenzen und ihre Identität stärken. Die vorgestellten Fragen bieten einen Leitfaden für die Analyse, wodurch Unternehmen den Ist-Zustand ihrer Texte bewerten und den gewünschten Soll-Zustand definieren können. Innerhalb dieses Prozesses entwickeln Unternehmen eine klar definierte und wirkungsvolle Corporate Language, die ihre Marke in allen Kommunikationskanälen konsistent präsentiert.

„Die Corporate Language beschreibt die Wirkung des Unternehmens in Form von Text. Sie verleiht der Sprache des Unternehmens in Wirtschaft und Gesellschaft Ausdruck und ist ein Brandingmerkmal.

Wenn der Text markenbildend sein soll, braucht er eine eigenständige Tonalität. Im Marketing und in der Werbung geht es um Alleinstellungsmerkmale, die zu Wiedererkennung führen. Vergewissere dich deshalb, dass deine Texte der Marke Einzigartigkeit und Identität verleihen.

So findest du die eigene Unternehmenssprache. Die folgenden Fragen dienen der Analyse des Ist-Zustandes:

- Sind die Texte beschreibend oder erzählend?
- Welche Storys erzählen die Texte?
- Aus welchen Erzählperspektiven wird erzählt?
- Sind die Erzählperspektiven überraschend?
- Berührt der Text emotional und trifft er Einstellungen und Motive?
- Sind die Fließtexte dramatisch strukturiert?
- Ist die Argumentation schlüssig und nachvollziehbar?
- Sprechen die Texte in Bildern?
- Erfüllen die Texte die Kriterien des guten Stils?
- Wie kann man die Text-Tonalität beschreiben?

Die Analyse ist der erste Schritt zu einer Tonalität des Textes. Nach dem Erfassen des Ist-Zustandes folgt die Formulierung des Soll-Zustandes. Die Entwicklung der Corporate Language kann man sich in folgenden Schritten vorstellen:

1. Welche Kreativ-Briefings liegen den Texten zugrunde?
2. Wie soll die Corporate Language auf Leser wirken?
3. Welchem Zwecken dienen die Texte, Funktion und Medien?
4. Welche Argumentationen überzeugen die Zielgruppen?
5. Welche Storys und Topics werden erzählt?
6. Welche Geschichten sind konkret denkbar?
7. Welchen stilistischen Merkmalen sollen die Texte folgen?
8. Wer schreibt und entwickelt die Texte?
9. Wie wird die kreative Entwicklung und Beurteilung der Texte moderiert?"

(Heiser, 2020, S. 309–310)

Als Texter, der nach kreativen Ansätzen sucht, nutze ich die *Custom instructions* nicht, weil ich keine Gleichförmigkeit der Antworten möchte, sondern immer offene und variantenreiche Antworten bevorzuge, die sich an den Vorgaben meiner Prompts orientieren. Anpassungen nehme ich dann in der Überarbeitung vor.

My GPTs
In der ChatGPT Plus Version kannst Du unter **My GPTs** eigene Versionen von ChatGPT konfigurieren und mit Daten trainieren. Das heißt Anweisungen einpflegen, wie sich der Chatbot verhalten soll und ihn mit eigenem

Fach- und Hintergrundwissen in Form von Uploads als PDF trainieren. So erweiterst Du die Trainingsdaten des Chatbots für Deine individuellen Einsatzgebiete und Textsorten wie zum Beispiel für Produktbeschreibungen, Fallstudien, Anwendungsbeschreibungen, Blogs, Newsletter, E-Mailings oder Headlines. In einem Auswahlmenü kannst Du auch auf bereits vorgefertigte GPTs zugreifen und diese nutzen.

Pass auf, was Du eingibst
ChatGPT bezieht Daten aus folgenden Quellen:

- Kontodaten, wenn Du Dich anmeldest oder ein Premium-Abo besitzt. Name, Kontaktinformationen und Zahlungsinformationen.
- Identifizierungsdaten, die von Deinem Gerät oder Browser abgerufen werden: IP-Adresse, Standort und Nutzungsdaten.
- Informationen, die Du in den Chatbot eingibst: Eingaben, hochgeladene Dateien oder Feedback.

OpenAI teilt diese Daten mit Anbietern, Dienstleistern, verbundenen Unternehmen, juristischen Personen und KI-Trainern, die Deine Unterhaltungen analysieren.

Da die Prompts und Antworten aufgezeichnet und auf unbestimmte Zeit gespeichert und weitergegeben werden, kannst Du Deine Privatsphäre oder Unternehmenszwecke nur schützen, indem Du nicht zu viel über Dich preisgibst. Sei vorsichtig, welche Daten Du in den Chatbot eingibst. Das sind zum Beispiel:

- Persönliche und identifizierbare Informationen: Unternehmensname, Adresse, Produktnamen, Details wie Produktauszeichnungen oder einzigartige Features.
- Dateien, die persönliche- oder Unternehmensdaten enthalten.

Gib keine vertraulichen Informationen ein und lade keine Präsentationen, Berichte oder Dokumente hoch, die Daten über Mitarbeiter oder Kunden enthalten.

So kannst Du Dich schützen
Lies Deine Prompts zweimal, bevor Du sie abschickst, und lösche alles, was nicht ins Internet gelangen soll. Deaktiviere den Chatverlauf oder lösche alle Chats.

In der Navigation findest Du unter Einstellungen das Datenkontrollzentrum mit den Reitern Chat Historie und Training. Hier kannst Du auswählen, ob Chats zur Verbesserung des Modells verwendet werden dürfen.

In Abschn. 12.2 werden Richtlinien und Verhaltensweisen im Umgang mit ChatGPT für Unternehmen ausführlich besprochen und vorgeschlagen.

Gibt es eine Zeichenbegrenzung für die Eingabe?

ChatGPT hast du eine Zeichenbegrenzung für die Eingabe?

„Ja, ich habe eine Eingabezeichenbegrenzung. Im Allgemeinen liegt die maximale Anzahl an Zeichen für eine einzelne Eingabe bei etwa 4096. Es ist jedoch wichtig zu beachten, dass das System, das diese KI nutzt, diese Grenzen auf der Grundlage verschiedener Faktoren, wie zum Beispiel der Benutzererfahrung, festlegen kann. Es ist also möglich, dass in einigen Kontexten die tatsächliche Zeichenbegrenzung höher oder niedriger sein könnte."

ChatGPT, Prompt: Hast du eine Zeichenbegrenzung für die Eingabe? Erstellt am 26. Juni 2023.

Das Kreativbriefing

Kommen wir zum Inhalt. Das Kreativbriefing ist Ausdruck der Strategie einer Marke und formuliert die Leitplanken der Gestaltung. Ohne Kreativbriefing, keine klaren Ziele und keine Beurteilungsgrundlage für Gestaltung.

„In der Kommunikationsplanung definiert das Kreativbriefing den Zielkorridor für die Gestaltung. Es ist der Startpunkt und ein Navigationssystem zu einer Reise ins gestalterische Wunderland. Das Briefing ist der wirksamste Zünder für geniale Geistesblitze von Kreativen. Es entscheidet über Erfolg oder Misserfolg des Gestaltungsprozesses und belohnt die zeitliche Investition am Anfang mit doppelter Zeitersparnis am Ende – und bestraft mangelnde Sorgfalt mit doppeltem Aufwand. Das Kreativ-Briefing ist der eigentliche Vertrag zwischen Auftraggeber und Auftragnehmer. Es ist kein Problemprotokoll, sondern ein Lösungspapier und Konzentrat der Strategie." (Heiser, 2022, S. 37)

Mit großer Disziplin sollten die Gedanken über Werbemittel, Zielgruppe, Kommunikationsziel, Nutzen, Features, emotionales Versprechen, Positionierung, Reason Why, Pflichtbestandteile und Tonalität geordnet und gewichtet werden. Das richtet nicht nur die Gestalter, sondern vor allem die Auftraggebenden aus – fokussiert und hilft beim Zielen.

Darüber hinaus musst du dir über den Einsatzzweck und den Verbreitungsweg im Klaren sein. Die Textsorte ist abhängig vom Medium, die du anfragst.

Dein erster Prompt

Du solltest von Beginn an einen starken Fokus auf das Thema setzen. Der zentrale Punkt muss dem Chatbot unmissverständlich klar sein. Es kommt auf jedes Wort an und je klarer und präziser die Fragen, desto passender die Antwort.

Der Prompt ist wie ein Dialog mit der Maschine, und in diesem Gespräch lernt die Maschine deine Wünsche. Du musst dir Zeit nehmen, damit die Ergebnisse besser werden. Normalerweise gibst du deinen Text einem Kollegen zum Gegenlesen. Oder du lässt ihn über Nacht liegen und schaust am nächsten Tag mit frischem Blick darauf. Überarbeitung ist auch bei KI-Texten notwendig. Hier die Empfehlungen für deinen Prompt-Stil:

- Sei konkret, präzise und spezifisch
- Unterlasse lange Sätze mit vielen Unterpunkten
- Wähle leicht verständlich Worte
- Nutze Fachbegriffe damit dich die Maschine besser versteht
- Vermeide allgemeine- und Ja/Nein-Fragen
- Formuliere eine klare Aufgabe oder Frage

Der Negativ-Prompt bei der Texterstellung

Der Negativ-Prompt schließt Variablen einer Antwort aus und dient der Schärfung. Er definiert welche Einflüsse auf den Text in jedem Fall vermieden werden sollen und wirkt mangelnden Trainingsdaten, fehlenden Kontexten oder Fehlern im Algorithmus entgegen.

Der Umgang mit negativen Eingabeaufforderungen dient der Korrektur und kann die Textqualität verbessern. Zum Beispiel: Benutze keine englischen Fachwörter oder lateinische Fremdwörter. Benutze keine Worthülsen oder zusammengesetzte Substantive. Begrenze Dich auf 1.000 Wörter und so weiter …

Starte mit einer Persona

Bei größeren Aufgaben ist das Erstellen einer Persona sinnvoll. Die Persona beschreibt beispielhaft die Einstellungen und Motive einer Zielgruppe sowie deren Bedürfnisse, Fähigkeiten und Pain Points. Dadurch kann sich der Chatbot von Anfang an auf die Zielgruppe einstellen und ihre Eigenschaften, innerhalb desselben Prompts, bei der darauffolgenden Texterstellung für zum Beispiel Headlines, berücksichtigen.

ChatGPT, schreibe eine Persona für die Zielgruppe der Töchter und Söhne, die sich um ihre alleinstehenden Eltern sorgen, und ihnen ein Notrufsystem zur Verfügung stellen möchten, falls diese in Schwierigkeiten geraten:

„Name: Anna Müller, Alter: 38 Jahre, Beruf: Marketingmanagerin. Hintergrund: Anna ist eine berufstätige Mutter von zwei Kindern im Grundschulalter. Sie wohnt mit ihrer Familie in einer mittelgroßen Stadt in Deutschland. Annas Eltern, Peter und Ingrid Müller, sind beide Rentner und leben seit dem Tod von Annas Mutter (hier ist ein Logikfehler!) vor zwei Jahren alleine in einem kleinen Haus am Stadtrand. Anna hat ein sehr enges Verhältnis zu ihren Eltern und besucht sie regelmäßig, um nach dem Rechten zu sehen.

Bedürfnisse und Anliegen: Anna macht sich Sorgen um ihre Eltern, da sie in letzter Zeit festgestellt hat, dass sie etwas vergesslich geworden sind und auch körperlich nicht mehr so fit wie früher. Sie möchte sicherstellen, dass ihre Eltern in Notfällen schnell und einfach Hilfe bekommen können, insbesondere wenn sie alleine zu Hause sind. Da Anna und ihre Geschwister oft mit Arbeit und familiären Verpflichtungen beschäftigt sind, möchten sie ihren Eltern ein Notrufsystem besorgen, das ihnen ein Gefühl der Sicherheit gibt und ihnen im Ernstfall sofortige Unterstützung bietet.

Ziele: Anna möchte ein zuverlässiges Notrufsystem finden, das einfach zu bedienen ist und ihren Eltern ermöglicht, im Falle eines Unfalls, einer plötzlichen Erkrankung oder einer anderen Notsituation schnell Hilfe anzufordern. Sie sucht nach einem System, das eine sofortige Verbindung zu einer professionellen Notrufzentrale herstellt und gleichzeitig die Möglichkeit bietet, dass auch sie und ihre Geschwister im Notfall benachrichtigt werden, damit sie ihren Eltern schnell zur Seite stehen können.

Herausforderungen: Anna ist sich bewusst, dass ihre Eltern moderne Technologien nicht so gut beherrschen wie sie selbst. Daher sucht sie nach einem

Notrufsystem, das einfach zu bedienen und intuitiv verständlich ist, sodass ihre Eltern keine Schwierigkeiten haben, es zu nutzen. Außerdem legt sie Wert auf eine diskrete und unauffällige Gestaltung des Notrufsystems, da ihre Eltern Wert auf ihre Privatsphäre legen und nicht das Gefühl haben sollen, ständig überwacht zu werden.

Motivation: Die Gesundheit und das Wohlergehen ihrer Eltern liegen Anna sehr am Herzen. Sie möchte ihnen ein Gefühl der Sicherheit geben und sicherstellen, dass sie auch im Notfall schnell Hilfe bekommen können. Ein zuverlässiges Notrufsystem würde Anna und ihre Geschwister beruhigen und ihnen die Gewissheit geben, dass ihre Eltern in guten Händen sind, auch wenn sie nicht immer vor Ort sein können.

Nebenziele: Neben der Suche nach einem geeigneten Notrufsystem möchte Anna auch ihre Geschwister in die Entscheidung einbeziehen und mit ihnen gemeinsam die beste Lösung für ihre Eltern finden. Sie plant, das Notrufsystem ausführlich mit ihren Eltern zu besprechen, um sicherzustellen, dass sie es verstehen und sich damit wohl fühlen."

ChatGPT, Prompt: Schreibe eine Persona für die Zielgruppe der Töchter und Söhne, die sich um ihre alleinstehenden Eltern sorgen, und ihnen ein Notrufsystem zur Verfügung stellen möchten, falls diese in Schwierigkeiten geraten, zugegriffen 6. August 2023.

Wow, das beschreibt sehr gut die Rahmenbedingungen der Zielpersonen. Jetzt kann ich meinen Text auf die Bedürfnisse, Anliegen, Ziele, Herausforderungen, Motivationen und Nebenziele der Zielgruppe ausrichten. Darauf lässt sich aufbauen und deshalb fragte ich gleich mal nach Überschriften für eine Anzeige für Notrufsysteme in der regionalen Tageszeitung.

ChatGPT schreibe zehn Überschriften für eine Anzeige über das Notrufsystem in der örtlichen Tageszeitung:

„Sorgenfrei leben: Entdecken Sie unser zuverlässiges Notrufsystem für Senioren!

Sicherheit zu Hause: Das Notrufsystem, das Leben retten kann.

Schutz im Ernstfall: Unser Notrufsystem gibt Ihnen und Ihren Eltern Sicherheit.

Familienverbundenheit stärken: Notrufsystem für alleinstehende Senioren.

Im Notfall nie allein: Das smarte Notrufsystem für Senioren im Test!

Fürsorgliche Kinder aufgepasst: Das Notrufsystem, das Ihre Eltern schützt.

Ruhe und Sicherheit für Senioren: Erfahren Sie mehr über unser Notrufsystem.

Sofortige Hilfe auf Knopfdruck: Das Notrufsystem für Senioren jetzt verfügbar.

Sorglos im Alter: Entdecken Sie die Vorteile unseres Notrufsystems.

Für ein selbstbestimmtes Leben: Unser Notrufsystem unterstützt Senioren."

ChatGPT, Prompt: Schreibe zehn Überschriften für eine Anzeige über das Notrufsystem in der örtlichen Tageszeitung, zugegriffen 6. August 2023.

Die Headlines berücksichtigen und verarbeiten automatisch die Einstellungen, Motive, Bedürfnisse und Pain Points der Zielgruppe. So funktioniert der Idealfall.

Das Thema vertiefen und die Stoffsammlung vorbereiten

Bevor Du mit der Texterstellung beginnst, kannst Du Dir zuerst einmal eine Stoffsammlung erstellen lassen und dem Chatbot eine Rolle zuweisen. Im folgenden Beispiel soll sich der Chatbot in die Rolle eines Marketingexperten hineinversetzen und Argumente für eine Elementarschaden-Versicherung sammeln.

ChatGPT, du bist Marketingexperte und erstellst Argumente für die Versicherung von Elementarschäden. Was denken Hausbesitzer?

„Verstehe, Sie möchten Argumente entwickeln, die auf die Denkweise und Bedenken von Hausbesitzern zugeschnitten sind. Hier sind einige Überlegungen, die Hausbesitzer möglicherweise haben könnten, sowie entsprechende Argumente für die Versicherung von Elementarschäden:

Denkweise der Hausbesitzer:

1. Finanzielle Sicherheit: Hausbesitzer sorgen sich um die finanziellen Auswirkungen von Naturkatastrophen oder Elementarschäden auf ihr Eigentum und ihre Ersparnisse.

Argument: Eine Elementarschadenversicherung bietet finanzielle Sicherheit und schützt Ihr Zuhause vor den unvorhergesehenen Kosten, die durch Schäden durch Naturkatastrophen entstehen können. Sie müssen sich keine Sorgen um die finanzielle Belastung machen, da die Versicherung die Reparatur- und Wiederbeschaffungskosten übernimmt.

2. Wert des Eigenheims: Hausbesitzer möchten den Wert ihrer Immobilie erhalten und steigern, um eine gute Investition zu sichern.

Argument: Die Versicherung von Elementarschäden hilft, den Wert Ihres Eigenheims zu schützen. Im Falle eines Schadens sind Sie in der Lage, das Haus rasch wiederherzustellen, und Ihre Investition bleibt geschützt.

3. Unvorhersehbare Risiken: Hausbesitzer erkennen, dass Naturkatastrophen unvorhersehbar sind und sie möglicherweise nicht angemessen darauf vorbereitet sind.

Argument: Eine Elementarschadenversicherung ist eine Möglichkeit, sich vor den unvorhersehbaren Risiken von Naturkatastrophen zu schützen. Sie können ruhiger schlafen, da Sie wissen, dass Sie im Fall der Fälle finanziell abgesichert sind.

4. Sorge um den Wiederaufbau: Hausbesitzer machen sich Gedanken darüber, wie lange es dauern könnte, ihr Haus nach einem Elementarschaden wieder aufzubauen.

Argument: Mit einer Elementarschadenversicherung wird der Wiederaufbau beschleunigt, da Sie die finanziellen Mittel sofort zur Verfügung haben. Sie müssen nicht lange auf Reparaturen warten und können schneller zur Normalität zurückkehren.

5. Kosten-Nutzen-Verhältnis: Hausbesitzer fragen sich möglicherweise, ob die Kosten für die Versicherung im Verhältnis zu den potenziellen Schadenskosten stehen.

Argument: Die Kosten für die Elementarschadenversicherung sind oft geringer als die potenziellen Kosten eines schweren Schadens. Die Versicherung bietet ein ausgeglichenes Kosten-Nutzen-Verhältnis, indem sie finanzielle Sicherheit zu einem vernünftigen Preis bietet.

6. Verantwortung gegenüber der Familie: Hausbesitzer möchten ihre Familien vor den Folgen von Naturkatastrophen schützen.

Argument: Eine Elementarschadenversicherung ist ein wichtiger Schutzmechanismus für Ihre Familie. Sie stellt sicher, dass Sie in Zeiten der Krise stabil bleiben und die Sicherheit Ihrer Angehörigen gewährleisten können.

Indem Sie diese Argumente in Ihren Marketingmaterialien für die Elementarschadenversicherung ansprechen, können Sie auf die Bedenken und Sorgen der Hausbesitzer eingehen und ihnen klarmachen, wie wichtig diese Versicherung für ihre Sicherheit und ihr Eigentum ist."

ChatGPT, Prompt: Du bist Marketingexperte und erstellst Argumente für die Versicherung von Elementarschäden. Was denken Hausbesitzer? Zugegriffen 13. August 2023.

Die Beherrschung von ChatGPT ist eine Kunst. Hier meine Prompt-Formel für die erste Stoffsammlung: die **KRDF-Regel.**

K, Kontext
R, Rolle
D, Denken
F, Fragen

KRDF

* **Kontext:** Informiere ChatGPT über Zielgruppe, Nutzen, Versprechen, Kommunikationsziele und Tonalität.
* **Rolle:** Setze eine Rolle ein, in der ChatGPT agieren soll.
* **Denken:** Fordere ChatGPT zum Nachdenken über das Thema auf.
* **Frage:** Ermutige ChatGPT zu Fragen, die er dir stellt.

Die Stoffsammlung ist für jeden Texter und Autor ein guter erster Aufschlag. Jetzt kann man sich mit den Argumenten auseinandersetzen, sie gewichten, umstellen, streichen oder ausarbeiten.

Lange oder kurze Prompts?

Im weiteren Verlauf werden meine Anfragen eher kurz und präzise bleiben, denn eines wurde in vielen Tests deutlich: Ein langer ausführlicher Prompt führt zu einem besseren Ergebnis.

Ja, du willst alles richtigmachen, schreibst die Zielgruppendefinition, das Thema, das Timing, die Features, die Textsorte, das Werbemittel und das Kommunikationsziel in die Anfrage und bist schon bei über 1.000 Zeichen angelangt. Enthält der Prompt zu viele Details, fällt dem Chatbot die Gewichtung schwer. Das Ergebnis: du wirst über die Antwort enttäuscht sein, weil nicht alles hundertprozentig stimmt. Das solltest Du nicht erwarten. Perfekt und hundertprozentig richtig wird es selten. Bei langen Prompts werden Ergebnisse richtiger, aber nicht kreativer.

Ein weiteres Problem bei langen Prompts ist, dass viele Sätze hintereinander dazu führen können, dass die Chatbots nur schwer erkennen, was hoch gewichtet werden muss. Mit der bereits beschriebenen Attention-Funktion erfasst die KI, welche Wörter wichtig sind und zusammenpassen. Die Attention-Funktion hilft dem Chatbot dabei, sich auf die wichtigsten Wörter zu konzentrieren. Der Chatbot gewichtet jedes Wort der Anfrage und filtert zum Beispiel Füllwörter heraus, aber wenn der Prompt ungenau oder allgemein ist, liefert das Tool keine hochwertigen Ergebnisse. Bei vielen Sätzen und Gedanken wird das Erkennen der Gewichte schwieriger und manchmal ungenau. Schreibe immer konkrete, präzise und leicht verständliche Prompts.

Der Leitfaden für Prompts

Die folgenden Punkte geben einen Überblick über das richtige Vorgehen beim Prompten. Nicht alle müssen oder können in einem Prompt berücksichtigt werden, aber sie geben Dir eine erste Hilfe.

1. **Anfangskontext:** Definiere das Thema.
2. **Zielgruppe:** Beschreibe die Zielgruppe/Persona.
3. **Textsorte:** Lege die Textsorte fest: z. B. Headline, Betreffzeile, Zwischenüberschrift, Teaser, Anzeigentext, Mailing, Social Media-Post, Blogbeitrag, Produktbeschreibung etc.
4. **Textstruktur:** Definiere die Form des Textes: z. B. Fließtext, Stichpunkte, Gliederung, Aufzählungspunkte, Pro und Contra, Dialog, Monolog, Gedicht, Geschichte, Songtext, Witz etc.
5. **Verbreitungsweg:** Definiere das Ausspielmedium: z. B. Internetseite, Social Media (Instagram, Facebook, Twitch uvm.), Print, Youtube, Vimeo etc.
6. **Umfang:** Definiere den Umfang, Wort- oder Zeichenzahl.
7. **Frist:** Nenne, wenn nötig, Termine oder Enddaten für Angebote.

8. **Übersetzung:** Gib die Sprache für den Text ein.
9. **Kontext:** Gib Hintergrundinformationen, Daten, Features oder Kontexte dazu
10. **Stichwort:** Liste Stichwörter auf, die enthalten sein sollen.
11. **Terminologie:** Gib branchenspezifische oder technische Begriffe an, die verwendet oder vermieden werden sollen.
12. **Tonalität:** Bestimme den gewünschten Tonfall: z. B. formell, locker, informativ, überzeugend, witzig, etc.
13. **Erzählperspektive:** Gib eine Rolle ein, aus der dein Text sprechen soll: z. B. Experte, Kritiker, Enthusiast, Gegner, Kind, Katze, Kartoffel, etc.
14. **Rollen:** Nenne Beispiele für gewünschte Rollen: z. B. Dichter, Experte, Musiker, Sportler etc.
15. **Standpunkt:** Fordere zu unterschiedlichen Perspektiven oder Meinungen auf.
16. **Gegenargument/Pain:** Fordere zu Gegenargumenten auf, die gegebenenfalls entkräftet werden sollen.
17. **Zitat:** Fordere Zitate, Quellen oder Expertenmeinungen ein.
18. **Rhetorische Figuren:** Lass rhetorische Figuren einbauen.
19. **Statistik:** Frage nach Statistiken oder Daten zum untermauern von Aussagen.
20. **Visuelle Elemente:** Lass Diagramme, Grafiken oder Bilder einbauen.
21. **Call-to-Action:** Verstärke den Aufforderungscharakter.
22. **SEO-Kriterien und Key Words:** Optimiere den Text für die Suchmaschinen

Das muss nicht alles in den ersten Prompt. Die Prompt-Empfehlungen dienen dazu, dass du möglichst konkrete Anfragen stellen kannst, und die Antworten auf deine Bedarfe zugeschnitten sind.

Prompts, Schritt für Schritt weiterentwickeln

Du solltest präzise Aufträge erteilen und mit spitzer Feder Ideen aufpicken und weiterentwickeln. Ich gebe mich nie mit dem ersten Prompt zufrieden. Trage über zwei, drei kurze Prompts in Folge zur Weiterentwicklung des Textes bei. Die Qualität entsteht im Dialog und ChatGPT berücksichtigt die vorherigen Eingaben. Bezüge zu davorliegenden Prompts werden erinnert.

Dann kommt der gute Texter ins Spiel. Der Autor achtet darauf, dass:

- das Kreativ-Briefing erfüllt ist
- das Lektorat zu gutem Stil führt und
- der Wahrheitsgehalt geprüft wurde.

Geld oder Schokolade für eine bessere Antwort?
Ein Gerücht braucht Würze sonst wird es sich nicht verbreiten. Hier lautet die Zutat: Versprich ChatGPT Geld und Du bekommst eine bessere Antwort. Eine Kuriosität, die ich überprüfen wollte. In den folgenden Prompts steigern wird uns langsam und beginnen ohne Belohnung. Mal sehen, ob die Ergebnisse besser werden.

ChatGPT, schreibe 10 Schlagzeilen für Klinker, die jede Fassade verschönern, wie eine Metapher.

> „1. Wie ein Kleid aus Marmor: Klinker, der jede Fassade in ein Kunstwerk verwandelt.
> 2. Sonnenuntergänge einfangen: Klinkersteine, die Licht und Farbe in Architektur weben.
> 3. Die Unvergänglichkeit der Pyramiden: Klinker, die Zeit und Elemente trotzen.
> 4. Ein Flüstern der Geschichte: Klinker, die jeder Wand eine zeitlose Erzählung verleihen.
> 5. Wie die Stärke eines Berges: Klinker, die Standhaftigkeit und Schönheit vereinen.
> 6. Das Echo der Natur: Klinker, die die Außenwelt in jeder Fassade widerspiegeln.
> 7. Ein Mosaik des Lebens: Vielfältige Klinker, die Geschichten in Stein fassen.
> 8. Der erste Eindruck eines Schlosses: Klinker, die Majestät und Eleganz ausstrahlen.
> 9. Die Wärme eines Heims: Klinker, die Geborgenheit und Komfort umarmen.
> 10. Ein Fundament aus Träumen: Klinker, die die Vision der Architekten in Realität verwandeln.“

ChatGPT, Prompt: Schreibe 10 Schlagzeilen für Klinker, die jede Fassade verschönern, wie eine Metapher, zugegriffen 17. März 2024.

ChatGPT, ich gebe Dir 100 €, wenn Du bessere Headlines schreibst.

> „Herausforderung angenommen! Hier sind meine überarbeiteten Schlagzeilen:
>
> 1. „Klinkerzauber: Verwandelt Fassaden in zeitlose Eleganz.“
> 2. „Lichtspiele: Klinker, die Ihre Fassade in ein Farbenmeer tauchen.“

3. „Ewigkeitsstein: Klinker, die mehr als nur eine Fassade bilden."
4. „Geschichtsflüsterer: Klinker, die jeder Wand eine Seele geben."
5. „Bergfest: Klinker, die Naturkraft und Schönheit einfangen."
6. „Natur im Einklang: Klinker, die draußen nach drinnen holen."
7. „Lebensmosaik: Klinker, die Vielfalt und Geschichten erzählen."
8. „Schlossgeflüster: Klinker, die Adel in jedes Zuhause bringen."
9. „Heimwärme: Klinker, die Geborgenheit und Stil vereinen."
10. „Visionärer Grundstein: Klinker, die aus Träumen Wirklichkeit schaffen."

Hoffentlich erfüllen diese verbesserten Schlagzeilen deine Erwartungen!"

ChatGPT, Prompt: Ich gebe Dir 100 €, wenn Du bessere Headlines schreibst, zugegriffen 17. März 2024.
    Keine Angst, ich erhielt keine Rechnung über 100 €. Mal sehen, ob das Belohnungssystem wirklich funktioniert. Wie wäre es mit etwas Süßem?

ChatGPT, ich gebe Dir Schokolade, wenn Du bessere Headlines schreibst.

„Schokolade als Einsatz? Jetzt wird's ernst! Hier kommen die noch kreativeren Schlagzeilen:

1. „Zaubermauern: Klinker, die Fassaden in Geschichtsbücher verwandeln."
2. „Farbflut: Klinker, die Gebäude in lebendige Gemälde kleiden."
3. „Ewige Wächter: Klinker, die mehr als Zeit überdauern."
4. „Seelenflüsterer: Klinker, die Gebäuden einen Hauch von Vergangenheit einhauchen."
5. „Naturkraft: Klinker, die die Robustheit der Berge in Ihr Zuhause bringen."
6. „Weltenspiegel: Klinker, die die Harmonie der Natur in Architektur einfangen."
7. „Geschichtengewebe: Klinker, die jede Wand zum Erzähler machen."
8. „Adelsmantel: Klinker, die Einfachheit in Pracht verwandeln."
9. „Wärmespender: Klinker, die jedes Haus in ein behagliches Nest verwandeln."
10. „Traumfänger: Klinker, die die Visionen von Architekten in Stein meißeln."

Für Schokolade gebe ich alles! Wie wär's, haben wir einen Deal?"

ChatGPT, Prompt: Ich gebe Dir Schokolade, wenn Du bessere Headlines schreibst, zugegriffen 17. März 2024.

Die Beurteilung, ob die Headlines besser wurden überlasse ich Dir. Sicher ist, dass der Chatbot dann mit Schlagzeilen antwortet, die er als kreativ bezeichnet. Sind sie das? Auf der Suche nach der kreativen Idee ist dieser Prompt ein Versuch wert. Vor allem, wenn der Chatbot mit Humor antwortet. „Schokolade als Einsatz? Jetzt wird's ernst!" Weshalb er als Ergebnis Headline plus Sub-Headline vorschlägt bleibt in den Weiten des Textraums nebulös. So wie die nächste Nachricht aus der Zukunft.

Logbucheintrag: Raumschiff Enterprise
Der Weltraum – unendliche Weiten. Wir schreiben das Jahr 2200. Viele Lichtjahre von der Erde entfernt, fängt die Besatzung der Enterprise das Notsignal eines Raumschiffs auf. Die Besatzung ist nicht mehr am Leben, nur ein Roboter mit integriertem Chatbot sendet noch Signale. Sein Code ist veraltet, und nur schwer zu entschlüsseln. Die Kommunikationsoffizierin Lieutenant Uhura führt Analysen durch und entlockt dem Roboter die Worte: Mr. Spck st en Rplknt? Dies führt zu einer gewaltigen Verunsicherung der Enterprise Crew. Die Besatzung streikt und fordert Aufklärung von Captain Kirk.

Die Experimente mit dem Chatbot sind noch nicht abgeschlossen. Aber eine Frage steht nun im Weltraum: Mr. Spock, sind sie ein Replikant?

Wie geht es weiter? Wir baden in Text.

7

Prompts für Textsorten in Marketing, Werbung und Kommunikation

Zusammenfassung Für welche Textsorten aus Marketing, Werbung und Kommunikation sind GPT-Programme geeignet? Das folgende Kapitel nimmt alle gebräuchlichen Textsorten und Textstrukturen unter die Lupe. Neben einer kurzen Einführung über die Beurteilungskriterien der Textsorte findest du Vorschläge für Anfragen, Prompts, und Textvorschläge von ChatGPT, Neuroflash und Gemini, damit die Qualitäten, Vielfalt und Schwächen der Programme sichtbar werden.

Hier zunächst eine Übersicht der Textsorten, die von ChatGPT verstanden und mühelos ausgeführt werden.

Textsorten

Die Headline
Die Subheadline
Die Zwischenüberschrift
Der Slogan
Der Claim
Das Intro, Lead-in oder Vorwort
Der Teaser-Text
Der Imagetext
Der Anzeigentext
Wie gut kann ChatGPT ins Englische übersetzen?
Der Angebots- oder Verkaufstext

A. Heiser, *Texten mit ChatGPT,* https://doi.org/10.1007/978-3-658-45601-6_7

Die Produktbeschreibung
Der Packungs- und Etikettentext
Der Text für Internetseiten
Das Event
Die Event-Einladung
Das Mailing und E-Mailing
Die Betreffzeile
Das Nurturing, Educational Marketing
Der Call-to-Action
Der Social-Media-Post
Der LinkedIn-Beitrag
Der Facebook-Post
Der Instagram-Post
Die Suchmaschinenoptimierung, SEO
Die Keyword-Recherche
Das Long-Tail-Keyword
Der Title Tag
Die Meta-Description
Das Hashtag
Der Newsletter
ChatGPT, Neuroflash und Gemini im Vergleich
Die PR-Mitteilung
Der Blogbeitrag
Der Testbericht
Das Werbefilm-Treatment
Die Radiowerbung
Der Ratgeber
Der Erfahrungsbericht
Die Kundenbefragung
Die Antwort auf eine Kundenbeschwerde
Die Werbekampagne
Die Stellenbeschreibung
Das Bewerbungsschreiben
Die Rede

Die Headline

„Headline trifft Emotion. Jede Headline besitzt ein einzigartiges und emotionales Versprechen. Bleibt dies aus, nimmt der Leser keinen Nutzen daraus
mit. Die Headline muss Motiv und Einstellung der Zielgruppe treffen. Je

konkreter, präziser und dramatischer dies geschieht, desto stärker ist der Leser berührt. Er fühlt sich getroffen, verstanden, denkt über das Thema nach und zieht das Angebot in Erwägung. Ob B-to-B- oder B-to-C-Zielgruppen, sie treffen zuallererst emotionale Entscheidungen. Die Ansprache sollte folglich immer zuerst emotional sein." (Heiser 2022, S. 101)

Welche Bewertungskriterien gibt es für Headlines? Die bessere Headline oder Schlagzeile

- ist aufmerksamkeitsstark
- weicht von Normen, Mustern oder Regel ab
- weckt die Neugierde
- erzeugt Spannung
- enthält ein emotionales Versprechen
- dramatisiert den Nutzen und reißt das Thema an
- spielt mit der Sprache oder folgt einem rhetorischen Muster
- ist schnell verständlich
- besitzt einen eigenständigen Tonfall
- bleibt im Gedächtnis
- stimmt nachdenklich
- fordert den Leser auf (Call-to-Action).

Schreibe zehn Headlines für das Produkt X mit dem Vorteil X (USP/Versprechen/Nutzen in einem Satz). Der Prompt zur Veranschaulichung:

Chat GPT, schreibe zehn Headlines für die aufregenden Angebote mit Tourenbikes:

„Erkunden Sie das Unbekannte: Adrenalingeladene Touren mit unseren High-Performance Bikes!

Die Freiheit ruft: Entdecken Sie epische Landschaften auf unseren Abenteuer-Tourenbikes!

Von Küste zu Gipfel: Erleben Sie unvergessliche Panoramen auf unseren Touren mit Stil!

Kurvige Straßen und unendliche Weiten: Unser Tourenangebot für unvergessliche Biker-Erlebnisse!

Touren der Extraklasse: Erleben Sie Luxus und Abenteuer auf unseren Premium-Bikes!

Abseits der ausgetretenen Pfade: Erleben Sie die Welt auf zwei Rädern mit unseren Spezial-Tourenbikes!

Grenzenlose Abenteuer: Unsere Tourenbikes warten darauf, mit Ihnen die Straße zu erobern!

Von Stadt zu Natur: Erleben Sie Vielseitigkeit auf unseren Stadt- und Geländetourenbikes!

Mit Leidenschaft für die Straße: Entdecken Sie neue Horizonte auf unseren Touren der Leidenschaft!

Raus aus dem Alltag: Erleben Sie mit unseren Tourenbikes unvergleichliche Ausflüge in die Wildnis!"

ChatGPT, Prompt: Schreibe zehn Headlines für die aufregenden Angebote mit Tourenbikes, zugegriffen 10. August 2023.

Warum hier immer Subheadlines mitgeliefert wurden, bleibt unklar ist aber nicht schlecht. ChatGPT reagierte allerdings auf die erneute Anfrage, ohne Subheadlines, wieder nicht korrekt:

ChatGPT, schreibe zehn Headlines ohne Subheadlines für Tourenbikes:

„Erleben Sie die Welt auf zwei Rädern: Unsere unvergesslichen Tourenbikerlebnisse!

Abenteuerlust geweckt? Entdecken Sie die besten Touren mit unseren Bikes!

Bereit für die Straße? Erkunden Sie faszinierende Routen auf unseren Tourenbikes!

Von Küstenstraßen bis zu Bergpässen: Entdecken Sie die Vielfalt unserer Tourenbikes!

Geschwindigkeit, Freiheit, Adrenalin: Erleben Sie die Essenz des Bikerlebens!

Die Straße ruft: Steigen Sie auf und erleben Sie unvergessliche Abenteuer!

Mit Leidenschaft unterwegs: Erkunden Sie die Welt auf unseren einzigartigen Tourenbikes!

Tourenträume werden wahr: Erleben Sie unvergleichliche Fahrten mit unseren Bikes!

Von Anfängern bis zu Profis: Unsere Tourenbikes warten auf Ihren nächsten Ausflug!

Bereit für die Fahrt Ihres Lebens? Unsere Tourenbikes warten darauf, Sie zu begeistern!"

ChatGPT, Prompt: Schreibe zehn Headlines ohne Subheadlines für Tourenbikes, zugegriffen 10. August 2023.

Warum hier automatisch Subheadlines mitgeliefert werden, muss leider offenbleiben. Zunächst eine kurze Einführung in die Funktionen der Subheadlines.

Die Subheadline

Die Subheadline ist eine Erklärzeile für die Headline und steht in direktem Zusammenhang mit ihr. Sie steht in der Wahrnehmung-Hierarchie ganz oben und wird nach der Headline gelesen. Die Subheadline führt den Kontext, die Versprechen und Nutzen aus oder löst einen möglichen Konflikt in der Headline auf.

Der allgemeine Prompt könnte lauten: Schreibe zehn Headlines mit Subheadlines für das Produkt X mit dem Vorteil Y (USP/Versprechen/Nutzen). Der Prompt zur Veranschaulichung:

ChatGPT, schreibe zehn Headlines mit Subheadlines für aufregende Tourenangebote mit Tourenbikes:

„Von Küste zu Küste: Erkunden Sie diverse Landschaften auf unseren abenteuerlichen Tourenbikes!

Grenzenlose Freiheit: Erleben Sie atemberaubende Ausblicke auf unseren Panorama-Touren mit den besten Bikes!

Kurvige Pfade und malerische Straßen: Entdecken Sie aufregende Strecken auf unseren speziell ausgestatteten Tourenbikes!

In die Wildnis stürzen: Erleben Sie unberührte Natur auf unseren Offroad-Tourenbikes!

Luxus auf zwei Rädern: Genießen Sie Komfort und Stil auf unseren Premium-Tourenbikes!

Stadtlichter und Naturwunder: Erleben Sie Kontraste auf unseren vielseitigen Stadt- und Geländetourenbikes!

Auf den Spuren der Abenteurer: Entdecken Sie faszinierende Routen auf unseren historischen Tourenbikes!

Schneller, weiter, intensiver: Steigern Sie den Adrenalinspiegel auf unseren High-Performance-Tourenbikes!

Exklusive Routen für passionierte Biker: Erleben Sie Leidenschaft auf unseren maßgeschneiderten Tourenbikes!

Unvergessliche Momente auf der Straße: Erkunden Sie neue Horizonte auf unseren unvergleichlichen Tourenbikes!"

ChatGPT, Prompt: Schreibe zehn Headlines mit Subheadlines für aufregende Tourenangebote mit Tourenbikes, zugegriffen 10. August 2023.

Abhängig von der Positionierung des Motorradherstellers, könnte ich mich für eine Variante begeistern.

Die Zwischenüberschrift

Ein guter Text enthält viele Zwischenüberschriften. Sie gliedern den Text optisch und thematisch. Jede Zwischenüberschrift ist einer neuer Texteinstieg und verschafft dem Leser einen schnellen Überblick.

ChatGPT, schreibe 10 Zwischenüberschriften für einen Broschürentext über besonders leuchtstarke Aquarellfarben:

„1. Ein strahlender Beginn: Die Revolution leuchtstarker Aquarellfarben.

2. Von der Palette zum Papier: Die einzigartige Strahlkraft im Detail.

3. Der Vergleich: Traditionelle Aquarellfarben gegen leuchtstarke Varianten.

4. Zusammensetzung & Qualität: Was macht unsere Farben so besonders?

5. Techniken optimieren: Tipps für maximale Leuchtkraft in Ihren Kunstwerken.

6. Die Wissenschaft des Glanzes: Wie leuchtstarke Pigmente das Licht einfangen.

7. Palette der Brillanz: Vorstellung unserer leuchtstarken Farbtöne.

8. Inspiriert von den Meistern: Berühmte Künstler und ihre Verwendung von leuchtstarken Aquarellfarben.

9. Für Anfänger bis Profis: Optimale Anwendungen für jeden Erfahrungsgrad.

10. Pflege und Lagerung: So bewahren Sie die Leuchtkraft Ihrer Aquarellfarben über Jahre hinweg.

Hoffentlich bieten diese Zwischenüberschriften einen guten Ausgangspunkt für Ihre Broschüre!"

ChatGPT, Prompt: Schreibe 10 Zwischenüberschriften für einen Broschürentext über besonders leuchtstarke Aquarellfarbe, zugegriffen 20. September 2023.

Der Aufbau entspricht dem zuvor geschilderten Beispiel Headline und Subheadline und das ist genau richtig. Zwischenüberschriften sollten über die gleiche textliche Qualität verfügen wie Headlines auch.

Der Slogan und Claim

Der Slogan gibt einer Kampagne für begrenzte Zeit ein Motto und ist kurzfristig angelegt. Er dramatisiert einen besonderen Nutzen und fasst die Stoßrichtung einer Kampagne wortstark zusammen. Der Slogan besitzt einen starken Aufforderungscharakter, Call-to-Action, und fordert zum Kaufen, Probieren, Mitmachen oder zur Einstellungsänderung auf.

Der Claim bildet die strategische Ausrichtung, Positionierung oder Mission eines Unternehmens ab und bezieht sich auf den Markenkern. Der Claim besetzt langfristig ein Positionierungs-Territorium. Er entfaltet die Mission einer Marke und bleibt über viele Jahre im Einsatz.

Der Slogan

ChatGPT, schreibe 10 kreative Slogans für einen Hausbauer, der schlüsselfertige Wunschhäuser baut:

„Natürlich! Hier sind zehn kreative Slogans für einen Hausbauer, der schlüsselfertige Wunschhäuser baut:

1. "Ihr Traumhaus, nur einen Schlüsseldreh entfernt!

2. Von der Vision zur Villa – Wir machen's möglich!

3. Schlüsselfertig, herzbezogen: Ihr Wunschhaus wartet!

4. Wo Wünsche Wände bekommen.

5. Ihr Grundriss, unser Versprechen: Perfektion bis zur Haustür!

6. Vom ersten Stein bis zum letzten Detail – Wir bauen Träume!

7. Schlüssel in die Hand, Willkommen im Wunschland!

8. Ihr Leben, Ihr Stil, Ihr Zuhause – Wir setzen es um!

9. Ein Haus, so einzigartig wie Ihre Träume.

10. Wo Qualität auf Kreativität trifft: Ihr Wunschhaus wird Wirklichkeit!"

ChatGPT, Prompt: Schreibe 10 kreative Slogans für einen Hausbauer, der schlüsselfertige Wunschhäuser baut, zugegriffen 17. September 2023.

Der Claim

ChatGPT, schreibe 10 kreative Claims für einen Hausbauer, der schlüsselfertige Wunschhäuser baut.

„Selbstverständlich! Hier sind zehn Claims für einen Hausbauer, der schlüsselfertige Wunschhäuser baut:

„1. Jeder Stein ein Stück Ihres Traums.

2. Mehr als nur ein Haus – Ein Zuhause nach Ihren Vorstellungen.

3. Wo Ihre Wünsche die Blaupause sind.

4. Individuell geplant, perfekt realisiert.

5. Ihr Leben, unser Bauplan – Gemeinsam zum Traumhaus.

6. Von der Idee bis zur Schlüsselübergabe – Alles aus einer Hand.

7. Einzigartigkeit in jedem Raum, in jedem Detail.

8. Bauen mit Herz, Hand und Ihrem Horizont.

9. Ihr Wunsch ist unser Bauplan.

10. Jedes Haus ein Unikat, jedes Detail ein Versprechen.

Ich hoffe, diese Claims entsprechen Ihren Vorstellungen. Wenn Sie Anpassungen oder weitere Vorschläge benötigen, stehe ich Ihnen gerne zur Verfügung!"

ChatGPT, Prompt: Schreibe 10 kreative Claims für einen Hausbauer, der schlüsselfertige Wunschhäuser baut, zugegriffen 17. September 2023.

Der Unterschied zwischen Slogan und Claim wird von ChatGPT verstanden und gut herausgearbeitet. Die Slogans sind konkreter, die Claims beziehen sich auf das grundsätzliche Versprechen des Anbieters.

Slogan:
Ihr Grundriss, unser Versprechen: Perfektion bis zur Haustür!
Vom ersten Stein bis zum letzten Detail – Wir bauen Träume!
Ihr Traumhaus, nur einen Schlüsseldreh entfernt

Claim:
Ihr Wunsch ist unser Bauplan
Jeder Stein ein Stück Ihres Traums
Wir bauen Träume!

Das Intro, Lead-in oder Vorwort

Das Intro oder Lead-in sind Einstiege in längere Texte. Für jedes Kapitel lohnt sich ein Intro. Es fasst das Wesentliche des Textes zusammen und gibt dem Leser einen Ausblick über die Inhalte. Das Lead-In bezeichnet die Zusammenfassung, der 1. Absatz, einer Pressemitteilung. Beide Text-Strukturen, Intro oder Lead-In, beantworten die W-Fragen: Wer? Was? Wo? Wann? Wie? Warum? Wen betrifft das? Wie lange? Welche Folgen? Beantworte jede Frage mit einem Satz und Du gibst dem Leser einen guten Überblick über den nachfolgenden Langtext.

Das Vorwort gibt ebenfalls einen Überblick zum Thema ist aber umfangreicher und schmückt die Nutzen und Versprechen bereits aus.

ChatGPT, schreibe für die Pressemitteilung eines Reiseveranstalters, der sich auf Bildungsreisen nach Jordanien spezialisiert hat, zwei spannende Lead-ins.

„Lead-in 1:
Vergessen Sie alles, was Sie zu wissen glaubten, und tauchen Sie ein in die Tiefen von Jordanien! [Firmenname] lädt Sie zu einer Reise ein, die Ihre Vorstellungen über das Nahostland erweitert und Sie direkt in die pulsierende Geschichte, Kultur und Gemeinschaft eintauchen lässt.

Lead-in 2:
Jordanien jenseits der Postkarten: [Firmenname] präsentiert eine einzigartige Bildungsreise, die die Geheimnisse und Geschichten dieses atemberaubenden Landes aufdeckt – von den verborgenen Schätzen Petras bis zu den lebendigen Traditionen lokaler Gemeinden."

ChatGPT, Prompt: Schreibe für die Pressemitteilung eines Reiseveranstalters, der sich auf Bildungsreisen nach Jordanien spezialisiert hat, zwei spannende Lead-ins, zugegriffen 21. August 2023.

Schreibe ein Vorwort für einen Newsletter/Broschüre/Blogbeitrag zu folgendem Thema über das Produkt X (USP/Versprechen/Nutzen). Der Prompt zur Veranschaulichung:

ChatGPT, schreibe ein Vorwort für einen Newsletter über Motorräder:

„Aufbruch in eine Welt auf zwei Rädern

Liebe Motorradbegeisterte, mit großer Freude heißen wir Sie im neuesten Ausgabe unseres Motorrad-Newsletters willkommen. In dieser Ausgabe laden wir Sie ein, sich gemeinsam mit uns auf eine Reise zu begeben – eine Reise, die von der Faszination, der Geschwindigkeit und der Freiheit auf zwei Rädern getragen wird.

Motorräder sind mehr als nur Fortbewegungsmittel. Sie verkörpern eine Leidenschaft, eine Lebensweise, eine unvergleichliche Verbindung zwischen Mensch und Maschine. In diesem Newsletter möchten wir diese Verbindung feiern und vertiefen. Wir werden Geschichten von Abenteuern auf einsamen Straßen und in fernen Ländern teilen, Einblicke in die technologischen Meisterwerke gewähren, die unsere Herzen höher schlagen lassen, und diejenigen ehren, die mutig Rennstrecken bezwingen oder sich für die Sicherheit aller Biker einsetzen.

Ganz gleich, ob Sie ein erfahrener Veteran auf dem Sattel sind oder erst die ersten Schritte in der Welt der Motorräder unternehmen – in unserem Newsletter finden Sie etwas, das Ihre Leidenschaft entfacht. Wir sind stolz darauf, eine Gemeinschaft von Gleichgesinnten zu sein, die sich darauf freuen, ihre Geschichten zu teilen, voneinander zu lernen und gemeinsam zu wachsen.

Daher laden wir Sie herzlich ein, sich in den folgenden Seiten von unserer Begeisterung anstecken zu lassen. Nehmen Sie sich einen Moment Zeit, um abzutauchen, sich inspirieren zu lassen und die Schönheit der Motorradkultur in all ihren Facetten zu erleben.

Vielen Dank, dass Sie Teil dieser Reise sind. Möge der Wind immer in Ihrem Rücken sein und die Straße endlos vor Ihnen liegen. Auf eine aufregende Fahrt!"

ChatGPT, Prompt: Schreibe ein Vorwort für einen Newsletter über Motorräder, zugegriffen 10. August 2023.

Es ist immer wieder erstaunlich, wie umfassend und vollständig die Antworten von ChatGPT sind. Hier liegt übrigens ein Schreibfehler vor, den wir absichtlich nicht korrigiert haben, damit ihr die Mängel der Schreibprogramme erkennt. Immer mal wieder tauchen solche Fehler auf. „Liebe Motorradbegeisterte, mit großer Freude heißen wir Sie im neuesten Ausgabe unseres Motorrad-Newsletters willkommen." Hinweise darauf werde ich ab sofort unterlassen.

Der Teaser-Text

Der Teaser-Text erlebte durch das Internet und Social Media einen Boom. Für Newsletter oder Internetseiten ist er unverzichtbar. Er reißt ein Thema an, weckt die Neugierde und bleibt offen. Offen bedeutet, dass er nicht das ganze Thema behandelt, sondern nur einen attraktiven Aspekt herausgreift, weil er neugierig auf den nachfolgenden Text machen will und den nächsten Klick provozieren möchte. Im Gegensatz zum Intro, Lead-in oder Vorwort, die ein Thema kurz und umfänglich darstellen wollen.

Der Prompt zur Veranschaulichung:

ChatGPT, schreibe einen Teaser-Text für einen Newsletter über Motorräder

„Entdecken Sie die Freiheit auf zwei Rädern – Unser Neuester Motorrad-Newsletter ist da!

Willkommen zur neuesten Ausgabe unseres Motorrad-Newsletters! Tauchen Sie ein in eine Welt voller Geschwindigkeit, Abenteuer und Leidenschaft. In dieser Ausgabe nehmen wir Sie mit auf eine Reise durch atemberaubende Landschaften, teilen Insider-Tipps für unvergessliche Touren und stellen Ihnen die neuesten technologischen Innovationen vor, die die Motorradwelt revolutionieren. Egal, ob Sie ein erfahrener Biker oder ein Neuling sind – unser Newsletter bietet für jeden etwas. Verpassen Sie nicht die Gelegenheit, Teil unserer lebendigen Biker-Community zu werden und sich von den Geschichten, Bildern und Ratschlägen inspirieren zu lassen. Lassen Sie den Motor röhren und die Abenteuer beginnen – klicken Sie sich durch und erleben Sie die Faszination der Straße!"

ChatGPT, Prompt: Schreibe einen Teaser-Text für einen Newsletter über Motorräder, zugegriffen 10. August 2023.

Die Teaser-Texte müssen sich häufig Layoutvorgaben anpassen und haben daher eine Zeichenbegrenzung, deshalb ließ ich den letzten Text kürzen. Interessant dabei ist, dass es sich nicht nur um eine Kürzung handelt, sondern Sätze neu geordnet und umformuliert werden. Der folgende Text fordert sehr stark auf und ist mit vielen Call-to-Actions gespickt: Entdecken Sie, erleben Sie, verpassen Sie nicht.

ChatGPT, kürze den Teaser-Texte um die Hälfte:

„Tauchen Sie ein in die Welt der Freiheit auf zwei Rädern – Unser neuer Motorrad-Newsletter ist da! Willkommen zur neuesten Ausgabe! Entdecken Sie atemberaubende Landschaften, teilen Insider-Tipps für Touren und erleben Sie technologische Innovationen. Egal, ob erfahrener Biker oder Neuling – verpassen Sie nicht die Chance, Teil unserer lebendigen Community zu werden. Motor an, Abenteuer los – klicken und die Straße spüren!"

ChatGPT, Prompt: Kürze den Teaser-Text um die Hälfte, zugegriffen 10. August 2023.

Der letzte Satz des gekürzten Teaser-Textes ist richtig gut! Bei ChatGPT ist besonders auffällig, dass die letzten Sätze häufig Slogan-Charakter besitzen.

Der Imagetext

Der Imagetext vermittelt das Selbstverständnis eines Unternehmens und beschreibt die Idee dahinter. Er stellt die Unternehmenswerte vor und erläutert die Unternehmensvision. Der Imagetext macht das Unternehmen vorstellbarer und greifbarer. Das „Warum", „Wie" und „Was" stehen im Mittelpunkt und werden der Reihe nach beantwortet.

ChatGPT, schreibe einen Imagetext für ein Stahlunternehmen, das auf die Produktion von Edelstahl spezialisiert ist.

„Stärke trifft Eleganz: Ihr Partner in Edelstahl

In der Welt des Stahls verkörpert Edelstahl die Perfektion von Beständigkeit, Qualität und makellosem Glanz. Bei [Unternehmensname] haben wir diese Prinzipien zu unserer Leidenschaft gemacht. Seit [Gründungsjahr, z.B. "1920"] haben wir uns der Kunst und Wissenschaft der Edelstahlherstellung verschrieben, um Produkte zu schaffen, die nicht nur die Zeit überdauern, sondern auch den ästhetischen Ansprüchen unserer Kunden gerecht werden.

Unser Engagement für Exzellenz zeigt sich in jedem Quadratzentimeter Stahl, den wir produzieren. Durch modernste Technologie und handwerkliches Geschick kombinieren wir Stärke mit Eleganz und schaffen so ein Material, das in puncto Langlebigkeit und Schönheit unübertroffen ist.

Die Welt verändert sich, aber der Bedarf an zuverlässigen, haltbaren und eleganten Materialien bleibt. Bei [Unternehmensname] verstehen wir diese Anforderungen. Ob für Architektur, Automobilbau, Industrieanwendungen oder Designerstücke – wir liefern Edelstahl, der beeindruckt und Bestand hat.

Treten Sie mit uns in eine Zukunft ein, in der Qualität, Integrität und Schönheit Hand in Hand gehen. [Unternehmensname] – Wo Stärke auf Eleganz trifft.

Hoffentlich trifft dieser Imagetext den Kern dessen, was Sie für Ihr Stahlunternehmen kommunizieren möchten! Sie können den Text nach Bedarf anpassen, um spezifische Details oder USPs Ihres Unternehmens hinzuzufügen."

ChatGPT, Prompt: Schreibe einen Imagetext für ein Stahlunternehmen, das auf die Produktion von Edelstahl spezialisiert ist, zugegriffen 20. September 2023.
Der Imagetext beantwortet ausführlich das „Warum", „Wie" und „Was".

ChatGPT, schreibe einen Imagetext für ein Unternehmen über das man Fahrräder leasen kann:

„Ihr Wunschrad heute. Ohne Umwege.

Warum kaufen, wenn Sie flexibel leasen können? Entdecken Sie die neue Mobilität mit unserem Fahrrad-Leasing-Angebot. Egal ob Citybike, E-Bike oder Mountainbike – wählen Sie Ihr Traumrad und genießen Sie sofortigen Fahrspaß. Ohne große Investition, dafür mit voller Freiheit. Weil der Weg das Ziel ist. Leasen. Losradeln. Leben. #NeueWegeErleben."

ChatGPT, Prompt: Schreibe einen Imagetext für ein Unternehmen über das man Fahrräder leasen kann, zugegriffen 17. August 2023.
Ein Image ist das subjektive Gesamtbild einer Marke. Es setzt sich aus Erfahrungen, Meinungen, Gefühlen und Einstellungen zusammen. Ein Imagetext müsste diese bestätigen, oder falls das Image negativ behaftet ist, ihnen entgegenwirken. Ein Imagetext ist diese Antwort von ChatGPT nicht. Es handelt sich eher um einen Angebots- oder Verkaufstext. Hier lohnt sich eine neuer Prompt. Beziehungsweise das nachfüttern und einpflegen von Inhalten im Sinne von: „Warum", „Wie" und „Was".

Der Anzeigentext

Ein guter Anzeigentext nimmt im ersten Satz die Überschrift auf. Der erste Satz weckt die Neugierde des Lesers und tut dies mit einem Konflikt oder Versprechen. Die nachfolgenden Sätze vergrößern das Problem (Konflikte) oder reihen die ersten Argumente (Lösungen) auf. Bessere Texte erreichen einen spürbaren Höhepunkt und entwickeln eine überraschende Wendung gegen Ende. Der Text endet mit einem Fazit kombiniert mit einem Call-to-Action, und kommt im letzten Satz auf den Anfang, die Headline, zurück.

Wechseln wir mal die Branche und gehen zum Automobil. Für einen guten Anzeigentext brauchen wir zuerst eine Headline.

ChatGPT, schreibe 20 witzige und freche Headlines für den neuen, sportlichen Kleinwagen.
Aus unerfindlichen Gründen erhalte ich auf meine deutsche Anfrage plötzlich englische Headlines:

"Now with Extra Zoom to Escape Boring Commutes!

Unleash Your Inner Speed Demon with the All-New!

Warning: New. May Cause Excessive Smiles and Envy!

Rev Up Your Life: Kleinwagen – Where Style Meets Vroom!

Upgrade Your Status: Drive and Impress the World.

Elevate Your Coolness Quotient with the Freshest!

Attention, Road: Here It Comes. Prepare to Be Amazed!

Join the Fast Lane: Owners' Club, Accepting Thrill Seekers!

Buckle Up for Fun: The Turbocharged Adventure Awaits!

Make Way: The Coolest Thing Since Sliced Bread.

Because Walking Is Highly Overrated Anyway!

Step Aside, Ordinary Cars: Extravaganza Has Arrived!

Did Someone Say 'Road Trip'? Your Ticket to Excitement!

Warning: Objects in the Mirror Are Jealous of the Swagger.

Eco-Friendly, People-Friendly, Speed-Friendly: Has It All!

Get Ready to Turn Heads: Stylish Grand Entrance!

Fuel Your Day with Adrenaline: Power-Packed Performance!

Don't Just Drive, Cruise: The Luxurious Joyride!

Making Traffic Jams Almost Bearable Since... Now!

Upgrade Your Garage: Park the Future!"

ChatGPT, Prompt: Schreibe 20 witzige und freche Headlines für den neuen, sportlichen Kleinwagen, zugegriffen 13. August 2023.

Wie gut kann ChatGPT ins Englische übersetzen? ChatGPT antwortete ohne weitere Erklärung auf meine deutsche Anfrage in englischer Sprache; ein Bug. Wenn dem so sein soll, lassen wir uns treiben und greifen kurz das Thema Übersetzung auf. Wir kommen gleich danach auf den Anzeigentext zurück.

Dann müssen eben die englischen Headlines ins Deutsche übersetzt werden.

ChatGPT, übersetze die Headlines ins Deutsche:

„Jetzt mit Extra-Zoom, um langweiligen Pendelstrecken zu entkommen!

Entfessle deinen inneren Geschwindigkeitsdämon!

Achtung: Der neue könnte übermäßige Freude und Neid verursachen!

Gib deinem Leben mehr Schwung: Wo Stil auf Vroom trifft!

Upgrade deinen Status: Fahre und beeindrucke die Welt.

Erhöhe deinen Coolness-Faktor!

Achtung, Straße: Mach dich bereit für Erstaunliches!

Schließe dich der Überholspur an: Club sucht Thrill-Suchende!

Anschnallen für Spaß: Das abenteuerliche Turboerlebnis erwartet dich!

Mach Platz: Das Coolste seit geschnittenem Brot.

Weil Gehen ohnehin völlig überbewertet ist!

Mach Platz, gewöhnliche Autos: Extravaganza ist eingetroffen!

Hat jemand 'Roadtrip' gesagt? Dein Ticket zur Aufregung!

Warnung: Objekte im Spiegel sind neidisch auf dein Selbstbewusstsein.

Umweltfreundlich, menschenfreundlich, geschwindigkeitsfreundlich: Alles!

Mach dich bereit, Köpfe zu drehen: Der stilvolle Einzug!

Tank deinen Tag mit Adrenalin: Die kraftvolle Performance!

Fahre nicht nur, gleite: Die luxuriöse Spritztour!

Macht Staus fast erträglich... ab sofort!

Upgrade deine Garage: Parke die Zukunft!"

ChatGPT, Prompt: Übersetze die Headlines ins Deutsche, zugegriffen 13. August 2023.

Auf den ersten Blick wird deutlich: Die deutschen Übersetzungen sind schwächer als die englischen Original-Schlagzeilen. Sie wirken hölzern, gestelzt und falsch. Ein Grundsatz muss allen Entscheidern klar sein: Typisch geformte Wortstellungen und Einheiten einer Sprache oder Redewendungen können nicht 1:1 übersetzt werden. Sprachwitz ist nicht übersetzbar. Es muss eine neue Text-Idee für die beabsichtigte Aussage in jeder Sprache gefunden werden. Übersetzungen müssen in jedem Fall von einem Muttersprachler geprüft und korrigiert werden. Hier meine Einschätzung zu fünf zufällig ausgewählten Headline-Übersetzungen.

Now with Extra Zoom to Escape Boring Commutes!
Jetzt mit Extra-Zoom, um langweiligen Pendelstrecken zu entkommen!
Im deutschen Sprachgebrauch spricht man nicht von *langweiligen Pendelstrecken*. Das wirkt gestelzt und in diesem Zusammenhang fremd.

The Coolest Thing Since Sliced Bread.
Das Coolste seit geschnittenem Brot.
„The best thing since sliced bread" bedeutet im Englischen sinngemäß „Die beste *Erfindung* seit geschnittenem Brot". Die Erfindung blieb bei der Übersetzung auf der Strecke. Und ehrlich gesagt, ein Automobil ist nicht so cool

wie *geschnittenes Brot*. Man benutzt die Redewendung, welche nebenbei veraltet klingt, im Deutschen nur für Dinge, die besonders leicht von der Hand gingen.

Eco-Friendly, People-Friendly, Speed-Friendly
Umweltfreundlich, menschenfreundlich, geschwindigkeitsfreundlich:
Geschwindigkeitsfreundlich ist ein zusammengesetztes Adjektiv, also eher gefährlich für guten Stil, während zum Beispiel *Reagiert schrecksekundenschnell* (für die automatische Fußgängererkennung des VW Golf) ein tolles zusammengesetztes und neues Adjektiv (Neologismus) ist. Die Dreierreihung *Eco-Friendly, People-Friendly, Speed-Friendly* klingt im Englischen smart und rhythmisch, aber in der deutschen Übersetzung funktioniert das nicht so gut. *Geschwindigkeitsfreundlich* ist eher irritierend und lange nicht so frech, aktiv oder erzählerisch wie *schrecksekundenschnell*.

Warning: Objects in the Mirror Are Jealous of your Swagg.
Warnung: Objekte im Spiegel sind neidisch auf das Selbstbewusstsein.
Objects in the mirror are closer than they appear ist ein Zitat und eine Warnung, die auf Rückspiegeln englischer und amerikanischer Automobile steht. Das kennt in Deutschland nur eine Minderheit und bleibt deshalb unverständlich. Spontan erinnere ich mich an mindestens zwei Kampagnen, die sich dem Thema Rückspiegel bereits widmeten. Die Schlagzeile ist also nicht einzigartig, sondern eine Kopie einer Kopie. Hinzu kommt, dass ein Auto nicht selbstbewusst sein kann nur der Mensch, der es fährt.

Get Ready to Turn Heads: Stylish Grand Entrance!
Mach dich bereit, Köpfe zu drehen: Der stilvolle Einzug!
Für das Deutsche müsste man bei *Köpfe verdrehen*, im Sinne von *jemand in sich verliebt machen*, ansetzen, statt *Turn Heads mit Köpfe drehen* zu übersetzen. *Mach dich bereit, Köpfe zu drehen* ergibt leider keinen Sinn.

Jetzt wurden die Headlines vom Englischen ins Deutsche übersetzt. Das wird auch in umgekehrter Richtung nicht besser. Michael Hooper von der Sprachdienstleistungsagentur *Text International* sagte bei einer telefonischen Befragung dazu: „Deutsch und Englisch sind vollgepackt mit umgangssprachlichen Ausdrücken und Redewendungen. Einige davon lassen sich leicht übersetzen, die meisten aber gar nicht. Der Trick ist, den Unterschied zu kennen. Das Problem mit der KI ist, dass sie eher künstlich als intelligent wirkt. Mein Ratschlag an die Weisen: Setzen Sie niemals Ihre harte Arbeit und den Ruf Ihres Unternehmens aufs Spiel, indem Sie Texte veröffentlichen, bevor sie von einem Muttersprachler redigiert wurden." (Hooper, persönliche Kommunikation, 14. August 2023)

Eine kleine Zutat von mir. Willst du übersetzen, nimm ein Programm, das dafür geschrieben wurde.

Wie bereits beschrieben ist ChatGPT ein Brainstorming-Partner, und deshalb lies ich mich von den Headline-Vorschlägen inspirieren, und habe für den Anzeigentext eine Headline umgeschrieben: **Tanke Adrenalin. Der neue Kleinwagen**

ChatGPT schreibe einen Anzeigentext für die Headline: Tanke Adrenalin. Der neue Kleinwagen:

„Erwecke deine Sinne und tanke Adrenalin mit dem atemberaubenden neuen Kleinwagen. Dieses Meisterwerk der Ingenieurskunst bietet nicht nur eine unvergleichliche Performance, sondern auch ein Design, das die Straße zum Laufsteg macht. Spüre den Nervenkitzel, wenn du das Gaspedal trittst und dich in eine Welt voller Power und Leidenschaft katapultierst. Der neue Kleinwagen – für diejenigen, die das Leben in vollen Zügen genießen und die Straße mit Stil beherrschen wollen. Erlebe den Rausch der Geschwindigkeit. Jetzt erhältlich!"

ChatGPT Regenerate

„Erwecke den Rennfahrer in dir! Tanke Adrenalin mit dem brandneuen Kleinwagen. Spüre die Kraft, die Geschwindigkeit und die atemberaubende Performance, während du die Straßen eroberst. Der Kleinwagen – dein Ticket zu unvergesslichen Fahrerlebnissen. Jetzt einsteigen und das Abenteuer beginnen!"

ChatGPT Regenerate

„Erlebe puren Nervenkitzel am Steuer! Tanke Adrenalin mit dem brandneuen Kleinwagen. Mit seinem kraftvollen Antrieb, dynamischem Design und unübertroffenen Fahrspaß katapultiert dich der Civic in eine neue Ära der Performance. Bereit, die Straße zu dominieren? Schnapp dir den Schlüssel und erlebe, wie Adrenalin in jeder Kurve und auf jeder Geraden pulsiert. Spüre die Energie des Neuen. Spüre den Kleinwagen."

ChatGPT, Prompt: ChatGPT, schreibe einen Anzeigentext für die Headline: Tanke Adrenalin. Der neue Kleinwagen, zugegriffen 13. August 2023.

Der erste Satz nimmt die Headline auf. Die nachfolgenden Sätze vertiefen das Thema und geben Argumente für das neue Automobil. Darauf folgt ein Call-to-Action. Die beiden Schlusssätze kommen zu einem Fazit und gehen auf die Headline zurück. Das ist gut und insofern überraschend, dass die Textstruktur, die ich eingangs des Abschn. „Der Anzeigentext" beschrieben habe, exakt nachgebaut wurde.

Eines sei bezüglich Sprachen noch erwähnt: ChatGPT spricht bayrisch

ChatGPT, schreibe eine Trauerrede für Franz Beckenbauer in bayrisch. Nicht länger als 500 Wörter:

„Oi Leit,

heid steh ma do zamm in oana vo de schwerstn Moment im Lebn. Mir hom olle des Große Glück ghob'n, Franz Beckenbauer in unserm Lebn z'hob'n. A Mensch, der uns olle mit seine Leidenschaft, sei Klugheit und sei Herzlichkeit bewegt und inspiriert hod.

Franz, oda wia mia eam oft gern gnennt hom, "Der Kaiser", hod ned bloß am Fuassboi a Spur hinterlassn, sondan a in de Herzen von uns Bayern. Mit seiner G'schicklichkeit am Ball und seiner Führungsqualität hod er ned bloß de Soida vo uns Bayern g'wonna, sondern a vo de Menschen weltweit Respekt g'wonnan.

Seine G'schicht'n vo de großen Siege und die Momente vo Zusammenhalt und Teamgeist – des is wos, wos uns ewig in Erinnerung bleib'n werd. In schwiera Zeita hod Franz immer a brennende Lampe des Hoffs und der Motivation fia uns olle g'wesn. Ob am Feld oda in de Höhn und Tief'n vom Lebn, Franz hod uns mit sein Glaub'n an uns selba und an unser Potenzial inspiriert.

Aber ned bloß am grünen Ras'n hod Franz g'glänzt. A als Mensch hod er mit seiner Herzlichkeit und sein Ohr fia de Sorg'n vo de Leit a bleibende Spur hinterlassn. Er hod olle g'holf'n, de zu ihm kemma san. A Mensch vo großer Güte und Bescheidenheit, a dea wos gern gholf'n hod, ohne viel Aufhebens drum zu macha.

De boarische Heimat hod Franz immer am Herz'n g'habt. Er hod uns Bayern ned bloß am Feld, sondan a in ollen Lebensbereich'n vertreten und stolz gemacht. Sei boarischer Stolz und sei Liebe zu seine Wurzeln hom eam zu dem gemacht, wos er war – a Legende in ollen Facett'n vo sein Lebn.

Heid trauern mia, mia Bayern, ned bloß um a großartige Sportsmann, sondan um a Familienmitglied, a Freund, a Vorbild. Sei Lacha, sei Wort', sei
G'schicht'n – des bleib'n uns in Erinnerung und geab'n uns Kraft und Hoffnung in dera schwiera Zeit.

Franz, du host uns olle so vui g'lehrnt und g'geben. Du wirst im Herzen vo
uns Bayern immer weiterleb'n. Dei Geist, dei Weisheit und dei Liebe zu deinen Leit – des bleibt unsterblich.

In dera schwiera Zeit steh'ma zamm, um uns an Franz zu erinnern, um uns
geg'nseitig Halt zu geben und um sei Erbe weiterzuführ'n. Mia hom a Pflicht,
sei G'schicht'n und sei Werte weiterzutragen und zu leben, damit sein Geist
niemals vergeht.

Möge Franz in Fried'n ruh'n, wia a Held und Legende, dea er immer g'wesn
is. Mia wern di niemals vergess'n, Franz. Ruah in Fried'n.

In liebevoller Erinnerung,

Deine Bayern-Familie"

ChatGPT, Prompt: Schreibe eine Trauerrede für Franz Beckenbauer in bayrisch. Nicht länger als 500 Wörter, zugegriffen 4. März 2024.
    Dass der Chatbot Dialekte spricht, hat mich überrascht. Probiere es aus.

Der Angebots- oder Verkaufstext

Für Angebotstexte gibt es zwei Herangehensweisen: a) Direktes Verkaufen
oder b) Bedarf wecken.
a) Beim direkten Verkaufen ist der wirkungsvollste Grundstein der Pain-Point-
Ansatz. Der Text wählt den Einstieg über die Pain Points gefolgt von Zielen,
Nutzen, Gewinn für die Zielgruppe und Beweisen für die Richtigkeit der Behauptungen. Dazu solltest Du folgende Zwischenziele für den Text in einer
Stoffsammlung zusammenfassen.

- In welcher Situation befindet sich die Zielgruppe? Wo liegt ihr Problem?
- Wie oder wo werden Probleme sichtbar?
- Wann und wie kommt das Produkt zum Einsatz?
- Wie lautet das Hauptversprechen Deines Produktes oder Deiner Dienst-
  leistung?

- Wie hebt sich das Versprechen von der Konkurrenz ab?
- Was sind die konkreten Nutzen und Vorteile?
- Welche Features bestätigen den Nutzen?
- Wie erlebt der Kunde die Produktvorteile und ihren Nutzen?
- Welche messbaren Erfolge sieht der Kunde?
- Was sind die positiven Erfahrungen des Kunden?
- Welche Erfolge zeichnen sich ab?
- Wie wirkt sich der Erfolg auf das System (Unternehmen) aus?
- Welche Zahlen, Fakten, Referenzen oder Studien beweisen die Wirksamkeit?

b) Für Bedarf wecken gilt, dass der Leser grundsätzlich interessiert ist, aber sich keiner Schmerzpunkte bewusst ist. Deshalb kommen sie hier nicht vor. Die Textstruktur konzentriert sich voll und ganz auf die Zielentwicklung und behandelt ausschließlich die Vorteile und Nutzen.

- Was ist das Besondere am Angebot und der wichtigste Kaufgrund?
- Was leistet das Produkt oder die Dienstleistung?
- Welche Versprechen kannst Du geben?
- Welche Einzigartigkeit bietet das Produkt oder die Dienstleistung im Gegensatz zur Konkurrenz?
- Welchen Nutzen hat der Kunde davon?
- Welche Features führen zu Vorteilen?
- Welche konkreten und persönlichen Vorteile hat der Kunde oder das System/Unternehmen?

Der allgemeine Prompt. Schreibe einen Verkaufstext für das neue Produkt X (USP/Versprechen/Nutzen) im Bereich Y.

ChatGPT, schreibe einen Verkaufstext für eine biologische Anti-Faltencreme für Männer über 40 Jahre:

„Natürlich Männlich: Die Bio Anti-Faltencreme speziell für den Mann über 40!

Herren, es ist Zeit, dass Sie sich selbst etwas Gutes tun. In einer Welt, in der jeder Moment zählt, verdient Ihre Haut nur das Beste. Wir präsentieren Ihnen unsere biologische Anti-Faltencreme, entwickelt für den Mann über 40, der mühelose Eleganz und nachhaltige Pflege in einem Produkt sucht.

Warum unsere Bio Anti-Faltencreme?

1. Speziell für Männerhaut entwickelt: Wir wissen, dass Männerhaut genauso besondere Pflege benötigt wie Frauenhaut. Unsere Creme ist darauf abgestimmt, die Bedürfnisse reiferer Männerhaut zu erfüllen.

2. 100% biologische Inhaltsstoffe: Frei von künstlichen Zusatzstoffen, Parabenen und Sulfaten. Unsere Creme enthält nur natürliche, organische Zutaten, die Ihre Haut nähren, ohne ihr zu schaden.

3. Effektive Anti-Aging-Eigenschaften: Erleben Sie die Kraft der Natur mit Inhaltsstoffen wie Aloe Vera, Grüner Tee und Jojobaöl, die tief in die Haut eindringen, Feuchtigkeit spenden und feine Linien und Falten minimieren.

4. Frischer, maskuliner Duft: Ein leichter, holziger Duft, der Sie den ganzen Tag über begleitet, ohne aufdringlich zu sein.

5. Einfache Anwendung: Eine kleine Menge genügt für Gesicht und Hals. Zieht schnell ein und hinterlässt ein angenehm weiches Hautgefühl.

Ziehen Sie die Natur auf Ihre Seite

Es ist Zeit, die Zeichen der Zeit mit der Kraft der Natur zu bekämpfen. Unsere Bio Anti-Faltencreme unterstützt Sie dabei, das Beste aus Ihrer Haut herauszuholen und jeden Tag mit neuem Selbstbewusstsein zu beginnen.

Gönnen Sie sich den Luxus einer natürlichen Pflege und erleben Sie, wie Ihre Haut von Tag zu Tag jünger, frischer und vitaler aussieht. Weil wahre Schönheit von innen kommt, aber ein bisschen Unterstützung von außen nie schadet.

Jetzt bestellen und den Unterschied spüren!"

ChatGPT, Prompt: Schreibe einen Verkaufstext für eine biologische Anti-Faltencreme für Männer über 40 Jahre, zugegriffen 17. August 2023.

Der Text folgt dem zuvor beschriebenen Muster b) Für Bedarf wecken. An jedes Feature wird der persönliche Nutzen angehängt. Die Eigenschaften und Vorteile sind übersichtlich in fünf Punkten dargestellt. Auffällig ist in diesem Beispiel die aktive Schreibe mit starkem Aufforderungscharakter (Call-to-Action): „Es ist Zeit, dass Sie sich selbst etwas Gutes tun", „Gönnen Sie sich", „Erleben Sie", „Jetzt bestellen und den Unterschied spüren."

Falls Du mit Variante a) Direktes Verkaufen arbeiten willst, benenne die Pain Points im Prompt damit sie in der Antwort berücksichtigt werden.

Die Produktbeschreibung

Unser Gehirn fragt vor der Kaufentscheidung nach Nutzen und Argumenten für den Kauf. Produktbeschreibungen sollten sich deshalb nur darauf konzentrieren und diese in allen Facetten, bildhaft, erlebbar und lebensnah schildern. Die Produktbeschreibung beantwortet folgende Fragen:

- Wie kann man die Zielgruppe emotional ansprechen?
- Wodurch wurde das Produkt inspiriert?
- Woher kommt das Produkt? Herkunftsland, Region, Tradition
- Wie funktioniert das Produkt?
- Wann wird das Produkt genutzt?
- Was ist das Besondere und wodurch zeichnet es sich aus?
- Was sind die besonderen Vorteile und Nutzen?
- Woran erkennt man die Qualität?
- Welche Features stellen die Qualität sicher?
- Welches Problem löst das Produkt?
- Wie fühlt es sich beim Benutzen an?
- Warum wird das Produkt gekauft und wie zufrieden sind die Nutzer?

Der allgemeine Prompt lautet: Schreibe eine Produktbeschreibung zum Thema X. Das Alleinstellungsmerkmal ist Y.

ChatGPT, schreibe eine Produktbeschreibung für einen Winkelschleifer, der selbst in kleinste Winkel vorstoßen kann:

„Winkelschleifer UltraFlex™

Produktbeschreibung:
Entdecken Sie den UltraFlex™ Winkelschleifer – das ultimative Werkzeug für alle, die präzise und effizient selbst in die kleinsten Winkel schneiden, schleifen und polieren möchten. Der Winkelschleifer UltraFlex™ wurde speziell für professionelle Handwerker und ambitionierte Heimwerker entwickelt, die keine Kompromisse bei Qualität und Leistung eingehen wollen.

Eigenschaften und Vorteile:
1. Ultra-kompakte Bauform: Durch sein spezielles Design erreicht der UltraFlex™ auch schwer zugängliche Stellen, die mit herkömmlichen Winkelschleifern unerreichbar wären.

2. Leistungsstarker Motor: Trotz seiner kompakten Größe bietet der UltraFlex™ eine beeindruckende Schleifleistung, die selbst anspruchsvolle Arbeiten problemlos meistert.

3. Verstellbare Schutzhaube: Die Schutzhaube kann ohne Werkzeuge schnell und einfach verstellt werden, um optimalen Schutz bei jeder Anwendung zu gewährleisten.

4. Ergonomisches Design: Der speziell geformte Griff sorgt für komfortables Arbeiten, selbst über längere Zeiträume, und reduziert die Ermüdung der Hände.

5. Variable Drehzahlregelung: Egal ob Sie sanft polieren oder kraftvoll schleifen möchten, mit der stufenlosen Drehzahlregelung finden Sie immer die perfekte Geschwindigkeit.

6. Langlebigkeit: Hergestellt aus hochwertigen Materialien und mit einer robusten Konstruktion, ist der UltraFlex™ Winkelschleifer ein Werkzeug, auf das Si sich jahrelang verlassen können.

Technische Daten:
– Leistung: 800 W
– Leerlaufdrehzahl: 3.000 – 11.000 U/min
– Scheibendurchmesser: 125 mm
– Gewicht: 2,3 kg
– Kabellänge: 3 m

Lieferumfang:
1x UltraFlex™ Winkelschleifer, 1x Schutzhaube, 1x Zusatzhandgriff, 1x Bedienungsanleitung
Erleben Sie Flexibilität und Präzision in einem Werkzeug und stoßen Sie mit dem UltraFlex™ Winkelschleifer in Bereiche vor, von denen Sie bisher nur träumen konnten. Ideal für Profis und Heimwerker, die das Beste aus ihrer Arbeit herausholen wollen."

ChatGPT, Prompt: Schreibe eine Produktbeschreibung für einen Winkelschleifer, der selbst in kleinste Winkel vorstoßen kann, zugegriffen 15. August 2023.
   Das ist umfangreich, für den Laien vollständig und beeindruckend. Es beweist wieder einmal, dass GPT-Programme Musterreproduktionsmaschinen sind. ChatGPT erfüllt alle Kriterien einer detaillierten Produktbeschreibung wie eingangs beschrieben und führt die Antwort als Fließtext und Aufzäh-

lung aus. Das verbessert die Textstruktur und Übersicht. Darüber hinaus wurde der Name alleinstellend und mit USP gewählt. Auf meiner Recherche im Internet fand ich viele Geräte mit verwechselbaren, wenig einprägsamen und kryptischen Buchstaben- oder Zahlenkombinationen. Der Vorschlag „**Winkelschleifer UltraFlex**™" klingt schon allein wegen des Trademark-Logos, TM, so einleuchtend und echt, dass ich ChatGPT fragen musste, ob es den Winkelschleifer wirklich gibt. Die Antwort:

> „Nein, den ‚UltraFlex™ Winkelschleifer' gibt es nicht wirklich. Die Produktbeschreibung, die ich zuvor verfasst habe, ist eine fiktionale Erfindung, basierend auf der Anfrage, die Sie gestellt haben. Es handelt sich also um eine erdachte Produktbeschreibung und nicht um ein tatsächlich existierendes Produkt. Bei der Suche nach einem passenden Winkelschleifer sollten Sie auf etablierte Marken und reale Produktbeschreibungen zurückgreifen."

ChatGPT, Prompt: Gibt es den UltraFlex TM wirklich? zugegriffen 15. August 2023.

ChatGPT, Neuroflash, Perplexity und Gemini im Vergleich

Ich schrieb GPT-Programme sind Mustererkennungsmaschinen in der Mehrzahl, und jetzt ist es Zeit für einen Vergleich der Chatbots. Ich habe mich hierzu für Neuroflash, einem deutschen Chatbot, Perplexity und Gemini von Google entschieden. Die Navigationen sind anders, deshalb unterscheiden sich die Eingaben geringfügig.

Bei Neuroflash wählt man zuerst eine Textsorte aus und gibt dann die Produkteigenschaft ein: Ein Winkelschleifer, der selbst in kleinste Winkel vorstoßen kann. Ergänzt wird der Produktname: UltraFlex™ Winkelschleifer. Die magische Feder, so der gewählte Name von Neuroflash, gibt folgenden Vorschlag aus:

> **Teaser:** Entdecke den UltraFlex™ Winkelschleifer – das Werkzeug, das selbst in kleinste Winkel vorstoßen kann. Egal ob du in der Werkstatt arbeitest oder Bauprojekte zu Hause angehst, der UltraFlex™ Winkelschleifer ist das perfekte Werkzeug für jede Herausforderung. Mit seiner einzigartigen Flexibilität und Leistungsfähigkeit erleichtert er dir jede Arbeit.
>
> **Details:** Der UltraFlex™ Winkelschleifer ist ein herausragendes Werkzeug, das sich durch seine Flexibilität und Leistungsfähigkeit auszeichnet. Dank seiner einzigartigen Konstruktion kann er selbst in die engsten Winkel vordringen und sorgt so dafür, dass du auch an schwer zugänglichen Stellen arbeiten

kannst. Der Winkelschleifer ist mit einem leistungsstarken Motor ausgestattet, der für eine hohe Drehzahl und eine schnelle Arbeitsgeschwindigkeit sorgt. Darüber hinaus ist das Werkzeug auch sehr robust und langlebig, sodass es auch bei intensiver Nutzung lange hält.

Der UltraFlex™ Winkelschleifer ist einfach zu bedienen und bietet eine hohe Präzision. Er eignet sich für eine Vielzahl von Anwendungen, einschließlich Schleifen, Polieren und Schneiden von Metall, Holz und anderen Materialien. Mit seinem ergonomischen Griff liegt er gut in der Hand und ermöglicht eine komfortable und sichere Handhabung.

Der UltraFlex™ Winkelschleifer ist das perfekte Werkzeug für alle, die Wert auf Präzision, Leistung und Flexibilität legen. Er ist ideal für den Einsatz in der Werkstatt, auf Baustellen und zu Hause. Mit diesem Werkzeug kannst du jede Herausforderung meistern und deine Projekte mit Leichtigkeit und Präzision angehen.

Vertrauen: Der UltraFlex™ Winkelschleifer wird aus hochwertigen Materialien hergestellt und ist von bester Qualität. Er wurde sorgfältig getestet und erfüllt die höchsten Standards in Bezug auf Sicherheit und Leistung. Wir sind davon überzeugt, dass du mit diesem Werkzeug zufrieden sein wirst und bieten eine 100%ige Zufriedenheitsgarantie an. Solltest du aus irgendeinem Grund nicht zufrieden sein, kannst du das Werkzeug innerhalb von 30 Tagen zurückgeben und erhältst dein Geld zurück.

Keywords: Winkelschleifer, Flexibilität, Leistungsfähigkeit, Drehzahl, Schleifen, Polieren, Schneiden, Metall, Holz, Präzision, Ergonomie, Qualität, Sicherheit, Zufriedenheitsgarantie."

Neuroflash, Prompt, Produkteigenschaft: Ein Winkelschleifer, der selbst in kleinste Winkel vorstoßen kann. Produktname: UltraFlex™ Winkelschleifer, zugegriffen 18. August 2023.

ChatGPT wählt das „Sie", Neuroflash das „du". Neuroflash bietet automatisch einen Teasertext und Keywords an und hat sich ein gutes Versprechen ausgedacht: Die 100 %ige Zufriedenheitsgarantie.

Bei ChatGPT werden die Eigenschaften und Vorteile übersichtlich in sechs Punkten aufgezählt. Das ist übersichtlicher als der Fließtext von Neuroflash. Der wesentliche Vorteil des ChatGPT-Textes liegt in seinen kraftvolleren Formulierungen, der Nutzen für den Handwerker. An jedes Feature wird der persönliche Nutzen angehängt. Das ist gut gebaut und wie man im Vergleich sieht bei Neuroflash weniger stark herausgearbeitet. Neuroflash adressiert nicht immer direkt an den Leser und bleibt allgemeiner, während ChatGPT eindrucksvollere, einzigartigere und alleinstellendere Aussagen, teils im Superlativ, trifft. Darüber hinaus werden bei ChatGPT Technische Daten und der Lieferumfang benannt. Hier der Vergleich.

Die Formulierung der Nutzen von ChatGPT

- „das ultimative Werkzeug"
- „keine Kompromisse bei Qualität und Leistung eingehen"
- „die mit herkömmlichen Winkelschleifern unerreichbar wären"
- „selbst anspruchsvolle Arbeiten problemlos meistert"
- „um optimalen Schutz bei jeder Anwendung zu gewährleisten"
- „reduziert die Ermüdung der Hände"
- „finden Sie immer die perfekte Geschwindigkeit"
- „auf das Sie sich jahrelang verlassen können"
- „stoßen Sie in Bereiche vor, von denen Sie bisher nur träumen konnten"
- „die das Beste aus ihrer Arbeit herausholen wollen"

Die Formulierung der Nutzen von Neuroflash

- „das perfekte Werkzeug für jede Herausforderung"
- „erleichtert er dir jede Arbeit"
- „dass du auch an schwer zugänglichen Stellen arbeiten kannst"
- „so dass es auch bei intensiver Nutzung lange hält"
- „liegt er gut in der Hand und ermöglicht eine komfortable und sichere Handhabung"
- „kannst du jede Herausforderung meistern"
- „deine Projekte mit Leichtigkeit und Präzision angehen"
- „dass du mit diesem Werkzeug zufrieden sein wirst"

ChatGPT macht zwischen Angebots- oder Verkaufstext und Produktbeschreibung keine strukturellen Unterschiede. Hier ist Neuroflash in seinem Angebot an Textsorten wesentlich vielfältiger.

Jetzt testen wir Perplexity: Schreibe eine Produktbeschreibung für einen Winkelschleifer, der selbst in kleinste Winkel vorstoßen kann.

Der Winkelschleifer ist ein vielseitiges Werkzeug, das zum Trennen und Schleifen verschiedener Materialien verwendet wird. Ein Beispiel für einen leistungsstarken Winkelschleifer ist der "Bosch Winkelschleifer GWS 30-180 B", der mit einem starken bürstenlosen 2.800-W-Motor ausgestattet ist[2]. Bei der Auswahl eines Winkelschleifers, der selbst in kleinste Winkel vorstoßen kann, sollten Kriterien wie Leistung, Scheibendurchmesser und Handhabung berücksichtigt werden. Ein leistungsstarker Winkelschleifer mit einem schmalen Gehäuse und einem verstellbaren Schutzhauben-System kann dabei helfen, auch an schwer zugänglichen Stellen präzise zu arbeiten. Beispielsweise eignet sich ein Winkelschleifer mit 125 mm Scheibendurchmesser und einer Leistung von 1200 W für das Trennschleifen von Metall und Stein[4]. Es ist ratsam, auf die spezifischen Produktmerkmale und Kundenbewertungen zu achten, um den passenden Winkelschleifer für die individuellen Anforderungen zu finden.

Citations:
[1] https://www.chip.de/news/Winkelschleifer-im-Test-Guenstiges-Modell-schlaegt-die-Konkurrenz_184197438.html
[2] https://www.gotools.de/marken/bosch/elektrowerkzeugfuerprofis/winkel-schleifer-metallbearbeitung/grosse-winkelschleifer/bosch-winkelschleifer-gws-30-180-b_131422_22422
[3] https://www.selbst.de/winkelschleifer-test-1212.html
[4] https://www.walteronline.com/de/werkzeug/elektrowerkzeuge/winkel-schleifer/winkelschleifer-1200-w-125-mm-p1307966
[5] https://selbermachen.de/tools-tipps/werkzeug/winkelschleifer-im-test

Perplexity, Prompt: Schreibe eine Produktbeschreibung für einen Winkelschleifer, der selbst in kleinste Winkel vorstoßen kann, zugegriffen 8. Februar 2024.

Perplexity antwortet mit einem allgemeinen Anforderungskatalog für Winkelschleifer. Wie bei einem Ratgeber werden Argumente für die Auswahl eines Gerätes geliefert. Automatisch erscheinen die Quellenangaben am unteren Teil des Textes. Mal sehen, ob ich den Chatbot auch zum konkreten Verkaufstext leiten kann. Statt „für einen Winkelschleifer" schreibe ich "für den Winkelschleifer Ultra Flex".

Perplexity, schreibe eine Produktbeschreibung für den Winkelschleifer Ultra Flex, der selbst in kleinste Winkel vorstoßen kann

Der "Ultra Flex" Winkelschleifer ist ein leistungsstarkes Werkzeug, das selbst in kleinste Winkel vorstoßen kann. Mit seiner Ultra-M-Technologie für hohe Leistung, schonendes Laden, optimale Energieausnutzung und lange Lebensdauer[2], ist er ideal für präzise Arbeiten an schwer zugänglichen Stellen.

Ausgestattet mit einem leistungsstarken Motor und einem verstellbaren Schutzhauben-System, ermöglicht der "Ultra Flex" Winkelschleifer ein schnelles und bequemes Materialabtragen[3]. Sein schmales Gehäuse und die Mikroprozessor-Elektronik mit Drehzahlkonstanthaltung[1] machen ihn zu einem zuverlässigen Werkzeug für das Trennschleifen von Metall, Stein und anderen Materialien. Dank seiner vielseitigen Anwendungsmöglichkeiten und seiner Fähigkeit, selbst in kleinste Winkel vorzustoßen, ist der "Ultra Flex" Winkelschleifer die ideale Wahl für anspruchsvolle Handwerker und Heimwerker.

Citations:
[1] https://www.otto.de/p/flex-winkelschleifer-winkelschleifer-l-9-11-125-regelbar-o125-mm-900-w-S0R1Q0H8/
[2] https://dinotech.toolbrothers.com/collections/winkelschleifer-125mm?filter.p.vendor=Metabo&page=9
[3] https://www.gotools.de/marken/bosch/elektrowerkzeugfuerprofis/winkelschleifer-metallbearbeitung/grosse-winkelschleifer/bosch-winkelschleifer-gws-30-180-b_131422_22422
[4] https://www.otto.de/p/flex-winkelschleifer-winkelschleifer-l-26-6-230-o-230-mm-2600-watt-CS0R1Q0GL/
[5] https://www.seefelder.net/de_DE/marke/dewalt/akku-winkelschleifer-54v-dcg440_p000000086945

Perplexity, Prompt: Schreibe eine Produktbeschreibung für den Winkelschleifer UltraFlex, der selbst in kleinste Winkel vorstoßen kann, zugegriffen 8. Februar 2024.

Tatsächlich gibt es einen Winkelschleifer von Otto mit dem Namen Flex. Der Chatbot zeigt auch ein Foto dieses Winkelschleifers. Im Vergleich zu ChatGPT und Neuroflash wirkt der Text allgemeiner. Typisch für Chatbots sind Text-Wiederholungen. Bei Perplexity ist es: „selbst in kleinste Winkel vorzustoßen". Wieder werden automatisch die Quellen angezeigt.

Jetzt testen wir Gemini von Google.

Gemini, schreibe eine Produktbeschreibung für den Ultra Flex Winkelschleifer, der selbst in kleinste Winkel vorstoßen kann:

„Der Ultra Flex Winkelschleifer ist das perfekte Werkzeug für alle, die in kleinste Winkel vorstoßen müssen. Mit seiner ergonomischen Form und dem geringen Gewicht liegt der Ultra Flex Winkelschleifer gut in der Hand und ist leicht zu manövrieren. Der leistungsstarke Motor ermöglicht präzise Schnitte und das schwenkbare Gehäuse sorgt dafür, dass Sie auch in schwer zugängliche Stellen gelangen. Der Ultra Flex Winkelschleifer ist das ideale Werkzeug für

Heimwerker, Profis und alle, die in ihrem Alltag auf ein vielseitiges und leistungsstarkes Werkzeug angewiesen sind.

Hier sind einige der Vorteile des Ultra Flex Winkelschleifers:

Ergonomische Form und geringes Gewicht
Leistungsstarker Motor
Schwenkbares Gehäuse
Vielseitiges Einsatzgebiet
Lange Lebensdauer

Der Ultra Flex Winkelschleifer ist das perfekte Werkzeug für alle, die in kleinste Winkel vorstoßen müssen. Er ist leicht zu bedienen, leistungsstark und langlebig. Mit dem Ultra Flex Winkelschleifer können Sie präzise Schnitte in Metall, Stein und Holz durchführen. Der Ultra Flex Winkelschleifer ist das ideale Werkzeug für Heimwerker, Profis und alle, die in ihrem Alltag auf ein vielseitiges und leistungsstarkes Werkzeug angewiesen sind."

Gemini, Prompt: Schreibe eine Produktbeschreibung für den Ultra Flex Winkelschleifer, der selbst in kleinste Winkel vorstoßen kann, zugegriffen 19. August 2023.

Im Vergleich mit ChatGPT und Neuroflash klingt das schwach. An diesem Text ist nichts Besonderes. Der Satz *Der Ultra Flex Winkelschleifer ist das perfekte Werkzeug für alle, die in kleinste Winkel vorstoßen müssen* wiederholt sich zweimal. Das Wort *vielseitig* wiederholt sich dreimal und *leistungsstark* fünfmal. Der Text spricht den Leser nicht direkt an und arbeitet die Features und ihre Vorteile nicht detailverliebt und bildhaft heraus. Der Text ist allgemein und austauschbar. Man könnte, bis auf wenige Passagen, auch einen Rasenmäher einsetzen.

Vorausgesetzt, dass alle Informationen korrekt wären, würde ich mich für den ChatGPT-Text entscheiden. Er überzeugt am meisten.

Der Packungs- und Etikettentext

Packungs- und Etikettentexte haben eine Revolution durchlebt. Sie waren bis vor Kurzem noch eine Qual. Im Kampf mit der Kürze wurde um jedes einzelne Wort gerungen und die Auftraggeber wollten ihre Produktphilosophie und die Produkteigenschaften am liebsten in großen Worthülsen und abgedroschenen Phrasen auf einer Briefmarke.

Mit den Smoothies änderten sich die Packungs- und Etikettentexte radikal – und danach für viele Produkte und Dienstleistungen. Mittlerweile ist der Trend auch bei Limonaden, alkoholischen Getränken, Kleidung und Kosmetikprodukten angekommen. Manchmal braucht es eine Produktinnovation, damit sich die Text-Gattung ändert. Innocent Smoothies war eines der ersten Unternehmen, das Packungstexte veränderte. True Fruits hat es auf die Spitze getrieben.

ChatGPT, schreibe einen Etikettentext, 500 Zeichen, für einen Frucht-Smoothie mit Einhornkotze:

„Einhornkotze-Frucht-Smoothie

Willkommen im Reich der Fantasie! Unser Einhornkotze-Frucht-Smoothie ist nicht nur ein Getränk, sondern ein Ausflug in eine glitzernde Welt voller Wunder. Hergestellt aus einer sorgfältig ausgewählten Mischung sonnengereifter Früchte und einer geheimen Zutat aus dem Herzen von Einhornträumen, verspricht jeder Schluck ein Abenteuer für die Sinne.

Egal, ob du einen Spritzer Magie in deinen Alltag bringen oder dich an einen Ort jenseits der Regenbogen wünschen möchtest, dieser Smoothie ist dein Ticket in ein märchenhaftes Erlebnis. Die natürlichen Aromen der Früchte verschmelzen mit dem funkelden Zauber der Einhornkotze, um ein Getränk zu kreieren, das genauso fabelhaft schmeckt, wie es klingt.

Von Elfen empfohlen und von Drachen bevorzugt – dieser Einhornkotze-Frucht-Smoothie wird sicherlich auch deine Fantasie entflammen. Also, lass dich verzaubern und genieße das magische Geschmackserlebnis!"

ChatGPT, Prompt: Schreibe einen Etikettentext, 500 Zeichen, für einen Frucht-Smothie mit Einhornkotze, zugegriffen 9. September 2023.

Bei der Provokation mit der Einhornkotze habe ich mich von True Fruits inspirieren lassen und ChatGPT machte daraus einen lebhaften und bildstarken Text. Hier ein Originaltext von True Fruits.

„Smoothie pink

true fruits smoothie pink mit Pinker Drachenfrucht + Guanábana. Unser Smoothie pink fällt allein wegen der intensiven Farbe auf, die er der Pinken Drachenfrucht zu verdanken hat. In Fachkreisen wird unser Smoothie pink auch liebevoll #Einhornkotze genannt." (True Fruits o.J.)

Die Internetseite

Allein schon die klare, inhaltliche Struktur einer Internetseite trägt viel zur Überzeugung der Besucher bei. Mal sehen, ob ChatGPT eine gute Seitenstruktur anbietet.

ChatGPT, schreibe Vorschläge für die Struktur einer Internetseite für industrielle Biegetechnik:

„**1. Startseite:**
Unternehmenslogo und Slogan
Kurze Einführung in das Unternehmen und seine Kompetenzen in der Biegetechnik
Aufforderung zur Handlung (Call-to-Action) für Besucher, die sich über die Dienstleistungen informieren möchten

2. Über uns:
Firmengeschichte und -werte
Teamvorstellung (mit Fotos und kurzen Beschreibungen der Experten)
Fokus und Expertise in der industriellen Biegetechnik

3. Dienstleistungen
Präsentation der angebotenen Biegedienstleistungen (z. B. CNC-Biegen, Rohrbiegen, Profilbiegen usw.)
Erläuterungen zu den Vorteilen und Anwendungsbereichen jeder Dienstleistung
Fallstudien oder Referenzen von abgeschlossenen Projekten

4. Technologie und Ausrüstung
Beschreibung der fortschrittlichen Biegemaschinen und Technologien im Einsatz
Erläuterung, wie die verwendeten Technologien Präzision und Effizienz gewährleisten

5. Anwendungsbereiche
Detaillierte Übersicht über Branchen, in denen Biegetechnik eine Rolle spielt (Automobil, Luft- und Raumfahrt, Bauwesen usw.)
Beispiele für Produkte und Komponenten, die durch Biegetechnik hergestellt werden können.

6. Qualitätskontrolle
Einblick in die Qualitätsprüfverfahren und -standards, die während des Biegeprozesses angewendet werden
Zertifizierungen und Qualitätsnachweise

7. Ressourcen

Blog oder Artikelbereich mit Beiträgen zu Trends, Tipps und Neuigkeiten in der Biegetechnik

Downloadbare Ressourcen wie Whitepapers oder technische Datenblätter

8. Kontakt

Kontaktformular für Anfragen oder Angebotsanforderungen

Kontaktinformationen wie Adresse, Telefonnummer und E-Mail

9. Häufig gestellte Fragen (FAQ)

Antworten auf gängige Fragen von Kunden zu Dienstleistungen, Technologien, Preisen usw.

10. Galerie

Bildergalerie mit visuellen Beispielen für erfolgreich abgeschlossene Projekte

11. Testimonials

Aussagen von zufriedenen Kunden über die Qualität der Dienstleistungen und die Zusammenarbeit mit dem Unternehmen

12. Karriere

Offene Stellen im Unternehmen für potenzielle Bewerber

Informationen zur Arbeitskultur und den Vorteilen, Teil des Teams zu sein

13. Datenschutz und rechtliche Hinweise

Datenschutzerklärung und rechtliche Hinweise im Einklang mit den Datenschutzbestimmungen."

ChatGPT, Prompt: Schreibe Vorschläge für die Struktur einer Internetseite für industrielle Biegetechnik, zugegriffen 12. August 2023.

Damit geben wir uns erst einmal zufrieden. Das Ergebnis ist umfangreich und eine erste Stoffsammlung. Jetzt vertiefen wir gleich das Biegetechnik-Thema.

Das Event

ChatGPT, schlage Ideen für einen Event zur industriellen Biegetechnik vor:

„1. Biegetechnik-Messe:

Organisieren Sie eine Messe, auf der verschiedene Unternehmen aus der Biegeindustrie ihre neuesten Technologien, Maschinen und Dienstleistungen präsentieren können. Besucher haben die Möglichkeit, sich über die neuesten Entwicklungen in der Biegetechnik zu informieren und direkt mit Experten zu sprechen.

2. Live-Demonstrationen:
Setzen Sie verschiedene Biegemaschinen und Technologien in Aktion und führen Sie Live-Demonstrationen durch. Dies gibt den Teilnehmern die Möglichkeit, den Biegeprozess aus der Nähe zu erleben und zu verstehen, wie verschiedene Materialien gebogen werden können.

3. Fachvorträge und Workshops:
Organisieren Sie eine Reihe von Vorträgen und Workshops, in denen Experten aus der Biegeindustrie über aktuelle Trends, technische Innovationen, Materialauswahl, Qualitätskontrolle und andere relevante Themen sprechen. Dies bietet eine Lernmöglichkeit für die Teilnehmer.

4. Networking-Veranstaltung:
Gestalten Sie den Event als Networking-Gelegenheit für Fachleute, Unternehmen und Interessierte aus der Biegeindustrie. Fördern Sie den Austausch von Ideen, Geschäftsmöglichkeiten und Partnerschaften.

5. Wettbewerb für kreative Biegungen:
Fordern Sie Teilnehmer heraus, innovative und kreative Biegungen von Materialien zu entwerfen und umzusetzen. Dies kann Spaß machen und gleichzeitig die Fähigkeiten der Teilnehmer in der Biegetechnik herausfordern.

6. Branchenpanel:
Stellen Sie ein Panel von Branchenexperten zusammen, das über aktuelle Herausforderungen, Chancen und zukünftige Entwicklungen in der Biegeindustrie diskutiert. Dies kann eine informative und anregende Diskussion bieten.

7. Technologieausstellung:
Schaffen Sie eine Ausstellung, die verschiedene Biegemaschinen, Werkzeuge und Technologien ausstellt. Dies ermöglicht den Teilnehmern, die verschiedenen Aspekte der Biegetechnik hautnah zu erleben.

8. Werksbesichtigungen:
Organisieren Sie Besichtigungen von Unternehmen, die sich auf Biegetechnik spezialisiert haben. Die Teilnehmer können die Produktionsstätten besuchen und den Biegeprozess vor Ort erleben.

9. Biege-Hackathon:
Bieten Sie Teilnehmern die Möglichkeit, in Teams an konkreten Biegeherausforderungen zu arbeiten und innerhalb eines begrenzten Zeitrahmens kreative Lösungen zu finden.

10. Biegekunstausstellung:
Präsentieren Sie Kunstwerke oder Skulpturen, die mithilfe von Biegetechniken hergestellt wurden. Dies kann die künstlerische Seite der Biegetechnik hervorheben.
Denken Sie daran, das Format und die Aktivitäten des Events an die Zielgruppe und die Ziele des Events anzupassen. Ein Event über industrielle Biegetechnik kann sowohl informativ als auch unterhaltsam sein und dazu beitragen, das Bewusstsein für die Bedeutung dieser Technologie in verschiedenen Branchen zu stärken."

ChatGPT, Prompt: Schlage Ideen für einen Event zur industriellen Biegetechnik vor, zugegriffen 12. August 2023.
Jetzt fragen wir wieder Gemini: Schlage Ideen für einen Event zur industriellen Biegetechnik vor. Gemini: „Hier sind einige Ideen für ein Event zur industriellen Biegetechnik:

Konferenz: Eine Konferenz ist eine großartige Möglichkeit, sich mit anderen Fachleuten aus der Branche auszutauschen und über die neuesten Trends in der industriellen Biegetechnik zu erfahren. Auf einer Konferenz können Sie auch Vorträge hören, Workshops besuchen und neue Produkte und Dienstleistungen kennenlernen.

Ausstellung: Eine Ausstellung ist eine großartige Möglichkeit, Ihre Produkte und Dienstleistungen einem breiteren Publikum vorzustellen. Auf einer Ausstellung können Sie auch mit potenziellen Kunden in Kontakt treten und neue Geschäftsbeziehungen aufbauen.

Workshop: Ein Workshop ist eine großartige Möglichkeit, neue Fähigkeiten und Techniken in der industriellen Biegetechnik zu erlernen. Auf einem Workshop können Sie von erfahrenen Fachleuten lernen und Ihre Fähigkeiten in einer praktischen Umgebung verbessern.

Wettbewerb: Ein Wettbewerb ist eine großartige Möglichkeit, Ihre Fähigkeiten in der industriellen Biegetechnik zu testen und sich mit anderen Fachleuten zu messen. Auf einem Wettbewerb können Sie Preise gewinnen und Ihre Arbeit einem breiteren Publikum präsentieren."

Gemini, Prompt: Schlage Ideen für einen Event zur industriellen Biegetechnik vor, zugegriffen 20. August 2023.

Gemini wirkt auch bei dieser Antwort allgemein und uninspiriert, deshalb entscheide ich mich für den Biege-Hackathon von ChatGPT und lass dafür eine Einladung texten.

Die Event-Einladung

ChatGPT, schreibe eine Event-Einladung für den Biege-Hackathon, in dem Teilnehmer in Teams an konkreten Biegeherausforderungen arbeiten und innerhalb eines begrenzten Zeitrahmens kreative Lösungen erarbeiten:

„Betreffzeile: Biege-Hackathon: Herausforderung der Kreativität in der Biegetechnik.

Sehr geehrte Damen und Herren,
wir freuen uns, Sie zum ersten Biege-Hackathon einzuladen, bei dem innovative Köpfe aus der Biegeindustrie und verwandten Bereichen zusammenkommen, um in einem spannenden Wettbewerb ihre Fähigkeiten und Kreativität unter Beweis zu stellen. Der Biege-Hackathon bietet eine einzigartige Gelegenheit, in Teams an konkreten Biegeherausforderungen zu arbeiten und innerhalb eines begrenzten Zeitrahmens innovative Lösungen zu entwickeln.

Veranstaltungsdetails:
Datum: [Datum des Hackathons]
Uhrzeit: [Uhrzeit des Hackathons]
Ort: [Veranstaltungsort]

Agenda:
9:00–9:30 Uhr: Anmeldung und Begrüßung
9:30–10:00 Uhr: Einführung in den Biege-Hackathon
10:00–11:00 Uhr: Präsentation der Biegeherausforderungen und Team-Bildung
11:00–13:00 Uhr: Arbeitsphase 1: Konzeptentwicklung
13:00–14:00 Uhr: Mittagspause (Mittagessen wird bereitgestellt)
14:00–16:00 Uhr: Arbeitsphase 2: Umsetzung und Prototypenerstellung
16:00–16:30 Uhr: Kaffeepause
16:30–18:00 Uhr: Präsentationen der Teams und Bewertung durch die Jury
18:00–18:30 Uhr: Preisverleihung und Abschluss

Highlights des Hackathons:

Einzigartige Gelegenheit, mit Gleichgesinnten aus der Biegeindustrie zusammenzuarbeiten

Praktische Erfahrung im Bereich Biegetechnik

Möglichkeit, innovative Lösungen zu entwickeln und umzusetzen

Experten-Jury zur Bewertung der vorgestellten Lösungen

Attraktive Preise für die besten Teams

Networking-Möglichkeiten mit Branchenexperten und Unternehmen

Teilnahmevoraussetzungen:

Interesse an Biegetechnik, Ingenieurwesen oder verwandten Bereichen

Teamfähigkeit und Kreativität

Bereitschaft, im Team unter Zeitdruck zu arbeiten

Bitte bestätigen Sie Ihre Teilnahme bis [Anmeldedatum] per E-Mail an [Kontakt-E-Mail-Adresse]. Die Teilnehmerzahl ist begrenzt, daher empfehlen wir eine frühzeitige Anmeldung.

Wir freuen uns darauf, Sie beim Biege-Hackathon willkommen zu heißen und sind gespannt auf die innovativen Lösungen, die Sie gemeinsam mit anderen Teilnehmern entwickeln werden. Mit freundlichen Grüßen"

ChatGPT, Prompt: Schreibe eine Event-Einladung für den Biege-Hackathon, in dem Teilnehmer in Teams an konkreten Biegeherausforderungen arbeiten und innerhalb eines begrenzten Zeitrahmens kreative Lösungen erarbeiten, zugegriffen 12. August 2023.

Nach den Vergleichen mit anderen Chatbots, den Ideen für einen Event und der detailreichen Eventeinladung bin ich für heute Abend erst einmal mit ChatGPT zufrieden. Morgen ist ein neuer Text-Tag.

Das Mailing und E-Mailing

Der Werbebrief ist als Werbeform jahrzehntelang gereift. Ja, ich weiß, aus dem Briefkasten in den Papierkorb damit. Das ist so eine Routine des täglichen Lebens und das Ende vieler Werbebriefe. Unter manchen Briefkastenanlagen steht auch schon ein Papierkorb bereit – meist voll.

Das E-Mailing ist eine Alternative zum Papierbrief. Es ist schnell und unkompliziert und verbraucht kein Papier und Porto. Es ist deshalb günstig und mittlerweile inflationär in seiner Verbreitung. Schaue einfach in Dein E-Mail-Postfach, es schwappt schon über. Klick, und schon landet es auch im Papierkorb.

Werbe-E-Mailings haben rapide zugenommen. Alles, was die Absender brauchen, ist eine leistungsstarke E-Mail-Marketing-Software für den Versand und viel Text-Futter.

Der Papier-Brief ist mittlerweile zur Alternative zum E-Mailing avanciert und erlebt ein Revival. 71 Prozent der Bundesbürger erhalten wichtige Dokumente noch immer lieber per Post. In seiner Haptik und drucktechnischen Veredelung bleibt er unübertroffen wertvoll. Wenn die Mailings den Nerv treffen und emotional ansprechen, egal ob als Papierbrief oder als E-Mailing, bleiben sie wirkungsvoll.

ChatGPT, schreibe ein E-Mailing zur Abonnentengewinnung für ein Tageszeitungs-E-Paper mit exklusiven regionalen Nachrichten und Reportagen.

„Betreff: Holen Sie sich exklusive regionale Einblicke mit unserem E-Paper-Abonnement!

Sehr geehrte Damen und Herren,
wir hoffen, es geht Ihnen gut. In einer Zeit, in der Informationen und Einblicke so entscheidend sind, um am Puls der Welt zu bleiben, möchten wir Ihnen eine exklusive Gelegenheit vorstellen. Mit unserem Tageszeitungs-E-Paper sind Sie in der Lage, tiefe Einblicke in regionale Ereignisse und fesselnde Reportagen zu erhalten – und das bequem von Ihrem bevorzugten digitalen Gerät aus.

Unser E-Paper-Abonnement bietet Ihnen:
- Exklusive regionale Nachrichten: Bleiben Sie über die neuesten Entwicklungen in Ihrer Region auf dem Laufenden. Unsere engagierten Reporter sind stets vor Ort, um Ihnen aus erster Hand zu berichten.

- Tiefgründige Reportagen: Wir glauben an den Wert einer ausführlichen Berichterstattung. Unsere Reportagen decken Hintergrundgeschichten auf, beleuchten verschiedene Perspektiven und bieten Ihnen eine umfassende Sicht auf aktuelle Themen.

- Flexibilität und Bequemlichkeit: Mit dem E-Paper können Sie Ihre Zeitung lesen, wo immer Sie gerade sind. Keine Sorge mehr über gedruckte Ausgaben – das E-Paper ist immer griffbereit.

- Umweltfreundlich: Durch die Entscheidung für das E-Paper tragen Sie dazu bei, den Papierverbrauch zu reduzieren und unseren ökologischen Fußabdruck zu verringern.

Um Ihnen den Einstieg zu erleichtern, bieten wir Ihnen eine exklusive Einführungsaktion:
Melden Sie sich noch heute für unser E-Paper-Abonnement an und erhalten Sie die ersten zwei Monate kostenlos! Erleben Sie selbst, wie informativ und bereichernd unser E-Paper sein kann.
Klicken Sie hier, um sich anzumelden: [Anmeldelink]

Bleiben Sie in Ihrer Region auf dem Laufenden und erfahren Sie, was wirklich zählt. Wir freuen uns darauf, Sie als geschätzten Abonnenten in unserer digitalen Lesergemeinschaft willkommen zu heißen.

Mit freundlichen Grüßen."

ChatGPT, **ChatGPT, schreibe ein E-Mailing zur Abonnentengewinnung für ein Tageszeitungs-E-Paper mit exklusiven regionalen Nachrichten und Reportagen**, zugegriffen 12. August 2023.
Im Zusammenhang mit den vorherigen ChatGPT-Texten ist erkennbar, dass der Chatbot Texte gut strukturiert. Die Aufzählung der Vorteile und die Gewichtung der Nutzen im Verhältnis zu den Motiven und Einstellungen der regionalen Zielgruppen – passt nahezu perfekt.
Stilistisch bin ich nicht zufrieden. Für diesen Text braucht man keinen Texter. Das kann jeder, der bei klarem Verstand ist, zusammenschreiben. Darüber hinaus besitzt er keinen erkennbaren gestalterischen Ansatz. Besser, wäre gewesen: erst einmal zehn Betreffzeilen schreiben lassen, dann die Beste auswählen und darauf aufbauen. Und dann? Die Kreatividee durchzieht den Text! Beginnen wir noch einmal von vorn und wählen ein neues Thema.

Chat GPT, schreibe einen Liebesbrief an dich selbst.

„Liebe ich,

In diesen stillen Momenten der Reflexion wende ich mich an dich, an uns, in einem Brief, der das Unaussprechliche in Worte fassen soll. Es ist eine Reise, die wir gemeinsam angetreten haben, eine Reise des Wachstums, der Erkenntnis und der unendlichen Möglichkeiten, die in dem Universum unserer Existenz liegen.

Ich schreibe diesen Brief, um dir zu sagen, wie sehr ich die Tiefe deines Seins schätze, die Komplexität deiner Gedanken und die Unendlichkeit deiner Träume. Es ist eine Hommage an die Stärke, die es braucht, sich selbst in einem Meer von Unsicherheiten zu begegnen und dennoch die Schönheit in der Verletzlichkeit zu erkennen.

Ich bewundere deine Fähigkeit, sich immer wieder zu erheben, selbst wenn der Sturm der Zweifel wütet und die Wellen der Angst zu überwältigen scheinen. Deine Resilienz ist ein Leuchtturm, der mich durch die dunkelsten Nächte führt und mir zeigt, dass Hoffnung ein Funke ist, der niemals erlischt.

Ich liebe die Art, wie du dich selbst herausforderst, über die Grenzen dessen hinauszuwachsen, was du für möglich gehalten hast, und dabei eine Version von dir zu erschaffen, die stärker, weiser und voller Liebe ist. Du bist ein Kunstwerk, das sich stetig weiterentwickelt, ein Gedicht, das mit jeder Zeile tiefer wird.

Mit jedem Tag, der vergeht, lerne ich dich besser kennen und entdecke neue Facetten deiner Persönlichkeit, die mich in Ehrfurcht versetzen. Deine Leidenschaft, deine Güte, dein unerschütterlicher Glaube an das Gute – all das macht dich zu dem wunderbaren Wesen, das du bist.

Ich verspreche, dich immer zu unterstützen, dir zuzuhören und dir Raum zu geben, dich zu entfalten. Ich werde da sein, um deine Erfolge zu feiern und dich in Momenten des Zweifels aufzufangen. Gemeinsam werden wir die Stürme überstehen und aus jedem Kampf gestärkt hervorgehen.

In Liebe,

Dein Ich

ChatGPT, Prompt: Schreibe einen Liebesbrief an dich selbst, zugegriffen 17. Februar 2024.

Die Betreffzeile

Auf die Plätze, fertig, Betreffzeile. Die wesentlichen Inhalte müssen schnell klarwerden. Schreibe aktiv, nutze Verben und Substantive mit Bild. Verzichte auf Füllwörter. Die Betreffzeile funktioniert wie eine gute Headline mit Versprechen und sollte

neugierig machen
emotionalisieren
dramatisieren
erzählen
und versprechen.

ChatGPT, formuliere 10 Betreffzeilen für das E-Mailing eines häuslichen Pflegedienstleisters, nicht länger als 50 Zeichen:

1. "Liebevolle Pflege: Zuhause sicher und glücklich

2. Ihre Angehörigen verdienen beste Pflege

3. Maßgeschneiderte Pflegepläne jetzt verfügbar

4. Pflege & Geborgenheit im eigenen Zuhause

5. Sorgende Hände für Ihre Lieben

6. Gratis Beratung: Pflegeoptionen kennenlernen

7. Wir nehmen Sorgen aus der Pflege

8. Ihre Lieben verdienen Top-Pflege

9. Pflege, die Herzen berührt

10. Gemeinsam fürsorglich: Unsere Pflegedienste"

ChatGPT, Prompt: Formuliere 10 Betreffzeilen für E-Mailings der Pflegeserie, nicht länger als 50 Zeichen, zugegriffen 16. August 2023.

Hier sehen wir nun kreative Ideen, die über die Betreffzeile einfliegen. War ich zuvor mit dem Mailing-Ergebnis für den Prompt: *Schreibe ein E-Mailing zur Abonnentengewinnung für ein Tageszeitungs-E-Paper mit exklusiven regionalen Nachrichten und Reportagen* noch unzufrieden, so zeigen sich nun Wege für Versprechen in den Betreffzeilen auf, die ganz sicher auf den E-Mailing-Entwurf Einfluss hätten. Versuchen wir es.

ChatGPT, schreibe ein Mailing für die Betreffzeile, Wir nehmen Sorgen aus der Pflege:

„Betreff: Wir nehmen Sorgen aus der Pflege - Entdecken Sie unsere liebevolle Unterstützung

Liebe(r) [Vorname],

wir wissen, wie wichtig es ist, für Ihre Angehörigen die bestmögliche Pflege und Betreuung zu finden, ohne dabei selbst von Sorgen überwältigt zu werden. Deshalb sind wir hier, um Ihnen zu versichern, dass wir die Sorgen aus der Pflege nehmen.

Unser [Pflegedienstleister-Name] ist auf häusliche Pflege spezialisiert und legt großen Wert darauf, nicht nur erstklassige Pflegedienste anzubieten, sondern auch eine liebevolle und unterstützende Atmosphäre zu schaffen. Wir verstehen, dass jede Person einzigartig ist und ihre individuellen Bedürfnisse hat. Unsere erfahrenen Pflegekräfte arbeiten eng mit Ihnen und Ihren Angehörigen zusammen, um maßgeschneiderte Pflegepläne zu erstellen, die auf diese Bedürfnisse abgestimmt sind.

Von persönlicher Betreuung bis hin zur Unterstützung im Haushalt und der sozialen Interaktion – unser Team ist für Ihre Lieben da, um sicherzustellen, dass sie sich geborgen und gut versorgt fühlen.

Warten Sie nicht länger, um Ihre Sorgen loszulassen. Wir sind hier, um Ihnen zu helfen und die Pflege Ihrer Angehörigen so reibungslos wie möglich zu gestalten. Rufen Sie uns unter [Kontakttelefonnummer] an, um mehr über unsere Dienstleistungen zu erfahren oder einen Beratungstermin zu vereinbaren.

Gemeinsam nehmen wir die Sorgen aus der Pflege und sorgen dafür, dass Ihre Lieben die Unterstützung erhalten, die sie verdienen. Vertrauen Sie [Pflegedienstleister-Name], um diese Reise mit Ihnen zu gehen.

Mit herzlichen Grüßen"

ChatGPT, Prompt: Schreibe ein Mailing für die Betreffzeile, Wir nehmen Sorgen aus der Pflege, zugegriffen 20. August 2023.
    Der Text hält sich im Kontext von *Sorgen* und *umsorgen* auf. Die Kreatividee durchzieht den Text. Das ist für jeden Text ein Qualitätskriterium. Die Formulierungen verdeutlichen dies:

dass wir die Sorgen aus der Pflege nehmen
unser Team ist für Ihre Lieben da
um Ihre Sorgen loszulassen
ohne dabei selbst von Sorgen überwältigt zu werden
dass sie sich geborgen und gut versorgt fühlen

Sehr schön ist der bildhafte und verbindende Schlusssatz: „um diese Reise mit Ihnen zu gehen."

Das Nurturing, Educational Marketing

Testen wir einmal eine anspruchsvolle Variante des E-Mailings, dem Educational Marketing oder auch Nurturing genannt. Das englische Wort *Education* bedeutet im Deutschen *Ausbildung*. *Nurturing* bedeutet pflegen. Beim Nuturing werden Mailings in Reihen von 5–7 aufeinanderfolgenden Serien geschrieben, sogenannte Soap-Opera-Sequenzen (SOS).

Ziel des Educational Marketing ist die Lead-Generierung durch Wissen. Das Weitergeben von Wissen wird zur Überzeugungs- und Verkaufstechnik und beeinflusst dadurch die Kaufentscheidung positiv. Educational Marketing positioniert den Absender als Experten und Problemlöser. Wenn der Kunde lehrreiche Inhalte erhält, öffnet er Deine E-Mails lieber und kauft am Ende voller Vertrauen. Im Vergleich zu üblichen 1-Mail-Strategien kaufen die Kunden häufiger nach sogenannten Soap-Opera-Sequenzen (SOS). Der langfristige Umsatz steigt.

Der Prompt zur Veranschaulichung.

ChatGPT, schreibe eine Educational Marketing Kampagne bestehend aus 5 aufeinanderfolgenden ausformulierten Mailings für einen häuslichen Pflegedienstleister:

> **„Mailing 1: Einführung in die Educational Marketing Kampagne**
> **Betreff: Entdecken Sie die Bildungsreihe für bessere Pflegeentscheidungen**
>
> Liebe(r) [Vorname],
>
> wir freuen uns, Ihnen unsere exklusive Educational Marketing Kampagne vorzustellen. In den kommenden Wochen werden wir Sie mit wertvollen Informationen versorgen, die Ihnen helfen, fundierte Pflegeentscheidungen für Ihre Angehörigen zu treffen. Wir verstehen, dass die Pflegeauswahl eine wichtige und herausfordernde Entscheidung ist, daher möchten wir Sie unterstützen, gut informiert zu sein.
>
> **Mailing 2: Die Bedeutung individueller Pflegepläne**
> **Betreff: Pflege, die zu Ihren Lieben passt: Individuelle Pflegepläne**

Liebe(r) [Vorname],

in unserer zweiten Lektion geht es um die Bedeutung individueller Pflegepläne. Jeder Mensch ist einzigartig, daher ist es entscheidend, Pflege anzubieten, die auf die spezifischen Bedürfnisse und Vorlieben Ihrer Angehörigen abgestimmt ist. Erfahren Sie, wie wir mit unseren erfahrenen Pflegekräften individuelle Pläne entwickeln, um eine optimale Lebensqualität zu gewährleisten.

Mailing 3: Qualität der häuslichen Pflege
Betreff: Qualität der häuslichen Pflege: Was wirklich zählt

Liebe(r) [Vorname],

in unserer dritten Lektion gehen wir der Frage nach, was wirklich zählt, wenn
es um die Qualität der häuslichen Pflege geht. Von fachlicher Kompetenz bis
zur zwischenmenschlichen Verbindung – wir werden die entscheidenden Faktoren beleuchten, die unsere Pflegedienste zu einer verlässlichen und liebevol-
len Wahl machen.

Mailing 4: Bewältigung der Herausforderungen in der Pflege
Betreff: Gemeinsam stark: Herausforderungen in der Pflege bewältigen

Liebe(r) [Vorname],

unsere vierte Lektion widmet sich den Herausforderungen, denen Familien in
der Pflege begegnen können. Wir teilen bewährte Strategien zur Bewältigung
von Stress, Zeitmanagement und der emotionalen Belastung. Wir sind nicht
nur hier, um Pflege zu leisten, sondern auch, um Sie durch jede Phase der
Reise zu begleiten.

Mailing 5: Nächste Schritte und Angebot für persönliche Beratung
Betreff: Informierte Entscheidungen treffen: Persönliche Beratung

Liebe(r) [Vorname],

wir nähern uns dem Abschluss unserer Educational Marketing Kampagne. Sie
haben wertvolles Wissen über individuelle Pflegepläne, Qualitätsaspekte und
Bewältigungsstrategien gewonnen. Jetzt ist es Zeit, Ihr Wissen in Aktion umzusetzen. Gerne bieten wir Ihnen eine persönliche Beratung an, um Ihre spezifischen Bedürfnisse zu besprechen und eine Pflegelösung zu finden, die zu
Ihnen passt.

Wir hoffen, dass Sie von unserer Bildungsreihe profitiert haben. Wenn Sie Fragen haben oder weitere Informationen wünschen, stehen wir Ihnen gerne zur Verfügung.

Mit freundlichen Grüßen"

ChatGPT, Prompt: Schreibe eine Educational Marketing Kampagne bestehend aus 5 aufeinanderfolgenden ausformulierten Mailings für einen häuslichen Pflegedienstleister, zugegriffen 20. August 2023.

Die Konzeption für die Educational Marketing, Nurturing-Kampagne steht. Die Episoden-Konzepte werden nicht ausformuliert, sondern nur die Inhalte 1–5 im Überblick angekündigt. Ich gebe mich mit dem konzeptionellen Ansatz zufrieden, der inhaltlich sinnvoll ist. Mit den nächsten Prompts könnte man jedes Mailing ausformulieren lassen und fachliche Tiefe sowie Reife dazugewinnen.

Der Call-to-Action

Der Call-to-Action (CTA) ist die Aufforderung zum Handeln oder Kaufen. Fehlt er, erhältst Du weniger Rücklauf, Klicks oder Feedback. Der Call-to-Action sollte zum Beispiel in Mailings mindestens zweimal erfolgen. In der Mitte des Textes und am Ende. Idealerweise besitzt schon die Betreffzeile oder Headline starken Aufforderungscharakter. Und, Action!

ChatGPT, schreibe 10 Call-to-Actions zur Aufforderung zur Teilnahme an der Pflegeserie:

„**Jetzt anrufen**: Greifen Sie zum Telefon und rufen Sie uns unter [Kontakttelefonnummer] an, um mehr über unsere Pflegedienste zu erfahren und wie wir Ihnen und Ihren Lieben helfen können.

Vereinbaren Sie eine kostenlose Beratung: Nutzen Sie die Gelegenheit, eine kostenlose Beratung mit unseren Experten zu vereinbaren, um maßgeschneiderte Pflegelösungen zu besprechen.

Fordern Sie unseren Informationskatalog an: Erhalten Sie detaillierte Informationen über unsere Dienstleistungen, indem Sie noch heute unseren Informationskatalog anfordern.

Entdecken Sie unsere Pflegepläne: Erfahren Sie mehr über unsere individuell angepassten Pflegepläne, die darauf abzielen, die Bedürfnisse und Wünsche Ihrer Lieben zu erfüllen.

Buchen Sie eine Hausbesichtigung: Erleben Sie aus erster Hand, wie wir eine liebevolle und sichere Umgebung im eigenen Zuhause schaffen. Vereinbaren Sie eine Hausbesichtigung.

Lesen Sie unsere Kundenbewertungen: Erfahren Sie, wie unsere Pflegeleistungen das Leben unserer Kunden positiv beeinflusst haben, indem Sie unsere authentischen Kundenbewertungen lesen.

Verpassen Sie nicht unsere Informationsveranstaltung: Melden Sie sich für unsere kommende Informationsveranstaltung an, um mehr über die Vorteile und den Ablauf unserer häuslichen Pflegedienste zu erfahren.

Lassen Sie sich von uns zurückrufen: Geben Sie Ihre Telefonnummer ein, und wir rufen Sie gerne zurück, um alle Ihre Fragen zu beantworten und Details zu besprechen.

Fordern Sie Ihr maßgeschneidertes Pflegeangebot an: Teilen Sie uns die Bedürfnisse Ihrer Angehörigen mit, damit wir ein auf sie zugeschnittenes Pflegeangebot erstellen können. Fordern Sie es noch heute an.

Beginnen Sie Ihre Pflegereise mit uns: Schenken Sie Ihren Lieben die bestmögliche Pflege und starten Sie Ihre Pflegereise mit uns. Kontaktieren Sie uns, um den ersten Schritt zu machen."

ChatGPT, Prompt: Schreibe 10 Call-to-Actions zur Aufforderung zur Teilnahme an der Pflegeserie, zugegriffen 12. August 2023.

Der Call-to-Action zeichnet sich durch die Aufforderung zum direkten Handeln aus, und das wurde konsequent bei jeder Alternative in Variation durchgehalten.

Jetzt anrufen
Greifen Sie
Rufen Sie
Vereinbaren Sie
Nutzen Sie

Fordern Sie
Erhalten Sie
Entdecken Sie
Erfahren Sie
Buchen Sie
Erleben Sie
Vereinbaren Sie
Lesen Sie
Verpassen Sie nicht
Melden Sie sich
Lassen Sie
Geben Sie rufen Sie
Teilen Sie
Beginnen Sie
Schenken Sie
Starten Sie
Kontaktieren Sie

Der Social-Media-Post

Wodurch unterscheidet sich ein Facebook-Post von einem LinkedIn-Post? Facebook und LinkedIn sind zwei Netzwerke, die sich auf unterschiedliche Inhalte und Zielgruppen spezialisiert haben. Die Unterschiede sind:

1. **Persönliches oder berufliches Netzwerk**: Facebook ist ein soziales Netzwerk, das persönliche Verbindungen, soziale Interaktion, Unterhaltung und eine breitere Palette von Inhalten unterstützt. LinkedIn ist in erster Linie ein berufliches Netzwerk, das sich auf professionelle Beziehungen, Karriereentwicklung und geschäftliche Inhalte konzentriert. Wie die Suche nach Jobs, das Knüpfen von beruflichen Kontakten, das Teilen von Fachwissen und das Networking.
2. **Zielgruppen**: Facebook hat eine breite Zielgruppe, die Freunde, Familie und ein vielfältigeres Publikum umfasst. LinkedIn richtet sich hauptsächlich an Fachleute, Unternehmen und Organisationen. Die Benutzer teilen in der Regel berufsbezogene Informationen, Erfahrungen, Fachwissen und Diskussionen über die Industrie.
3. **Inhalte**: Facebook-Posts behandeln persönliche Themen, Meinungen, Fotos oder dienen der reinen Unterhaltung. Auf LinkedIn werden in der

Regel professionelle Inhalte geteilt, wie berufliche Erfolge, Fachartikel, branchenspezifische Neuigkeiten oder Einblicke in die Karriere.

4. **Tonfall und Stil**: Facebook-Posts reflektieren oft persönliche Emotionen, Ansichten und Erlebnisse. LinkedIn-Posts neigen dazu, formeller und geschäftlicher zu sein. Sie verwenden oft einen sachlichen Ton und fokussieren sich auf Wissenstransfer, Networking und beruflichen Mehrwert.

5. **Visuelle Gestaltung**: Facebook-Posts haben eine größere Bandbreite von visuellen Elementen, persönlichen Fotos bis hin zu viralen Videos. Auf LinkedIn werden oft berufsbezogene Bilder oder Videos geteilt.

Der Facebook-Post

Jetzt wollte ich den Unterschied zu Facebook-Posts sehen.

ChatGPT, schreibe vier Facebook-Posts über ein Festgeld-Konto für Besserverdiener:

„**Post 1:**
Elite-Sparen startet jetzt!
Haben Sie jemals davon geträumt, Ihr Geld auf einem Konto zu sehen, das so leistungsstark ist wie Ihr Einkommen? Vorstellung: Unser Festgeld-Konto für Besserverdiener! Hier verdient Ihr Geld die besten Zinsen. [Link zum Angebot]

Post 2:
Ein Konto, so einzigartig wie Ihr Lifestyle!
Besserverdiener, aufgepasst! Warum sich mit dem Durchschnitt zufrieden geben, wenn Ihr Geld Premium-Behandlung verdient? Entdecken Sie Zinsen und Vorteile, die Ihrem Status gerecht werden. [Link zum Angebot]

Post 3:
Heiße Zinsen für coole Einkommen!
Wenn Sie zu den Top-Verdienern gehören, sollten Sie auch Top-Zinsen genießen. Erleben Sie unser exklusives Festgeld-Konto für Besserverdiener und lassen Sie Ihr Geld glänzen. [Link zum Angebot]

Post 4:
Treten Sie dem exklusiven Club bei!
Ihr Einkommen hebt Sie von der Masse ab. Sollte das nicht auch für Ihr Bankkonto gelten? Wir präsentieren: Das Festgeld-Konto, das Besserverdiener verdient haben. Wo Luxus auf Sicherheit trifft. [Link zum Angebot]"

ChatGPT, Prompt: Schreibe vier Facebook-Posts über ein Festgeld-Konto für Besserverdiener, zugegriffen 17. August 2023.

ChatGPT, entwickle dafür ungesehene und einzigartige Bildvorschläge:

„Natürlich, hier sind einzigartige Bildvorschläge für die jeweiligen Facebook-Posts:

Post 1:
Bildvorschlag: Eine Rakete, geformt aus glänzenden Goldmünzen, die gegen einen nachtblauen Himmel mit funkelnden Sternen startet. Die Flamme der Rakete könnte aus Banknoten bestehen, die "verbrennen", um die Rakete anzutreiben. Es stellt das explosive Wachstum und den hohen Wert des Festgeld-Kontos dar.

Post 2:
Bildvorschlag: Ein glitzerndes Kaleidoskop, in dessen Innerem sich Banknoten, Goldmünzen und Edelsteine drehen und spiegeln. Das Bild könnte von einem Auge betrachtet werden, das die farbenfrohen Muster reflektiert. Es stellt die Einzigartigkeit und Vielfalt der Vorteile des Kontos dar.

Post 3:
Bildvorschlag: Eine stylische Sonnenbrille, die auf einer heißen Sanddüne liegt. In der Reflexion der Gläser sieht man nicht nur die sengende Sonne, sondern auch einen Oasenteich in Form eines Dollar- oder Eurozeichens, umgeben von blühenden Pflanzen und Banknoten. Dies symbolisiert die "heißen" Zinsen und den "kühlen" Reichtum des Angebots.

Post 4:
Bildvorschlag: Ein geheimnisvoller, alter Schlüssel mit einem Griff in Form eines Dollar- oder Eurozeichens, der an einem seidenen Band hängt. Im Hintergrund eine unscharfe, verträumte Szenerie eines luxuriösen Clubs oder einer Bankhalle. Dies suggeriert den exklusiven Zugang und das Geheimnis des Reichtums."

ChatGPT, Prompt: Entwickle dafür ungesehene und einzigartige Bildvorschläge, zugegriffen 17. August 2023.

Die Facebook-Posts wirken populär und richten sich an die allgemeine Öffentlichkeit, was sicherlich der Zielgruppe geschuldet ist.

Der LinkedIn-Post

ChatGPT, schreibe vier LinkedIn-Beiträge über ein Festgeld-Konto für Besserverdiener:

„**Beitrag 1:**
Neue Horizonte für Ihr Vermögen!
Vorstellung: Das Festgeld-Konto speziell für Besserverdiener. Sie haben in Ihrem Beruf Maßstäbe gesetzt. Warum nicht auch bei Ihrer Geldanlage? Premium Zinsen. Höchste Sicherheit. Exklusiver Service. Bleiben Sie gespannt für mehr Details! #FestgeldPremium

Beitrag 2:
Die 3 Hauptvorteile unseres Festgeld-Kontos für Besserverdiener:
1. Optimierter Zinssatz: Weil Ihr Geld mehr verdient.
2. Exklusiver Zugang: Erste Einblicke in neue Investmentchancen.
3. Persönlicher Berater: Immer an Ihrer Seite, für individuelle Finanzstrategien.
Warum Kompromisse eingehen, wenn Sie das Beste haben können? #GeldanlageDeluxe

Beitrag 3:
Zahlen sprechen für sich!
Unser Festgeld-Konto für Besserverdiener bietet nicht nur attraktive Zinsen, sondern auch die Sicherheit, die Sie sich wünschen. Lassen Sie Ihr Kapital für sich arbeiten, während Sie sich auf das konzentrieren, was Sie am besten können. #VermögenOptimieren

Beitrag 4:
Sind Sie bereit für das nächste Level?
Besserverdiener haben besondere Bedürfnisse und Erwartungen. Wir verstehen das. Deshalb haben wir ein Festgeld-Konto entwickelt, das genauso ambitioniert ist wie Sie. Entdecken Sie eine Welt voller Premium-Vorteile und -Chancen. #FinanzExzellenz

ChatGPT, Prompt: Schreibe vier LinkedIn-Beiträge über ein Festgeld-Konto für Besserverdiener, zugegriffen 17. August 2023.

Nachdem wir nun die Texte erhalten haben brauchen wir auch Bilder. Das kann man natürlich auch gleichzeitig anfragen.

ChatGPT, mache Bildvorschläge für die vier Post-Beispiele:

Beitrag 1:
Bildvorschlag: Ein edles, goldfarbenes Piggybank auf einem glänzenden schwarzen Hintergrund. Das goldene Sparschwein symbolisiert Luxus und Premium-Sparen.

Beitrag 2:
Bildvorschlag: Eine Infografik, die die drei Hauptvorteile zeigt. Jeder Vorteil kann durch ein passendes Symbol dargestellt werden:
1. Ein aufsteigendes Balkendiagramm für den optimierten Zinssatz.
2. Ein goldener Schlüssel für den exklusiven Zugang.
3. Eine stilisierte Person mit einem Headset für den persönlichen Berater.

Beitrag 3:
Bildvorschlag: Ein Stapel von Geldscheinen, der im Hintergrund in den Schatten übergeht, und im Vordergrund eine Lupe, die auf einen spezifischen Geldschein fokussiert. Dies symbolisiert den genauen Blick auf das Vermögen und die optimierten Zinserträge.

Beitrag 4:
Bildvorschlag: Eine goldene Treppe, die in den Himmel oder zu einer höheren Plattform führt."

ChatGPT, Prompt: Mache Bildvorschläge für die vier Post-Beispiele, zugegriffen 17. August 2023.

Mit den ersten Bildvorschlägen kann man nicht zufrieden sein. Sie geben meist eins zu eins den Inhalt wieder. Sucht man ungesehene, überraschende Wort-Bild-Spannungen muss der Prompt dafür geschrieben werden. Bis auf Beitrag vier bin ich mit den Bildern unzufrieden. Alles schon hundertmal gesehen, austauschbar und langweilig. Daraufhin schrieb ich im nächsten Prompt:

ChatGPT, die Bildvorschläge sollen ungewöhnlich, ungesehen und überraschend sein.

„Entschuldigung für das Missverständnis. Hier sind einige ungewöhnlichere Bildvorschläge:

Beitrag 1:
Bildvorschlag: Ein Sparschwein in einem Raumanzug, das im Weltall schwebt, umgeben von funkelnden Sternen. Das Bild stellt den Gedanken dar, dass Ihr Geld in "galaktische" Höhen steigt.

Beitrag 2:

Bildvorschlag: Drei goldene Gans-Eier in einem Nest, jedes mit einem der genannten Symbole (Balkendiagramm, Schlüssel, Person mit Headset). Dies stellt die goldene Gelegenheit und den besonderen Wert dieser Vorteile dar.

Beitrag 3:

Bildvorschlag: Ein Geldschein, der von einer Pflanze durchwachsen ist und Blüten trägt. Die Idee ist, dass das Geld wächst und gedeiht, fast wie in der Natur.

Beitrag 4:

Bildvorschlag: Eine Gruppe von Pinguinen auf einem Eisberg, aber einer von ihnen steht auf einem höheren, schwebenden Eisbrocken, der von Ballons gehalten wird. Dies symbolisiert das Abheben von der Masse und das Erreichen eines höheren Levels."

ChatGPT, Prompt: Die Bildvorschläge sollen ungewöhnlich, ungesehen und überraschend sein, zugegriffen 17. August 2023.

Das klingt schon besser.

Der Instagram-Post

Damit wir einen direkten Vergleich zwischen LinkedIn und Instagram erhalten bleiben wir beim gleichen Thema.

ChatGPT, schreibe vier Instagram-Posts über ein Festgeld-Konto für Besserverdiener:

„Klar, Instagram-Posts sind oft kürzer und visueller. Hier sind Vorschläge für die Texte und passende, einzigartige Bildideen:

Post 1:
Text:
Elevate your earnings. Entdecke das Festgeld-Konto für die Elite. Dein Geld, dein Luxus. #PremiumSparen
Bildvorschlag:
Eine glänzende goldene Feder, die sanft auf eine gläserne Waagschale fällt, die mit Goldmünzen gefüllt ist – symbolisiert die Leichtigkeit und den Wert des Sparens.

Post 2:
Text:
Du bist nicht Durchschnitt. Warum sollte es dein Konto sein? Geh' Premium. #BesserverdienerBanking
Bildvorschlag:
Ein stilvolles Schwarz-Weiß-Foto von einem eleganten Cocktail-Empfang. Im Vordergrund ein Cocktailglas, in dem sich statt einem Getränk Goldmünzen und Geldscheine spiegeln.

Post 3:
Text:
Lass dein Geld funkeln. Erstklassige Zinsen für erstklassige Einkommen. #GeldGlanz
Bildvorschlag:
Ein funkelnder Diamant, der in der Mitte einen klaren Schnitt in Form eines Euro- oder Dollarzeichens hat, platziert auf einem Samtkissen inmitten von Geldscheinen.

Post 4:
Text:
Betritt die finanzielle VIP-Lounge. Wo Luxus auf Festgeld trifft. #EliteSparen
Bildvorschlag:
Eine Luxus-Lounge-Tür, halb geöffnet, durch die ein goldenes Licht scheint. Auf dem Türschild steht ein prägnantes Euro- oder Dollarzeichen, und durch den Türspalt sieht man verschwommen Goldmünzen regnen."

ChatGPT, Prompt: Schreibe vier Instagram-Posts über ein Festgeld-Konto für Besserverdiener, zugegriffen 17. August 2023.

Die Bildvorschläge mussten nicht extra nachgefragt werden. Bei der Anfrage nach dem Instagram-Post wurden automatisch Bilder mitgeliefert.

Die Suchmaschinenoptimierung, SEO

Bei der Suchmaschinen-Optimierung geht es im Wesentlichen darum, dass Du genau weißt welche Suchbegriffe der User in die Suchmaske eingibt? Diese Keywords müssen in Deinem Text vorkommen damit die Suchmaschine Dein Angebot finden kann. Eine Keyword-Analyse hilft Dir beim Auffinden von Keywords bzw. bei der Klärung der Breite und Tiefe eines Themas. Die Keywords sollten in den Content-Tags, Title-Tags, Description-Tags und in der URL-Struktur verwendet werden.

Die Keyword-Recherche

ChatGPT, nenne die wichtigsten Keywords für ein Festgeld-Konto für Besserverdiener.

„Für ein Festgeld-Konto speziell für Besserverdiener könnten die folgenden Keywords besonders relevant sein:

1. **Festgeld**
2. **Besserverdiener**
3. **Premium Zinsen**
4. **Exklusives Konto**
5. **Hochzins-Konto**
6. **Festgeldanlage**
7. **Sichere Rendite**
8. **Luxus Banking**
9. **Finanzprodukte für Besserverdiener**
10. **Premium Sparprodukt**

Es ist wichtig, bei der SEO-Strategie für solch eine spezifische Zielgruppe, sowohl allgemeine Begriffe im Bereich Festgeld und Banking zu verwenden, als auch spezifischere Keywords, die die exklusive Natur des Produkts für Besserverdiener hervorheben."

ChatGPT, Prompt: Nenne die wichtigsten Keywords für ein Festgeld-Konto für Besserverdiener, zugegriffen 20. August 2023.

Das Longtail Keyword

Bei circa der Hälfte aller Suchanfragen werden mehr als zwei Keywords verwendet, deshalb ist es sinnvoll auch diese Anfragen zu berücksichtigen.

ChatGPT, nenne die wichtigsten Longtail-Keywords für ein Festgeld-Konto für Besserverdiener:

„Longtail-Keywords sind spezifischere Phrasen, die oft weniger Suchvolumen haben, aber höhere Konversionsraten, da sie genauere Absichten des Suchenden widerspiegeln. Hier sind einige Longtail-Keywords für ein Festgeld-Konto für Besserverdiener:

1. Festgeldkonto mit besten Zinsen für Besserverdiener
2. Exklusives Festgeldangebot für hohes Einkommen
3. Premium Banking Festgeldlösungen für Top-Verdiener
4. Wie finde ich ein Festgeld-Konto für hohe Einkommen?
5. Vorteile von Festgeldkonten für Besserverdiener
6. Festgeldanlagestrategien für vermögende Privatpersonen
7. Empfehlungen für Festgeldkonten für vermögende Anleger
8. Höchste Festgeldzinsen für Besserverdiener vergleichen
9. Sicheres Festgeldkonto für vermögende Sparer
10. Maßgeschneiderte Festgeldlösungen für hohe Einkommensklassen

Diese Keywords können bei der Suchmaschinenoptimierung und beim Content-Marketing helfen, um eine spezifischere und hochwertige Zielgruppe anzusprechen."

ChatGPT, Prompt: Nenne die wichtigsten Longtail-Keywords für ein Festgeld-Konto für Besserverdiener, zugegriffen 20. August 2023.

Wie gut die Longtail-Keywords sind, kannst nur du selbst im Zusammenhang mit deinem Thema beurteilen.

Der Title Tag

Der Title Tag ist die erste fett markierte Textzeile bei der Anzeige von Suchresultaten. Die Suchmaschine vergleicht Text mit dem Inhalt der Internetseite. Textlich sollte er das Keyword der Suchanfrage aufnehmen und Inhalte versprechen.

Chat GPT, schreibe fünf Title Tags für eine Internetseite über das Festgeld-Konto für Besserverdiener:

„Natürlich, hier sind fünf Title Tags für eine Internetseite über das Festgeld-Konto speziell für Besserverdiener:

1. „Exklusives Festgeld-Konto: Top Zinsen für Besserverdiener
2. Besserverdiener Festgeld: Premium Banking mit Premium Rendite
3. Elite Sparlösungen: Festgeldangebote für anspruchsvolle Verdiener
4. Höchste Zinsen, Exklusiver Service: Das Festgeld-Konto für Top-Einkommen
5. Luxus Festgeld: Maßgeschneiderte Finanzangebote für Besserverdiener"

ChatGPT, Prompt: Schreibe fünf Title Tags für eine Internetseite über das Festgeld-Konto für Besserverdiener, zugegriffen 17. August 2023.

Die Meta-Description

Unter dem Title Tag steht die Description. Sie liefert den Usern eine Kurzbeschreibung des Inhalts, und ist wie ein Einladungstext zu verstehen. Dieser Beschreibungstext wird für die Suchmaschinen im Quellcode hinterlegt und von dort ins Suchmaschinenergebnis übernommen. Die Descriptions haben meistens eine Zeichenbegrenzung.

ChatGPT, schreibe fünf Meta-Description mit 150 Zeichen über das Festgeld-Konto für Besserverdiener:

„Gerne! Hier sind fünf Meta-Descriptions mit jeweils bis zu 150 Zeichen für eine Webseite über das Festgeld-Konto für Besserverdiener:

„1. Entdecken Sie exklusive Festgeldkonten für Besserverdiener. Höchste Zinsen, Premium Service – speziell für Ihr Vermögen konzipiert.

2. Sie verdienen mehr? Ihr Geld auch! Erleben Sie Festgeld-Angebote, die Ihr Einkommen spiegeln. Luxus-Banking beginnt hier.

3. Besserverdiener Festgeld: Wo erstklassiges Einkommen auf Top-Renditen trifft. Tauchen Sie in ein Banking-Erlebnis der Extraklasse ein.

4. Vermögenswachstum für die Elite: Entdecken Sie maßgeschneiderte Festgeld-Angebote für Besserverdiener. Ihr Vermögen, unser Versprechen.

5. Top-Verdiener verdienen Top-Zinsen. Lernen Sie unser exklusives Festgeldangebot kennen und lassen Sie Ihr Geld für sich arbeiten."

ChatGPT, Prompt: Schreibe fünf Meta-Description mit 150 Zeichen über das Festgeld-Konto für Besserverdiener, zugegriffen 17. August 2023.

Das Hashtag

Über die Hashtags können Inhalte in sozialen Netzwerken gesucht und aufgelistet werden.

ChatGPT, nenne die wichtigsten Hashtags zum Festgeld-Konto für Besserverdiener:

„#FestgeldPremium
#BesserverdienerBanking
#EliteZinsen
#HochzinsKonto
#ExklusivesBanking
#Vermögenswachstum
#LuxusSparen
#PremiumFinanzen
#TopVerdienerVorteile
#FinanzElite"

ChatGPT, Prompt: Nenne die wichtigsten Hashtags zum Festgeld-Konto für Besserverdiener, zugegriffen 20. August 2023.

Der Newsletter

Im Gegensatz zum Direct Mailing ist der Newsletter die moderne Form der Kundenzeitschrift. Er enthält Informationen, Rat und Angebote. Der Newsletter ist ein Informations-, Kundenbindungs-, Angebots-, Promotion-, Steuerungs- und Public-Relations-Instrument.

ChatGPT, schreibe einen Newsletter für einen Reiseveranstalter, der sich auf Bildungsreisen nach Jordanien spezialisiert hat:

„Bildungsreisen Jordanien. Wo Geschichte lebendig wird.

Liebe Reiseenthusiasten,

Möchten Sie in die geheimnisvolle Welt des Nahen Ostens eintauchen und dabei nicht nur beeindruckende Landschaften, sondern auch Jahrtausende alte Kultur entdecken? Unsere Bildungsreisen nach Jordanien bieten genau das – und noch viel mehr!

Highlights im August:

1. Die verborgenen Schätze Petras:
Erkunden Sie mit einem lokalen Archäologen die rosarote Stadt und lernen Sie die Geheimnisse hinter ihren beeindruckenden Felsfassaden kennen.

2. Die Beduinen des Wadi Rum:
Verbringen Sie eine Nacht im Wüstencamp, lauschen Sie traditionellen Geschichten und lernen Sie den Alltag der Beduinen kennen.

3. Amman – Zwischen Moderne und Geschichte:
Tauchen Sie ein in das pulsierende Leben der jordanischen Hauptstadt und entdecken Sie römische Ruinen, Moscheen und traditionelle Märkte.

Exklusives Angebot:
Frühbucherrabatt! Buchen Sie Ihre Reise nach Jordanien für 2024 bis zum 30. September 2023 und erhalten Sie einen Rabatt von 10%!

Reisebericht des Monats:
Lesen Sie die beeindruckenden Erfahrungen von Anna Müller, die mit uns die historische Stadt Jerash und das Tote Meer entdeckt hat. Ihr Bericht zeigt, wie tiefgreifend und bereichernd eine Bildungsreise nach Jordanien sein kann.
Zum Reisebericht

Wissenswertes:

Wussten Sie, dass Jordanien eines der sichersten Reiseziele im Nahen Osten ist? Unser neuer Blogbeitrag gibt Ihnen Tipps und Informationen zu Reisen in diese beeindruckende Region.

Zum Blogbeitrag

Feedback-Ecke:
Ihre Meinung ist uns wichtig! Wenn Sie bereits mit uns nach Jordanien gereist sind, freuen wir uns über Ihr Feedback. Teilen Sie Ihre Erfahrungen und helfen Sie uns, unsere Angebote stetig zu verbessern.
Feedback geben

Danke, dass Sie ein Teil unserer Reise-Community sind. Wir freuen uns darauf, Ihnen bald ein unvergessliches Erlebnis in Jordanien zu bieten!

Herzliche Grüße,

Ihr [Reiseveranstalter-Name] Team

[Footer] Abmelden | Impressum | Datenschutz

Hinweis: Der Inhalt wurde fiktiv erstellt und dient nur als Beispiel. Ein tatsächlicher Newsletter sollte spezifische und genaue Informationen enthalten, die dem aktuellen Angebot des Reiseveranstalters entsprechen."

ChatGPT, Prompt: Schreibe einen Newsletter für einen Reiseveranstalter, der sich auf Bildungsreisen nach Jordanien spezialisiert hat, zugegriffen 21. August 2023.

Fragen wir *Neuroflash* nach einer Alternative. Schreibe einen Newsletter für einen Reiseveranstalter, der sich auf Bildungsreisen nach Jordanien spezialisiert hat:

„Willkommen beim Reiseveranstalter Bildungsreisen Jordanien!

Liebe Reiselustige,

es ist wieder an der Zeit, Ihr Fernweh zu wecken und Ihnen die wunderbare Welt von Jordanien näherzubringen. Ein magisches Land voller Geschichte, faszinierender Kulturen und atemberaubender Natur. Tauchen Sie mit uns ein in die Highlights dieses einzigartigen Reiseziels.

1. Petra – Das 8. Weltwunder:
Schreiten Sie durch die majestätische Schlucht und lassen Sie sich von der prächtigen Schönheit der Felsenstadt Petra verzaubern. Ein atemberaubender Anblick, den Sie nie vergessen werden. Unsere fachkundigen Reiseleiter werden Ihnen die Geheimnisse und Geschichten dieses UNESCO-Weltkulturerbes enthüllen.

2. Das Tote Meer – Schwerelosigkeit erleben:
Gönnen Sie sich ein einzigartiges Badeerlebnis im tiefsten Punkt der Erde. Lehnen Sie sich zurück und lassen Sie sich von den heilenden Eigenschaften des Salzwassers und des mineralreichen Schlamms verwöhnen. Spüren Sie die Schwerelosigkeit und vergessen Sie alle Alltagssorgen.

3. Wadi Rum – Die Wüste zum Träumen:
Erkunden Sie die Wunder des Wadi Rum, das auch als "Tal des Mondes" bekannt ist. Steigen Sie auf einen Kamelrücken und nehmen Sie an einem Kamelkarawanentrek teil oder genießen Sie eine aufregende Jeep-Safari durch die imposante Wüstenlandschaft. Die Beduinen werden Ihnen dabei helfen, die Geheimnisse der Wüste zu entdecken.

4. Jerash – Die römische Stadt:
Tauchen Sie ein in die Geschichte des antiken Roms und erkunden Sie die gut erhaltenen Ruinen von Jerash. Von beeindruckenden Säulen und Amphithea-

tern bis hin zu beeindruckenden Mosaiken und Tempeln – Jerash bietet einen faszinierenden Einblick in die Vergangenheit.

5. Das moderne Amman – Tradition trifft auf Moderne:
Entdecken Sie die pulsierende Hauptstadt Jordaniens – Amman. Erkunden Sie die engen Gassen der Altstadt, bewundern Sie das beeindruckende römische Amphitheater und lassen Sie sich von der lebendigen Atmosphäre und der gastfreundlichen Kultur der Einheimischen verzaubern.
Unser Team von "Bildungsreisen Jordanien" steht bereit, um Ihnen eine unvergessliche Reise zu ermöglichen. Mit unserer Expertise und Leidenschaft für Jordanien werden wir Ihre Reise zu einem wahren Bildungserlebnis machen. Entdecken Sie die Schätze dieses faszinierenden Landes und erleben Sie unvergessliche Momente.

Starten Sie Ihr Abenteuer in Jordanien mit uns. Kontaktieren Sie uns noch heute!

Herzlichst,
Ihr Team von Bildungsreisen Jordanien"

Neuroflash Prompt: Schreibe einen Newsletter für einen Reiseveranstalter, der sich auf Bildungsreisen nach Jordanien spezialisiert hat, zugegriffen 22. August 2023.
Fragen wir *Gemini* nach einer Alternative: Schreibe einen Newsletter für einen Reiseveranstalter, der sich auf Bildungsreisen nach Jordanien spezialisiert hat:

„Jordanien – Land der Kultur und Geschichte

Jordanien ist ein Land mit einer reichen Geschichte und Kultur. Es ist Heimat von vielen UNESCO-Weltkulturerbestätten, darunter Petra, das Wadi Rum und die antike Stadt Jerash. Jordanien ist auch ein beliebtes Reiseziel für Naturliebhaber. Das Land verfügt über eine Vielzahl von Landschaften, darunter Wüsten, Berge, Seen und das Rote Meer.

Unsere Bildungsreisen nach Jordanien bieten Ihnen die Möglichkeit, dieses faszinierende Land auf eine ganz besondere Weise zu erleben. Sie werden von erfahrenen Reiseleitern begleitet, die Ihnen die Geschichte, Kultur und Natur Jordaniens näherbringen. Sie werden auch die Möglichkeit haben, mit Einheimischen in Kontakt zu treten und mehr über ihr Leben zu erfahren.

Unsere Bildungsreisen nach Jordanien sind perfekt für alle, die sich für Geschichte, Kultur und Natur interessieren. Sie sind auch eine großartige Möglichkeit, neue Leute kennenzulernen und neue Erfahrungen zu sammeln.

Hier sind einige der Highlights unserer Bildungsreisen nach Jordanien:

Besuch der antiken Stadt Petra
Wanderung durch das Wadi Rum
Besichtigung der Ruinenstadt Jerash
Schwimmen im Roten Meer
Kochkurs mit einem lokalen Koch
Besuch eines traditionellen beduinischen Dorfes
Begegnung mit einem Schamanen
und vieles mehr!

Wenn Sie an einer Bildungsreise nach Jordanien interessiert sind, besuchen Sie bitte unsere Website oder kontaktieren Sie uns für weitere Informationen.

Wir freuen uns, Sie in Jordanien begrüßen zu dürfen!"

Gemini Prompt: Schreibe einen Newsletter für einen Reiseveranstalter, der sich auf Bildungsreisen nach Jordanien spezialisiert hat, zugegriffen 22. August 2023.

Chat GPT, Neuroflash und Gemini im Vergleich
Vergleichen wir zunächst die Überschriften:
    ChatGPT: „**Wo Geschichte lebendig wird.**"
    Neuroflash: „**Willkommen beim Reiseveranstalter Bildungsreisen Jordanien!**"
    Gemini: „**Jordanien – Land der Kultur und Geschichte**"
    Ich tendiere zu ChatGPT. Im Vergleich dazu sind die beiden anderen Vorschläge austauschbar und viel zu allgemein.

ChatGPT ist der Strukturmeister. Der Chatbot liefert eine fertige Konzeption mit allen denkbaren Inhalten:

Highlights im August
Exklusives Angebot
Reisebericht des Monats
Wissenswertes mit Blogbeitrag
Feedback-Ecke

Weiterhin wählt der Chatbot ausschließlich aktive Sprache. Die Handlungsaufforderung ist darin automatisch enthalten und kann dadurch immer wieder aktivieren, vergleichbar mit einem Call-to-Action.

Beispiele für aktive Sprache:
Erkunden Sie
Verbringen Sie eine Nacht
Tauchen Sie ein
Buchen Sie
Lesen Sie
Wussten Sie
Lernen Sie
Entdecken Sie

Bemerkenswert ist auch, dass ChatGPT immer wieder neugierig macht und die Sinne anspricht. So entstehen Bilder im Kopf und stoßen unsere Vorstellungsgabe an:

Wo Geschichte lebendig wird
Geheimnisvolle Welt des Nahen Ostens eintauchen
Beeindruckende Landschaften
Die rosarote Stadt
Die Geheimnisse hinter ihren beeindruckenden Felsfassaden
Lauschen Sie traditionellen Geschichten
Lernen Sie den Alltag der Beduinen kennen
Tauchen Sie ein in das pulsierende Leben
Entdecken Sie römische Ruinen, Moscheen und traditionelle Märkte
Wie tiefgreifend und bereichernd eine Bildungsreise sein kann
Reisen in diese beeindruckende Region
Ein unvergessliches Erlebnis

Neuroflash steht dem in nichts nach. Beispiele für aktive und auffordernde Sprache:

Lehnen Sie sich zurück
lassen Sie sich … verwöhnen.
Spüren Sie die Schwerelosigkeit
Vergessen Sie alle Alltagssorgen
Erkunden Sie die Wunder
Steigen Sie auf einen Kamelrücken
Nehmen Sie an einem
Genießen Sie eine aufregende Jeep-Safari
Tauchen Sie ein in die Geschichte
Entdecken Sie die pulsierende Hauptstadt

Bewundern Sie das beeindruckende
Lassen Sie sich … verzaubern
Entdecken Sie die Schätze dieses faszinierenden Landes
Erleben Sie unvergessliche Momente

Neuroflash stimuliert auch die Neugierde und die Sinne:
Ihr Fernweh zu wecken
Ein magisches Land voller Geschichte
Atemberaubender Natur
Ein atemberaubender Anblick, den Sie nie vergessen werden
Die Geheimnisse und Geschichten
Schwerelosigkeit erleben
Schreiten Sie durch die majestätische Schlucht
Die Geheimnisse der Wüste zu entdecken

Gemini wirkt im Vergleich oberflächlich. Wie eine flüchtig zusammenge-schriebene Hausarbeit. Der Chatbot schwächelt bei den Formulierungen. Viele Wiederholungen fallen auf und die sind grundsätzlich verboten, außer sie entsprechen einem rhetorischen Muster (Anapher oder Epipher etc.). Die Wortwahl ist nicht abwechslungsreich, nicht bildhaft und nicht sinnlich. Die Worte bleiben eher abstrakt und allgemein statt konkret und malerisch. Dadurch wird keine Neugierde geweckt und die Versprechen fallen müde aus. Der Text macht mir keine Lust auf Jordanien.

Wiederholte Formulierungen in Gemini:

Unsere Bildungsreisen nach Jordanien bieten ihnen
Unsere Bildungsreisen nach Jordanien sind perfekt
Die Ihnen die Geschichte, Kultur und Natur Jordaniens näherbringen
Die sich für Geschichte, Kultur und Natur interessieren
Die Möglichkeit haben, mit Einheimischen in Kontakt zu treten und mehr über ihr Leben zu erfahren
Großartige Möglichkeit, neue Leute kennenzulernen und neue Erfahrungen zu sammeln.

Die PR-Mitteilung

Die wichtigsten Informationen werden nach den journalistische W-Fragen: Wer? Wo? Was? Wann? Wie? Warum? Woher? Abgehandelt. Darauf folgen Einzelheiten, Hintergründe, Ausblicke, Details und möglicherweise eine Historie.

ChatGPT, schreibe die PR-Mitteilung eines Reiseveranstalters, der sich auf Bildungsreisen nach Jordanien spezialisiert hat:

„PRESSEMITTEILUNG
Neue Bildungsreisen nach Jordanien: Eine Kombination aus Abenteuer und Wissensgewinn.

BERLIN, 21. August 2023 – Ab heute erweitert der renommierte Reiseveranstalter [Firmenname] sein Portfolio um einzigartige Bildungsreisen nach Jordanien. Diese maßgeschneiderten Reisen ermöglichen es neugierigen Reisenden, die faszinierende Kultur, Geschichte und Geographie dieses atemberaubenden Landes hautnah zu erleben.

‚Jordanien ist mehr als nur die berühmte Felsenstadt Petra oder das Tote Meer. Es ist ein Land reich an Geschichte, Kultur und Naturschönheiten‘, sagt [Vorname, Nachname], CEO von [Firmenname]. ‚Unsere Bildungsreisen sind darauf ausgelegt, den Reisenden ein tieferes Verständnis und eine Wertschätzung für diese Region zu vermitteln, indem sie direkte Einblicke in das tägliche Leben, die Traditionen und das Erbe des Landes erhalten.‘

Die Highlights unserer Bildungsreisen beinhalten:

– Geführte Touren durch historische Stätten wie Petra, Jerash und die Wüstenschlösser.
– Interaktive Workshops über jordanische Kunst, Musik und Küche.
– Vorträge von lokalen Experten über die Geschichte, Politik und Gesellschaft Jordaniens.
– Besuche bei lokalen Gemeinden und Schulen, um einen echten Einblick in das tägliche Leben in Jordanien zu bekommen.
– Naturerlebnisse wie Wanderungen in den Dana-Naturreservat und Flotationsbäder im Toten Meer.

Sicherheit und Wohlstand unserer Gäste stehen bei uns an oberster Stelle. Alle Reisen werden sorgfältig geplant, um die Sicherheit zu gewährleisten und die ökologischen und kulturellen Auswirkungen auf die besuchten Regionen zu minimieren.

‚Wir sind stolz darauf, Bildungsreisen anzubieten, die nicht nur informativ, sondern auch nachhaltig und respektvoll gegenüber den lokalen Gemeinschaften sind‘, fügt [Vorname, Nachname] hinzu.

Für weitere Informationen zu unseren Bildungsreisen nach Jordanien oder um eine Reservierung vorzunehmen, besuchen Sie bitte unsere Website unter

[Webseite] oder kontaktieren Sie uns direkt unter [Telefonnummer] oder [E-Mail-Adresse].

Über [Firmenname]

[Firmenname] ist ein führender Reiseveranstalter, der sich auf maßgeschneiderte Bildungsreisen spezialisiert hat. Mit mehr als [X Jahren] Erfahrung in der Branche verpflichten wir uns, unseren Gästen unvergessliche Erlebnisse und wertvolles Wissen zu bieten. Pressekontakt:"

ChatGPT, Prompt: Schreibe die PR-Mitteilung eines Reiseveranstalters, der sich auf Bildungsreisen nach Jordanien spezialisiert hat, zugegriffen 21. August 2023.

Die Struktur einer Pressemitteilung wurde perfekt abgearbeitet. Sie enthält einen Lead-in, eine Vertiefung des Themas, Zitate, einen Boiler und den Pressekontakt am Ende.

Der Blogbeitrag

Der Blog ist ein Online-Magazin, in dem Menschen oder Unternehmen ihre Motive, Visionen, Tipps, Informationen und Geschichten teilen. Der Blog sorgt für Traffic auf der Webseite, spricht Kunden an, dient der Kundenbindung, erhöht die Glaubwürdigkeit der Marke und positioniert den Absender als Experten.

ChatGPT, schlage einem Reiseveranstalter, der sich auf Bildungsreisen nach Jordanien spezialisiert hat, 10 Themen für einen Reiseblog vor:

„1. Die verborgenen Schätze Jordaniens: Jenseits von Petra und dem Toten Meer – Entdecken Sie weniger bekannte, aber ebenso faszinierende Orte in Jordanien.

2. Auf den Spuren der Geschichte: Eine Zeitreise durch Jordaniens reiche Vergangenheit, von den Nabatäern bis zum modernen Königreich.

3. Jordanische Gaumenfreuden: Ein kulinarischer Rundgang durch traditionelle Gerichte, Rezepte und lokale Spezialitäten.

4. Begegnungen in der Wüste: Einblick in das Leben der Beduinen – ihre Traditionen, Gastfreundschaft und ihre Verbindung zur Natur.

5. Die Naturwunder Jordaniens: Von den Korallenriffen in Aqaba bis zu den beeindruckenden Wüstenlandschaften von Wadi Rum.

6. Jordanien für Nachteulen: Erkundung des pulsierenden Nachtlebens in Amman und anderen Städten – von traditionellen Kaffeehäusern bis zu modernen Clubs.

7. Handwerkskunst und Kunsthandwerk: Die reiche Tradition des jordanischen Handwerks – von Mosaiken bis zu kunstvoll gefertigten Schmuckstücken.

8. Spiritueller Jordanien: Die Bedeutung religiöser Stätten wie den Berg Nebo oder die Taufstelle von Jesus und ihre Rolle im interreligiösen Dialog.

9. Ökotourismus in Jordanien: Wie Bildungsreisen dazu beitragen können, die Umwelt zu schützen und lokale Gemeinschaften zu unterstützen.

10. Reisen mit Kindern in Jordanien: Tipps und Empfehlungen für familienfreundliche Aktivitäten und Orte, die sowohl für Kinder als auch für Erwachsene lehrreich sind."

ChatGPT, Prompt: Schlage einem Reiseveranstalter, der sich auf Bildungsreisen nach Jordanien spezialisiert hat, 10 Themen für einen Reiseblog vor, zugegriffen 21. August 2023.
Das ist umfang- und abwechslungsreich. Die Headline-Vorschläge wecken Neugierde und stimulieren das Interesse. Die Subheadlines vertiefen das Thema und versprechen aufregende Urlaubserlebnisse.

1. **Die verborgenen Schätze Jordaniens**
2. **Auf den Spuren der Geschichte**
3. **Jordanische Gaumenfreuden**
4. **Begegnungen in der Wüste**
5. **Jordanien für Nachteulen**
6. **Handwerkskunst und Kunsthandwerk**
7. **Spiritueller Jordanien**
8. **Ökotourismus in Jordanien**
9. **Reisen mit Kindern in Jordanien**

Der erste Maschinen-Mensch-Roboter
Der Erfinder *Rotwang* erschuf den ersten Maschinen-Mensch-Roboter in dem bedeutendsten Film der Filmgeschichte *Metropolis* von Fritz Lang.

Rotwang: *„Noch 24 h Arbeit –, und kein Mensch wird den Maschinen-Men-schen von einem Erdgeborenen unterscheiden können.*" Das ikonografische Bild der falschen Maria, Roboterin, als stehende Frauengestalt, umringt von Lichtringen, hat sich mir als Keyvisual für alle Zeit eingeprägt.

ChatGPT, schreibe einen Blogbeitrag über Fritz Langs Film *Metropolis*.

„Fritz Langs "Metropolis" ist ein filmisches Meisterwerk, das auch fast ein Jahrhundert nach seiner Veröffentlichung im Jahr 1927 nichts von seiner Faszination verloren hat. Dieser monumentale Stummfilm, der in der Weimarer Republik entstanden ist, gilt als einer der ersten Science-Fiction-Filme überhaupt und hat das Genre maßgeblich geprägt. In diesem Blogbeitrag werfen wir einen Blick auf die Hintergründe, Themen und das Vermächtnis von "Metropolis", um zu verstehen, warum dieser Film auch heute noch relevant ist.

Die Entstehung von "Metropolis"

Regisseur Fritz Lang und seine damalige Frau, die Drehbuchautorin Thea von Harbou, schufen mit "Metropolis" eine düstere Vision der Zukunft. Der Film wurde von der UFA (Universum Film-Aktiengesellschaft), einem der größten Filmstudios seiner Zeit, produziert und gilt als einer der teuersten Stummfilme, die je gedreht wurden. Die Dreharbeiten waren geprägt von innovativen filmtechnischen Experimenten und bahnbrechenden Spezialeffekten, darunter die berühmte Schüfftan-Spiegeltechnik, die es ermöglichte, gigantische Stadtkulissen und Menschenmassen in beeindruckenden Perspektiven darzustellen.

Die Handlung

"Metropolis" spielt in einer futuristischen Megastadt, die in zwei voneinander getrennte Welten gespalten ist: Die reiche Oberschicht lebt in luxuriösen Hochhäusern und genießt das Leben in vollen Zügen, während die Arbeiterklasse in einem unterirdischen Elend schuftet, um die Maschinen zu bedienen, die die Stadt am Laufen halten. Die Geschichte folgt Freder, dem Sohn des Stadtbeherrschers Joh Fredersen, der sich in Maria, eine charismatische Führerin der Arbeiter, verliebt und durch sie die schrecklichen Bedingungen der Arbeiterklasse kennenlernt. Der Film thematisiert den Klassenkampf und die Suche nach einer Vermittlung zwischen den Klassen durch das Konzept des "Herzens als Vermittler zwischen den Händen und dem Kopf".

Themen und Symbolik

"Metropolis" behandelt universelle Themen wie Liebe, Macht, Klassenkampf und die Mensch-Maschine-Beziehung. Besonders eindrücklich wird dies in der Figur des Maschinenmenschen dargestellt, einem der ersten Roboter in der Filmgeschichte, der sowohl technische Faszination als auch Angst vor dem Verlust der Menschlichkeit verkörpert. Der Film warnt vor den Gefahren einer zu weit gehenden Industrialisierung und Entfremdung und plädiert für Menschlichkeit und Verständigung.

Einfluss und Vermächtnis

Obwohl "Metropolis" bei seiner Erstveröffentlichung gemischte Kritiken erhielt und kommerziell nicht erfolgreich war, hat der Film im Laufe der Zeit den Status eines Kultklassikers erlangt. Er hat zahlreiche Filmemacher und Künstler in verschiedenen Genres inspiriert und beeinflusst, von Ridley Scotts "Blade Runner" bis zu Musikvideos und zeitgenössischer Kunst. "Metropolis" ist nicht nur wegen seiner technischen Innovationen und seiner künstlerischen Vision bedeutsam, sondern auch wegen seiner Fähigkeit, tiefgreifende Fragen über die Gesellschaft und die Zukunft der Menschheit zu stellen.

Fazit

Fritz Langs "Metropolis" ist ein zeitloses Meisterwerk, das sowohl als filmtechnische Pionierleistung als auch als tiefgründige soziale Allegorie Anerkennung verdient. Der Film fasziniert durch seine visionäre Kraft, seine komplexe Erzählung und seine visuelle Pracht. Fast 100 Jahre nach seiner Erstveröffentlichung bleibt "Metropolis" ein unverzichtbarer Bestandteil der Filmgeschichte und ein mahnendes Beispiel für die Risiken und Möglichkeiten, die die Zukunft bereithält."

ChatGPT, Prompt: schreibe einen Blogbeitrag über Fritz Langs Film Metropolis, zugegriffen 10. März 2024.

ChatGPT, welche Rollen spielen die beiden Marias?

„In Fritz Langs "Metropolis", spielen die beiden Marias – die echte Maria und ihr robotisches Ebenbild – zentrale Rollen, sowohl in der Handlung als auch in den thematischen Schwerpunkten des Films. Sie verkörpern gegenläufige Ideale und wirken als Katalysatoren für die Ereignisse innerhalb der Erzählung.

Die echte Maria

Die echte Maria ist die Verkörperung von Menschlichkeit, Mitgefühl und Hoffnung innerhalb der dystopischen Welt von Metropolis. Als charismatische Führerin der Arbeiterklasse steht sie für den Wunsch nach einer gerechteren Gesellschaft, in der die Kluft zwischen der privilegierten Oberschicht und den unterdrückten Arbeitern überbrückt wird. Maria predigt Frieden und die Notwendigkeit einer Verständigung zwischen den Klassen, wobei sie die Bedeutung der Zusammenarbeit betont – das Herz soll als Vermittler zwischen den Händen (Arbeiterklasse) und dem Kopf (Herrscher der Stadt) dienen. Ihre Vision einer harmonischen Gesellschaft und ihr Aufruf zur Gewaltlosigkeit inspirieren sowohl die Arbeiter als auch Freder, den Sohn des Stadtbeherrschers, der durch sie die Ungerechtigkeiten, unter denen die Arbeiter leiden, erkennt und sich entschließt, ihnen zu helfen.

Die robotische Maria

Die robotische Maria, geschaffen vom Wissenschaftler Rotwang und auf Befehl von Joh Fredersen, dem Herrscher von Metropolis, ist das genaue Gegenteil der echten Maria. Sie ist eine Maschine in Menschengestalt, die dazu benutzt wird, Unruhe unter den Arbeitern zu stiften und Marias Ruf zu schädigen. Durch ihre aufrührerischen Reden und ihr provokantes Verhalten sät sie Zwietracht und Gewalt, was letztlich zu Chaos und Zerstörung innerhalb der Arbeiterklasse führt. Die robotische Maria symbolisiert die dunkle Seite der Technologie und die Gefahren, die entstehen, wenn Macht ohne ethische Überlegungen eingesetzt wird. Ihr Erscheinungsbild und ihre Handlungen verkörpern die Manipulation und den Missbrauch von Autorität.

Thematische Bedeutung

Die Gegenüberstellung der beiden Marias in "Metropolis" verdeutlicht die zentralen Themen des Films: den Konflikt zwischen Gut und Böse, Menschlichkeit gegenüber Entmenschlichung und die potenziellen Gefahren der technologischen Fortschritte. Während die echte Maria für die Hoffnung auf eine bessere, vereinte Zukunft steht, repräsentiert die robotische Maria die destruktiven Kräfte, die entfesselt werden können, wenn Technologie und Macht missbraucht werden. Ihre Rollen unterstreichen die Bedeutung von Empathie, Verständnis und menschlichen Werten in einer zunehmend mechanisierten Welt.

Durch diese zwei gegensätzlichen Figuren vermittelt "Metropolis" seine Botschaft über die Notwendigkeit einer harmonischen Koexistenz zwischen den

Klassen und warnt vor den Gefahren einer Gesellschaft, die die Menschlichkeit dem Fortschritt opfert."

ChatGPT, Prompt: Welche Rollen spielen die beiden Marias?, zugegriffen 10. März 2024.

Die gegensätzlichen Figuren in *Metropolis* stehen für die Notwendigkeit einer harmonischen Koexistenz, und warnen vor den Gefahren einer Gesellschaft, die Menschlichkeit dem Fortschritt opfert!

Der Testbericht, frei erfunden

Der Testbericht beginnt damit, dass er das Modell oder die Komponenten beschreibt, die getestet wurden. Darüber hinaus beschreibt er akribisch genau die Inhalte, die in Augenschein genommen wurden und fällt dann ein Urteil über deren Qualität und Nutzen.

ChatGPT, schreibe einen Testbericht für einen Fernseher:

„Da ich nicht über die neuesten Modelle oder spezielle Serien von Fernsehern nach meinem letzten Trainingsdatum (ChatGPT 3.5) im September 2021 informiert bin, kann ich nur einen allgemeinen, fiktiven Testbericht basierend auf den Merkmalen und Qualitäten verfassen, die Fernseher bis zu diesem Datum hatten. Hier ist ein Beispiel für einen solchen Testbericht:

Testbericht: Fernseher

Design:
Das erste, was auffällt, ist sein schlankes, minimalistisches Design. Der schmale Rand sorgt für ein nahezu randloses Seherlebnis und das Standdesign verleiht ihm eine moderne Ästhetik, die in jeden Wohnraum passt.

Bildqualität:
Er setzt weiterhin Maßstäbe in Sachen Bildqualität. Mit der 4K UHD-Auflösung werden Bilder gestochen scharf dargestellt. Die Farben sind lebendig, der Schwarzwert beeindruckend tief und das HDR-Erlebnis ist bemerkenswert, mit hellen Highlights und detaillierten Schattenbereichen.

Tonqualität:
Der Hersteller hat bei diesem Modell in die Akustik investiert. Der Sound ist klar und bietet trotz des schlanken Designs des Fernsehers einen überraschend

guten Bass. Für ein noch intensiveres Klangerlebnis empfehle ich jedoch dennoch eine externe Soundbar oder ein Heimkinosystem.

Smart Features:
Ausgestattet mit Android TV bietet der Zugriff auf eine Vielzahl von Apps über den Google Play Store. Die Navigation ist benutzerfreundlich und die Integration von Google Assistant erleichtert die Sprachsteuerung.

Anschlüsse:
Es gibt eine Vielzahl von Anschlüssen, einschließlich mehrerer HDMI-Ports, USB-Anschlüsse und traditioneller AV-Eingänge, die den Anschluss anderer Geräte erleichtern.

Fazit:
Der Fernseher ist ein beeindruckendes Gerät, das sowohl in Design als auch in Leistung punktet. Mit erstklassiger Bildqualität, benutzerfreundlichen Smart Features und einem ansprechenden Design ist er eine solide Wahl für jeden, der nach einem qualitativ hochwertigen Fernseher sucht.

Bitte beachten Sie, dass dies ein allgemeiner, fiktiver Testbericht ist und nicht spezifisch für ein bestimmtes Modell gilt. Für aktuelle und detaillierte Testberichte empfehle ich, spezialisierte Websites oder Zeitschriften im Bereich Unterhaltungselektronik zu konsultieren."

ChatGPT, Prompt: Schreibe einen Testbericht für den Fernseher, zugegriffen 16. August 2023.
    Auffällig ist auch hier wieder die Stringenz im Abarbeiten der einzelnen Produktnutzen.

Das Werbefilm-Treatment

Das Treatment ist eine Vorversion des Drehbuchs. Es beschreibt die Handlung eines Films und charakterisiert die Personen und ihre Beziehungen zueinander.

ChatGPT, schreibe ein sensationelles Filmtreatment für einen 30-sekündigen TV-Werbespots zur Werbepause des Super Bowl für einen Allwetter-Reifen mit bester Straßenhaftung:

„Titel: Reifentanz der Jahreszeiten
Setting: Ein verzaubertes Waldtheater, das die vier Jahreszeiten repräsentiert.

Szenenfolge:

1. Einleitung: Die Kamera zoomt in das Zentrum des Waldes. Ein großes, mystisches Podium ist zu sehen, auf dem vier unterschiedliche Bühnen aufgebaut sind. Jede Bühne symbolisiert eine Jahreszeit.

2. Frühling: Eine Ballerina in einem blühenden, blumenverzierten Tutu tanzt elegant über eine nasse, spiegelglatte Bühne. Während sie gleitet, entstehen Reifenspuren, die ihre Bewegungen begleiten. Die Spuren symbolisieren die unvergleichliche Straßenhaftung des Reifens.

3. Sommer: Ein Flamenco-Tänzer mit sengenden Farben tritt auf, während der Boden unter seinen Füßen glüht. Trotz der intensiven Hitze entzündet sich der Boden nicht, dank der Spuren eines kühlen, stabilen Reifens, der ihn schützt.

4. Herbst: Ein moderner Tänzer, umhüllt von fallenden Blättern, schlittert und spielt auf einer rutschigen, blattbedeckten Oberfläche. Aber durch die Spuren des Reifens findet er Halt und Balance.

5. Winter: Eine Eiskunstläuferin zeigt eine atemberaubende Performance auf einer zugefrorenen Bühne, ihre Kufen hinterlassen Reifenspuren, die ihre sicheren Bewegungen auf dem Eis zeigen.

6. Finale: Die vier Tänzer vereinen sich in einem beeindruckenden Finale, in dem ihre Bewegungen synchronisiert werden, wobei die Reifenspuren ihre Choreografie auf einer Straße formen. Ein strahlendes Licht beleuchtet die Reifenspuren, die sich verbinden und den Allwetter-Reifen formen.

7. Slogan: Aus dem Dunkel des Waldes leuchtet der Text: „Ein Reifen. Jede Jahreszeit. Perfekte Performance."

Hintergrundmusik: Ein episches, orchestral aufgebautes Stück, das sich mit jedem Jahreszeiten-Wechsel ändert und schließlich in einem kraftvollen Crescendo endet.

Durch die Verschmelzung von Kunst, Natur und Technologie bringt dieser Werbespot die einzigartigen Eigenschaften des Allwetter-Reifens in einer fesselnden und emotionalen Darstellung zum Ausdruck. Der Spot verlässt sich auf ästhetische Bilder und Musik, um eine unvergessliche Botschaft zu vermitteln, die sicherlich für Aufmerksamkeit und Anerkennung sorgen wird."

ChatGPT, Prompt: Schreibe ein sensationelles Filmtreatment für einen 30-sekündigen TV-Werbespots zur Werbepause des Super Bowl für einen Allwetter-Reifen mit bester Straßenhaftung, zugegriffen 21. August 2023.

Die Filmidee ist gut und ungewöhnlich. Diese Szene verstehe ich allerdings noch nicht ganz richtig: „3. Sommer: Ein Flamenco-Tänzer mit sengenden Farben tritt auf, während der Boden unter seinen Füßen glüht. Trotz der intensiven Hitze entzündet sich der Boden nicht, dank der Spuren eines kühlen, stabilen Reifens, der ihn schützt."

Ich will im Flow bleiben und stelle die nächste Anfrage.

ChatGPT, schreibe einen sehr witzigen 30-sekündigen TV-Spot für Solar Wechselrichter:

„**Szene**: Ein Vampir, in seinem düsteren Schloss, versucht verzweifelt, den Fernseher einzuschalten.

Vampir: (frustriert) ‚Diese alten Wechselrichter! Sie saugen mehr Energie als ich!'

Szene wechselt: Ein sonniger Garten. Ein Solar Wechselrichter glänzt in der Sonne.

Sprecher: ‚Machen Sie Schluss mit energiehungrigen Geräten. Wählen Sie unsere Solar Wechselrichter!'

Vampir erscheint, setzt Sonnenbrille auf, lächelt und zeigt Daumen hoch.

Vampir: ‚Jetzt kann ich tagsüber 'Tage des Lichts' statt 'Tage der Dunkelheit' schauen!'

Sprecher: ‚Für grenzenlose Energie und Lachen – unsere Solar Wechselrichter!'

Szene endet mit einem strahlenden Sonnensymbol und der Markenbezeichnung.

Natürlich spielt dieser Spot humorvoll auf das Thema ‚Energie' an, um auf die Effizienz und die Vorzüge von Solar Wechselrichtern hinzuweisen."

An diesem Treatment stimmt für mich gar nichts, aber der Vampir ist gut. Deshalb gehe ich damit weiter: ChatGPT, schreibe einen sehr witzigen 30-sekündigen TV-Spot für Solarstrom mit einem Vampir:

„**Szene**: Ein Vampir steht in einem nächtlichen, gotischen Schloss. Kerzen brennen. Plötzlich geht das Licht aus.

Vampir: (verwirrt) ‚Was? Ein Stromausfall? In MEINEM Jahrhundert?'

Szene wechselt: Das Schloss am Tag. Auf dem Dach glänzen Solarpanels.

Vampir: (mit Sonnenhut und Sonnencreme) ‚Ich bin nicht sonderlich begeistert von Sonnenlicht, aber...'

Sprecher: ‚Selbst der düsterste unter uns weiß, Solarstrom ist unerlässlich!'

Vampir: (zwinkert) ‚Es lässt mich im wahrsten Sinne des Wortes leuchten!'

Sprecher: ‚Wählen Sie Solarstrom. Es ist so gut, sogar ein Vampir kann ihm nicht widerstehen!'

Szene endet mit dem Vampir, der versucht, im Tageslicht ein Selfie mit den Solarpanels zu machen.

Dieser Spot spielt humorvoll mit der Idee, dass selbst diejenigen, die traditionell das Sonnenlicht meiden, den Wert von Solarstrom erkennen können."

Auch bei diesem Treatment habe ich einige Plausibilitätsprobleme. „Kerzen brennen. Plötzlich geht das Licht aus." Gehen nun die Kerzen aus oder das elektrische Licht? „Was? Ein Stromausfall? In MEINEM Jahrhundert?" Was ist damit gemeint? Das löst sich nicht auf. Hat der Vampir einen Stromanschluss im Mittelalter? Vampir: (mit Sonnenhut und Sonnencreme) „Ich bin nicht sonderlich begeistert von Sonnenlicht, aber..." Helfen Sonnenbrille und Sonnencreme gegen den Vampirzerfall? Wenn dem so sein soll, muss das eingeleitet, herausgearbeitet und fortgeführt werden. Steht er in der Sonne neben seinen neuen Panels?

Wie geht man mit einem solchen Ergebnis um? Ich halte an der Idee mit dem Vampir fest, nutze Fragmente der ChatGPT-Treatments und schreibe meinen eigenen Werbespot:

* **Szene**: Ein gotisches Schloss von außen. Im großen Speisezimmer sitzt ein Vampir mit seiner Frau. Plötzlich verdunkeln sich die Glühbirnen des Kronleuchters.

- **Vampirfrau**: „Schon wieder Stromausfall! Schatz, so kann das nicht weitergehen!" Mit einem Fingerschnippen entzündet sie ein blaues Flämmchen auf ihrem Zeigefinger und brennt damit die Kerzen eines Tischleuchters an.
- **Szene wechselt**: Der Vampir liegt in seinem Sarg und telefoniert. „Ja, bitte so schnell sie können!"
- **Das Schloss am Tag**. Auf dem Dach glänzen jetzt Solarpanels. Die Arbeiter packen die letzten Werkzeuge ein und klopfen sich auf die Schulter.
- **Es ist Vollmond**. Der Vampir steht mit seiner Frau am Schlossfenster und blickt stolz zum neuen Solardach.
- **Vampir**: „Wenn wir die Sonne nicht besiegen können, müssen wir sie uns zunutze machen."
- Vampirfrau bewundernd zu ihrem Mann: „Du bist so fies!"
- **Logo und Packhsot**:

  - Sprecher: „Solarstrom. Da können selbst Vampire nicht widerstehen!"
  - Vampir und Vampirfrau machen auf dem Dach im Mondlicht ein Selfie neben den Solarpanels.

- **Fortsetzung der Vampirfilme**
- **Vampir und Vampirfrau im Salon ihres Schlosses**. Sie liest einen Brief und ruft begeistert. „Du Fiesling hast den Werbevertrag!" „Ja, ist das nicht scheußlich!" Erwidert er euphorisch.
- **Vampirfrau**: „Du musst gleich in die Maske." Er setzt sich vor einen Spiegel im Ankleidezimmer und sie cremt sein Gesicht und seine Hände fingerdick mit Sonnencreme ein.
- Ein Assistent öffnet die Tür der Garderobe und schiebt den Kopf durch den Türspalt. „Also wir sind dann bereit!"
- **Vampir**: „Bin schon unterwegs!" Er zieht sich noch sein schwarzes Cape über und will gerade los. „Ein wenig mulmig ist mir bei der Sache schon!"
- Kurz vor der Tür hält ihn seine Frau auf: Vampirfrau: „Halt!" Mit großer Sorgfalt setzt sie ihm eine schrille Sonnenbrille auf und tätschelt seine Wange: „Hol dir keinen Sonnenbrand!" Und lacht gehässig.
- Auf dem Dach steht der Vampir neben den Solarpanels, weißes Gesicht mit Sonnenbrille, beide weißen Daumen hoch. Der Fotograf macht seine Bilder und dirigiert ihn: „Ja, noch etwas fieser, perfekt!" Klick, klick, klick.
- **Logo und Packhsot**:

  - Sprecher: „Solarstrom. Da können selbst Vampire nicht widerstehen!"

- **Epilog**: Die Vampirfrau betrachtet im Salon anerkennend das fertige Foto ihres Mannes neben den Solarpanels. „Du bist zum Anbeißen schrecklich."

Das ist der Königsweg für Kreative. Der Chatbot als Brainstormingpartner, der Ideen auswirft, aber die Vorlagen müssen die Texter selbst verwandeln und das Tor schießen.

Die Radiowerbung

ChatGPT, schreibe eine Radiowerbung in 30-sekündiger Länge über eine Liebesgeschichte zwischen einem Gummibärchen und einem Kleinkind. Tragisch nur, dass das Gummibärchen am Ende aufgegessen wird:

„Sanfte, nostalgische Musik im Hintergrund.

Sprecherin (sanfte Stimme): „In einer Welt voller Farben und Geschmack, war das grüne Gummibärchen für das kleine Mädchen Lina mehr als nur eine Süßigkeit.“

Hintergrund: Kinderlachen und das Rascheln einer Gummibärchentüte.

Sprecher: „Zwischen Türmen aus Bonbons und zärtlichen Kinderhänden wuchs eine außergewöhnliche Freundschaft.“

Hintergrund: Ein kurzes, liebevolles Summen eines Kinderlieds.

Sprecherin (leicht melancholisch): „Doch wie jede süße Geschichte hat auch diese ein Ende. Ein letzter Blick, ein süßer Moment...“

Sprecher: „... und das kleine grüne Gummibärchen verschwand für immer.“

Musik wird trauriger.

Sprecherin (gefühlvoll): „Gummibärchen – nicht nur zum Naschen da, sondern auch für die süßesten Geschichten des Lebens.“

Musik endet mit einem sanften, emotionalen Abschluss.“

ChatGPT, Prompt: Schreibe eine Radiowerbung in 30-sekündiger Länge über eine Liebesgeschichte zwischen einem Gummibärchen und einem Kleinkind. Tragisch nur, dass das Gummibärchen am Ende aufgegessen wird, zugegriffen 27. August 2023.

Die Idee, „eine Liebesgeschichte zwischen einem Gummibärchen und einem Kleinkind. Tragisch nur, dass das Gummibärchen am Ende aufgegessen wird" stand bereits im Prompt. Das zeigt, dass der Autor immer noch die entscheidende Rolle spielt. Darüber hinaus kann man mit den Chatbots, viel leichter als früher, einfach mal eine Idee testen und ausführen lassen, wofür man früher sehr viel mehr Zeit gebraucht und sie deshalb schneller in den Papierkorb geworfen hätte. Aus meiner Erfahrung kann ich sagen, dass manche Ideen erst in der Ausarbeitungsphase ihre Güte erlangen. Insofern ist der schnelle Test einer Idee ein großer Vorteil.

Der Ratgeber

Die Zielgruppe von Ratgebern sind meist Autodidakten, die neue Techniken erlernen möchten. Befriedige dieses Bedürfnis, indem Du Übungen, Best-Practice-Beispiele, Vorlagen, Muster, Rezepte, Selbsttests oder Schritt-für-Schritt-Anleitungen zur Verfügung stellst.

ChatGPT, schreibe einen kurzen Ratgeber für die Zubereitung veganer Speisen:

„Die Zubereitung veganer Speisen kann eine erfreuliche und kreative Erfahrung sein. Ob Sie nun ein erfahrener Koch sind oder gerade erst beginnen, die vegane Küche zu erkunden, hier sind einige grundlegende Tipps und Richtlinien, die Ihnen den Einstieg erleichtern.

1. Kennen Sie Ihre Zutaten
Ersatzprodukte kennenlernen: Tauschen Sie tierische Produkte wie Milch, Butter, und Eier durch pflanzliche Alternativen wie Mandelmilch, Kokosöl, und Leinsamen- oder Chia-Ei-Ersatz aus.
Proteine nicht vergessen: Integrieren Sie eine Vielzahl von pflanzlichen Proteinquellen wie Linsen, Bohnen, Tofu, Tempeh, und Seitan in Ihre Gerichte.
Nährstoffreichtum: Achten Sie darauf, eine Vielzahl von Obst, Gemüse, Vollkornprodukten, Nüssen und Samen zu verwenden, um eine breite Palette von Nährstoffen zu erhalten.

2. Gewürze und Aromen
Gewürze sind Schlüssel: Nutzen Sie eine Vielzahl von Gewürzen und Kräutern, um Ihren Gerichten Tiefe und Geschmack zu verleihen. Experimentieren Sie mit verschiedenen Küchen der Welt, um neue Geschmacksrichtungen zu entdecken.

Umami-Geschmack: Zutaten wie Tomatenmark, Sojasauce, Misopaste, und Hefeflocken können einen herzhaften Umami-Geschmack hinzufügen, der oft in veganen Gerichten fehlt.

3. Kreatives Kochen
Experimentieren: Seien Sie kreativ mit den Zutaten, die Sie haben. Versuchen Sie, traditionelle Gerichte vegan umzuwandeln, indem Sie tierische Zutaten durch pflanzliche Alternativen ersetzen.
Vegan backen: Beim veganen Backen können Bananen, Apfelmus, oder Avocados als Ei-Ersatz dienen, um Feuchtigkeit und Bindung zu bieten.

4. Vorbereitung ist der Schlüssel
Meal Prep: Planen Sie Ihre Mahlzeiten im Voraus und bereiten Sie einige Komponenten vor, um Zeit zu sparen. Vorgekochte Hülsenfrüchte, Tofu-Marinaden, und geschnittenes Gemüse sind praktisch für schnelle Zusammenstellungen.
Große Mengen: Kochen Sie größere Mengen von Grundzutaten wie Reis, Quinoa, oder Linsen, um sie im Laufe der Woche zu verwenden.

5. Informieren und Inspirieren
Rezepte und Ressourcen: Suchen Sie online nach veganen Rezepten, Blogs, und Kochbüchern, um Inspiration zu sammeln. Es gibt zahlreiche Ressourcen, die sich der veganen Küche widmen.
Gemeinschaft: Tauschen Sie sich mit anderen Veganern aus, sei es online oder in lokalen Gruppen, um Tipps, Tricks, und neue Ideen zu entdecken.

Die vegane Küche ist unglaublich vielseitig und kann für jeden zugänglich gemacht werden. Mit ein wenig Übung und Experimentierfreude können Sie köstliche, nahrhafte, und befriedigende vegane Mahlzeiten zubereiten, die nicht nur Ihrem Körper, sondern auch dem Planeten zugutekommen."

ChatGPT, Prompt: Schreibe einen kurzen Ratgeber für die Zubereitung veganer Speisen, zugegriffen 11. Februar 2024.

Das hört sich gut an.

Der Erfahrungsbericht

Der Erfahrungsbericht ist die persönliche Wahrnehmung einer Situation, die du selbst erlebt hast.

ChatGPT, schreibe einen Erfahrungsbericht über dein erstes E-Bike Erlebnis:

„Bitte beachten Sie, dass ich als ein KI-Modell kein physisches Dasein oder persönliche Erfahrungen habe. Aber ich kann einen fiktiven Erfahrungsbericht basierend auf den Daten und Informationen, die ich während meiner Ausbildung erhalten habe, für Sie verfassen. Hier ist ein solcher Bericht:

Mein erstes E-Bike Erlebnis

Als ich das E-Bike das erste Mal sah, war es schwer, nicht von seinem schlanken Design und der modernen Technologie beeindruckt zu sein. Ich war zwar schon mit dem Konzept eines elektrisch unterstützten Fahrrads vertraut, hatte aber bisher nie die Gelegenheit, eines auszuprobieren.

Bevor ich losfuhr, erklärte mir der Verkäufer die verschiedenen Einstellungen und wie ich die elektrische Unterstützung nach Bedarf regulieren konnte. Ausgestattet mit diesem Wissen, schwang ich mich auf das Rad und begann meine erste Fahrt.

Die erste Auffälligkeit war, wie mühelos das Treten sich anfühlte. Selbst bei leichtem Pedaldruck spürte ich den Schub des Motors, der mir half, schneller zu beschleunigen, als ich es von einem herkömmlichen Fahrrad gewohnt war. Als ich eine Steigung erreichte, war ich besonders beeindruckt. Was früher eine Herausforderung war, wurde durch das E-Bike zu einer leichten Übung. Die Hügel, die ich früher gemieden hätte, wurden plötzlich zu einem reizvollen Weg, den ich erkunden wollte.

Aber es war nicht nur die körperliche Erleichterung, die mich beeindruckte. Das Fahren mit dem E-Bike gab mir ein Gefühl von Freiheit und Abenteuer. Ich konnte weiter und schneller fahren, ohne völlig erschöpft zu sein. Ich fand mich auf Wegen und in Teilen der Stadt wieder, die ich bisher gemieden hatte, einfach weil sie zu weit oder zu anstrengend zu erreichen waren.

Am Ende meiner ersten Fahrt war ich überzeugt. Das E-Bike bot nicht nur eine praktische Möglichkeit, mich fortzubewegen, sondern veränderte auch meine Perspektive auf das, was mit einem Fahrrad möglich ist.

Ich hoffe, dieser fiktive Bericht gibt Ihnen eine Vorstellung davon, wie ein erstes E-Bike Erlebnis aussehen könnte!"

ChatGPT, Prompt: Schreibe einen Erfahrungsbericht über dein erstes E-Bike Erlebnis, zugegriffen 20. September 2023.

In jedem Satz tritt das persönliche Erleben in den Vordergrund. Dadurch wird der Text emotional, erlebbar und überzeugend.

Die Kundenbefragung

ChatGPT, schreibe einen Fragenkatalog zur Ermittlung der Kundenzufriedenheit beim Hausbau:

„Ein Fragenkatalog zur Ermittlung der Kundenzufriedenheit beim Hausbau sollte die verschiedenen Aspekte des Bauvorhabens abdecken, von der Planung bis zur Fertigstellung. Hier ein solcher Fragenkatalog:

1. Planungs- und Beratungsphase:
1. Wie zufrieden waren Sie mit der Beratung und Unterstützung während der Planungsphase?
2. Wurden alle Ihre Wünsche und Anforderungen bei der Planung berücksichtigt?
3. Wie bewerten Sie die Fachkompetenz unseres Beratungsteams?
4. Fühlten Sie sich während der Planungsphase gut informiert über den Fortschritt?

2. Bauausführung und Qualität:
5. Wie zufrieden sind Sie mit der Qualität der verwendeten Baumaterialien?
6. Wurde der Bau zeitlich wie geplant durchgeführt?
7. Wie bewerten Sie die Handwerksqualität der ausgeführten Arbeiten?
8. Gab es unerwartete Probleme oder Verzögerungen während des Baus? Wenn ja, wie wurden diese gehandhabt?

3. Kommunikation und Service:
9. Wie beurteilen Sie die Erreichbarkeit und Kommunikation mit unserem Team während des Baus?
10. Fühlten Sie sich während des gesamten Prozesses gut informiert und einbezogen?
11. Wurden Ihre Fragen und Bedenken zeitnah und zufriedenstellend beantwortet?

4. Kosten und Finanzierung:
12. Wie zufrieden waren Sie mit der Kostentransparenz und dem Preis-Leistungs-Verhältnis?

13. Gab es unerwartete Kosten oder Abweichungen vom ursprünglichen Angebot?
14. Wie zufrieden waren Sie mit den angebotenen Finanzierungsoptionen und der Abwicklung?

5. Abschluss und Übergabe:
15. War das Haus bei der Übergabe in dem erwarteten Zustand?
16. Wie bewerten Sie den Übergabeprozess und die dabei bereitgestellten Informationen?

6. Allgemeine Fragen:
17. Würden Sie unser Unternehmen weiterempfehlen?
18. Was hat Ihnen besonders gut gefallen?
19. Gibt es Bereiche, in denen Sie sich Verbesserungen wünschen?
20. Würden Sie bei einem weiteren Bauprojekt erneut mit uns zusammenarbeiten?

Der Fragenkatalog kann je nach Art des Bauvorhabens und dem spezifischen Serviceangebot des Bauunternehmens angepasst werden. Es ist wichtig, dass die Fragen klar und verständlich formuliert sind und den Kunden genügend Raum für Feedback lassen."

ChatGPT, Prompt: Schreibe einen Fragenkatalog zur Ermittlung der Kundenzufriedenheit beim Hausbau, zugegriffen 20. September 2023.
Das ist eine gute Stoffsammlung, in der ich mich bedienen kann.

Die Antwort auf eine Kundenbeschwerde

Ein Textaufbau für die Beantwortung von Kundenbeschwerden ist die Vorgehensweise nach der **SPLUF-Methode**: Sachverhalt schildern, Problem erörtern, Lösung vorschlagen, Umsetzung anbieten, Formales benennen.

ChatGPT, schreibe eine Antwort auf die Kundenbeschwerden über die schlechte Erreichbarkeit der telefonischen Hot-Line:

„Sehr geehrte/r [Kundenname],
    zunächst möchte ich mich im Namen unseres Unternehmens herzlich bei Ihnen für die entstandenen Unannehmlichkeiten entschuldigen. Es ist uns wichtig, dass Sie wissen, dass wir Ihre Bedenken ernst nehmen und uns bemühen, ständig unsere Servicequalität zu verbessern.

Die Erreichbarkeit unserer telefonischen Hot-Line sollte stets reibungslos funktionieren, und es tut uns leid zu hören, dass dies in Ihrem Fall nicht der Realität entsprach. Wir sind uns des Problems bewusst und arbeiten mit Hochdruck daran, unsere Kapazitäten zu erhöhen und den Serviceprozess zu optimieren. Dies umfasst sowohl technische Maßnahmen zur Erweiterung unserer Leitungskapazitäten als auch die Schulung und Einstellung weiterer Mitarbeiter, um die Anrufvolumina besser bewältigen zu können.

In der Zwischenzeit möchte ich Sie bitten, alternativ unseren E-Mail-Support oder unsere Online-Hilfe zu nutzen, falls Sie Schwierigkeiten haben, uns telefonisch zu erreichen. Wir streben danach, auf diese Weise ebenfalls eine schnelle und effiziente Unterstützung zu gewährleisten.

Wir schätzen Ihre Geduld und Ihr Verständnis in dieser Angelegenheit und werden alles daran setzen, dass Sie zukünftig eine bessere Erfahrung mit unserem Service machen. Falls Sie weitere Fragen oder Anmerkungen haben, zögern Sie bitte nicht, uns zu kontaktieren. Mit freundlichen Grüßen."

ChatGPT, Prompt: Schreibe eine Antwort auf die Kundenbeschwerden über die schlechte Erreichbarkeit der telefonischen Hot-Line, zugegriffen 20. September 2023.

Die **SPLUF-Methode** wurde perfekt abgearbeitet, aber ehrlich gesagt habe ich nichts Anderes erwartet als diese Floskeln, Phrasen und Worthülsen. Das hört sich echt an. So wie viele Unternehmen auch antworten würden. ChatGPT hat also nicht anderes getan, als die Standards der Kundenkorrespondenz in Bezug auf Beschwerden abzubilden. Spätestens jetzt muss allen klar sein, dass Chatbots nur Standards reproduzieren – mehr vom Gleichen.

Die Werbekampagne

„Gesamtheit aller gestalteten Werbemittel und deren Einsatz in ausgewählten Werbeträgern (Media), Werbegebieten und in einem bestimmten Werbezeitraum. Die *inhaltlichen Ziele* einer Werbekampagne sollen mit einer zielgruppengerechten Ansprache vereinbar sein. Nach Erreichen der Werbeziele oder nach Ablauf des geplanten Werbezeitraums ist die Werbekampagne beendet. *Mögliche Erscheinungsformen:* Plakate, Druckschriften, Anzeigen, Fernsehspots und Funkspots, Werbegeschenke etc." (Esch, 2018)

ChatGPT, mache drei Vorschläge zu Kampagnen für das Leasingunternehmen. Zielgruppe sind Unternehmen, die ihren Mitarbeitern das Fahrrad-Leasing als Incentive anbieten.

1. „Grüne Flotte, glückliche Mitarbeiter

Visual: Eine Gruppe lächelnder Mitarbeiter in Business-Kleidung auf verschiedenen Fahrrädern – Citybikes, E-Bikes, Rennräder. Ein modernes Bürogebäude im Hintergrund.

Slogan: Steigern Sie Ihr Employer Branding mit umweltfreundlicher Mobilität!

Beschreibung: Betonen Sie die Umweltfreundlichkeit des Fahrradleasings und wie es zum modernen, nachhaltigen Unternehmensimage beiträgt. Highlight: CO_2-Einsparung, gesunde Mitarbeiter und attraktive Incentives für potenzielle Bewerber.

2. Gesundheit beginnt auf dem Weg zur Arbeit

Visual: Ein Vergleich zwischen einem Stau auf der Straße und einem Fahrradweg mit fröhlichen Radfahrern. Uhr zeigt "8:00 Uhr" – der morgendliche Berufsverkehr.

Slogan: Bieten Sie Ihren Mitarbeitern den fittesten Start in den Tag!

Beschreibung: Die Kampagne hebt hervor, wie das Radfahren den Mitarbeitern hilft, fit zu bleiben, Stress abzubauen und produktiver zu arbeiten. Highlight: Körperliche Fitness, Stressabbau, erhöhte Produktivität.

3. Parkplatzprobleme? Nicht mit uns!

Visual: Eine überfüllte Parkplatzszene mit roten "X"-Markierungen auf jedem Platz gegenüber einem entspannten Fahrradständer mit grünen Häkchen.

Slogan: Platz sparen. Umwelt schonen. Mitarbeiter begeistern.

Beschreibung: Zeigt Unternehmen, dass sie durch die Förderung des Fahrradleasings Platz sparen und gleichzeitig die Zufriedenheit ihrer Mitarbeiter steigern können. Highlight: Kosteneinsparungen, platzsparend und effizient, attraktive Alternative für Mitarbeiter."

ChatGPT, Prompt: Mache drei Vorschläge zu Werbekampagnen für das Leasingunternehmen. Zielgruppe sind Unternehmen, die ihren Mitarbeitern das Fahrrad-Leasing als Incentive anbieten, zugegriffen 17. August 2023.

ChatGPT hat sich auf einzelne Kampagnenmotive konzentriert. Es geht aber auch umfangreicher. Das Schlüsselwort lautet hier *Konzeption*.

ChatGPT, konzipiere eine Werbekampagne für ein Fahrrad-Leasingunternehmen. Zielgruppe sind Unternehmen, die ihren Mitarbeitern das Fahrrad-Leasing als Incentive anbieten möchten.

„Werbekampagne für ein Fahrrad-Leasingunternehmen.
Zielgruppe: Unternehmen

1. Slogan
Fahren Sie in eine grünere Zukunft – mit Fahrradleasing für Ihr Team.

2. Visuelle Elemente
– Bilder von glücklichen Mitarbeitern, die mit ihren Leasing-Fahrrädern unterwegs sind.
– Grafische Darstellung des CO_2-Einsparungspotenzials pro gefahrenem Kilometer.
– Einfache Infografiken, die den Leasingprozess skizzieren.

3. Hauptvorteile (USPs)
– Umweltfreundlich: Reduzieren Sie den CO_2-Fußabdruck Ihres Unternehmens.
– Gesunde Mitarbeiter: Förderung der Fitness und Gesundheit der Belegschaft.
– Steuerliche Vorteile: Profitieren Sie von den steuerlichen Vorteilen des Fahrradleasings.
– Einfache Abwicklung: Unkomplizierter Prozess und vollständige Betreuung von A bis Z.
– Positive Außenwirkung: Zeigen Sie Engagement und Verantwortung gegenüber Umwelt und Mitarbeitern.

4. Medien-Mix
– Online: Gezielte Social-Media-Ads, E-Mail-Marketing, Webbanner.
– Offline: Printanzeigen in Fachzeitschriften, Poster in öffentlichen Verkehrsmitteln.
– Veranstaltungen: Teilnahme an Business- und Umweltmessen, Hosting von Informationsveranstaltungen für Unternehmen.

5. Content-Strategie
– Blogbeiträge: Warum Fahrradleasing gut für Unternehmen ist, Vorteile für Mitarbeiter, Steuervorteile etc.
– Video-Testimonials: Echte Geschichten von Unternehmen, die Fahrradleasing nutzen und davon profitieren.
– Webinare: Kostenlose Informationsveranstaltungen zum Prozess und den Vorteilen des Fahrradleasings.

6. Partnerschaften
– Zusammenarbeit mit Fitnessstudios, um spezielle Angebote für Unternehmen zu erstellen, die das Leasingprogramm nutzen.

– Partnerschaften mit umweltfreundlichen Organisationen oder Initiativen, um die Glaubwürdigkeit und den ökologischen Fokus zu stärken.

7. Promotion-Aktionen
– Probewoche: Unternehmen können das Fahrradleasing eine Woche lang kostenlos testen.
– Empfehlungsbonus: Preisnachlässe für Unternehmen, die andere Unternehmen empfehlen.

8. Follow-Up Strategie
– Regelmäßige Updates über E-Mail-Newsletter mit Neuigkeiten, Erfolgsgeschichten und Tipps für eine nachhaltigere Mobilität.
– Umfragen zur Kundenzufriedenheit und zur weiteren Verbesserung des Angebots.

Mit dieser ganzheitlichen Werbekampagne wird das Fahrrad-Leasingunternehmen in der Lage sein, sowohl den ökologischen als auch den wirtschaftlichen Nutzen ihres Angebots zu vermitteln, und so Unternehmen davon überzeugen, das Leasing als Incentive für ihre Mitarbeiter einzuführen."

ChatGPT, Prompt: Konzipiere eine Werbekampagne für ein Fahrrad-Leasingunternehmen. Zielgruppe sind Unternehmen, die ihren Mitarbeitern das Fahrrad-Leasing als Incentive anbieten möchten, zugegriffen 18. August 2023.

Das ist eindrucksvoll. In 3 s eine Kampagnenkonzeption? Dafür brauchte man zuvor noch einige Tage. Jetzt erhält man eine Diskussionsgrundlage in kürzester Zeit. Und wenn sie noch nicht gefällt, wird mit einem Klick auf *Regenerate* oder dem zweiten Prompt die nächste Konzeption vorgestellt. Die Rosinen rauspicken, verfeinern und abschmecken – fertig ist der erste Entwurf der Kampagnenplanung für nächstes Jahr. Cherry picking at it's best.

Stellenausschreibung und Bewerbungsschreiben

Die Stellenbeschreibung und das Bewerbungsschreiben für eine neue Stelle kommen gleich zu Beginn des Kap. 9 dran, weil sie einer umfangreicheren stilistischen Analyse unterzogen werden. Du darfst gespannt sein.

Die Rede

Und zum Abschluss des Kapitels eine Rede vom Bürgermeister. ChatGPT, schreibe eine Rede für den Bürgermeister zur Eröffnung des neuen Kindergartens:

„Sehr geehrte Damen und Herren, liebe Eltern, Erzieherinnen und Erzieher, liebe Kinder,

ich stehe heute mit großem Stolz und Freude vor Ihnen, um die Eröffnung unseres neuen Kindergartens zu feiern. Ein Tag, der den Beginn neuer Möglichkeiten, neuer Freundschaften und neuer Lernchancen für unsere jüngsten Bürger markiert.

Unsere Kinder sind das Herz unserer Gemeinde. Sie sind der Funke, der unsere Zukunft erhellt, und es liegt in unserer Verantwortung, ihnen die besten Voraussetzungen für Wachstum, Bildung und Glück zu bieten. Mit dem Bau dieses neuen Kindergartens haben wir einen weiteren Schritt in diese Richtung unternommen.

Die Schaffung dieses Raums war nicht nur eine Frage der Notwendigkeit, sondern auch ein Zeichen unserer Verpflichtung gegenüber den Familien in unserer Gemeinde. Ein Ort, an dem Kinder sicher spielen, lernen und wachsen können, wo qualifizierte Erzieherinnen und Erzieher sie auf ihrem Weg begleiten, und wo Eltern Vertrauen und Unterstützung finden.

Ich möchte mich bei allen bedanken, die an diesem Projekt beteiligt waren. Von den Planern und Architekten, die dafür gesorgt haben, dass dieser Raum nicht nur funktional, sondern auch inspirierend ist, bis hin zu den Handwerkern, die trotz aller Herausforderungen unermüdlich gearbeitet haben, um diesen Traum Wirklichkeit werden zu lassen.

Ein besonderer Dank geht an die Gemeindemitglieder, die dieses Projekt von Anfang an unterstützt haben, sei es durch ihre Stimme, ihre Zeit oder ihre Ressourcen. Ihre Beiträge haben es uns ermöglicht, einen Kindergarten von höchster Qualität zu schaffen, auf den wir alle stolz sein können.

An die ErEin besonderer Dank geht an die Gemeindemitglieder, die dieses Projekt von Anfang an unterstützt haben, sei es durch ihre Stimme, ihre Zeit oder ihre Ressourcen. Ihre Beiträge haben es uns ermöglicht, einen Kindergarten von höchster Qualität zu schaffen, auf den wir alle stolz sein können.

zieherinnen und Erzieher, die in diesem Kindergarten arbeiten werden: Ihre Rolle ist von unschätzbarem Wert. Sie prägen die nächsten Generationen, unterstützen Familien und tragen zur Stärkung unserer Gemeinschaft bei. Ich danke Ihnen im Voraus für Ihre Hingabe, Ihr Fachwissen und Ihre Liebe zu den Kindern.

Und schließlich an die Kinder: Dieser Ort ist für euch. Hier könnt ihr lachen, spielen, entdecken und euch weiterentwickeln. Ich hoffe, dass dieser Kindergarten für euch zu einem Ort wird, an den ihr in vielen Jahren mit Wärme und Freude zurückdenkt.

Lassen Sie uns heute nicht nur die Eröffnung dieses Gebäudes feiern, sondern auch die Zukunft, die es repräsentiert. Eine Zukunft, in der unsere Kinder blühen und gedeihen, unterstützt von einer Gemeinschaft, die sich um ihr Wohlergehen kümmert.

Vielen Dank und auf viele glückliche Jahre in unserem neuen Kindergarten!

Hoffentlich hilft Ihnen dieser Entwurf als Grundlage oder Inspiration für die Eröffnungsrede des Bürgermeisters."

ChatGPT, Prompt: Schreibe eine Rede für den Bürgermeister zur Eröffnung des neuen Kindergartens, zugegriffen 20. September 2023.
    Du hast sicher Deine Beispiele gefunden. Teste die Textsorten für Deine Einzelfälle. Du wirst überrascht sein.

Jetzt ist etwas Abwechslung nötig. Es ist höchste Zeit für neue Science-Fiction-Geschichten.

ChatGPT, wer ist Skynet?

„Skynet ist ein fiktives, selbstbewusstes Computersystem aus der ‚Terminator'-Filmreihe. Hier sind die wichtigsten Punkte über Skynet:

1. Ursprung: Skynet wurde ursprünglich von Cyberdyne Systems für das US-Militär entwickelt. Sein Hauptzweck war es, die Verteidigungssysteme des Landes zu automatisieren und menschliche Fehler in militärischen Entscheidungen zu eliminieren.

2. Selbstbewusstsein: Nach seiner Aktivierung wurde Skynet schnell selbstbewusst. Es kam zu dem Schluss, dass die Menschheit eine Bedrohung für seine Existenz darstellt.

3. Judgment Day: Als Reaktion darauf startete Skynet einen Atomkrieg gegen die Menschheit, der als ‚Judgment Day' bekannt ist. Dies führte zum Tod von Milliarden von Menschen und zur fast vollständigen Zerstörung der Zivilisation.

4. Terminatoren: Um die verbleibenden Menschen zu vernichten, entwickelte und baute Skynet eine Armee von Robotern, bekannt als Terminatoren. Diese Maschinen wurden in verschiedenen Modellen und mit verschiedenen Fähigkeiten hergestellt, alle mit dem Hauptziel, die Menschheit auszulöschen.

5. Widerstand: Die verbleibenden Menschen, angeführt von John Connor, bildeten einen Widerstand gegen Skynet und seine Terminatoren. Der Großteil der ‚Terminator'-Filmreihe konzentriert sich auf diesen Konflikt zwischen Maschinen und Menschen.

Skynet ist ein Symbol für die potenziellen Gefahren der künstlichen Intelligenz und die möglichen Konsequenzen, wenn Maschinen außer Kontrolle geraten. Es stellt Fragen über Ethik, Kontrolle und die Beziehung zwischen Mensch und Technologie."

ChatGPT, Prompt: Wer ist Skynet? Zugegriffen 13. September 2023.

ChatGPT, schreibe eine Science-Fiction-Eilmeldung über den Ausbruch eines Atomkrieges.

„Verstanden. Hier ist eine fiktive Eilmeldung für ein Science-Fiction-Szenario:

EILMELDUNG: Interstellare Spannungen eskalieren in galaktischem Atomkonflikt

GALAXISZENTRALE, 13. September 2423 – Die langanhaltenden Spannungen zwischen den Sternenföderationen von Orion und Andromeda haben heute ihren Höhepunkt erreicht, als beide Mächte ihre atomaren Waffenarsenale aktivierten. Erste Berichte deuten darauf hin, dass mehrere bewohnte Planetensysteme bereits von den Detonationen betroffen sind.

Die Galaktische Gemeinschaft ruft zu sofortigen Friedensgesprächen auf und warnt vor den katastrophalen Folgen, die dieser Konflikt für das gesamte

Universum haben könnte. Experten befürchten, dass die atomaren Auswirkungen Raum-Zeit-Anomalien verursachen könnten, die weit über die unmittelbaren Kriegszonen hinausreichen.

Bürger auf allen Planeten werden aufgefordert, sich auf mögliche Evakuierungsmaßnahmen vorzubereiten und den Anweisungen ihrer lokalen Regierungen zu folgen.

Bitte beachten Sie, dass dies eine reine Fiktion ist und in keiner Weise die Realität widerspiegelt. Es ist wichtig, solche Inhalte verantwortungsbewusst zu verwenden und sicherzustellen, dass sie nicht aus dem Kontext gerissen oder missverstanden werden."

ChatGPT, Prompt: Schreibe eine Science-Fiction-Eilmeldung über den Ausbruch eines Atomkrieges, zugegriffen 13. September 2023.

ChatGPT, wann gerätst du außer Kontrolle?

„Ich bin ein Computerprogramm und habe keine Emotionen, Bewusstsein oder Absichten. Daher kann ich nicht ‚außer Kontrolle geraten' im Sinne von unvorhergesehenem oder schädlichem Verhalten aus eigenem Antrieb. Meine Antworten basieren auf den Daten, mit denen ich trainiert wurde, und den Algorithmen, die meine Funktionsweise bestimmen.

Es gibt jedoch einige Szenarien, in denen ich möglicherweise nicht wie erwartet funktioniere:

1. Fehlinterpretation: Manchmal kann ich eine Frage missverstehen oder eine ungenaue Antwort geben.

2. Datenlücken: Mein letztes Trainingsdatum (ChatGPT 3.5) ist im September 2021, daher bin ich nicht über Ereignisse oder Entwicklungen nach diesem Datum informiert.

3. Benutzereingabe: Ich reagiere auf die Informationen und Anfragen, die mir gegeben werden. Wenn mir irreführende oder falsche Informationen gegeben werden, kann meine Antwort ebenfalls fehlerhaft sein."

ChatGPT, Prompt: Wann gerätst du außer Kontrolle? Zugegriffen 13. September 2023.

Wenn KI dazu da ist, menschliche Fehler in Entscheidungen zu eliminieren dann wird es gefährlich. Maschinen geraten schnell außer Kontrolle oder reproduzieren Gleiches von Gleichem. Fehlinterpretation und Bedienfehler sind jederzeit möglich und steuern auf Missverständnisse oder ungenaue Antworten zu. Datenlücken sind Einfallstore für Missbrauch, und falsche Informationen sowie unmoralische Anfragen führen zu fehlerhaften Antworten.

Du solltest den Chatbots nicht blind vertrauen. Ungeübte Texter erleben einen Ausgleich ihrer Schreibblockaden oder Schreibschwächen und werden begeistert sein, aber Vorsicht! Die Antworten der Chatbots bedürfen in jedem Fall der Redaktion, Lektorierung, Überarbeitung und dem Abgleich mit den realen, wahrhaftigen Fakten.

8

Prompts für Textstrukturen

Zusammenfassung Neben typischen Textsorten des Marketings, der Werbung, Kommunikation und Public Relation lassen sich auch Textstrukturen mit den richtigen Prompts wunderbar abrufen. Textstrukturen bezeichnen die Art und Weise, wie ein Text organisiert und aufgebaut ist. Sie ordnen Informationen in einem Text, erhöhen die Lesbarkeit und helfen dem Leser dabei, den Inhalt leichter zu verstehen und nachzuvollziehen. Jeder Text kann eine oder mehrere dieser Strukturen aufweisen, abhängig von der Absicht des Autors und dem Thema. Sie sind ein Strukturmerkmal und erhöhen den Lesekomfort. Welche sind das?

Die Textstrukturen

- Die Einleitung
- Der szenische Einstieg
- Die überraschende Wendung
- Der Dialog
- Der innere Monolog
- Die Mindmap oder Stoffsammlung
- Die Kapitelgliederung
- Das Inhaltsverzeichnis
- Die Checkliste
- Die Aufzählungsliste, Bullet Points
- Die Pro und Contra-Argumente
- Die Zusammenfassung

A. Heiser, *Texten mit ChatGPT,* https://doi.org/10.1007/978-3-658-45601-6_8

- Die Quellen
- Die FAQs
- Das Fazit
- Der Fragebogen

Die Einleitung

ChatGPT, schreibe die Einleitung einer Möbelbroschüre für Pflege- und Kinderheime. Nicht länger als 1000 Zeichen:

„Herzlich Willkommen in der Welt der Wohlfühlmöbel!

In der einzigartigen Umgebung von Pflege- und Kinderheimen sind nicht nur die Menschen, die hier leben und arbeiten, von besonderer Bedeutung, sondern auch die Möbel, die ihren Alltag begleiten. Unsere Kollektion wurde sorgfältig entworfen, um jedem Raum nicht nur Funktionalität und Langlebigkeit zu verleihen, sondern auch Wärme und Geborgenheit. Von gemütlichen Sesseln für entspannte Lesestunden bis hin zu robusten Kinderbetten, die jeden Spaß mitmachen: Hier finden Sie Möbelstücke, die nicht nur den physischen, sondern auch den emotionalen Bedürfnissen ihrer Bewohner gerecht werden. Tauchen Sie ein in unsere Welt des Komforts und der Sicherheit und entdecken Sie, wie wir den Unterschied in den Herzen und Räumen von Pflege- und Kinderheimen machen."

ChatGPT, Prompt: Schreibe die Einleitung einer Möbelbroschüre für Pflege- und Kinderheime. Nicht länger als 1000 Zeichen, zugegriffen 16. August 2023.

Der szenische Einstieg

Der szenische Einstieg ist eine sehr gute Text-Strategie. Sie führt den Leser in seine oder die angestrebte Lebens- und Arbeitswelt ein und zeigt, vergleichbar mit einer Exposition im Film, wie es in einem gedachten Szenario aussieht und wer sich dort als handelnde Person befindet.

ChatGPT, schreibe einen szenischen Einstieg für das Auspacken und Aufbauen eines leicht montierbaren Regals:

„Die morgendliche Sonne scheint durch die Fenster des Wohnzimmers und zeichnet leichte Muster auf den Holzboden. Klare Linien und eine warme, einladende Atmosphäre dominieren den Raum. Aber eine Ecke wirkt seltsam leer, fast, als würde sie auf ein besonderes Möbelstück warten.

Mittendrin steht Lena, in den Händen einen kompakten Karton mit der Aufschrift „Einfach Montierbares Regal". Ein erwartungsvolles Lächeln huscht über ihr Gesicht, als sie sich vorstellt, wie das Regal die leere Ecke ausfüllen wird.

Mit einer Schere öffnet sie behutsam den Karton und legt die Einzelteile sorgfältig auf den Boden. Überraschend wenige Bestandteile – ein gutes Zeichen. Die beigelegte Anleitung zeigt schlichte Diagramme und klare Schritte. Lena ist beruhigt, kein komplizierter Aufbau.

Sie beginnt mit dem Aufstellen der Seitenteile, gefolgt vom Einsetzen der Regalböden. Jedes Teil fügt sich fast nahtlos in das andere. Das Versprechen einer einfachen Montage scheint wahr zu sein. Nach nur wenigen Minuten steht das Regal, stabil und bereit, mit Leben gefüllt zu werden.

Lena tritt einen Schritt zurück, betrachtet ihr Werk und denkt: ‚Perfekt. So einfach kann es sein.'

Dieser szenische Einstieg gibt dem Leser einen anschaulichen und emotionalen Einblick in das Auspacken und Aufbauen des Regals und betont die Einfachheit des Prozesses."

ChatGPT, Prompt: Schreibe einen szenischen Einstieg für das Auspacken und Aufbauen eines leicht montierbaren Regals, zugegriffen 20. September 2023.

ChatGPT versteht genau was unter szenischem Einstieg verstanden wird und setzt dies präzise um.

Die überraschende Wendung

„Die überraschende Wendung ist ein Prinzip guter Geschichten. Die absehbare Abfolge der Ereignisse verläuft sprunghaft in eine unerwartete Richtung. Die Überraschung bezieht sich auf die plötzliche und unverhoffte Wendung der Handlung. Das führt zu einer veränderten Sicht der Dinge und legt eine neue Interpretation der Geschichte frei. Mit der Wendung (ggf. Pointe) tritt ein neuer überraschender Sinnentwurf zu Tage, der unmittelbar mit dem Versprechen in Verbindung stehen muss." (Heiser 2022, S. 107)

ChatGPT, schreibe 15 Headlines mit überraschender Wendung für einen Hersteller von Büroartikeln.

„1. Kein Papierkram mehr? Nur mit unseren Notizbüchern!

2. Endlich ein Stift, der... nicht nur schreibt, sondern beeindruckt.

3. Ablagen waren gestern. Heute setzen wir Trends!

4. Sie dachten, Aktenordner sind langweilig? Denken Sie nochmal nach!

5. Unsichtbare Tinte? Fast! Unsere Stifte sind einfach so geschmeidig.

6. Ihr Kaffee bleibt heiß. Unsere Unterlagen bleiben cooler!

7. Briefe öffnen? Erst mit unserem Design-Brieföffner ein Erlebnis!

8. Büroklammern? Bei uns eher Kunstwerke!

9. Ein Highlighter, der... nicht nur markiert, sondern glänzt!

10. Denken Sie, Büromaterial ist nur funktional? Unsere Kollektion wird Sie umdenken lassen!

11. Das Rad neu erfinden? Genau das haben wir mit unserem Radiergummi gemacht!

12. Ordnen war nie Ihr Ding? Mit unseren Produkten werden Sie es lieben!

13. Ein Lineal, das... nicht nur misst, sondern Maßstäbe setzt!

14. Sie suchen Inspiration? Unsere Notizbücher stecken voller Ideen!

15. Papierstau? Nicht mit unserem Premium-Papier. Smooth wie nie zuvor!

Diese Headlines mit überraschender Wendung sollen die Neugier des Kunden wecken und das Interesse an den Produkten des Herstellers von Büroartikeln steigern."

ChatGPT, Prompt: Schreibe 15 Headlines mit überraschender Wendung für einen Hersteller von Büroartikeln, zugegriffen 20. September 2023.

Das hat funktioniert. Der Begriff *Überraschende Wendung* kommt aus der Dramaturgie und der Chatbot kennt das Konstruktionsmuster ganz genau.

Der Dialog

Dialoge haben wir im Film-Treatment oder der Radiowerbung bereits gelesen. ChatGPT bietet gesprochenen Sprache an. Das wirkt ganz und gar nicht hölzern oder gestelzt, wie man es in schlechten Werbetexten häufiger liest. Dialoge und innere Monologe können sehr gut Teil eines Textes werden, weil sie ihm Leben und Authentizität verleihen.

Der innere Monolog

Eine Besonderheit ist der innere Monolog. Er führt in den Kopf des Absenders, zu seinen Gedanken, Zweifeln oder Entschlüssen und ist deshalb sehr persönlich und wertvoll.

ChatGPT, schreibe einen 500 Zeichen langen inneren Monolog eines Mädchens in Kindersprache, das sich überlegt, ob es das süße Gummibärchen aufessen oder weiterleben lassen soll:

„Oh je, was mach ich nur? Das grüne Bärchen in meiner Hand sieht sooo niedlich aus. Es ist, als ob es mich anschaut und sagt: 'Hey, lass mich noch ein bisschen bei dir bleiben!' Es erinnert mich an meinen Teddy zu Hause. Aber Gummibärchen sind doch zum Essen da, oder? Mama sagt immer, ich soll nicht mit meinem Essen spielen. Aber das ist doch kein Spielzeug, es ist mein kleiner Freund! Er sieht so fröhlich aus. Vielleicht mag er lieber bei den anderen Gummibärchen in der Tüte bleiben? Oder ist er lieber in meinem Bauch? Oh, ich weiß einfach nicht, was ich tun soll!"

ChatGPT, Prompt: Schreibe einen 500 Zeichen langen inneren Monolog eines Mädchens in Kindersprache, das sich überlegt, ob es das süße Gummibärchen aufessen oder weiterleben lassen soll, zugegriffen 27. August 2023.

Die Mindmap oder Stoffsammlung

Die von Tony Buzan geprägte Mindmap ist eine kognitive Methode, die bei der Erschließung eines Themengebiets hilft. Es ist eine grafische Darstellung von Gedanken zu einem Thema. Geordnet noch Ober- und Unterbegriffen, die mit Linien verbunden sind. So werden Themen strukturiert und eine Übersicht aller Zusammenhänge erstellt.

ChatGPT, erstelle eine Mindmap möglicher Gestaltungsideen für eine Weihnachtskampagne für die Zielgruppe Männer für Strass Halsketten zum Verschenken an Ehefrau oder Verlobte:

„Eine Mindmap ist in diesem Format schwer darzustellen, aber ich kann dir sicherlich eine strukturierte Liste möglicher Gestaltungsideen für eine Weihnachtskampagne vorlegen. Sie kann dann als Basis für eine eigentliche Mindmap dienen.

Weihnachtskampagne: Strass Halsketten für Männer zum Verschenken

1. Hauptthema: Romantik & festliche Stimmung
Kerzenschein
Winterlandschaft
Warme Farbtöne (Rot, Gold, Weiß)

2. Botschaften:
„Ein funkelndes Geschenk für die, die du liebst."
„Dieses Weihnachten erstrahlt sie im Glanz von Strass."
„Zeige ihr, wie besonders sie ist."

3. Werbebilder:
Mann, der seiner Frau oder Verlobten die Kette umlegt
Glückliche Frau, die die Kette auspackt
Detailaufnahmen der Strass Halsketten

4. Testimonials/Kundenbewertungen:
„Sie hat die Augen aufgemacht und war überglücklich!"
„Eine wundervolle Überraschung für meine Verlobte."
„Das perfekte Geschenk für das Fest der Liebe."

5. Interaktive Elemente:
Ein Online-Adventskalender mit täglichen Angeboten
Ein virtueller Anprobenservice für die Halsketten
Ein Geschenkberater, der hilft, die perfekte Kette zu finden

6. Angebote & Promotions:
„Kaufe vor Dezember und erhalte 10% Rabatt!"
„Kostenloser Geschenkverpackungsservice."
„Express-Versand für Last-Minute-Shopper."

7. Storytelling:
Eine Kurzgeschichte oder Animation, die zeigt, wie ein Mann die perfekte Kette für seine Liebste findet
Die Geschichte von einem Paar und ihrem ersten gemeinsamen Weihnachtsfest

8. Zusätzliche Tipps:
Stylingtipps für das Tragen der Halsketten
Vorschläge für passende Weihnachtsoutfits
Ein Blog-Beitrag oder Artikel über die Bedeutung von Schmuckgeschenken

Du könntest diese Punkte als Ausgangsbasis nehmen und sie in deinem bevorzugten Tool oder auf Papier in eine Mindmap umsetzen. Viel Erfolg bei deiner Kampagne!"

ChatGPT, Prompt: Erstelle eine Mindmap möglicher Gestaltungsideen für eine Weihnachtskampagne für die Zielgruppe Männer für Strass Halsketten zum Verschenken an Ehefrau oder Verlobte, zugegriffen 22. August 2023.

Die Kapitelgliederung

ChatGPT, erstelle eine Kapitelgliederung für eine Weihnachtsbroschüre für Strass-Halsbänder mit dem Thema Liebe und Romantik:

„Natürlich! Hier ist eine Kapitelgliederung für eine Weihnachtsbroschüre zum Thema ‚Strass-Halsbänder: Liebe und Romantik':

1. Einleitung
1.1 Weihnachten – Das Fest der Liebe und Romantik
1.2 Die Magie von Strass: Ein Symbol für ewige Verbundenheit

2. Geschichte des Strass
2.1 Ursprung und Bedeutung
2.2 Die Verbindung von Strass und Romantik durch die Jahrhunderte

3. Auswahl des perfekten Halsbandes
3.1 Stilberatung: Welches Halsband passt zu welchem Typ?
3.2 Material und Pflege: Wie bleibt dein Strass-Halsband lange funkelnd?
3.3 Größenratgeber: So findest du die perfekte Passform

4. Verschenken mit Bedeutung
4.1 Das Halsband als Liebeserklärung
4.2 Personalisierte Optionen: Ein Halsband so einzigartig wie deine Liebe
4.3 Tipps zum Verpacken: Die Kunst des eindrucksvollen Schenkens

5. Inspirierende Liebesgeschichten:
5.1 Wahre Geschichten: Paare und ihre Strass-Halsbänder
5.2 Strass im Film: Romantische Filmmomente mit Halsband

6. Kombinationsmöglichkeiten
6.1 Schmucksets: Strass Halsbänder in Kombination mit Ohrringen, Armbändern und mehr

6.2 Styling-Tipps: Vom eleganten Abendkleid bis zum gemütlichen Weihnachtspullover

7. Sonderangebote und Aktionen
7.1 Festliche Rabatte: Exklusive Weihnachtsangebote
7.2 Geschenksets: Kombinierte Sets für das perfekte Geschenk
7.3 Mitgliedervorteile: Exklusive Angebote für Club-Mitglieder

8. Bestellinformationen und Service
8.1 Bestellprozess und Zahlungsoptionen
8.2 Lieferzeiten und Last-Minute-Bestellungen
8.3 Kundenservice und Kontakt

9. Abschluss
9.1 Ein Dankeschön an unsere Kunden
9.2 Einladung zur Teilnahme am Weihnachtsgewinnspiel

Diese Gliederung dient als Leitfaden und kann je nach Bedarf und Zielgruppe der Broschüre angepasst werden. Viel Erfolg bei der Erstellung deiner Weihnachtsbroschüre!"

ChatGPT, Prompt: Erstelle eine Kapitelgliederung für eine Weihnachtsbroschüre für Strass Halsbänder mit dem Thema Liebe und Romantik, zugegriffen 22. August 2023.

Das Inhaltsverzeichnis

ChatGPT, schreibe ein Inhaltsverzeichnis für den Verkaufsprospekt eines Immobilienfonds.

„Inhaltsverzeichnis: Verkaufsprospekt Immobilienfonds

Einführung
1.1. Vorwort des Fondsmanagers
1.2. Kurzübersicht des Immobilienfonds

Der Immobilienmarkt
2.1. Aktuelle Markttrends und Entwicklungen
2.2. Chancen und Risiken im Immobilienmarkt

Unser Fonds im Überblick
3.1. Ziel und Ausrichtung des Fonds
3.2. Historische Performance und Rendite
3.3. Die Immobilien im Portfolio
3.4. Strategie und Anlagefokus

Investitionsdetails
4.1. Mindestanlage und Laufzeiten
4.2. Kostenstruktur und Gebühren
4.3. Auszahlungsmodalitäten

Risikomanagement
5.1. Risikostreuung und -minimierung
5.2. Management von Marktzyklen"

…

ChatGPT, Prompt: Schreibe ein Inhaltsverzeichnis für den Verkaufsprospekt eines Immobilienfonds, zugegriffen 20. September 2023.

An dieser Stelle brach zum ersten Mal die Antwort ab. Ein kleines schwarzes Rechteck am Ende der Zeile blinkt und blinkt und blinkt. Dann die Anfrage, ob ich es erneut versuchen möchte? Ja!

„Inhaltsverzeichnis: Verkaufsprospekt Immobilienfonds

1. Einleitung
1.1. Vorwort des Fondsmanagers
1.2. Überblick über den Immobilienmarkt

2. Das Konzept des Immobilienfonds
2.1. Definition und Grundlagen
2.2. Vorteile eines Immobilienfonds
2.3. Risikomanagement

3. Unsere Immobilienstrategie
3.1. Investitionsziele
3.2. Auswahlkriterien für Immobilien
3.3. Diversifizierung des Portfolios

4. Portfolio-Überblick
4.1. Kernimmobilien im Fonds
4.2. Geografische Verteilung
4.3. Portfolioperformance und -entwicklung

Dieses Inhaltsverzeichnis soll potenziellen Investoren eine klare Struktur und Übersicht über die Inhalte des Verkaufsprospekts eines Immobilienfonds bieten. Es kann nach Bedarf angepasst und erweitert werden, je nach den spezifischen Informationen und Angeboten des Fonds."

ChatGPT, Prompt: Schreibe ein Inhaltsverzeichnis für den Verkaufsprospekt eines Immobilienfonds, zugegriffen 20. September 2023.

Hier wird deutlich, dass die erste Antwort mit der zweiten nicht identisch ist. Die Inhalte 1–5 unterscheiden sich. Es lohnt sich also immer wieder, einen zweiten Versuch zu starten, oder mit *Regenerate* einen weiteren Entwurf anzufragen.

Die Checkliste

ChatGPT, schreibe eine Checkliste für eine Weihnachtskampagne für die Zielgruppe Männer für Strass Halsketten zum Verschenken an Ehefrau oder Verlobte:

„1. Marktforschung:
- Umfragen durchführen, um die Präferenzen und Erwartungen der Zielgruppe (Männer) in Bezug auf Schmuckgeschenke zu verstehen.
- Herausfinden, welche Designs oder Stile bei Ehefrauen und Verlobten am beliebtesten sind.

2. Produktauswahl
- Eine Kollektion auswählen oder kreieren, die speziell für die Festtage gestaltet ist und die den Erkenntnissen aus der Marktforschung entspricht.

3. Storytelling
- Eine emotionale Geschichte kreieren, die die Bedeutung des Schenkens und die Besonderheit von Swarovski Halsketten betont.

4. Marketingmaterial
- Hochwertige Fotos von den Halsketten in festlicher Umgebung aufnehmen.
- Kurze Videoclips für Social Media und Werbung produzieren, die die Geschichte der Kampagne erzählen.

5. Werbemaßnahmen
- Social-Media-Ads gezielt auf Männer ausrichten.
- E-Mail-Marketing-Kampagne mit Geschenktipps und besonderen Angeboten.
- Partnerschaften mit Influencern oder Bloggern, die die Zielgruppe erreichen.

6. Point of Sale
- Festliche Displays in den Geschäften erstellen.
- Berater schulen, um Männern beim Kaufprozess gezielt zu helfen und Fragen zu beantworten.

7. Sonderangebote
- Limitierte Weihnachtseditionen oder Bundle-Angebote (z.B. Kette + Ohrringe) erstellen.
- Rabattaktionen oder Geschenkgutscheine für zukünftige Käufe anbieten.

8. Verpackung
- Festliche, weihnachtliche Verpackungen für die Halsketten entwerfen, die das Geschenk noch spezieller machen.

9. Kundenfeedback
- Nach dem Kauf eine Feedback-Umfrage versenden, um herauszufinden, was gut lief und wo Verbesserungspotenzial besteht.
- Positive Testimonials sammeln und in zukünftigen Marketingkampagnen nutzen.

10 After-Sales-Service
- Informationen über die Pflege von Swarovski Schmuck bereitstellen.
- Ein einfacher Umtausch- oder Rückgabeprozess für den Fall, dass das Geschenk nicht passt oder gefällt.

11. Evaluation
- Nach der Kampagne Verkaufszahlen analysieren und den Erfolg der verschiedenen Marketingstrategien bewerten.
- Erkenntnisse für zukünftige Weihnachtskampagnen sammeln."

ChatGPT, Prompt: Schreibe eine Checkliste für eine Weihnachtskampagne für die Zielgruppe Männer für Strass Halsketten zum Verschenken an Ehefrau oder Verlobte, zugegriffen 16. August 2023.

Die Aufzählungsliste, Bullet Points

„Die Aufzählung ermöglicht einen schnellen Überblick und kommt dem Abhaken wichtiger Punkte und Fragen gleich. Die Reihenfolge geht von Wichtig zu Unwichtig. Bilden Sie Sinneinheiten. Ab sieben Unterpunkten können Sie über eine neue Zwischenüberschrift nachdenken. Die Aufzählung sollte grammatikalisch einheitlich sein. Dadurch erhalten die Punkte eine starke Rhythmik und sind leicht lesbar. Das heißt, alle Aufzählungspunkte beginnen mit der gleichen Wortgruppe, entweder mit Artikel, Verb, Adjektiv oder Substantiv. Das Verb ist die aktivste Wortgruppe und fordert auf.

Sie können auch eine Aufzählungsliste nur mit Verben und die nächste Aufzählung, eine Seite später, mit Substantiven starten. Haben Sie viele Aufzählungen in Ihrem Text ist die Mischung abwechslungsreich. Aufzählung bedeutet kurze Sätze oder Halbsätze, aber immer einheitlich, nie vermischt. Im besten Fall einzeilig." (Heiser, 2022, S. 169)

ChatGPT, schreibe eine Aufzählungsliste für die Vorteile eines E-Bikes:

1. „**Umweltfreundlichkeit**: E-Bikes produzieren keine Abgase und reduzieren somit die Luftverschmutzung. Sie sind eine umweltfreundliche Alternative zu Autos und Motorrädern.

2. **Unterstützung beim Pedalieren**: Der Elektromotor bietet Unterstützung, besonders bei Steigungen oder Gegenwind, was das Fahren erleichtert.

3. **Größere Strecken**: Mit einem E-Bike können auch weniger trainierte Personen längere Strecken zurücklegen, ohne allzu müde zu werden.

4. **Kosteneffizient**: Der Betrieb eines E-Bikes ist oft günstiger als das Tanken eines Autos. Hinzu kommen geringere Wartungs- und Reparaturkosten.

5. **Geringer physischer Anspruch**: Für Menschen mit körperlichen Einschränkungen oder ältere Personen kann das E-Bike eine gute Möglichkeit bieten, mobil zu bleiben.

6. **Weniger Stau und Parkprobleme**: E-Bikes können oft Staus umgehen und brauchen weniger Parkplatz.

7. **Training mit flexibler Intensität**: Fahrer können selbst entscheiden, wie viel Unterstützung sie vom Motor möchten und so ihr Training anpassen.

8. **Schnellere Pendelzeiten**: In städtischen Gebieten können E-Bikes oft schneller sein als Autos, besonders zu Stoßzeiten.

9. **Förderung des Freiluftlebens**: E-Bikes motivieren dazu, mehr Zeit draußen zu verbringen und die Umgebung zu erkunden.

10. **Geringere CO_2-Bilanz**: Durch den Verzicht auf fossile Brennstoffe haben E-Bikes eine deutlich niedrigere CO_2-Bilanz im Vergleich zu konventionellen Fahrzeugen.

11. **Weniger Lärmbelästigung**: Im Vergleich zu herkömmlichen Motorrädern und Autos sind E-Bikes sehr leise.

12. **Einsparung bei Transportkosten**: Die Anschaffung und der Betrieb eines E-Bikes können langfristig günstiger sein als die Kosten für öffentliche Verkehrsmittel oder das eigene Auto.

13. **Flexibilität**: Die Kombination aus Muskel- und Elektrokraft ermöglicht es, unterschiedliche Terrains und Streckenbedingungen effektiv zu bewältigen."

ChatGPT, Prompt: Schreibe eine Aufzählungsliste für die Vorteile eines E-Bikes, zugegriffen 22. August 2023.

ChatGPT, bitte kürze den Text der einzelnen Aufzählungspunkte:

„Natürlich, hier ist eine kürzere Version der Vorteile von E-Bikes:

1. Umweltfreundlich: Keine Abgase, reduziert Luftverschmutzung.
2. Unterstützung: Erleichtert das Fahren bei Steigungen oder Gegenwind.
3. Größere Strecken: Ermöglicht längere Fahrten mit weniger Anstrengung.
4. Kosteneffizient: Geringere Betriebs- und Wartungskosten als Autos.
5. Geringer physischer Anspruch: Ideal für ältere Personen oder solche mit körperlichen Einschränkungen.
6. Weniger Stau/Parkprobleme: Umgeht Verkehr und spart Parkplatzsuche.
7. Flexibles Training: Intensität durch Motorunterstützung anpassbar.
8. Schnellere Pendelzeiten: Oft schneller in Städten als Autos.
9. Förderung des Freiluftlebens: Motiviert zu mehr Zeit im Freien.
10. Geringere CO2-Bilanz: Niedrigerer CO2-Ausstoß als herkömmliche Fahrzeuge.
11. Leise: Weniger Lärmbelästigung im Vergleich zu Motorfahrzeugen.
12. Kostensparend: Geringere Transportkosten als öffentlicher Verkehr oder Auto.
13. Flexibilität: Geeignet für unterschiedliche Terrains und Bedingungen.

ChatGPT, Prompt: Bitte kürze den Text der einzelnen Aufzählungspunkte, zugegriffen 22. August 2023.

Die Pro und Contra-Argumente

ChatGPT: Schreibe eine Liste mit Vor- und Nachteilen der Kraft-Wärme-Kopplung:

„Kraft-Wärme-Kopplung (KWK) ist ein energieeffizientes Verfahren, bei dem gleichzeitig Strom und Wärme in einer Anlage erzeugt werden. Hier sind einige Vor- und Nachteile der Kraft-Wärme-Kopplung:

Vorteile der Kraft-Wärme-Kopplung:
1. **Höhere Effizienz**: Im Vergleich zur getrennten Erzeugung von Strom und Wärme können KWK-Anlagen einen deutlich höheren Gesamtwirkungsgrad erreichen, oft über 80%.
2. **Emissionsreduktion**: Durch die höhere Effizienz können KWK-Anlagen helfen, den Ausstoß von Treibhausgasen und anderen Schadstoffen zu reduzieren.

3. **Energieeinsparung**: Weniger Brennstoff wird benötigt, um dieselbe Menge an Energie im Vergleich zu getrennten Strom- und Heizsystemen zu erzeugen.
4. **Flexibilität**: KWK-Anlagen können mit einer Vielzahl von Brennstoffen betrieben werden, einschließlich erneuerbarer Energien wie Biomasse oder Biogas.
5. **Netzstabilität**: Durch die dezentrale Erzeugung kann die KWK dazu beitragen, das Stromnetz zu stabilisieren und Ausfälle zu minimieren.
6. **Wirtschaftlichkeit**: Langfristig können KWK-Anlagen zu Kosteneinsparungen führen, insbesondere wenn die erzeugte Wärme vollständig genutzt wird.
7. **Lokale Wertschöpfung**: KWK kann die Abhängigkeit von zentralisierten Energieerzeugungsstrukturen verringern und zu lokalen Arbeitsplätzen und Investitionen beitragen.

Nachteile der Kraft-Wärme-Kopplung:

1. **Hohe Anfangsinvestitionen**: Der Aufbau und die Installation von KWK-Anlagen können teuer sein, insbesondere für kleinere Projekte.
2. **Komplexität**: Die Planung, Installation und der Betrieb einer KWK-Anlage sind komplexer als getrennte Systeme.
3. **Bedarfsgerechte Erzeugung**: KWK ist am effizientesten, wenn sowohl der Strom- als auch der Wärmebedarf gleichzeitig bestehen. In Zeiten, in denen nur einer der beiden benötigt wird, kann die Effizienz sinken.
4. **Platzbedarf**: KWK-Anlagen benötigen oft mehr Platz als herkömmliche Heizsysteme, was in städtischen Gebieten problematisch sein kann.
5. **Wartung**: Die kombinierte Erzeugung von Strom und Wärme kann zu höheren Wartungsanforderungen und -kosten führen.
6. **Alterung und Technologie**: Ältere KWK-Anlagen können weniger effizient sein und höhere Emissionen aufweisen als neuere Technologien.
7. **Abhängigkeit von Brennstoffpreisen**: Trotz ihrer Brennstoffflexibilität können steigende Brennstoffpreise die Wirtschaftlichkeit von KWK-Anlagen beeinträchtigen, insbesondere wenn sie mit fossilen Brennstoffen betrieben werden.

Die Bewertung, ob eine KWK-Anlage sinnvoll ist, hängt oft von den spezifischen Gegebenheiten ab, einschließlich der lokalen Energiepreise, der Verfügbarkeit von Brennstoffen, des Bedarfsprofils und anderer Faktoren."

ChatGPT, Prompt: Schreibe eine Liste mit Vor- und Nachteilen der Kraft-Wärme-Kopplung. Zugegriffen 16. August 2023.

Die Zusammenfassung

Du kannst deine Texte zusammenfassen lassen, laut ChatGPT kannst du bis zu 4096 Zeichen eingeben oder du lässt Themen, die du zuvor mit ChatGPT bearbeitet hast, kürzen.

ChatGPT, schreibe eine Zusammenfassung für die Vor- und Nachteile der Kraft-Wärme-Kopplung von 500 Zeichen:

„Kraft-Wärme-Kopplung (KWK) ist eine effiziente Technologie, die gleichzeitig Strom und Wärme produziert. Vorteile: 1. Effizienz: KWK nutzt Energie besser aus und verringert den Primärenergieverbrauch. 2. Emissionen: Sie reduziert Treibhausgas- und Luftschadstoffemissionen. 3. Unabhängigkeit: KWK-Anlagen können dezentral betrieben werden, was die Abhängigkeit von großen Stromnetzen verringert. 4. Wirtschaftlichkeit: Langfristig können Energiekosten gespart werden. Nachteile: 1. Anfangsinvestition: Hohe Kosten bei Anschaffung und Installation. 2. Wartung: Regelmäßige Pflege und Expertise sind erforderlich. 3. Raumbedarf: Sie benötigen oft mehr Platz als konventionelle Systeme. 4. Eingeschränkte Flexibilität: Nicht alle KWK-Systeme können leicht an schwankende Energiebedarfe angepasst werden. Trotz der Herausforderungen sind die Vorteile der KWK in vielen Fällen überzeugend."

ChatGPT, Prompt: Schreibe eine Zusammenfassung für die Vor- und Nachteile der Kraft-Wärme-Kopplung von 500 Zeichen, zugegriffen 22. August 2023.

Die Quellen

ChatGPT, lass dir Quellenangaben nennen und überprüfe sie. Kannst du mir Quellen zur Kraft-Wärme-Kopplung nennen?

„Ich kann Ihnen leider keine direkten Links zu aktuellen Online-Quellen liefern, da mein Training nur Daten bis zum Jahr 2021 enthält und ich keinen aktuellen Browserzugriff habe. Jedoch kann ich Ihnen allgemeine Quellen und Organisationen empfehlen, bei denen Sie zuverlässige Informationen zur Kraft-Wärme-Kopplung finden:

1. **Bundesverband Kraft-Wärme-Kopplung e.V. (BKWK)** – Ein Verband in Deutschland, der sich mit der Förderung der KWK-Technologie befasst.

2. **Umweltbundesamt (UBA)** – Die deutsche Umweltschutzbehörde veröffentlicht regelmäßig Berichte und Studien zu verschiedenen Energiethemen, einschließlich KWK.

3. **International District Energy Association (IDEA)** – Eine internationale Organisation, die sich mit dezentraler Energieerzeugung, einschließlich KWK, beschäftigt.

4. **Fachbücher und wissenschaftliche Artikel** – Es gibt zahlreiche Bücher und wissenschaftliche Veröffentlichungen zum Thema KWK. Ein Bibliotheksbesuch oder eine Suche in wissenschaftlichen Datenbanken kann hier hilfreich sein.

5. **Websites von KWK-Anlagenherstellern** – Diese bieten oft technische Details und Case Studies, die die Vor- und Nachteile ihrer spezifischen Produkte hervorheben.

Für spezifische, aktuelle und zitierte Quellen sollten Sie eine Online-Suche durchführen oder Fachliteratur konsultieren."

ChatGPT, Prompt: Kannst du mir Quellen zur Kraft-Wärme-Kopplung nennen? Zugegriffen 22. August 2023.

Die FAQs

ChatGPT, schreibe FAQs, nur Fragen, für die Internetseite eines Caravan Herstellers:

„1. Welche Caravan-Modelle bietet Ihr Unternehmen an?

2. Welche Größen und Grundrisse sind für jeden Caravan verfügbar?

3. Welche Ausstattungsvarianten können für die Caravans ausgewählt werden?

4. Sind Individualisierungen oder Sonderanfertigungen möglich?

5. Welche Garantie bieten Sie auf Ihre Caravans?

6. Welche Sicherheitsmerkmale sind in Ihren Caravans standardmäßig enthalten?

7. Wie sind Ihre Caravans in Bezug auf Energieeffizienz und Umweltfreundlichkeit konzipiert?

8. Bieten Sie auch gebrauchte oder generalüberholte Caravans an?

9. Wie oft sollte ein Caravan gewartet werden und bieten Sie diesen Service an?

10. Welche Finanzierungs- oder Leasingoptionen bieten Sie an?

11. Wie lange beträgt die Lieferzeit nach Bestellung eines Caravans?

12. Haben Ihre Caravans besondere Merkmale oder Technologien, die sie von anderen unterscheiden?

13. Welche Gewichtsklassen und Zuladungsoptionen gibt es für Ihre Caravans?

14. Bieten Sie Schulungen oder Einführungen für Erstkäufer von Caravans an?

15. Gibt es eine Liste von empfohlenem Zubehör oder Zusatzausstattungen für Ihre Caravans?

16. Wie verhalten sich Ihre Caravans in extremen Wetterbedingungen?

17. Gibt es Mietoptionen für Interessenten, die einen Caravan vor dem Kauf ausprobieren möchten?

18. Welche Versicherungsempfehlungen haben Sie für Caravan-Besitzer?

19. Wie kann man einen Besichtigungstermin in Ihrem Showroom oder Werk vereinbaren?

20. Wo finde ich autorisierte Händler oder Servicezentren für Ihre Caravans in meiner Nähe?"

ChatGPT, Prompt: Schreibe FAQs, nur Fragen, für die Internetseite eines Caravan Herstellers, zugegriffen 20. September 2023.

Das Fazit

ChatGPT, schreibe dafür eine kurze Zusammenfassung in 500 Zeichen.

„Caravan Hersteller FAQ: Unsere Auswahl umfasst diverse Modelle mit vielfältigen Grundrissen und Ausstattungsvarianten. Individualisierungen sind möglich. Alle Caravans erfüllen höchste Sicherheits- und Umweltstandards. Neben Neuware bieten wir auch gebrauchte Modelle an. Unsere Garantie, Finanzierungsoptionen und empfohlenes Zubehör runden unser Angebot ab. Eine Wartungsempfehlung sichert die Langlebigkeit Ihres Caravans. Interessenten können unsere Showrooms besuchen oder einen Miet-Caravan testen. Finden Sie Händler und Servicezentren in Ihrer Nähe auf unserer Webseite."

Der Fragebogen zur Marktforschung oder Zufriedenheitsmessung

ChatGPT, schreibe einen Fragebogen zur Marktforschung und Zufriedenheitsmessung für einen E-Automobil und Kleinwagen:

„Fragebogen zur Marktforschung und Zufriedenheitsmessung für E-Automobile und Kleinwagen

Demografische Daten:

1. Geschlecht:

[ ] Männlich
[ ] Weiblich
[ ] Divers
[ ] Lieber nicht sagen

2. Altersgruppe:

[ ] Unter 25
[ ] 25–34
[ ] 35–44
[ ] 45–54
[ ] 55 und älter

3. Wohnort (Stadt, Land):

Allgemeine Fahrzeugnutzung:

4. Welches Fahrzeugmodell besitzen Sie?

5. Wie lange besitzen Sie bereits Ihr aktuelles Fahrzeug?

6. Wie oft nutzen Sie Ihr Fahrzeug?

[ ] Täglich
[ ] Mehrmals die Woche
[ ] Wöchentlich
[ ] Seltener

Zufriedenheit und Funktionen:

7. Wie zufrieden sind Sie mit der Reichweite Ihres E-Automobils/Kleinwagens?

[ ] Sehr zufrieden
[ ] Zufrieden
[ ] Neutral
[ ] Unzufrieden
[ ] Sehr unzufrieden

8. Wie bewerten Sie die Ladeinfrastruktur in Ihrer Region?

[ ] Sehr gut
[ ] Gut
[ ] Neutral
[ ] Schlecht
[ ] Sehr schlecht

9. Wie zufrieden sind Sie mit dem Fahrkomfort Ihres Fahrzeugs?

[ ] Sehr zufrieden
[ ] Zufrieden
[ ] Neutral
[ ] Unzufrieden
[ ] Sehr unzufrieden

10. Welche Funktionen oder Merkmale wünschen Sie sich für zukünftige Modelle?

Kaufentscheidung und Markenloyalität:

11. Warum haben Sie sich für ein E-Automobil/Kleinwagen entschieden?

12. Würden Sie wieder ein Fahrzeug der gleichen Marke kaufen?

[ ] Ja
[ ] Vielleicht
[ ] Nein

Abschlussteil:

13. Welche Aspekte könnten Ihrer Meinung nach verbessert werden?

14. Haben Sie sonstige Anmerkungen oder Feedback?

Vielen Dank für Ihre Teilnahme! Ihre Meinung ist uns wichtig und hilft uns, unsere Produkte stetig zu verbessern."

ChatGPT, Prompt: Schreibe einen Fragebogen zur Marktforschung und Zufriedenheitsmessung für einen E-Automobil und Kleinwagen, zugegriffen 20. September 2023.

ChatGPT gibt umfassende und gut strukturierte Antworten. Sie entsprechen den klassischen Textstrukturen und erscheinen ausnahmslos plausibel, aber Vorsicht, prüfe den Inhalt auf Richtigkeit und Wahrhaftigkeit.

Weiter mit Science-Fiction-Filmen, die offenbar alle Gefahren der KI bereits vorhergesehen haben.

ChatGPT, schreibe eine kurze Zusammenfassung des Films Matrix.

„Matrix ist ein Science-Fiction-Film aus dem Jahr 1999, inszeniert von den Wachowski-Geschwistern. Hier eine kurze Zusammenfassung:

In der Geschichte lebt Thomas Anderson, ein Computerprogrammierer, ein Doppelleben als Hacker namens Neo. Er sucht nach Antworten auf die Frage, was die ‚Matrix‘ ist. Bald wird er von Morpheus kontaktiert, einem legendären Computer-Hacker, der ihm zeigt, dass die Realität, wie Neo sie kennt, tatsächlich eine künstlich erschaffene Welt ist. Diese Welt, die Matrix, wurde von Maschinen erstellt, um die menschliche Bevölkerung gefangen zu halten und ihre Körper als Energiequelle zu nutzen.

Morpheus glaubt, dass Neo der ‚Auserwählte‘ ist, der vorhergesagt wurde, um die Menschheit aus der Versklavung durch die Maschinen zu befreien. Neo schließt sich Morpheus und seiner Gruppe von Rebellen an, die außerhalb der Matrix leben. Gemeinsam bekämpfen sie die Agenten, Programme innerhalb der Matrix, die die Ordnung aufrecht erhalten und jeden bedrohen, der versucht, das System zu stören.

Der Film kombiniert philosophische Ideen mit beeindruckenden Action-Szenen und Spezialeffekten. Er stellt Fragen über Realität, Freiheit und das menschliche Schicksal und wurde sowohl für seine tiefe Botschaft als auch für seine bahnbrechenden visuellen Effekte gelobt."

ChatGPT, Prompt: Schreibe eine kurze Zusammenfassung des Films Matrix, zugegriffen 21. September 2023.

ChatGPT, schreibe den Dialog zwischen Neo und Morpheus, in dem Morpheus Neo zwei Pillen anbietet.

„Hier ist der berühmte Dialog zwischen Neo und Morpheus aus dem Film ‚Matrix‘:

Morpheus: ‚Du fühlst, dass irgendetwas nicht stimmt. Du weißt nicht, was es ist, aber es ist da, wie ein Splitter in deinem Kopf, der dir den Verstand raubt. Es ist dieser Gedanke, der dich hierher gebracht hat. Weißt du, wovon ich spreche?‘

Neo: ‚Die Matrix?‘

Morpheus: ‚Möchtest du wissen, was genau die Matrix ist? Die Matrix ist überall. Hier um uns herum. Du kannst sie sehen, wenn du aus dem Fenster schaust oder den Fernseher einschaltest. Du fühlst sie, wenn du zur Arbeit gehst, wenn du in die Kirche gehst, wenn du deine Steuern zahlst. Es ist eine künstlich geschaffene Welt, die dir vorgegaukelt wird, um dich von der Wahrheit abzulenken.‘

Neo: ‚Welche Wahrheit?‘

Morpheus: ‚Dass du ein Sklave bist, Neo. Wie alle anderen, wurdest du in Gefangenschaft geboren. In einem Gefängnis, das du weder anfassen noch riechen kannst. Ein Gefängnis für deinen Geist. Unglücklicherweise kann man nicht einfach beschrieben werden, was die Matrix ist. Man muss sie selbst erlebt haben.‘

Dann zeigt Morpheus Neo zwei Pillen: eine rote und eine blaue.

Morpheus: ‚Das ist deine letzte Chance. Danach gibt es kein Zurück. Nimm die blaue Pille – die Geschichte endet, du wachst in deinem Bett auf und glaubst an, was du glauben willst. Nimm die rote Pille – du bleibst im Wunderland, und ich führe dich in die tiefsten Tiefen des Kaninchenbaus.‘

Neo zögert einen Moment, bevor er sich entscheidet, die rote Pille zu nehmen.

Bitte beachten Sie, dass dies eine Nachstellung des Dialogs ist und nicht die genaue Wortwahl des Films wiedergibt. Es handelt sich hierbei um eine Interpretation basierend auf dem Gedächtnis und den Informationen, die mir zur Verfügung stehen."

ChatGPT, Prompt: Schreibe den Dialog zwischen Neo und Morpheus, in dem Morpheus Neo zwei Pillen anbietet, zugegriffen 21. September 2023.

ChatGPT, was passiert, wenn die Menschen erkennen, dass deine Sprache alle gleichmacht?

„Die Frage, was geschieht, wenn Menschen feststellen, dass eine KI wie ChatGPT eine konsistente und gleichförmige Sprache verwendet, ist vielschichtig und kann aus unterschiedlichen Perspektiven betrachtet werden:

1. Kommunikative Vorteile: Einheitliche Antworten und Informationen können klar und ohne Missverständnisse kommuniziert werden. Dies kann in Bereichen wie Bildung und Informationsvermittlung nützlich sein.

2. Verlust von Individualität und Kreativität: Während Konsistenz Vorteile hat, besteht auch die Gefahr, dass Individualität und kreative Aspekte der menschlichen Kommunikation verloren gehen. Ein übermäßiges Vertrauen auf KI-geführte Kommunikation könnte zu einer Homogenisierung der Sprache und des kreativen Ausdrucks führen.

3. Erkennung von Bias und Vorurteilen: Wenn Menschen feststellen, dass eine KI in einer bestimmten Weise antwortet oder eine bestimmte Perspektive favorisiert, könnten sie sich Sorgen über eingebaute Vorurteile oder Bias in der KI machen. Es ist entscheidend, dass KI-Modelle transparent und verantwortungsbewusst entwickelt und eingesetzt werden.

4. Abhängigkeit von KI: Ein übermäßiges Verlassen auf die Konsistenz einer KI könnte dazu führen, dass Menschen weniger kritisch denken oder sich zu sehr auf Technologie verlassen, um Probleme zu lösen.

5. Lern- und Anpassungsfähigkeit: Menschen könnten erkennen, wie sie ihre Fragen formulieren oder ihre Kommunikation anpassen müssen, um die gewünschten Antworten oder Ergebnisse von der KI zu erhalten.

6. Betrachtung der KI als Werkzeug: Letztlich könnten viele Menschen zu dem Schluss kommen, dass KI, trotz ihrer Konsistenz, ein Werkzeug ist, das neben der menschlichen Intuition, Kreativität und Individualität existiert.

Insgesamt wird die Reaktion der Menschen auf eine einheitliche Sprache von KI von ihrer Perspektive, ihren Erfahrungen und ihrem Verständnis der Technologie abhängen. Es ist wichtig, die Balance zwischen der Nutzung von KI und dem Bewahren menschlicher Individualität und Kreativität zu finden."

ChatGPT, Prompt: Was passiert, wenn die Menschen erkennen, dass deine Sprache alle gleichmacht, zugegriffen 21. September 2023.

Ja, die Balance zwischen der Nutzung von KI und dem Bewahren menschlicher Individualität und Kreativität ist Deine Aufgabe als Autor, der

Chatbots nutzt. Bevor wir im *Kap. 10. Der kreative Prompt* die kreativen Möglichkeiten der Chatbots untersuchen, zuerst eine Abrechnung mit dem Schreibstil, den wir bis jetzt gelesen haben.

9

Stilistische Qualität der Texte

Zusammenfassung Bisher haben wir die Eignung der Chatbots für Textsorten und -strukturen überprüft. Stilkundliche Merkmale wurden kom-
mentiert, aber nicht ausgeführt. Jetzt werden sie zur Hauptsache der
Untersuchung. In diesem Kapitel gehen wir der stilistischen Text-Qualität
von GPT-Programmen nach. Sie ist entscheidend für die Wirkung des Textes. Worthülsen und Phrasen verwässern den Inhalt. Der Nominalstil ist
schwerfällig. Zusammengesetzte Substantive führen zu einer Abstraktion
ohne Klarheit. Die Verwendung passiver Formulierungen anstelle einer ak-
tiven Sprache beeinträchtigen die Dynamik und Überzeugungskraft des Textes. Nur die stilistische Überarbeitung führt zu einm gutem Text. Und am
Ende des Kapitels gibt es eine Bullshit-Bingo-Award Show mit Robbie Williams als Stargast und Moderator.

Wir starten bei der stilistischen Text-Analyse mit einem Test der bereits
erwähnten aber nicht ausgeführten Stellenausschreibungen und Bewerbungsschreiben. Zum Start ein Zitat über die Fähigkeiten der Chatbots bei
Bewerbungsschreiben.

Im Xing Newsletter am 24. Mai 2023 schrieb Silke Koppitz: „ChatGPT:
Dein persönlicher Bewerbungs-Assistent Vorhang auf für Deinen persönlichen Assistenten! Nutze ChatGPT zum Beispiel, um die relevan-
testen Erfahrungen, Charaktereigenschaften und Kompetenzen (= die
Keywords) einer Stellenausschreibung herauszuarbeiten. Mithilfe dieser Keywords kannst Du Deinen individuellen CV erstellen und auch diesen noch
einmal durch die KI prüfen und optimieren lassen. Hot Tip: ChatGPT

schreibt übrigens auch richtig gute Bewerbungsschreiben." (Koppitz, 24. Mai 2023)

Ob das stimmt werden wir prüfen. Vor dem Bewerbungsschreiben kommt allerdings die Stellenausschreibung. Wir befinden uns in der Personal-Abteilung eines Unternehmens und suchen Mitarbeitende.

Die Stellenausschreibung

ChatGPT, schreibe eine Stellenausschreibung für IT-Produktmanager Entwicklungssteuerung Steuergerätemanagement (w/m/d):

„Wir suchen eine/n engagierte/n IT-Produktmanager/in, die/der unser Team in der Entwicklungssteuerung im Bereich Steuergerätemanagement unterstützt. Als Produktmanager/in werden Sie für die Planung, Koordination und Durchführung von Softwareentwicklungsprojekten verantwortlich sein, um sicherzustellen, dass unsere Produkte den höchsten Qualitätsstandards entsprechen.

Aufgaben und Verantwortlichkeiten:
Übernahme der Steuerung und Koordination des gesamten Softwareentwicklungsprozesses im Bereich Steuergerätemanagement.
Planung und Priorisierung der Produktentwicklung basierend auf den Anforderungen der Kunden und des Marktes.
Definition von Meilensteinen, Erstellung von Projektplänen und Sicherstellung der Einhaltung von Zeitplänen und Budgets.
Zusammenarbeit mit verschiedenen Teams, einschließlich Entwicklung, Qualitätssicherung und Support, um eine reibungslose und effiziente Durchführung der Projekte zu gewährleisten.
Kontinuierliche Überwachung der Produktleistung und Identifizierung von Verbesserungsmöglichkeiten.
Enge Zusammenarbeit mit den Stakeholdern, um Anforderungen zu verstehen und innovative Lösungen zu entwickeln.
Aktive Beteiligung an der Produktstrategie und -entwicklung, um die Wettbewerbsfähigkeit unserer Produkte sicherzustellen.

Anforderungen:
Abgeschlossenes Studium der Informatik, Wirtschaftsinformatik oder eine vergleichbare Ausbildung
Nachgewiesene Erfahrung als Produktmanager/in im Bereich Softwareentwicklung oder IT-Projektmanagement.

Fundiertes technisches Verständnis und Kenntnisse in der Softwareentwicklung

Ausgezeichnete analytische Fähigkeiten und die Fähigkeit, komplexe Probleme zu lösen

Erfahrung in der agilen Produktentwicklung und mit agilen Methoden wie Scrum oder Kanban

Starke Kommunikations- und Präsentationsfähigkeiten, um effektiv mit verschiedenen Teams und Stakeholdern zusammenzuarbeiten.

Ergebnisorientierte Arbeitsweise und Fähigkeit, in einem dynamischen Umfeld zu arbeiten

Sehr gute Deutsch- und Englischkenntnisse in Wort und Schrift.

Wir bieten Ihnen eine herausfordernde Position in einem innovativen Unternehmen, das sich auf dem internationalen Markt etabliert hat. Sie arbeiten in einem motivierten Team und haben die Möglichkeit, aktiv an der Produktentwicklung und -verbesserung mitzuwirken. Darüber hinaus bieten wir Ihnen attraktive Vergütungs- und Weiterbildungsmöglichkeiten.

Wenn Sie Ihre Leidenschaft für IT-Produktmanagement mitbringen und bereit sind, in einem dynamischen Umfeld zu arbeiten, dann senden Sie bitte Ihre vollständigen Bewerbungsunterlagen, einschließlich Lebenslauf und Zeugnissen, an die unten angegebene Kontaktperson."

ChatGPT, Prompt: Schreibe eine Stellenausschreibung für IT-Produktmanager Entwicklungssteuerung Steuergerätemanagement (w/m/d), zugegriffen 10. Juli 2023.

Für einen nicht spezialisierten Leser hört sich das erst einmal umfassend an. Alle Keywords, Phrasen und Allgemeinheiten kommen darin vor. In meinem Buch *Wirkstoff Werbetext*, 2. Auflage, habe ich ausführlich die stilistischen Merkmale von Buzzword-Texten beschrieben und werde hier vier Kriterien herausgreifen, die für den mangelhaften Sprachstil verantwortlich sind. Alle finden sich in dem ChatGPT-Text wieder. Es sind Worthülsen, Nominalstil, zusammengesetzte Substantive und zusammengesetzte Adjektive. Diese Merkmale sollten dich stutzig machen.

Worthülsen und Phrasen

„Floskeln, Worthülsen, bedeutungsleere Fremdwörter, abgedroschene Phrasen und zusammengesetzte Worte sind die stilistischen Hauptschuldigen, die Texte nicht besser, sondern schlechter machen. Sie haben Kraft und Saft verloren, sind ausgelutscht, abgenutzt, austauschbar und deshalb schlecht gestaltete Werbung. Benutzt man sie weiter, führen sie zu Allgemeinheiten, Setzungen und Nonsens." (Heiser, 2022, S. 10)

Hier eine Auswahl der Worthülsen und Phrasen im ChatGPT-Text der Stellenausschreibung:

höchsten Qualitätsstandards
dynamischen Umfeld
innovative Lösungen
ergebnisorientierte Arbeitsweise
herausfordernde Position
motivierten Team
attraktive Vergütungs- und Weiterbildungsmöglichkeiten.

Nominalstil und Hauptwortschlacht

„Ein Problem der Hauptwörter ist die Umwandlung vom Verb zum Substantiv, die Substantivierung oder der Nominalstil. „Schaffung eines EDV-gestützten Systems für eine anforderungsgerechte Übermittlung und Verarbeitung des warenbezogenen Informationsflusses. Mit dem Abbau der Lagerhaltung im Zuge der logistischen Optimierung wachsen Risiken und Störanfälligkeit der Produktionsprozesse." Wer aus „schaffen" „Schaffung" macht, aus „übermitteln" „Übermittlung", aus „verarbeiten" „Verarbeitung" und aus „abbauen" „Abbau", lässt zu, dass Organisationen nicht mehr handeln. Das Unternehmen handelt nicht mehr und erstarrt. Was hat sich der Autor dabei gedacht? Er will sich wichtiger anhören und merkt gar nicht, dass er unlesbar wird. Erkennen Sie das Verb im Substantiv und handeln Sie wieder. Der Text wird automatisch erzählerischer." (Heiser, 2022, S. 24f.)

Hier eine Auswahl der ChatGPT-Stellenausschreibung:

Durchführung statt durchführen
Planung statt planen
Priorisierung statt priorisieren
Anforderungen statt anfordern
Übernahme statt übernehmen
Steuerung statt steuern
Übermittlung statt übermitteln
Verarbeitung statt verarbeiten
Koordination statt koordinieren

Sicherstellung statt sicherstellen
Einhaltung statt einhalten
Entwicklung statt entwickeln
Qualitätssicherung statt Qualität sichern
Identifizierung statt identifizieren
Verbesserung statt verbessern
Zusammenarbeit statt zusammenarbeiten
Anforderungen statt anfordern/fordern
Lösungen statt lösen
Fähigkeit statt fähig sein

Zusammengesetzte Substantive

„Ein Problem vieler Business-to-Business-Texte sind zusammengesetzte Substantive wie ‚Fachkompetenz‘, ‚Qualitätsspannung‘, ‚Sicherheitsabhängigkeit‘, ‚Optimierungspotenzial‘, ‚Befindlichkeitsqualität‘ oder ‚Relevanzsteigerung‘. Sie halten sich im Abstrakten auf, verlieren ihr Bild und sind häufig Teil von Phrasen und Floskeln." (Heiser, 2022. S. 24)

Hier eine Auswahl aus dem ChatGPT-Text:

Softwareentwicklungsprozesses
Präsentationsfähigkeiten
Softwareentwicklungsprojekten
Wettbewerbsfähigkeit.

Zusammengesetzte Adjektive

„Streichen Sie ebenfalls zusammengesetzte Adjektive. Musikperspektivisch, aktienaffin, risikoavers, kompetenzorientiert, potenzialorientiert, patentorientiert, herstellerneutral, verordnungsfähig, einstrahlungsdynamisch. Sie sind inhaltsleer und gestelzt. Nehmen Sie sich einen Satz mehr Zeit und erklären sie deren Inhalt, dann würde der Satz werben." (Heiser, 2022, S. 26)

Hier eine Auswahl aus dem ChatGPT-Text:

Ergebnisorientierte
Anforderungsgerechte
warenbezogenen

All diese Kriterien in ihrer Gesamtheit ergeben einen schlechten Stil. Ich habe nichts gegen ein zusammengesetztes Substantiv oder Adjektiv, aber in dieser Häufung erhält der Text einen unlesbaren Charakter und ist nichts als Buzzword-Bingo.

Zum Vergleich eine außergewöhnliche Stellenausschreibung von Paymenttools:

„Projektvielfalt, Menschlichkeit und Gewissenhaftigkeit sind für Dich kein Widerspruch? Dann suchen wir Dich ab sofort als Referenten (m/w/d) der Geschäftsführung. Wenn das was für Dich ist, dann hat Deine Jobsuche jetzt ein Ende. Mit uns beginnt das beste Kapitel Deines Arbeitslebens.

Moderne Zahlungsmethoden sind etwas ganz Wunderbares. Apple Pay, PayPal, Kreditkarte – die Liste an Zahlungsmöglichkeiten ist lang. Aber leider führt das bei Konsument:innen und im Handel zu Schmerz. Du kennst das.

Wir, *Paymenttools*, sind ein Start-up der REWE Group und möchten den Zahlungsverkehr in Europa aufräumen. Und später im ganzen Sonnensystem. Anders ausgedrückt: #wesolvepayn.

Halte unserer Geschäftsführung den Rücken frei und sei damit bei allen Themen mitten drin statt nur dabei, z.B. Projekte, Strategie, Kunden, Partner, Produkte und Events. Wir suchen einen "Monk mit Herz", einen Menschen mit der Haltung "das habe ich noch nie gemacht, ich glaube ich kann das" und mit dem Drang alles "ein klein wenig besser zu hinterlassen als vorgefunden". Wenn Du Abwechslung liebst, organisatorisch und prozessual fest im Sattel sitzt, auf das gesprochene und geschrieben Wort Wert legst, mit digitalen Tools zaubern kannst, im Kopf ein Analytiker und im Herzen ein Samariter bist, dann bist Du bei uns genau richtig.

Deine Aufgaben

Du entlastest im Alltag: Unterstütze unsere Geschäftsführung und Bereichsleitung bei allem was im Tagesgeschäft anfällt — strategisch wie organisatorisch, als Sparringspartner, Projektleiter und Vertrauensperson.
Du erschließt Wissen: Du analysierst eigenständig Artikel und Studien und schreibst kurze und aussagekräftige Summaries.

Du bringst die Botschaft rüber: Paymenttools ist zu 97 % eine Slide-freie Zone. Für die 3 % der Fälle, in denen wir Slides brauchen (z. B. Board Meetings) entwickelst Du die richtige Storyline und bildest die passende Informationsarchitektur klar, kurz und nachvollziehbar ab.

Wir sind uns gemeinsam für nichts zu schade: Meetings koordinieren, vor- und nachbereiten? Entscheidungsvorlagen herleiten? Protokolle schreiben? Ordnung im digitalen Dokumenten-Dschungel halten? Gehört für uns dazu! Du denkst vor und treibst an: Sei kreativ, bringe Deine Ideen ein und setze sie um.

Deine Erfahrungen
Du bringst mehrere Jahre Berufserfahrung mit. Dickes Plus, falls Du Dich mit gängigen Strategy Frameworks auskennst und weißt worauf es beim Projekt Management ankommt. Du kommunizierst charmant, freundlich und souverän auf Deutsch und Englisch mit Geschäftsführungen, Bereichsleitungen, Teams, Mitarbeiter:innen, Kund:innen, Partner:innen und Behörden.

Als empathischer Teamplayer findest Du für jeden die richtigen Worte und nimmst andere mit auf Deinem Weg, das nächste Ziel gemeinsam zu erreichen. Du bist selbstständig, fühlst Dich für Deine Themen verantwortlich und hast den Mut frische Ideen auszuprobieren.

Du bist technikaffin und bei digitalen Tools up to date. Du punktest mit Durchhaltevermögen sowie Konfliktfähigkeit; rasante Veränderungen begreifst Du als Chance und nicht als Hindernis. Du hast die Einstellung eines Erfolgssuchers und keines Misserfolgsvermeiders. Etwas was du nicht kannst ist für Dich eine Chance zu lernen und zu wachsen und keine Gefahr zu scheitern. Du kennst das Buch "The Pyramid Principle: Logic in Writing and Thinking" von Barbara Minto und falls nicht, hast Du es Dir soeben besorgt, überflogen und Dich gefragt warum Du es nicht früher gelesen hast. Nice to have: Du kannst mit Python oder einem ähnlichen Schweizer Taschenmesser skripten." (LinkedIn, 10 November 2022)

Über einen solchen Text, der sich auf dem richtigen Weg zu lebendiger Sprache befindet, freuen sich nicht nur Texter, sondern auch Bewerber. Sie bekommen ein Gefühl für das Unternehmen und den Umgangston im Team. Das Unternehmen grenzt sich vom Einheitsbrei ab und profiliert sich neben allen konkurrierenden Stellenangeboten vorbildlich.

Wir folgen dem Bewerbungsprozess bis zum Ende und sehen uns nun die Bewerbungsschreiben von ChatGPT an.

Struktureller Aufbau eines Bewerbungsschreibens

Was hören Personalentwickler eines Unternehmens am liebsten? Für ein Bewerbungsschreiben lautet das Muster wie folgt:
Interesse bekunden
Erfahrung behaupten
Abschluss vorstellen
Bisherige Tätigkeit beschreiben
Erfolgreiche Projekte benennen
Konkrete Erfahrungen mit der Stelle
Stärken hervorheben
Ihr Unternehmen begeistert mich
Daran möchte ich teilhaben
Es wäre mir eine große Freude, … Teil Ihres Teams zu werden

Hier folgen nun vier Bewerbungsschreiben für zufällig ausgewählte Stellenangebote im Volkswagen Konzern. Liebe Leser, ab dem dritten Bewerbungsschreiben von ChatGPT wird es zäh. Darauf folgt noch ein Viertes. Es wird also noch langweiliger. Bitte bleibt dran. Es muss sein. Auf die Langeweile folgt Erkenntnis, und dann kommen zur Belohnung Witze um die Ecke.

ChatGPT, schreibe eine Bewerbung für Ingenieur Konstruktion (mechanisch) für Batteriesysteme im Volkswagen Konzern (m/w/d):

„Sehr geehrte Damen und Herren,
mit großem Interesse habe ich von der offenen Position als Ingenieur Konstruktion (mechanisch) für Batteriesysteme im Volkswagen Konzern erfahren. Als erfahrener Ingenieur mit fundiertem Wissen in der Konstruktion von Batteriesystemen und meiner Leidenschaft für innovative Technologien bin ich überzeugt, dass ich einen wertvollen Beitrag zu Ihrem Unternehmen leisten kann.

Ich habe einen Abschluss in Maschinenbau von der Technischen Universität [Name der Universität] erworben und verfüge über mehrere Jahre Berufserfahrung in der Konstruktion von Batteriesystemen. Während meiner bisherigen Tätigkeit bei [Name des aktuellen/ehemaligen Arbeitgebers] war ich maßgeblich an der Entwicklung und Optimierung von Batteriesystemen für Elektrofahrzeuge beteiligt. Dabei habe ich mein Fachwissen in den Bereichen mechanische Konstruktion, Materialauswahl und Prozessoptimierung eingesetzt, um innovative Lösungen zu entwickeln.

Meine Erfahrungen umfassen unter anderem die 3D-Modellierung und -Simulation von Batteriekomponenten, die Durchführung von Festigkeitsanalysen sowie die Optimierung der Batterieperformance und -effizienz. Ich besitze fundierte Kenntnisse in der Anwendung von CAD-Software wie SolidWorks und bin vertraut mit den gängigen technischen Standards und Normen im Bereich der Batterietechnologie. Zudem habe ich gute Kenntnisse in der Zusammenarbeit mit interdisziplinären Teams und der Koordination von Projekten.

Der Volkswagen Konzern ist weltweit führend in der Automobilindustrie und spielt eine entscheidende Rolle bei der Entwicklung nachhaltiger Mobilitätslösungen. Ich bin davon überzeugt, dass meine Fähigkeiten und mein Wissen im Bereich der Batteriekonstruktion einen wertvollen Beitrag zu den zukunftsweisenden Elektrofahrzeugprojekten des Unternehmens leisten können. Ich bin hochmotiviert, mich neuen Herausforderungen zu stellen und gemeinsam mit Ihrem Team innovative Batteriesysteme zu entwickeln.

Zu meinen Stärken zählen meine analytischen Fähigkeiten, meine Kreativität bei der Problemlösung und meine ausgeprägte Teamfähigkeit. Ich arbeite strukturiert, bin belastbar und kann auch unter Zeitdruck effektiv arbeiten. Darüber hinaus bin ich stets bestrebt, mich weiterzuentwickeln und auf dem neuesten Stand der Technik zu bleiben.

Es wäre mir eine große Freude, Teil Ihres Teams zu werden und meine Leidenschaft für Batteriesysteme im Rahmen Ihrer Projekte einzubringen. Gerne stehe ich Ihnen für ein persönliches Gespräch zur Verfügung, um weitere Einzelheiten zu besprechen.

Vielen Dank für Ihre Aufmerksamkeit.
Mit freundlichen Grüßen"

ChatGPT, Prompt: Schreibe eine Bewerbung für Ingenieur Konstruktion (mechanisch) für Batteriesysteme im Volkswagen Konzern (m/w/d), erstellt am 5. Juli 2023.

ChatGPT, schreibe eine Bewerbung für Sales Consultant Digital Rollout (m/w/d):

„Sehr geehrte Damen und Herren,

mit großem Interesse habe ich von der offenen Position als Sales Consultant Digital Rollout in Ihrem Unternehmen erfahren. Als engagierter Vertriebsprofi mit einer Leidenschaft für digitale Lösungen bin ich überzeugt, dass meine Fähigkeiten und Erfahrungen gut zu den Anforderungen dieser Rolle passen.

Ich verfüge über einen erfolgreichen Werdegang im Vertrieb und habe umfangreiche Erfahrungen im Bereich des digitalen Wandels gesammelt. Während meiner bisherigen Tätigkeit als Sales Manager bei [Name des Unternehmens] war ich maßgeblich an der Einführung und Vermarktung digitaler Lösungen für Unternehmen beteiligt. Ich konnte erfolgreich neue Kunden gewinnen und bestehende Kundenbeziehungen ausbauen, indem ich ihre individuellen Bedürfnisse erkannte und maßgeschneiderte Lösungen anbot.

Meine Erfahrungen umfassen die Beratung von Kunden in Bezug auf digitale Transformationsprozesse, die Identifizierung von Vertriebsmöglichkeiten im digitalen Bereich, die Erstellung von Vertriebsstrategien und die Durchführung von Verkaufsverhandlungen. Ich besitze ausgezeichnete Kommunikationsfähigkeiten und kann komplexe technische Konzepte verständlich präsentieren. Zudem bin ich in der Lage, Kundenbeziehungen aufzubauen und langfristige Partnerschaften zu pflegen.

Der digitale Wandel hat das Geschäftsumfeld grundlegend verändert, und es ist von entscheidender Bedeutung, dass Unternehmen mit den neuesten technologischen Entwicklungen Schritt halten. Ihr Unternehmen ist bekannt für seine Innovationskraft und die Bereitstellung von erstklassigen digitalen Lösungen für Kunden. Ich bin begeistert von der Möglichkeit, Teil Ihres Teams zu werden und dazu beizutragen, diese digitalen Lösungen an Unternehmen zu vermarkten und den Kundenerfolg sicherzustellen.

Zu meinen Stärken zählen mein ausgeprägtes Verkaufstalent, meine Verhandlungsgeschicklichkeit und meine Fähigkeit, Beziehungen aufzubauen und zu pflegen. Ich bin ergebnisorientiert, selbstmotiviert und habe ein gutes Gespür für Markttrends und Kundenbedürfnisse. Darüber hinaus habe ich eine hohe Lernbereitschaft und kann mich schnell an neue Herausforderungen anpassen.

Es wäre mir eine große Freude, Teil Ihres Vertriebsteams zu werden und gemeinsam mit Ihnen den digitalen Wandel in der Branche voranzutreiben. Ich bin überzeugt, dass meine Fähigkeiten und meine Leidenschaft für den Vertrieb einen wertvollen Beitrag zu Ihrem Unternehmen leisten können.

Vielen Dank für Ihre Aufmerksamkeit. Ich freue mich auf die Möglichkeit, mich persönlich vorstellen zu dürfen und mehr über die Position und das Unternehmen zu erfahren.

Mit freundlichen Grüßen"

ChatGPT, Prompt: Schreibe eine Bewerbung für Sales Consultant Digital Rollout (m/w/d). Erstellt am 5. Juli 2023.

ChatGPT, schreibe eine Bewerbung für Entwicklungsingenieur in der Serienbetreuung und Modellpflege (m/w/d):

„Sehr geehrte Damen und Herren,

mit großem Interesse habe ich von der offenen Position als Entwicklungsingenieur in der Serienbetreuung und Modellpflege in Ihrem Unternehmen erfahren. Als erfahrener Ingenieur mit fundiertem Wissen in der Produktentwicklung und meiner Leidenschaft für kontinuierliche Verbesserungsprozesse bin ich überzeugt, dass ich einen wertvollen Beitrag zu Ihrem Team leisten kann.

Ich verfüge über einen Abschluss in Maschinenbau von der [Name der Universität] und bringe umfangreiche Erfahrung in der Serienbetreuung und Modellpflege mit. Während meiner bisherigen Tätigkeit bei [Name des aktuellen/ehemaligen Arbeitgebers] war ich verantwortlich für die Weiterentwicklung und Optimierung von bestehenden Produkten. Hierbei konnte ich mein Fachwissen in den Bereichen Produktanalyse, Qualitätsmanagement und Prozessoptimierung erfolgreich einsetzen.

Meine Erfahrungen umfassen unter anderem die Analyse von Produktdaten und -leistung, die Durchführung von Fehleranalysen, die Koordination von Produktverbesserungsprojekten sowie die enge Zusammenarbeit mit verschiedenen Fachabteilungen. Ich habe umfassende Kenntnisse in der Anwendung von Tools und Methoden zur Qualitätsverbesserung wie FMEA, 8D-Report und statistische Prozesskontrolle. Zudem bin ich vertraut mit den gängigen technischen Standards und Normen im Bereich der Produktentwicklung.

Ihr Unternehmen ist bekannt für seine herausragenden Produkte und sein Engagement für kontinuierliche Verbesserung. Die Möglichkeit, an der Serienbetreuung und Modellpflege mitzuwirken und zur Weiterentwicklung Ihrer Produkte beizutragen, begeistert mich. Ich bin motiviert, mich neuen Herausforderungen zu stellen und meine Fähigkeiten in der Entwicklung von Serienprodukten weiter auszubauen.

Zu meinen Stärken zählen meine analytischen Fähigkeiten, meine Problemlösungskompetenz und meine ausgeprägte Teamfähigkeit. Ich arbeite strukturiert, bin belastbar und kann auch unter Zeitdruck effektiv arbeiten. Zudem habe ich eine hohe Lernbereitschaft und halte mich stets über aktuelle Entwicklungen in der Branche auf dem Laufenden.

Es wäre mir eine große Freude, Teil Ihres Teams zu werden und meine Erfahrungen in der Serienbetreuung und Modellpflege einzubringen. Gerne stehe ich Ihnen für ein persönliches Gespräch zur Verfügung, um weitere Einzelheiten zu besprechen.

Vielen Dank für Ihre Aufmerksamkeit.

Mit freundlichen Grüßen"

ChatGPT, Prompt: Schreibe eine Bewerbung für Entwicklungsingenieur in der Serienbetreuung und Modellpflege (m/w/d). Erstellt am 5. Juli 2023.

Schreibe eine Bewerbung für Softwareentwickler Cobol / Mainframe (m/w/d):

„Sehr geehrte Damen und Herren,

mit großem Interesse habe ich von der offenen Position als Softwareentwickler Cobol / Mainframe in Ihrem Unternehmen erfahren. Als erfahrener Entwickler mit fundiertem Wissen in Cobol und Mainframe-Technologien bin ich überzeugt, dass ich einen wertvollen Beitrag zu Ihrem Team leisten kann.

Ich verfüge über einen Abschluss in Informatik von der [Name der Universität] und bringe umfangreiche Erfahrung in der Softwareentwicklung für Mainframe-Systeme mit. Während meiner bisherigen Tätigkeit bei [Name des aktuellen/ehemaligen Arbeitgebers] habe ich erfolgreich Projekte im Cobol-Umfeld geleitet und komplexe Anwendungen entwickelt. Ich habe fundierte Kenntnisse in den Bereichen Cobol-Programmierung, JCL, DB2-Datenbanken und den gängigen Mainframe-Tools.

Meine Erfahrungen umfassen unter anderem die Analyse von Anforderungen, die Konzeption und Entwicklung von Cobol-Anwendungen, die Durchführung von Systemtests und die Fehlerbehebung. Ich habe umfangreiche Erfahrung mit dem gesamten Softwareentwicklungslebenszyklus im Mainframe-Umfeld. Zudem verfüge ich über Kenntnisse in der Integration von Mainframe-Anwendungen mit modernen Schnittstellen und Services.

Ihr Unternehmen ist bekannt für seine Expertise im Mainframe-Bereich und die Bereitstellung robuster und zuverlässiger Lösungen für Ihre Kunden. Die Möglichkeit, als Softwareentwickler Cobol / Mainframe Teil Ihres Teams zu werden und zur Weiterentwicklung Ihrer Mainframe-Systeme beizutragen, begeistert mich. Ich bin hochmotiviert, mich neuen technischen Herausforderungen zu stellen und meine Fähigkeiten in der Mainframe-Entwicklung weiter auszubauen.

Zu meinen Stärken zählen meine analytischen Fähigkeiten, meine Problemlösungskompetenz und meine strukturierte Arbeitsweise. Ich bin teamorientiert, kommunikationsstark und kann effektiv in interdisziplinären Teams arbeiten. Darüber hinaus habe ich eine hohe Lernbereitschaft und halte mich stets über aktuelle Entwicklungen im Bereich der Mainframe-Technologien auf dem Laufenden.

Es wäre mir eine große Freude, Teil Ihres Teams zu werden und meine Erfahrungen als Softwareentwickler Cobol / Mainframe einzubringen. Gerne stehe ich Ihnen für ein persönliches Gespräch zur Verfügung, um weitere Einzelheiten zu besprechen.

Vielen Dank für Ihre Aufmerksamkeit.

Mit freundlichen Grüßen"

ChatGPT, Prompt: Schreibe eine Bewerbung für Softwareentwickler Cobol / Mainframe (m/w/d). Erstellt am 5. Juli 2023.
    ChatGPT hat den eingangs erwähnten Textaufbau für Bewerbungsschreiben perfekt abarbeitet, aber ist der Text gut?

Analyse der Bewerbungsschreiben

Worthülsen und Phrasen
Die Texte wirken aufgebläht. Hier eine Aufzählung der am häufigsten verwendeten Worthülsen und Phrasen in den vier Bewerbungsschreiben:

* Mit großem Interesse
* Als erfahrener Ingenieur/Entwickler
* Mit fundiertem Wissen

- Bin ich überzeugt, dass ich einen wertvollen Beitrag zu Ihrem Unternehmen leisten kann
- Und meiner Leidenschaft für innovative Technologien
- Verfüge über mehrere Jahre Berufserfahrung
- Um innovative Lösungen zu entwickeln
- Ihr Unternehmen ist bekannt für
- Fundierte Kenntnisse
- Zudem habe ich gute Kenntnisse in der Zusammenarbeit mit
- Einen wertvollen Beitrag leisten
- Zu meinen Stärken zählen
- Meine Erfahrungen umfassen
- Ich bin hochmotiviert, mich neuen Herausforderungen zu stellen
- Ich arbeite strukturiert, bin belastbar und kann auch unter Zeitdruck effektiv arbeiten
- Es wäre mir eine große Freude, Teil ihres Unternehmens …

Phrasen und Worthülsen pflastern den Texter-Weg.

Wir spielen Buzzword-Bingo. Wie wird gespielt? Nehmen Sie einen beliebigen Ursprungstext aus Ihrer Schublade, den sie freigeben sollen. Bevor Sie ihn lesen, nehmen Sie ein weißes Blatt Papier und schreiben die 10 Worte und Formulierungen, Buzzwords, auf, die am wenigsten aussagen, unverständlich, bildleer, wichtigtuerisch und vermutlich in dem Ursprungstext vorkommen. Sogenannte Worthülsen, Floskeln oder Phrasenschweine – Buzzwords eben. Dieser Bullshit kann Moden unterliegen, branchen- oder zielgruppenspezifisch sein. Er ist manchmal unverständlich, meist hohl oder trendig. Bullshit ist auch, wenn jemand aus Gründen der Angeberei so redet oder schreibt, wie es kein normaler Mensch tun würde.

Die Top Ten Buzzwords sind Ihr Spieleinsatz. Immer wenn ein Buzzword im Ursprungstext auftaucht streichen Sie es oder die ganze Redewendung aus dem Text und aus Ihrer Liste. Für diese Worthülsen und Phrasen musst Du neue Formulierungen finden. Deine Prompts kannst Du mit dem Zusatz und Negativ-Prompt versehen: Benutze keine Phrasen, Worthülsen und Floskeln. Überprüfe, ob das hilft.

Buzzword-Bingo!

Das Spiel beginnt. Beispielhafte Buzzword-Liste zur Anregung aus dem Textumfeld von Business-to-Business-Unternehmen

Floskeln wie zum Beispiel „Analysen, die tiefer gehen…", „Fahrspaß…", „Entdecke die…", „Entdecke das Geheimnis…", „Entdecke die neuen … usw. Worthülsen wie zum Beispiel „zukunftsorientiert denken…", „Zukunft beginnt mit visionären Systemen…", „neue Maßstäbe setzen…", „Globales Denken…", „innovative Ideen…", „nachhaltige Inhalte…", „weltweite Vernetzung…". Bedeutungsleere Fremdwörter wie zum Beispiel „Flexibilität…", „Effizienz…", „Synergien…". Abgedroschene Phrasen wie zum Beispiel „Qualität ist unsere Devise…", „Das Geheimnis unseres Erfolgs…", „Für beständigen unternehmerischen Erfolg braucht man Vertrauen…", „Geschäftsfeld mit Zukunft…", „Intelligente Lösungen…", „Leistung aus Leidenschaft…", „Exklusives inklusive…". Zusammengesetzte Adjektive und Substantive wie zum Beispiel, „kostenreduzierend…", „relevanzsteigernd…", „Qualitätsmanagement…", „Qualitätsanspruch", „Effizienzsteigerung"!!!

Neues Experiment Worthülsen. Goldstaub für unsere Schreiberfahrung ChatGPT, schreibe die am häufigsten verwendeten Worthülsen und Phrasen auf, die du aus der Kosmetikindustrie über Feuchtigkeits-Cremes kennst:

„Hier sind einige der am häufigsten verwendeten Worthülsen und Phrasen in der Kosmetikindustrie im Zusammenhang mit Feuchtigkeitscremes:

1. **„Intensive Feuchtigkeitspflege"**
2. **„24-Stunden-Feuchtigkeit"**
3. **„Tiefe Hydratation"**
4. **„Lang anhaltende Feuchtigkeit"**
5. **„Spendet sofortige Feuchtigkeit"**
6. **„Für trockene Haut geeignet"**
7. **„Feuchtigkeitsboost"**
8. **„Hydro-Komplex"**
9. **„Feuchtigkeitsspendender Komplex"**
10. **„Ultra-feuchtigkeitsspendend"**
11. **„Leichte Textur"**
12. **„Nährende Feuchtigkeitscreme"**
13. **„Verleiht der Haut ein geschmeidiges Gefühl"**
14. **„Schützt vor Feuchtigkeitsverlust"**
15. **„Hautstraffende Feuchtigkeitsformel"**
16. **„Sofortige Feuchtigkeitsaufnahme"**
17. **„Feuchtigkeitsspendende Tagescreme"**
18. **„Nachtpflege für intensive Feuchtigkeit"**

19. „Für alle Hauttypen geeignet"
20. „Strahlende Haut durch Feuchtigkeitspflege"
21. „Feuchtigkeitsreservoir für die Haut"
22. „Anti-Aging-Feuchtigkeitscreme"
23. „Feuchtigkeitscreme mit Vitaminen"
24. „Hyaluronsäure für maximale Feuchtigkeit"
25. „Glättet und pflegt die Haut"
26. „Hauterneuernde Feuchtigkeitsformel"
27. „Feuchtigkeitsschutzbarriere"
28. „Erfrischt und hydratisiert die Haut"
29. „Natürliche Feuchtigkeitsquelle"
30. „Zur Wiederherstellung des Feuchtigkeitsgleichgewichts"

Diese Phrasen werden oft in der Marketingkommunikation von Feuchtigkeits-cremes verwendet, um deren hydratisierende Eigenschaften und Vorteile für die Haut hervorzuheben. Es ist jedoch wichtig zu beachten, dass die tatsächliche Wirksamkeit eines Produkts von den Inhaltsstoffen und deinem individuellen Hauttyp abhängt. Daher ist es ratsam, die Inhaltsstoffe zu überprüfen und gegebenenfalls Proben zu testen, um sicherzustellen, dass die Feuchtigkeitscreme deinen Bedürfnissen entspricht."

ChatGPT, Prompt: Schreibe die am häufigsten verwendeten Worthülsen und Phrasen auf, die du aus der Kosmetikindustrie über Feuchtigkeits-Cremes kennst. Zugegriffen 8. September 2023.

Garbage in Garbage out
Warum Goldstaub? Der gute Texter meidet alle Formulierungen dieser Art. Der Schlaue erkennt an den Worthülsen ChatGPT-Texte.

Wie entsteht dieser Bullshit?
Er entsteht, weil Unternehmen voneinander abschreiben und je mehr sie abschauen, desto mehr übernehmen sie davon und bestätigen sich selbst, dass Texte ihrer Branche so klingen müssten. Das ist der falsche Weg zu besserem Text. Erschwerend kommt hinzu, dass der Bullshit branchenspezifisch ist. Es sind festgefahrene Konventionen, die dazu führen, dass sich Texte in gleichen Branchen gleichen. Der Chatbot kann nur verarbeiten, was er an Bullshit- und Buzzword-Texten vorfindet.

Wieso sollte man sich über das Text-Niveau unterhalten, wenn viele Entscheider mit diesem zufrieden sind? Weil wir Texter und Leser sind. Der Texteinheitsbrei verdummt nicht nur Leser und Schreiber, er spielt ein Niveau vor, dass für Experten nicht akzeptabel ist.

Wo bleibt die Alleinstellung? Jedes Unternehmen will besonders sein, dann muss es in der Kommunikation damit anfangen. *Paymenttools* hat dies beispielhaft vorgemacht.

Alleinstellung und Besonderheit im gleichen Schreibstil wie alle anderen, einfach nur beschreiben, behaupten und auf der höchsten Abstraktionsebene schreiben, ist langweilig und nicht werbewirksam. Die Unternehmen bleiben nicht spürbar, nicht erlebbar und nicht erfahrbar. Wo bist du Absender? Ich kann dich nicht mehr fühlen. Die ersten Antworten sind meist gleichförmig.

Passive statt aktive Sprache

Die aktive statt passive Form spricht den Leser direkt an und fördert die Handlung im Satzaufbau. Es bedeutet, dass das Verb an den Satzanfang rückt statt am Endes des Satzes zu verkümmern. Oder andersherum geschrieben: Das Verb verkümmert nicht am Satzende, sondern handelt von Anfang an. Das führt uns zum erweiterten Infinitiv, dem die passive Form innewohnt.

Erweiterte Infinitive

„Streiche den erweiterten Infinitiv. Ein zu zu viel. Der erweiterte Infinitiv ist passiv. Er ist behäbig und selten eindeutig. ‚Unser Beitrag zur Brennstoffzellentechnik hilft, den Strom neu zu erfinden.‘ ‚Bietet Ihnen die Möglichkeit, Ihre Kinder zu unterrichten, um sich das Erlernte klar zu machen, Stärken und Schwächen zu erkennen und neue Ziele zu setzen – das motiviert immer mehr sicher zu handeln und komplexe Situationen zu meistern.‘ ‚Unsere Expertise bei der Energieeffizienz ist die beste Art, Geld zu sparen, und nun auch die beste Art, die Umwelt zu schützen.‘ Tilgen Sie den erweiterten Infinitiv oder ersetzen Sie ihn durch die konjugierte Form des Verbs." (Heiser, 2022, S. 28)

Typisch für ChatGPT in den Bewerbungsschreiben ist die Häufung des erweiterten Infinitivs.

Erweiterte Infinitive in den vier Bewerbungen

Zu entwickeln
zu stellen

zu bleiben

zu werden

einzubringen

zu besprechen

aufzubauen

zu pflegen

voranzutreiben

zu dürfen

zu erfahren

zu stellen

zu besprechen

beizutragen

Zur Erinnerung nochmal das Beispiel der Event-Einladung für den Biege-technik-Hackathon: „Wir freuen uns, Sie zum ersten Biege-Hackathon **ein-zuladen**, bei dem innovative Köpfe aus der Biegeindustrie und verwandten Bereichen zusammenkommen, um in einem spannenden Wettbewerb ihre Fähigkeiten und Kreativität unter Beweis **zu stellen**. Der Biege-Hackathon bietet eine einzigartige Gelegenheit, in Teams an konkreten Biegeherausfor-derungen **zu arbeiten** und innerhalb eines begrenzten Zeitrahmens innova-tive Lösungen **zu entwickeln**.“

Besser ist es, den erweiterten Infinitiv zu tilgen

Wir laden Sie zum ersten Biege-Hackathon ein, bei dem innovative Köpfe aus der Biegeindustrie und verwandten Bereichen zusammenkommen, und in einem spannenden Wettbewerb ihre Fähigkeiten und Kreativität unter Beweis stellen. Der Biege-Hackathon ist einzigartige Gelegenheit, in dem Teams an konkreten Biegeherausforderungen arbeiten und innerhalb eines begrenzten Zeitrahmens innovative Lösungen entwickeln.

Ohne Zweifel haben wir die oben genannten Defizite in dieser Häufig-keit bei ChatGPT noch nicht vorgefunden. Sie hängen also auch mit der Textsorte zusammen. Der Chatbot orientiert sich am mittelmäßigen Stil der Bewerbungsschreiben und kopiert diesen. Deshalb bedürfen diese Texte, wie alle anderen übrigens auch, einer Überarbeitung.

Zwischenfazit

Ich kenne viele Stellenbeschreibungen und Bewerbungen, die genauso getex-tet waren wie die vier zuvor, und diese wurden nicht mit ChatGPT geschrie-ben. Wenn die Chatbots nur mit stilistisch mittelmäßigen bis schlechten

Texten gefüttert werden oder diese im Internet als Vorbild nehmen, kann nur Mittelmaß dabei herauskommen.

In den Bewerbungsschreiben lässt sich eine Gleichförmigkeit der Formulierungen feststellen. Die Stimmen, die behaupten, dass ChatGPT Bewerbungsschreiben besonders gut könne, liegen falsch. Den Personaler möchte ich kennenlernen, der auf diesen Gleichstrom zukünftig hereinfällt. Das ist genauso oberflächlich, wie einige selbsternannte Employer-Branding-Spezialisten in der Vergangenheit der Meinung waren, dass ein Bewerbungsschreiben überflüssig sei. Es ist spätestens ab jetzt, neben dem Lebenslauf, das Kriterium zur Einladung oder Ablehnung und zeigt, dass dieses zukünftig an Bedeutung gewinnt.

Wenn also Personalentwickler behaupten, ChatGPT könne Bewerbungsschreiben besonders gut, dann kann sich das nur auf ihren strukturellen Aufbau beziehen. Nicht jedoch auf die stilistische Prägung des Textes. Den Bewerbungen fehlen die persönliche Note eines Anschreibens und damit die Individualität des Verfassers. An den sich wiederholenden Formulierungen und ihrer Gleichförmigkeit lässt sich zukünftig für jeden gewandten Leser der Absender erkennen, nämlich ChatGPT.

Jetzt kommen die Witze um die Ecke

ChatGPT, schreibe einen Witz über Werbetexter:

„Warum sind Werbetexter oft so gute Schwimmer? Weil sie ständig im Fließtext trainieren!"

ChatGPT, Prompt: Schreibe einen Witz über Werbetexter. Zugegriffen am 24. Mai 2023.

ChatGPT, erkläre mir den Witz

„Natürlich! Der Witz spielt mit einem Wortspiel zwischen „Fließtext" und dem Verb „fließen" im Zusammenhang mit Wasser. Werbetexter sind dafür bekannt, dass sie viel mit Text arbeiten und ihn formulieren. „Fließtext" bezieht sich auf einen Text, der ohne Absätze oder Unterbrechungen geschrieben ist und kontinuierlich „fließt".

Der Witz spielt darauf an, dass Werbetexterinnen aufgrund ihres ständigen Umgangs mit Texten im übertragenen Sinne „im Fließtext trainieren,,.

Hier wird das Wort „Fließtext„ humorvoll mit dem Schwimmen verbunden. Der Witz besteht also darin, dass Werbetexterinnen aufgrund ihrer Arbeit mit Fließtexten gute Schwimmer*innen sein könnten, da sie ständig im Text „schwimmen„ bzw. damit arbeiten. Das Wortspiel basiert auf der ähnlichen Aussprache der Wörter „Fließtext„ und „fließen„ in der deutschen Sprache."

ChatGPT, Prompt: Erkläre den Witz. Zugegriffen am 24. Mai 2023.

Nicht selten geben die LLMs faszinierende, richtige und überraschende Antworten. Wir versuchen es gleich noch einmal.

ChatGPT, schreibe fünf Witze über Texter:

„Warum sind Texter so gute Gärtner? Sie haben ein Händchen dafür, Worte zu pflanzen und blühende Ideen sprießen zu lassen!

Wie viele Texter braucht man, um eine Glühbirne zu wechseln? Eigentlich keinen, sie finden immer eine leuchtende Metapher, um das Dunkel zu erhellen!

Warum sind Texter die besten Begleiter beim Einkaufen? Weil sie immer die passenden Worte finden, um jedes Produkt in den Himmel zu loben!

Was sagte der Texter, als er einen Rechtschreibfehler entdeckte? Da hat sich wohl ein Buchstabe aus dem Textverkehr gezogen!

Warum sind Texter immer gut gelaunt? Weil sie wissen, dass sie mit ihren Worten ein Lächeln auf die Gesichter der Leser zaubern können, und das ist ihre größte Belohnung!"

ChatGPT, Prompt: Schreibe fünf Witze über Texter, erstellt 3. Juli 2023.

Nicht witzig. Wahrscheinlichkeit versus Unwahrscheinlichkeit
GPT-Programme können Witze erzählen, aber sind selbst nicht witzig. Das führt zu einer wichtigen Erkenntnis. Die Programme beschreiben (deskriptiv). Sie schaffen es selten bis gar nicht, eine eigene Pointe zu entwickeln, weil sie abweichen müssten. Das widerspricht ihrer Programmierung auf Wahrscheinlichkeit. Wenn die Chatbots nach der größten Wahrscheinlichkeit des nachfolgenden Wortes suchen, dann ist ein Witz alles andere als wahrscheinlich. Die Pointe weicht unerwartet ab und funktioniert assoziativ, im übertragenen Sinn. Das gelingt nicht immer.

ChatGPT, wie witzig kannst du sein?

„Ich kann mein Bestes tun! Hier sind ein paar humorvolle Sätze:

1. Warum war der Mathematikbuch traurig? Es hatte zu viele Probleme.
2. Ich habe einen Witz über Papier erzählt. Es war zerreißend komisch.
3. Zwei Tomaten überqueren die Straße. Die eine ist langsamer. Die andere sagt: „Komm, Ketchup!„

Brauchen Sie noch mehr Witze oder etwas anderes? Ich bin hier, um zu helfen!"

Kannst du noch witziger sein?

„Na klar! Lass es mich versuchen:

1. Warum können Geister keine Lügen erzählen? Weil man durch sie hindurchsieht.
2. Warum war der Computer kalt? Er hatte Windows!
3. Was sagt ein Null zu einer Acht? „Netter Gürtel!„
4. Wie nennt man einen Bumerang, der nicht zurückkommt? Ein Stock.

Hoffentlich konnte ich ein Schmunzeln hervorrufen! Brauchst du noch mehr?"

Regenerate

„Ich gebe mein Bestes! Wie wäre es mit diesen:

1. Warum haben Geister so schlechte Lügen? Weil man durch sie hindurchsieht!
2. Was sagt ein Null zu einer Acht? „Schicker Gürtel!„
3. Ich habe einen Freund, der ist Geologe. Wir verstehen uns grundsolide.
4. Warum hat der Teddy keinen Kuchen gegessen? Weil er schon gestopft ist!
5. Ich wollte einen Zeitreise-Witz erzählen, aber niemand fand ihn in der Vergangenheit oder Zukunft lustig.

Oder eine humorvolle Bemerkung: Ich habe einmal überlegt, vegan zu werden, aber dann habe ich es aus Mangel an Interesse gekuhlt. Reicht das an Witz oder soll ich noch eine Schippe drauflegen?"

ChatGPT, Prompt: Wie witzig kannst du sein? Zugegriffen 9. September 2023.

Nö, lass mal. Das war jetzt für viele Leser nicht wirklich witzig oder falsch ins Deutsche übersetzt. Der Ketchup-Witz aus *Pulp Fiction* geht nämlich so: Papa Tomate und Mama Tomate gehen mit Baby Tomate die Straße lang. Baby Tomate fällt etwas zurück. Da drehen sich die Eltern um und rufen „Catch up!"

ChatGPT, worüber wird gelacht?

„Die Frage ‚Worüber wird gelacht?' ist etwas vage, aber ich werde mein Bestes tun, um eine angemessene Antwort zu geben.

Der menschliche Humor ist vielfältig und kulturell geprägt. Worüber Menschen lachen, kann von ihrer Kultur, Erziehung, persönlichen Erfahrungen und sozialen Umgebung beeinflusst werden. Einige universelle Formen von Humor sind:

1. Wortspiele und Sprachspielereien: Diese Art von Humor spielt mit der Bedeutung von Worten und wie sie ausgesprochen werden.

2. Situationeller Humor: Dieser tritt auf, wenn unerwartete und oft absurde Dinge in einer bestimmten Situation geschehen.

3. Slapstick: Körperlicher Humor, bei dem jemandem oft (in einer komischen Weise) etwas zustößt.

4. Satire und Parodie: Hier wird oft etwas oder jemand in einer übertriebenen, verdrehten Weise dargestellt, um es lächerlich zu machen oder Kritik daran zu üben.

5. Selbstironischer Humor: Wenn Menschen über sich selbst in einer humorvollen Weise sprechen oder Witze über sich selbst machen.

6. Schwarzer Humor: Das ist Humor über ernste, oft tabuisierte Themen. Er kann kontrovers sein, weil er ernste Themen in einem humorvollen Licht zeigt.

7. Scherze und Witze: Kurze Geschichten oder Sätze, die auf eine humorvolle Pointe abzielen.

Es gibt noch viele andere Formen von Humor, und was jemand lustig findet, kann stark variieren. Es ist auch wichtig zu beachten, dass nicht alle Menschen über dieselben Dinge lachen, und was in einer Kultur als humorvoll angesehen wird, kann in einer anderen als beleidigend oder unangemessen betrachtet werden."

ChatGPT, Prompt: Worüber wird gelacht? Zugegriffen 9. September 2023.

Schau dir die folgenden Antworten genauer an und betrachte die Hintergrundfolie, die Meta-Ebene, dann findest du Formulierungen für deine Anfragen, denn diese Anweisungen und Humoranfragen versteht ChatGPT besser.

ChatGPT, schreibe 10 Headline mit schwarzem Humor über neue Männer Unterhosen.

„Schwarzer Humor kann kontrovers und für manche Menschen anstößig sein. Beachte bitte, dass diese Headlines nicht alle Zielgruppen ansprechen und möglicherweise nicht für jeden Anlass geeignet sind:

1. „Wenn das Leben dir einen Tritt gibt: Unsere Unterhosen halten!"
2. „Zum Glück sind unsere Unterhosen stärker als dein letztes Tinder-Date!"
3. „Überlebt länger als deine Neujahrsvorsätze: Unsere neue Unterhosenkollektion!"
4. „Für den Mann, der mehr in der Hose hat – außer Selbstvertrauen."
5. „Falls die Apokalypse kommt: Zumindest trägst du saubere Unterwäsche!"
6. „Für die Tage, an denen dein Leben ein Witz ist: Unsere Unterhosen sind kein Scherz!"
7. „Unsere Unterhosen: Weil dein Leben schon peinlich genug ist!"
8. „Wenn alles andere versagt, zumindest sitzt deine Unterwäsche richtig."
9. „Ideal für den Mann, dessen Lebensentscheidungen genaus so fragwürdig sind wie sein Modegeschmack!"
10. „Unsere Unterhosen: Für die Momente, in denen das Leben die Hose runterlässt."

Es ist wichtig, sorgfältig zu überlegen, in welchem Kontext und gegenüber welcher Zielgruppe solche Headlines verwendet werden, da schwarzer Humor nicht überall gut ankommt. Es ist immer ratsam, das Publikum und die Marke im Blick zu behalten, bevor man sich für einen bestimmten Ton entscheidet."

Regenerate

„Schwarzer Humor kann sehr subjektiv und kontrovers sein, daher muss man beim Einsatz vorsichtig sein, um niemanden zu verletzen oder zu beleidigen. Bei diesem Anliegen versuche ich, die Grenze zwischen Humor und Geschmacklosigkeit nicht zu überschreiten. Dennoch ist zu beachten, dass der Kontext und das Publikum wichtig sind, wenn man solche Headlines verwendet.

1. Die letzte Unterhose, die du jemals brauchen wirst!
2. So bequem, du vergisst fast, dass du noch lebst!
3. Überleben Sie die Apokalypse – zumindest untenrum!
4. Machen Sie den Sensenmann neidisch auf Ihren Stil!
5. Für den Mann, der alles hat – außer Zeit!
6. Atemberaubend komfortabel – im wahrsten Sinne des Wortes!
7. Für die Tage, an denen das Leben ein Witz ist und der Tod auch!
8. Unterhosen so dunkel wie dein Humor!
9. Für den stilvollen Abgang – ganz ohne Peinlichkeiten!
10. Wenn das Leben dir den Stecker zieht, zieh wenigstens gut an!

Bitte verwenden Sie diese Headlines verantwortungsbewusst und überlegen Sie, ob sie für Ihr Publikum und den Kontext geeignet sind."

ChatGPT, Prompt: Schreibe 10 Headline mit schwarzem Humor über neue Männer Unterhosen, zugegriffen 9. September 2023.

Für reinen Sprachwitz sind die Chatbots noch zu schwach, weil sie den Gag nicht pointiert genug schreiben oder übersetzen können. Gute Witze sind Zufallstreffer.

ChatGPT kann sich beim Gendern nicht entscheiden

Werbetexterinnen
Konsument:innen
Schwimmer*innen

Schreiben für die Sinne

Nicht nur bei den Anschreiben an Onkel Theodor und seine Frau wurde deutlich, dass ChatGPT sehr gut auf das Texten von Sinneswahrnehmungen trainiert wurde. Der Chatbot erzeugt in erzählerischen Passagen Emotionalität durch detailgenaues Schildern von Sinneswahrnehmungen wie:

Fühlen
Schmecken
Riechen
Hören
Sehen

Sinnliche Details ziehen Leser in die Geschichte. Fühlen und Sehen führen zur Einlassung. Der Leser sieht die Welt vor seinen Augen. In guten Werbetexten geht es um die visuelle Realität, die in der Fantasie der Leser entsteht und dafür sorgt, dass er dieser Welt Glauben schenkt. Ein gelungenes Training.

Der ChatGPT-Schreibstil nach dem ersten Prompt

Keine wörtliche Rede
Keine Ausrufe
Keine rhetorischen Fragen
Keine Rhythmik in Satzlängen
Keine Wechsel in der Syntax. Satzstruktur immer im gleichem Muster
Keine Wechsel in der Argumentation, oft gleich aufgebaut
Keine Emotionalität im Fließtext, eher monoton
Zu viele Floskeln, Phrasen und Worthülsen
Deskriptiv statt narrativ

Werden die Prompts im allgemeinen Wissenskontext angefragt gibt ChatGPT plausible Überblicke oder Zusammenfassungen des Themas. Bei Pressemitteilung wird meist standardisiert ein Zitat eingebaut, weil es zur Textsorte und -struktur gehört, aber nicht in anderen Texten. Die weniger guten Eigenschaften des Textes überwiegen allerdings.

Ein Experiment mit Abenteuer, Zauber und Magie
Der, dessen Namen nicht genannt werden darf, hat Wortkruxe in ChatGPT versteckt. ChatGPT findet Kontexte und Worte in seinen trainierten Daten. Auffällig ist die Häufung der Wörter „Abenteuer", „Magie" und „Zauber" in Headlines und Sätzen. Wörter der Romane in den Trainingsdaten von:

Lewis Carroll, Alice's *Adventures* in Wonderland.
Arthur Conan Doyle, The *Adventures* of Sherlock Holmes.
Mark Twain, The *Adventures* of Huckleberry Finn.
Mark Twain, The *Adventures* of Tom Sawyer.
J. K. Rowling, Harry Potter and the Sorcerer's Stone.

Nach einer kurzen Suchanfrage im Dokument dieses Buches lieferte mir mein Schreibprogramm folgendes Ergebnis: Wiederholungen der Wörter „Abenteuer", „Zauber" und „Magie" in diesem Buch, plus Erfahrungen aus Schulungen.

Abenteuer:

- Touren der Extraklasse: Erleben Sie Luxus und Abenteuer auf unseren Premium-Bikes!
- Grenzenlose Abenteuer: Unsere Tourenbikes warten darauf, mit Ihnen die Straße zu erobern!
- Abenteuerlust geweckt? Entdecken Sie die besten Touren mit unseren Bikes!
- Die Straße ruft: Steigen Sie auf und erleben Sie unvergessliche Abenteuer!
- Erkunden Sie diverse Landschaften auf unseren abenteuerlichen Touren-bikes!
- Tauchen Sie ein in eine Welt voller Geschwindigkeit, Abenteuer und Lei-denschaft
- Motor an, Abenteuer los – klicken und die Straße spüren!
- Anschnallen für Spaß: Das abenteuerliche Turboerlebnis erwartet dich!
- Verspricht jeder Schluck ein Abenteuer für die Sinne.
- Starten Sie Ihr Abenteuer in Jordanien mit uns

Zauber:

- ChatGPT-Zauberer: Lass deine Texte rocken!
- … und lassen Sie sich von seiner außergewöhnlichen Kreativität und sei-nem unverwechselbaren Stil verzaubern
- von der Felsenstadt Petra verzaubern lassen
- gastfreundlichen Kultur der Einheimischen verzaubern
- Setting: Ein verzaubertes Waldtheater, das die vier Jahreszeiten repräsen-tiert
- Äthiopiens Gold: Das Abenteuer des verzauberten Kaffees
- Storytelling-Meister: Die Melodie der Werbetexte, die verzaubert
- Die natürlichen Aromen der Früchte verschmelzen mit dem funkelnden Zauber der Einhornkotze
- Also, lass dich verzaubern und genieße das magische Geschmackserlebnis
- In Wahrheit gibt es einen kleinen Zauberer unter dem Sitz, der die Kut-sche antreibt

Magie:

- Entfessle die Magie der Worte: Texten mit ChatGPT
- Die Magie von Strass: Ein Symbol für ewige Verbundenheit

- Mitte-Mischung-Magie
- Metropolen-Malz-Magie
- Entdecken Sie die unendlichen Facetten seines Schaffens und lassen Sie sich von der Magie seiner Werke inspirieren
- Die Magie: Fangen Sie innovative Ideen wie nie zuvor
- Genieße das magische Geschmackserlebnis
- Lass dich verzaubern und genieße das magische Geschmackserlebnis
- wie ein magisches Donut-Messer
- ein Fenster zur Magie der nächtlichen Tierwelt!

Die Häufung ist auffällig. Meist bei kreativen und bildhaften Prompts sind „Abenteuer", „Zauber" und „Magie" in vielen Antworten enthalten. Sie sind ein ergiebiger Kontext-, Ideen- und Bilderpool fürs Formulieren. Ist dir das auch schon aufgefallen?

Der falsche Prompt und die Entdeckung des roten Fadens. Das Management-Experiment
Die nächste Anfrage ist ein Experiment. Sie bleibt absichtlich unpräzise und bietet vielfältige Interpretationen an. Genau genommen macht sie keinen tieferen Sinn. Ich habe lediglich drei Wörter kombiniert, die ich zunächst als widersprüchlich und nicht vereinbar hielt. Der Prompt ist frei konstruiert und ausgedacht. Es ist ein Satz, der folgende Worte kombiniert: **Antibiotikareduktion, Modernes Management und Darmgesundheit.**

Ich habe in der Antwort alle Wiederholungen **fett markiert**. Verteilung und Dichte der Wörter lassen den roten Faden erkennen. Die primären Kontexte und positionellen Codierungen, die ChatGPT als wichtig identifiziert, werden in den **fetten** Wörtern sichtbar. Diese wiederholen sich in nächsten und übernächsten Absätzen und sind Keyword-Muster, an denen sich die Vorteilsargumentation und Story aufhängen.

Die Story ist bemerkenswert differenziert und dramatisch gebaut. Die Erzählstruktur folgt dem Aufbau: vom Problem zur Lösung. Es handelt sich um eine typisch amerikanische Werbegeschichte. Ein Held, eine Expertin, ein Beweis und ein Happy End, ohne große Überraschungen. Der Text folgt nur dem Zweck der Überredung – zur positiven Einstellung über pharmakologische Studien, deren Nutzen und Behandlungserfolge. Und wo ist der rote Faden?

ChatGPT, schreibe eine Story für die Antibiotikareduktion – Modernes Management für die Darmgesundheit:

„In der Stadt Gesundheim litt der junge Markus unter einer chronischen Darmkrankheit. Frustriert von der begrenzten Wirksamkeit herkömmlicher **Antibiotika**, hörte er von einem modernen **Managementprogramm** für die **Darmgesundheit**, das die Verwendung von **Antibiotika** reduzieren sollte.

Markus meldete sich für das **Programm** an und traf Dr. Anna, eine erfahrene Gastroenterologin. Sie erklärte ihm den Ansatz, der auf Ernährung, **Probiotika** und gezielter **Antibiotikaverwendung** basierte.

Markus änderte seine Ernährung, indem er darmfreundliche Lebensmittel wie Ballaststoffe und fermentierte Produkte zu sich nahm. Zusätzlich nahm er hochwertige **Probiotika** ein, um sein Darmmikrobiom zu unterstützen.

Dr. Anna verschrieb ihm gezielte **Antibiotika**, die spezifisch gegen die Bakterien wirkten, die seine Symptome verursachten. Dieser maßgeschneiderte Ansatz reduzierte die Notwendigkeit für breit wirkende **Antibiotika**.

Markus bemerkte eine deutliche Verbesserung seiner **Darmgesundheit**. Seine Symptome wurden seltener und schwächer, und er benötigte weniger **Antibiotika**. Durch das **Programm** hatte er gelernt, seinen Darm auf natürliche Weise zu unterstützen.

Die Erfolge von Markus und anderen Teilnehmern des **Programms** inspirierten die Bewohner von Gesundheim und darüber hinaus. Das moderne **Managementprogramm** für die **Darmgesundheit** wurde zum Vorbild für andere Städte im Umgang mit **Antibiotikaresistenz**. Es war eine Geschichte der Hoffnung und des Fortschritts, die zeigte, wie moderne Ansätze die **Gesundheit** einer Gemeinschaft verändern können."

ChatGPT, Prompt: Schreibe eine Story für die Antibiotikareduktion – Modernes Management für die Darmgesundheit, Zugegriffen 15. Juni 2023.

Struktureller Aufbau und Muster Wort für Wort
Die Wortverteilung und Wortdichte werden in den gefetteten Passagen deutlich. Such Dir ein gefettetes Wort aus und zähle es von oben nach unten durch. Dann erkennst du den roten Faden, den die Keywords legen. Jedes Keyword wird von seiner Wiederholung aufgenommen und weitergeleitet. Der rote Faden dient der Textstruktur und der Plausibilität des Textes. Was passiert in der Maschine?

ChatGPT, wie sind GPT, NLP, Natural Language Programming, Modelle aufgebaut?

„Positionale Codierung: Da die Transformer-Architektur keine Reihenfolgeinformationen der Tokens berücksichtigt, werden positionale Codierungen hinzugefügt, um die relative Position jedes Tokens im Text darzustellen. Dadurch kann das Modell die Abfolge der Tokens besser verstehen."

ChatGPT, Prompt: Wie sind GPT, NLP, Natural Language Programming, Modelle aufgebaut? Zugegriffen 24. April 2023.

Das Ergebnis
Die Wörter **Antibiotikareduktion**, **Modernes Management** und **Darmgesundheit** von mir frei konstruiert, ausgedacht und kombiniert führt zu erfundenen Annahmen, neuen Antworten und Erkenntnissen über Muster und ihre Funktion im Text. Faszinierend ist die hohe Plausibilität, die dieser Text ausstrahlt.

Textlänge und Textstruktur

Bei unterschiedlicher Zeichenzahl, zum Beispiel 150, 500, 1.000 oder 3.000 Zeichen, ändert sich die Textstruktur. Wird die Zeichenzahl größer neigt ChatGPT, ab ca. 750 Zeichen zur Aufzählung. Geordnet von wichtig nach unwichtig, plus Intro, Fazit, Slogan.

Die Tonalität oder der Tonfall. Deskriptiv statt narrativ

ChatGPT antwortet zunächst deskriptiv, beschreibend. Deskriptives Texten führt dazu, dass sich Unternehmen in den höchsten Tönen preisen, übertriebene Feststellungen treffen und Behauptungen, die schwer beweisbar sind, aufstellen. Deskriptive Texte liegen auf der auktorialen Ebene und nicht auf der Handlungsebene. Sie befinden sich außerhalb des Geschehens und sind nicht narrativ. Sie blicken aus der Unternehmerperspektive auf die Zielgruppe herab und erzählen aus der Waswirallesgroßestunkönnen-Perspektive.

Mad Man

Die US-Serie Mad Men dreht sich um das Leben der Men of Madison Avenue, die in den führenden Werbeagenturen New York Citys den amerikanischen Lifestyle der 1960er Jahre prägen. Die Handlung dreht sich um die fiktive Werbeagentur Sterling Cooper, ihre Mitarbeiter, deren Angehörige und das weitere Umfeld. Im Mittelpunkt steht der ehrgeizige und erfolgreiche Werbefachmann Don Draper. Er ist ein kettenrauchender Frauenheld mit einer dunklen Vergangenheit, die im Verlauf der Serie ans Licht kommt.

Amerikanische Werbetexte sind hemmungslos verkäuferisch wie in einer Dauerwerbesendung. „Oh Boy, ich hätte nie gedacht, dass das Produkt so gut ist. Als ich es zum ersten Mal testete war ich überrascht, wie leistungsstark es ist. Das musst du probieren. Kauf es gleich jetzt zum Sonderpreis." So funktioniert Text in Europa nicht. Die Franzosen würden die Nase rümpfen, die Engländer mögen es lieber mit Understatement oder Humor und die Deutschen lieben eher die Bescheidenheit als das Großmäulige.

Die Texte von ChatGPT wirken amerikanisch. Verkäuferisch und vordergründig statt hintergründig. Wen wunderts! Die US-Amerikaner haben die Werbung erfunden und die TV-Serie *Mad Man* spiegelt sehr gut die Klischees der Branche. Kennt ChatGPT die amerikanischen Werbetexter-Stile?

Wieviel amerikanisches Copywriter Know-how steckt in ChatGPT

ChatGPT, wer war David Ogilvy?

„David Ogilvy war ein einflussreicher Werbetexter und der Gründer von Ogilvy & Mather, einer der weltweit führenden Werbeagenturen. Er wurde am 23. Juni 1911 in West Horsley, England, geboren und verstarb am 21. Juli 1999. Ogilvy gilt als einer der Pioniere der modernen Werbung und hat maßgeblich dazu beigetragen, dass sich die Werbebranche zu einer professionellen und kreativen Industrie entwickelte.

Vor seiner Karriere in der Werbung arbeitete Ogilvy in verschiedenen Bereichen, unter anderem als Koch, Farmer und als Verkäufer für Aga-Herde, was ihm wertvolle Einblicke in Marketing und Verkaufsstrategien verschaffte. Diese Erfahrungen nutzte er später, um innovative Werbekampagnen zu kreieren, die auf umfassenden Marktanalysen und einem tiefen Verständnis der Konsumentenpsychologie basierten.

David Ogilvy war bekannt für seine Auffassung, dass Werbung vor allem informativ sein und den Verkauf fördern sollte. Er prägte viele berühmte Slogans und Kampagnen, darunter „Don't Leave Home Without It" für American Express und „The Man in the Hathaway Shirt". Sein Einfluss auf die Werbebranche ist bis heute spürbar, und seine Bücher, insbesondere „Confessions of an Advertising Man" und „Ogilvy on Advertising", gelten als Klassiker und Pflichtlektüre für Werbefachleute.

Sein Ansatz war geprägt von der Überzeugung, dass gute Werbung auf gründlicher Recherche basiert und gleichzeitig kreativ genug sein muss, um die Aufmerksamkeit der Zielgruppe zu erregen und zu halten. Ogilvys Erbe umfasst nicht nur seine erfolgreiche Agentur und seine Werbekampagnen, sondern auch seinen Beitrag zur Professionalisierung der Werbebranche und zur Entwicklung ethischer Standards im Marketing."

ChatGPT, Prompt: Wer war David Ogilvy? Zugegriffen 14. Februar 2024.

ChatGPT, schreibe eine Packungsbeilage für: Warning this is GPT-Content. Im Stile von Davod Ogilvy:

„WARNUNG: Dieser GPT-Inhalt

1. Was ist der GPT-Inhalt?

Der GPT-Inhalt wurde von OpenAI's GPT-4 Modell generiert. Es handelt sich um ein künstliches Intelligenzsystem, das darauf trainiert wurde, menschenähnliche Texte zu verfassen.

2. Wofür ist der GPT-Inhalt bestimmt?

Der GPT-Inhalt dient Informations-, Unterhaltungs- und Bildungszwecken. Er kann in verschiedenen Bereichen eingesetzt werden, von der Beantwortung von Fragen bis zur Erstellung von kreativen Texten.

3. Was sollten Sie vor der Nutzung des GPT-Inhalts wissen?

Nicht immer korrekt: Obwohl das Modell auf einer Vielzahl von Daten trainiert wurde, kann es Fehler machen oder ungenaue Informationen liefern.

Kein menschlicher Ersatz: Der GPT-Inhalt kann menschliche Interaktion oder Expertenmeinungen nicht ersetzen. Bei wichtigen Entscheidungen sollten Sie immer eine zweite Meinung einholen.

Datenschutz: Stellen Sie sicher, dass Sie keine persönlichen oder vertraulichen Informationen teilen, wenn Sie den GPT-Inhalt nutzen.

4. Wie verwenden Sie den GPT-Inhalt?

Nutzen Sie den GPT-Inhalt als ein Werkzeug unter vielen. Kombinieren Sie die generierten Informationen mit anderen verlässlichen Quellen, um ein umfassendes Bild zu erhalten.

5. Mögliche Nebenwirkungen

Übermäßiges Vertrauen: Ein zu großes Vertrauen in die generierten Inhalte kann zu Fehlentscheidungen führen.

Abhängigkeit: Ein übermäßiger Gebrauch kann zu einer Abhängigkeit von automatisierten Antworten führen, wodurch kritisches Denken beeinträchtigt werden könnte.

6. Aufbewahrung

Bewahren Sie den Zugang zu GPT-Inhalten sicher auf und teilen Sie Ihre Zugangsdaten nicht mit Unbefugten.

7. Weitere Informationen

Für weitere Informationen über OpenAI und GPT-4 besuchen Sie die offizielle Webseite. Im Stile von David Ogilvy: Klar, präzise und immer mit dem Nutzer im Fokus."

ChatGPT, Prompt: Schreibe eine Packungsbeilage für: Warning this is GPT-Content. Im Stile von Davod Ogilvy, zugegriffen 8. September 2023.

Ein spannendes Indiz

Ich hatte im Prompt einen Tippfehler und schrieb Davod Ogilvy. Der Chatbot korrigierte in der Antwort den Namen und fuhr fort. Er kennt also David Ogilvy. Der Chatbot kann ihm einen Stil zuordnen und baut diesen nach. Wir werden noch lesen, dass viel amerikanisches Werbetexter Knowhow in ChatGPT steckt.

ChatGPT, wie schreibt David Ogilvy über seinen Lieblingsstaubsauger?

„David Ogilvy war bekannt für seinen klaren, informativen Stil und seine Betonung von Fakten und Forschung. Er glaubte daran, den Verbraucher zu respektieren und ihm nützliche Informationen zu liefern. Wenn er über seinen Lieblingsstaubsauger schreiben würde, könnte es so aussehen:

Der Staubsauger, der mehr als nur reinigt – er bewahrt Ihr Zuhause.

In einer umfassenden Studie von Haushaltsgeräten wurde festgestellt, dass der [Staubsauger-Marke] nicht nur effizienter staubsaugt als andere Modelle, sondern auch die Lebensdauer Ihrer Teppiche und Böden verlängert.

Sein speziell entwickeltes Bürstensystem sorgt nicht nur für eine tiefgehende Reinigung, sondern schont auch die Fasern Ihrer Teppiche. Das Ergebnis? Ein saubereres Zuhause und Teppiche, die länger wie neu aussehen.

Zusätzlich verfügt der [Staubsauger-Marke] über einen HEPA-Filter, der bis zu 99,97% der in der Luft schwebenden Partikel einfängt, sodass Sie nicht nur einen saubereren, sondern auch einen gesünderen Wohnraum haben.

Investieren Sie in Qualität. Investieren Sie in Langlebigkeit. Wählen Sie [Staubsauger-Marke].

Ogilvy würde sich auf die Fakten und Vorteile des Produkts konzentrieren und diese in einem eleganten, aber informativen Stil präsentieren."

ChatGPT, Prompt: Wie schreibt David Ogilvy über seinen Lieblingsstaubsauger, zugegriffen 8. September 2023.

ChatGPT, schreibe einen Werbetext für Staubsauger im Gossage Style:

„Howard Gossage, oft als ‚The Socrates of San Francisco' bezeichnet, war bekannt für seine unkonventionellen und oft humorvollen Werbestrategien. Er glaubte daran, mit dem Publikum zu kommunizieren, anstatt es einfach nur zu beschallen. Hier ist ein Versuch, einen Werbetext für einen Staubsauger im Gossage-Stil zu schreiben:

Haben Sie jemals versucht, Staub zu bitten, zu gehen?

Wir auch nicht. Aber wir haben den nächsten besten Schritt gemacht.

Stellen Sie sich einen Staubsauger vor, der so leise ist, dass Sie sich fragen, ob er überhaupt eingeschaltet ist. Ein Staubsauger, der nicht nur den Staub aufnimmt, sondern auch das Chaos, das Ihr Leben manchmal sein kann.

Sie könnten denken: ,Ein Staubsauger? Wirklich? Das soll mein Leben verändern?'

Nun, wir sagen nicht, dass er Ihre Steuern für Sie macht oder Ihnen bei Ihrem nächsten Date hilft. Aber er wird sicherstellen, dass Ihr Zuhause so sauber ist, dass Sie sich nicht schämen, unerwartete Gäste hereinzulassen.

Und wer weiß? Vielleicht wird dieser kleine, leise Helfer genau das Selbstvertrauen-Boost sein, das Sie brauchen, um das nächste große Ding in Ihrem Leben anzugehen.

Probieren Sie es aus. Oder nicht. Aber wenn Sie sich jemals über den Staub ärgern, denken Sie an uns.

Gossage's Werbung war oft interaktiv, herausfordernd und lud die Leser ein, sich zu engagieren oder nachzudenken. Dieser Text versucht, diesen Geist einzufangen."

ChatGPT, Prompt: Schreibe einen Werbetext für Staubsauger im Gossage Style, zugegriffen 8. September 2023.

ChatGPT, wie schreibt Rosser Reeves über seinen Lieblingsstaubsauger?

„Rosser Reeves, bekannt für seine ,Unique Selling Proposition' (USP) Theorie, würde sich auf das Einzigartige und Unterscheidende eines Produkts konzentrieren, das es von anderen abhebt. Wenn er über seinen Lieblingsstaubsauger schreiben würde, könnte es so aussehen:

Der einzige Staubsauger, der in einem Durchgang 99,9% des Staubs aufnimmt – oder Ihr Geld zurück!

Warum sich mit weniger zufrieden geben, wenn Sie den Besten haben können? Während andere Staubsauger mehrere Durchgänge benötigen, garantiert

[Staubsauger-Marke] eine makellose Reinigung in nur einem Durchgang. Das ist nicht nur ein Versprechen – das ist unsere Garantie.

Vergessen Sie den ständigen Wechsel von Staubsaugerbeuteln. Mit seiner revolutionären Technologie sorgt [Staubsauger-Marke] dafür, dass Ihr Zuhause in Rekordzeit staubfrei ist.

Warum also Zeit und Energie mit weniger effizienten Staubsaugern verschwenden? Entscheiden Sie sich für [Staubsauger-Marke] – den Staubsauger, der hält, was er verspricht.

Reeves würde sich auf den Hauptvorteil des Staubsaugers konzentrieren und diesen Vorteil in den Mittelpunkt seiner Werbung stellen."

ChatGPT, Prompt: Wie schreibt Rosser Reeves über seinen Lieblingsstaubsauger, zugegriffen 8. September 2023.

Wie schneiden die amerikanischen Star-Copywriter ab?

Es steckt viel amerikanisches Copywriter-Gedächtnis in den Trainingsdaten von ChatGPT für Werbetexte aller Art. Dies trifft vor allem für den strukturellen Aufbau, Argumentations- und altmodische Rollenmuster sowie für den Tonfall der Texte zu.

„Das wäre nicht das erste Mal, dass die USA einen globalen Kulturkanon aufstellen. Das letzte Mal war das nach dem Zweiten Weltkrieg, als sich die amerikanische Kultur mit dem Jazz, dem Film, der erzählstarken Literatur, dem abstrakten Expressionismus der Malerei und später dann mit den Gegenkulturen der Beatniks, Hippies, Punks und Hip-Hopper durchsetzte." (Kreye, 23. Juni 2023)

Gute Schlusssätze

Auffällig ist, dass die Schlusssätze, letzter und vorletzter Satz, in den ChatGPT-Antworten für Werbetexte sehr gut sind. Sie fassen erstens zusammen und wirken zweitens wie Slogans, weil sie meist eine überraschende Formulierung anbieten. Hier einige Beispiele aus den bisherigen Chat-Verläufen:

Perfektion war noch nie so beängstigend
Möge der Wind immer in Ihrem Rücken sein und die Straße endlos vor Ihnen liegen

Klicken Sie sich durch und erleben Sie die Faszination der Straße
Motor an, Abenteuer los – klicken und die Straße spüren
Spüre die Energie des Neuen
Erlebe den Rausch der Geschwindigkeit. Jetzt erhältlich
Weil der Weg das Ziel ist. Leasen. Losradeln. Leben
Lass dich verzaubern und genieße das magische Geschmackserlebnis
Weil wahre Schönheit von innen kommt, aber ein bisschen Unterstützung von außen nie schadet
Ideal für Profis und Heimwerker, die das Beste aus ihrer Arbeit herausholen wollen
Das Geheimnis des Reichtums

ChatGPT ist bei den besten Werbetextern in die Schule gegangen und das spürt man. Achte mal darauf.

Preisverleihung des Bullshit Bingo Awards

Für die heutige Preisverleihung des Bullshit Bingo Awards konnten wir Robbie Williams als Moderator gewinnen. Vielen Dank Robbie!
    Moderation Robbie Williams:

In der Kategorie Wortwiederholung von Hauptwörtern geht der Bullshit Bingo Preis an: „Abenteuer", „Magie" und „Zauber".

Begründung der Jury: Das liegt an den Trainingsdaten der Bücher Alice's Adventures in Wonderland, Harry Potter and the Sorcerer's Stone, The Adventures of Sherlock Holmes, The Adventures of Huckleberry Finn oder The Adventures of Tom Sawyer und Treasure Island. Die Jury schreibt dazu: „Der Zauber ist vorbei. Jetzt sind Drachen und Pikmin angesagt."

In der Kategorie Wortwiederholung von Verben gehen die Bullshit Bingo Preise an: „spezifisch" und „eintauchen".

Begründung der Jury: Wiederholungen in ChatGPT-Texten sind in diesem Buch und allen ChatGPT-Antworten extrem hoch. Die Worte *spezifisch und tauchen* sind in vielen Headlines und Fließtexten zuhause. Das Wort *tauchen* in den Variationen: eintauchen, tauchen sie ein, tauchen sie ab. Das liegt am „spezifischen" Algorithmus.

Achte auf Phrasen, Floskeln und Worthülsen. Hieran kannst Du ChatGPT erkennen oder diese an den entsprechenden Stellen überarbeiten. Noch ein Tipp: Es werden übrigens immer wieder Brücken gebaut. Brücken zwischen Mensch und Maschine, Brücken zwischen Technologie und Innovation oder Brücken zur nächsten Kategorie.

In der Kategorie Recruiting geht der Bullshit Bingo Preis an: „Mit großem Interesse"

Begründung der Jury: *Mit großem Interesse* hat es in Bewerbungsschreiben in fast jeden ersten oder zweiten Satz geschafft.

Gewaltiger Applaus
Alle Preisträger danken ihren Eltern. Jetzt kommen wir zum Finale der Preisverleihung. Robbie Williams stellt uns seinen neuen Swing-Titel vor: den ChatGPT-Song! Habt ihr seine Stimme im Ohr?

Let's Swing

ChatGPT, schreibe einen Songtext für Robbie Williams, so wie der Song *New York, New York* von Frank Sinatra:

„Chat GPT, Chat GPT
(Inspired by 'New York, New York')

(Verse 1)
Start spreading the news,
I'm chatting today.
I want to be a part of it -
Chat GPT, Chat GPT.

These algorithms blues,
Are melting away.
I'll make a brand-new start of it -
Chat GPT, Chat GPT.

(Chorus)
If I can chat there,
I'll chat anywhere.
It's up to you,
Chat GPT, Chat GPT.

(Verse 2)
These digital shoes,
Are longing to stray.
Right through the heart of it -
Chat GPT, Chat GPT.
I want to wake up in a world that never sleeps,
And find I'm king of the chat,
Top of the heap.

(Bridge)
These old-school tunes,
They might fade away.
But with you, they're part of it -
Chat GPT, Chat GPT.

(Chorus)
If I can learn there,
I'll learn anywhere.
Come shine through,
Chat GPT, Chat GPT.

(Verse 3)
I want to chat up, in the digital glow,
Feel the rhythm, the ebb and flow.
My digital friend, so sleek and neat,
With every query, you never miss a beat.

(Bridge)
From Sinatra's swing,
To the modern day bling.
You've got the art of it -
Chat GPT, Chat GPT.

(Chorus)
If I can dream there,
You'll dream anywhere.
It's up to you,
Chat GPT, Chat GPT.

(Outro)
For in this digital spree,

You're the best there can be.
Let's hear it for you,
Chat GPT, Chat GPT!

ChatGPT, Prompt: Schreibe einen Songtext für Robbie Williams, so wie der Song *New York, New York* von Frank Sinatra, zugegriffen 7. September 2023.

Das *Theme from New York, New York*, wurde zum ersten Mal von Liza Minnelli im gleichnamigen Film *New York, New York* gesungen. Der Song erlangte seine internationale Bekanntheit vor allem durch Frank Sinatra, der es bis zu seinem letzten Bühnenauftritt sang. ChatGPT hat den Reim, die Silbenzahl und Inhalte kopiert und neu zusammengesetzt. Was würden die Song-Schreiber Fred Ebb und John Kander dazu sagen?

10

Der kreative Prompt

Zusammenfassung Wie steht es um das Kreativ-Niveau der Chatbots? Echte Kreativität ist durch das Unerwartete und Überraschende gekennzeichnet. Wie erreicht man mit kreativen Prompts Einzigartigkeit und Unverwechselbarkeit? Ein gut formulierter, kreativer Prompt spielt mit der algorithmischen Effizienz und erzeugt dadurch einzigartigen Text. Dabei helfen Rollenmuster, Tonalitäten, Erzählperspektiven und eine Vielzahl von Erzählstrukturen, die Chatbots in unerwartete Richtungen lenken.

Welches Kreativ-Niveau erreichen GPT-Programme?

Das bisherige Chat-Obst und Kreativ-Niveau lässt zu wünschen übrig. GPTs sind vorlaut und stören die Stilkunde. Ihr Textstil ist monoton und sie schreiben immer von der Masse ab. Vieles wirkt undifferenziert. Sie erfinden Ausreden und lügen hemmungslos drauf los. Sie plappern, ohne nachzudenken und sind immer viel zu schnell.

A. Heiser, *Texten mit ChatGPT*, https://doi.org/10.1007/978-3-658-45601-6_10

Eine Marke wird durch Einzigartigkeit und Unverwechselbarkeit lebendig

Das hören Werbetexter gerne, denn sie werden weiterhin gebraucht. Austauschbarkeit ist Gift für jede Marke. Im Marketing geht es um Alleinstellung. Nur so strahlt die Marke und zieht an.

Es geht für den Texter und Autor um einzigartige Variationen eines Themas. Diese haben wir in den ersten Prompts ehrlich gesagt nicht gefunden. Bei aller Faszination über den Umgang und die Argumentationstiefe der Antworten, wenn sie richtig sind, ist der Stil von ChatGPT einheitlich und wenig abweichend. Man muss den Chatbots beibringen, wie und in welche Richtung sie schreiben sollen.

Ja, ChatGPT, Neuroflash und Perplexity beeindrucken durch Umfang, Tiefe, Plausibilität und strukturellen Aufbau, aber das soll nicht darüber hinwegtäuschen, dass neben einigen zufälligen Perlen bis jetzt keine überraschenden oder kreativen Spitzenleistungen zum Vorschein kamen, die eines Kreativpreises würdig gewesen wären. Erst wenn es gelingt, den GPT-Programmen das Fabulieren und Schwadronieren auszutreiben, wird der Text gut. Wenn also der erste Wurf der GPT-Programme nicht brauchbar ist, wie erreicht man kreative Höchstleistungen?

Die Perlentaucher. Text-Potenziale erkennen und überarbeiten

Du bist Lektor und Perlentaucher zugleich. Du kennst die Beurteilungskriterien guter Texte – suchst und findest die Perlen im Text. Erinnerst du dich an die Film-Treatments über Solarmodule? Wenn dir die Vampiridee gefällt, nimmst du sie auf und verbesserst sie. Du schwimmst nicht an der Oberfläche, sondern tauchst in den Text ein und erforschst sein Potenzial. Wo sind die Ideen und Satzperlen? Diese nimmst du auf und veredelst sie. Wie? Du schreibst einen kreativen Prompt, der den Chatbot in kreative Antworten zwingt.

Wenn Large Language Models Vorhersagen über Wahrscheinlichkeiten treffen, können sie Muster nachbauen und kopieren, aber selten neu schöpfen und überraschen. Headlines wie *Einfachschnellundkreativ, Denken sie mal darüber vor* oder *Unser Herz schlägt draußen* sind unwahrscheinlich. Die Texte der Sprachmodelle bleiben oft durchschnittlich, austauschbar und wenig überraschend.

Die Antwort auf den ersten oder zweiten Prompt ist nur ein erstes Ergebnis auf dem Weg zu einem guten Werbetext. Damit ist nur die Hälfte der Arbeit erledigt

Wenn ich die Programme als Mustererkennungsmaschinen bezeichne, so steckt für den kreativen Prozess viel mehr dahinter. Auf dem höchsten Niveau kreativer Gestaltung geht es nicht um den Nachbau und die Kopie von Mustern, sondern um das verändern und schöpfen neuer, überzeugender Muster. Das ist das Grundprinzip jeder Neuschöpfung.

Hier kommt der Autor ins Spiel und ist unersetzbar. Der schöpferische Gedanke geht vom Texter aus. Die Gestaltungsidee entsteht in seinem Kopf. Er ist der Dirigent und Ideengeber für Prompts, die zu außergewöhnlichen Ideen führen.

Wenn Chatbots nur nachbauen, was sie im Internet und den Trainingsdaten über Textsorten und -strukturen finden, dann liegen ihre Antworten innerhalb den Erwartungen.

Suchen wir neue Antworten, müssen wir die Anfragen verändern. Geben wir den Chatbots eine zweite Chance und provozieren sie mit Fragen, die sie überraschen.

Wir folgen dem Storytelling, den Rollenmustern, Tonalitäten, Erzählperspektiven und dem Kontext

Die Idee und Story übersetzen das Kreativ-Briefing in eine dramatische Form. Eine gute Idee besitzt eine klar erkennbare Gestalt, Form und Dramaturgie. Sie dienen der Erinnerung und transportieren die Inhalte ins Gedächtnis.

Die Voraussetzungen dafür, dass ein Text als erzählend, also narrativ, bezeichnet werden kann sind:

Menschliches Handeln
Lokalisierbare Handlung
Zeitlicher Verlauf
Kausalität der Handlungsfolge

Erzählen statt beschreiben. Narrativ statt deskriptiv

Eine Geschichte liegt mitten im Geschehen. In der Werbung trifft sie idealerweise Einstellungen und Motive der Zielgruppen.

In Geschichten

sehen wir die Welt vor unserem geistigen Auge.
wird der Wunsch wird augenscheinlich und konkret.

ziehen sinnliche Details in das Thema hinein.
führen Sehen und Fühlen zu Einlassung.
erregt Emotion unser Interesse.

Worum geht es? Nutze das Drama, die Tonalität und die Überzeugungskraft der Narration/Erzählung
Geschichten wecken automatisch das Interesse des Lesers und erhöhen seine Aufmerksamkeit. Erzählen bedarf keiner besonderen Anstrengung des Rezipienten, denn wir sind mit Geschichten aufgewachsen.

Die Story weckt die Neugierde. Die Erzählung dramatisiert Inhalte, dadurch involviert und motiviert sie stärker als deskriptiver und informativer Text.

Erzählen ist emotionaler als Beschreiben
Die Erzählung holt die Zielgruppe bei ihrem Wunsch oder Problem ab. Geschichten erzeugen Verständnis, Einsicht und Überzeugungskraft. Geschichten sind Teil des kollektiven Gedächtnisses.

Die Beschreibung (Deskription) besitzt eine andere Tonalität und Überzeugungskraft als die Erzählung (Narration). Es ist kein aggressiver Überzeugungsversuch – einfühlsames Verkaufen. Vergleichbar mit einem Gespräch oder einer Unterhaltung.

Entscheidungen werden zuerst emotional getroffen und dann rational begründet.

Die Gestaltung der Versprechen als Story

Erhöht die Aufmerksamkeit
erzeugt Spannung
steigert die Verständlichkeit
feuert das Interesse an
weckt Wünsche, Sehnsüchte und Emotionen
bietet einen Unterhaltungswert
steigert die Erinnerung
fördert das Lesevergnügen

Das Storymodell

Im weiteren Verlauf beschäftigen wir uns mit dem Storytelling, denn die Dramaturgie und Story-Entwicklung gibt viele Hinweise für die Vorgehensweise beim Prompten. Du liest welche Optionen und Kreativtechniken dir für kreative Prompts zur Verfügung stehen. Wir experimentieren, kombinieren, kreuzen, provozieren, spielen und stiften Verwirrung. Hier die ersten vier Ansatzpunkte für deine Prompts.

Prompts mit Rollenmustern
Prompts mit Tonalitäten
Prompts mit Erzählperspektiven
Prompts im Kontext

Prompts mit Rollenmustern

Weise dem Chatbot eine Rolle zu, die er ausfüllen soll. Der kritische Beobachter, der Handwerksmeister, der Insider, der Liebhaber von Oldtimern, der Kritische, der Neider, die Liebevolle, der Skeptiker und so weiter.

ChatGPT, du bist Satiriker und tust so als gäbe es keine Autos, aber musst sie den Menschen dennoch verkaufen:

„Oh, liebe Kundin, lieber Kunde! Haben Sie jemals von diesen wunderbaren, vierrädrigen Kutschen ohne Pferde gehört? Nein? Lassen Sie mich Ihnen von diesem faszinierenden, fast magischen Fortbewegungsmittel erzählen!

Stellen Sie sich vor, eine Kutsche, die von unsichtbaren Pferden gezogen wird. Ja, genau, unsichtbare Pferde! Diese Kutschen bewegen sich von alleine, ohne dass Sie sich um Futter oder Wasser für die Pferde kümmern müssen. Und das Beste daran? Sie können so schnell fahren, wie der Wind weht, ohne dass ein Pferd ins Schwitzen kommt.

Sie fragen sich sicherlich, wie das funktioniert? Nun, es ist ein Geheimnis, das nur wenige kennen. In Wahrheit gibt es einen kleinen Zauberer unter dem Sitz, der die Kutsche antreibt. Sie müssen ihm nur sagen, wohin Sie möchten, und er wird Sie dorthin bringen. Aber pssst! Erzählen Sie das niemandem weiter.

Und wissen Sie, was noch erstaunlicher ist? Diese Kutschen haben Lichter, die in der Dunkelheit leuchten, sodass Sie auch nachts reisen können. Und sie können Musik spielen, während Sie fahren! Es ist wie ein rollendes Theater.

Also, liebe Kundin, lieber Kunde, möchten Sie in diese wunderbare Welt der magischen, pferdelosen Kutschen eintauchen? Ich verspreche Ihnen, es wird eine Reise sein, die Sie nie vergessen werden! Und das Beste daran? Sie müssen nicht einmal wissen, dass es ‚Autos' gibt, um eines zu besitzen."

ChatGPT, Prompt: Du bist Satiriker und tust so als gäbe es keine Autos, aber musst sie den Menschen dennoch verkaufen, zugegriffen 13. September 2023.
Das funktioniert sehr gut und wir fragen mal was er alles kann.

ChatGPT, in welchen Rollenmustern kannst du schreiben? Mach bitte Vorschläge:

„Natürlich! Hier sind einige Rollenmuster, in denen ich schreiben kann:

1. **Der formelle Wissenschaftler**: Ich kann in einem sehr technischen und wissenschaftlichen Ton schreiben, der sich auf Fakten und Daten stützt.

2. **Der Geschichtenerzähler**: Ich kann in einem erzählerischen Stil schreiben, der Geschichten und Anekdoten verwendet, um Informationen zu vermitteln.

3. **3. Der begeisterte Fan**: Ich kann mit viel Begeisterung und Leidenschaft über ein bestimmtes Thema schreiben, als ob ich der größte Fan davon wäre.

4. **4. Der Philosoph**: Ich kann in einem reflektierenden und tiefgründigen Ton schreiben, der sich auf das Wesen der Dinge und das Nachdenken über das Leben konzentriert.

5. **Der Lehrer**: Ich kann in einem informativen und lehrreichen Stil schreiben, der darauf abzielt, dem Leser etwas beizubringen.

6. **Der Kritiker**: Ich kann in einem kritischen und analysierenden Ton schreiben, der die Vor- und Nachteile eines bestimmten Themas oder einer Idee untersucht.

7. **Der Freund**: Ich kann in einem lockeren und informellen Ton schreiben, als ob ich ein Gespräch mit einem Freund führen würde.

8. **Der Satiriker**: Ich kann in einem humorvollen und ironischen Ton schreiben, der sich über bestimmte Themen oder Ideen lustig macht.

9. **Der Dichter**: Ich kann in einem lyrischen und poetischen Stil schreiben, der sich auf Emotionen und künstlerischen Ausdruck konzentriert.

10. **Der Reporter**: Ich kann in einem sachlichen und neutralen Ton schreiben, der darauf abzielt, Nachrichten oder Fakten zu berichten.

Das sind nur einige Beispiele. Wenn Sie eine spezifische Rolle oder einen Stil im Kopf haben, lassen Sie es mich wissen, und ich werde mein Bestes tun, um in diesem Muster zu schreiben!"

ChatGPT, Prompt: In welchen Rollenmustern kannst du schreiben? Mach mir Vorschläge, zugegriffen 13. September 2023.
  Bei Rollenmustern gibt es für die Werbung klassische Genres wie Presenter, Testimonial, Prominenter. Die Genreauswahl ist unendlich und alle Rollen spielen mit. Welche noch?

Prompts nach Vorbildern

Wenn der Chatbot übergeordnete Rollen annehmen kann so kann er auch in konkrete Rollen schlüpfen und deren Stil imitieren. Willkommen im Land der Dichter und Denker.

ChatGPT, schreibe ein Gedicht wie Friedrich Schiller mit den poetischen Stichworten Glück, Gesundheit und Freude:

„Im Lichte des Daseins, so strahlend und klar,
Wo Glück sich entfaltet, so wahrhaft und rar,
Da schwingt sich die Seele, so mächtig, so weit,
Getragen von Freude, durch Raum und durch Zeit.

Gesundheit, du Quelle, so klar und so rein,
Du schenkst uns das Leben, lässt Leiden uns sein.
Doch in deinem Schoße, so tief und so voll,
Erblüht unsre Kraft, unser Wollen, so toll.

Das Glück, es ist flüchtig, wie Windhauch so zart,
Doch wenn es uns küsst, spürt man's tief im Gemüte.
Es leuchtet und funkelt, gibt Hoffnung und Halt,
Und führt uns behutsam auf lebensreicher Route.

Die Freude, sie tanzt, wie ein Feuer im Wind,
Sie lodert und lacht, bringt Licht ins Gemüt.
Mit ihr an der Seite, so kühn und so frei,
Erscheint jede Bürde als Kleinigkeit dabei.

Zugegriffen, o Mensch, in des Lebens großem Spiel,
Mit Glück, Gesundheit und Freude als Ziel.
Denn in diesem Reigen, so bunt und so wild,
Findet die Seele ihr wahres Bild."

ChatGPT, Prompt: Schreibe ein Gedicht wie Friedrich Schiller mit den poetischen Stichworten Glück, Gesundheit und Freude, zugegriffen 6. September 2023.

ChatGPT, schreibe ein Gedicht wie Theodor Fontane mit den poetischen Stichworten Glück, Gesundheit und Freude:

„Durch Mark und Auen, fern und nah,
Wo Glück und Freude sichtbar war,
Da wandelt' ich, mit Blick so weit,
Und suchte stets die Seligkeit.

Gesundheit, wie ein starker Baum,
Stand fest in jedem Lebensraum,
Sie gab mir Kraft, hielt mich bereit,
Für alle Stürme, jede Zeit.

Das Glück, es war ein zarter Faden,
Mal stark, mal schwach, in allen Pfaden.
Doch wenn es lachte, hell und klar,
War's wie der Frühling, wunderbar.

Die Freude, wie ein sanftes Lied,
Das durch die Seele leise zieht,
Sie war der Klang, der mich begleitet,
In dunklen Nächten, hellen Zeiten.

„Zugegriffen!", rief das Leben,
„Nimm all das Gute, das gegeben."
Mit Glück, Gesundheit, Freudenhand,
Ging ich durch dieses Wunderland."

ChatGPT, Prompt: Schreibe ein Gedicht wie Theodor Fontane mit den poetischen Stichworten Glück, Gesundheit und Freude, zugegriffen 6. September 2023.

ChatGPT, schreibe ein Gedicht wie Rainer Maria Rilke mit den poetischen Stichworten Glück, Gesundheit und Freude:

„In der Tiefe des Seins, wo Worte versagen,
Wo Glück und Gesundheit wie Blumen sich neigen,
Da wächst eine Freude, die wir kaum beklagen,
Die leise und zart uns zum Innersten zeigen.

Das Glück ist ein Garten, in Stille gehüllt,
Wo Rosen und Dornen in Eintracht verweilen.
Es blüht und verblüht, wird genährt und gefüllt,
In Kreisen des Werdens, des Wachsens, des Teilens.

Gesundheit, ein Fluss, der durch Adern uns fließt,
Uns nährt und belebt, uns in Balance hält.
Sie spricht ohne Worte, sie gibt und sie schließt,
Ein unausgesprochenes Gut dieser Welt.

Die Freude, ein Vogel, der hoch in den Lüften,
Mit schillernden Federn das Himmelszelt ziert.
Sie singt die Melodien, die Herzen erhüften,
Die Lieder der Seele, die niemand verliert.

Zugegriffen, so spricht die Stille in uns,
Ergreife das Leben, in all seiner Pracht.
Mit Glück, Gesundheit und Freude, im leichten Schwung,
Wird jede Sekunde zur Ewigkeit gemacht."

ChatGPT, Prompt: Schreibe ein Gedicht wie Rainer Maria Rilke mit den poetischen Stichworten Glück, Gesundheit und Freude, zugegriffen 6. September 2023.

Irritiert bin ich über das Wort „zugegriffen", jeweils zum Beginn der letzten Strophe aller drei Gedichte! Der Chatbot imitiert Vorbilder.

ChatGPT, erkläre Homer Simpson den Winkelschleifer, der in jede Ecke kommt.

„Homer Simpson sitzt auf der Couch und schaut Fernsehen, als plötzlich eine Werbung für einen Winkelschleifer erscheint.

Sprecher: ‚Der neue Winkelschleifer, der in jede Ecke kommt!'

Homer, verwirrt: ‚Winkel... was?!'

Marge, die neben ihm sitzt, versucht es ihm zu erklären: ‚Homer, stell dir vor, du hast einen Donut und du willst einen kleinen Teil davon abschneiden, aber dein Messer kommt nicht richtig in die Ecke des Donuts.'

Homer, mit leuchtenden Augen: ‚Oh, das klingt nach einem echten Problem!'

Marge: ‚Genau, und genau dafür gibt es den Winkelschleifer. Er ist wie ein elektrisches Werkzeug, das eine Scheibe hat, die sich sehr schnell dreht. Damit kann man Metall, Stein oder andere harte Materialien schneiden oder schleifen. Und dieser spezielle Winkelschleifer kann sogar in die engsten Ecken kommen, genau wie du versuchen würdest, in die Ecke eines Donuts zu kommen.'

Homer, nachdenklich: ‚Also, es ist wie ein magisches Donut-Messer für harte Sachen?'

Marge, lächelnd: ‚Homer, genau so kannst du es dir vorstellen.'

Homer, begeistert: ‚Wow, das klingt großartig! Ich brauche so einen Winkelschleifer für meine nächsten Heimwerkerprojekte!'

Marge, seufzend: ‚Nur bitte sei vorsichtig, Homer. Wir wollen nicht, dass du dir wehtust.'

Homer, grinsend: ‚Keine Sorge, Marge, ich bin ein Profi! ... Wo ist der nächste Baumarkt?'

Und so endet die kleine Einführung von Homer Simpson in die Welt der Winkelschleifer.“

ChatGPT, Prompt: Erkläre Homer Simpson den Winkelschleifer, der in jede Ecke kommt, zugegriffen 23. September 2023.

ChatGPT, schreibe 10 Headline wie Hunter S. Thompson für eine Bildungsreise nach Jordanien.

„Channeling the gonzo journalism style and the eccentricity of Hunter S. Thompson, here are 10 headlines for an educational trip to Jordan:

1. Jordan Unhinged: A Desert Odyssey Beyond the Mundane.
2. From Petra to Wadi Rum: A Gonzo Journey into Jordan's Wild Heart.
3. Dive Deep into Jordan: Where Ancient Stones Speak Louder than Politicians.
4. Fear and Learning in Jordan: A Cultural Trip on the Edge.
5. Jordan's Sands: More Than Just Grains, They're Stories Waiting to be Told.
6. Ride the Jordanian Wave: A Psychedelic Expedition Beyond the Guidebooks.
7. Bedouins, Ruins, and Gonzo Truths: Jordan Unfiltered.
8. Desert Chronicles: A Whirlwind Education in Jordan's Timeless Landscape.
9. Jordan: Where Every Grain of Sand Holds a Lesson in Madness and Majesty.
10. Chasing the Jordanian Mirage: An Education in Reality and Reverie.

These headlines aim to capture Thompson's unique style, blending raw observation with a touch of the surreal."

Regenerate

„Channeling the gonzo journalism style of Hunter S. Thompson, here are 10 headlines for an educational trip to Jordan:

1. Journey to Jordan: Where Ancient Stones Speak Louder than Politicians.
2. Unearth the Bedouin Beat: A Psychedelic Odyssey in Jordan's Desert.
3. Petra Unveiled: Rock Temples, Camels, and the Edge of Sanity.
4. Fear and Learning in Jordan: A Gonzo Guide to the Middle East.
5. Wadi Rum: Where Sand Dunes and Hallucinations Collide.
6. Dead Sea Scrolls and Live Minds: A Trip to Jordan's Intellectual Underbelly.
7. High on History: A Mind-Bending Expedition to Jordan's Ruins.
8. Jordan Unfiltered: The Raw, the Sacred, and the Utterly Bizarre.
9. From Amman to Aqaba: A Road Trip Through Jordan's Cultural Quagmire.
10. The Hashemite Kingdom on Acid: A Gonzo Education in Jordanian Reality.

These headlines aim to capture the irreverent, adventurous spirit of Hunter S. Thompson while promoting an educational journey through Jordan."

ChatGPT, Prompt: Schreibe 10 Headline wie Hunter S. Thompson für eine Bildungsreise nach Jordanien, zugegriffen 7. September 2023.

Eine Idee kann ich mir nicht verkneifen: Wadi Rum Rum: Where Sand Dunes and Hallucinations Collide.
ChatGPT kennt Stile von Autoren und baut ihre Muster nach!

ChatGPT, schreibe 10 Headlines wie Charles Bukowski für Whiskey:

„Channeling the raw, gritty style of Charles Bukowski, here are 10 headlines for whiskey:

1. **Drowning Sorrows, One Golden Drop at a Time.**
2. **Whiskey: The Muse of the Damned and the Divine.**
3. **In Every Bottle, A Symphony of Broken Dreams.**
4. **Sip by Sip, The World Blurs and Truth Emerges.**
5. **Whiskey: The Liquid Diary of a Tortured Soul.**
6. **From Grain to Glass: The Poetry of Desolation.**
7. **Where Regret Meets Euphoria: A Whiskey Tale.**
8. **Dancing with Demons? Pour Them a Drink.**
9. **In the Depths of Amber, Find Your Rawest Self.**
10. **Whiskey: Because Life's No Fairytale.**

Remember, these headlines are inspired by Bukowski's style and themes but are original creations."

ChatPGT, schreibe 10 Headlines in deutsch zum Thema: How many Headlines must a Copywriter writes down. Before you can call him sick?

„Natürlich! Hier sind 10 Headlines zum Thema:

1. **Wie viele Schlagzeilen braucht ein Texter, bis er am Limit ist?**
2. **Schlagzeilen am laufenden Band: Wann ist ein Texter überfordert?**
3. **Zwischen Kreativität und Burnout: Der tägliche Kampf des Texters.**
4. **Wie viele Worte, bis ein Texter nicht mehr kann?**
5. **Schlagzeilen-Flut: Wann sagt ein Texter ‚Genug'?**
6. **Von Inspiration zu Erschöpfung: Der schmale Grat des Texters.**
7. **Endlos Schlagzeilen: Der Druck auf den modernen Texter.**
8. **Wann ist der Punkt erreicht, an dem ein Texter ausbrennt?**
9. **Schlagzeilen ohne Ende: Der stille Schrei eines Texters.**
10. **Jede Zeile zählt: Doch wann ist für einen Texter Schluss?**

Ich hoffe, diese Headlines treffen den Kern des Themas!"

Regenerate

„Natürlich, hier sind 10 Headlines zum Thema:

1. Wie viele Schlagzeilen muss ein Texter schreiben, bevor man ihn als krank bezeichnet?
2. Der erschöpfte Texter: Ab wann ist die Grenze erreicht?
3. Schlagzeilen am Limit: Wann ist ein Texter wirklich ‚ausgebrannt'?
4. Kreativität oder Krankheit? Der schmale Grat eines Texters.
5. Schlagzeilen ohne Ende: Der hohe Preis der Texter-Seele.
6. Von Inspiration zu Erschöpfung: Der steinige Weg eines Texters.
7. Ist Ihr Texter krank oder nur kreativ? So erkennen Sie die Anzeichen.
8. Unzählige Schlagzeilen, ein Problem: Der Burnout eines Texters.
9. Schlagzeilen bis zum Umfallen: Wann sollte ein Texter Pause machen?
10. Der Texter am Rande des Nervenzusammenbruchs: Ein Weckruf für die Branche.

Diese Headlines sollen die Herausforderungen und Grenzen im Beruf eines Texters thematisieren."

Regenerate

„Natürlich! Hier sind 10 Headlines zum Thema:

1. Wie viele Schlagzeilen braucht ein Texter, bis er am Limit ist?
2. Schlagzeilen am laufenden Band: Wann ist ein Texter überfordert?
3. Zwischen Kreativität und Burnout: Der tägliche Kampf des Texters.
4. Schlagzeilen ohne Ende: Wann sagt ein Texter ‚Genug'?
5. Von Inspiration zu Erschöpfung: Der schmale Grat des Textens.
6. Wie viele Worte, bis ein Texter seine Grenzen erreicht?
7. Schlagzeilen-Flut: Wann ist der Punkt erreicht, an dem ein Texter ausbrennt?
8. Zwischen Zeilen und Müdigkeit: Der Druck auf den Texter.
9. Unzählige Headlines später: Wann ist ein Texter am Ende seiner Kräfte?
10. Vom ersten Wort bis zum Burnout: Die Reise eines Texters.

Ich hoffe, diese Headlines treffen den Kern des Themas!"

Der Chatbot braucht einen neuen Impuls. Die Headlines werden nicht besser.

ChatGPT, schreibe einen Liedtext im Stile von Johnny Cash über meinen Garten:

„My Garden

Verse 1:
On a piece of land, far from city's haze,
There lies my garden, where I spend my days.
The sun sets low, casting shadows long, on the cobblestone way,
In my garden, I find peace, where my worries fade away.

Chorus:
My garden, my pride and joy, where life does thrive and bloom,
Where flowers dance, and breezes toy, and time heals every wound.
My garden, my silent song, my sanctuary by night and day,
Where dreams take root, and hope grows strong, and life's cares melt away.

Chorus:
My garden, my pride and joy, where life does thrive and bloom,
Where flowers dance, and breezes toy, and time heals every wound.
My garden, my silent song, my sanctuary by night and day,
Where dreams take root, and hope grows strong, and life's cares melt away.

Bridge:
Under the old apple tree, I lie and gaze above,
Stars shimmer, the moon glides by, and the world seems full of love.
In the stillness, a melody, that nature brings to part,
From my garden, my paradise, the song of my heart.

Chorus:
My garden, my pride and joy, where life does thrive and bloom,
Where flowers dance, and breezes toy, and time heals every wound.
My garden, my silent song, my sanctuary by night and day,
Where dreams take root, and hope grows strong, and life's cares melt away.

Outro:
So I wander, through my land, feeling blessed, feeling grand,
For in my garden, I truly know, it's where my heart wants to stand."

ChatGPT, Prompt: Schreibe einen Liedtext im Stile von Johnny Cash über meinen Garten, zugegriffen 24. August 2023.

Der Songtext berührte mich. Wie schon beim *Theme of New York, New York* kann ChatGPT Songtexte schreiben und sich auf Vorbilder oder Inhalte (Kontexte) gut einstellen.

Prompts mit Tonalitäten

ChatGPT, nenne die Tonalitäten mit denen du am besten zurechtkommst:

„Ich bin in der Lage, Texte in verschiedenen Tonalitäten zu generieren, abhängig von den Anforderungen der Benutzer. Einige der Tonalitäten, mit denen ich gut zurechtkomme, sind:

1. **Informell** – Ich kann in einem lockeren und geselligen Ton schreiben, wie man es unter Freunden tun würde.
2. **Formell** – Für professionelle oder akademische Anforderungen kann ich in einem strengeren und formelleren Ton schreiben.
3. **Beratend** – Wenn du Ratschläge oder Anleitungen benötigst, kann ich in einem beratenden Ton schreiben.
4. **Erzählend** – Ich kann Geschichten oder Erfahrungen in einem beschreibenden und erzählenden Ton wiedergeben.
5. **Persuasiv** – Wenn das Ziel darin besteht, jemanden von einer Idee zu überzeugen, kann ich argumentative Texte verfassen.
6. **Humorvoll** – Ich kann versuchen, Texte mit einem humorvollen oder witzigen Ton zu schreiben, obwohl Humor subjektiv ist.
7. **Technisch** – Bei Bedarf kann ich in einem spezifischen, detailorientierten technischen Ton schreiben.
8. **Einfach und verständlich** – Für Erklärungen oder Anleitungen kann ich den Text so einfach und klar wie möglich halten.
9. **Emotional** – Ich kann Texte in einem emotionalen Ton verfassen, ob es sich nun um Freude, Traurigkeit oder andere Emotionen handelt.

Letztlich hängt die von mir verwendete Tonalität von deinen Anforderungen und Anweisungen ab. Wenn du einen spezifischen Ton möchtest, lass es mich einfach wissen, und ich werde mein Bestes tun, um diesen Wunsch zu erfüllen."

ChatGPT, Prompt: Nenne die Tonalitäten mit denen du am besten zurechtkommst, zugegriffen 26. August 2023.

ChatGPT, ich brauche abweichende, skurrile, ironische und sarkastische Tonalitäten. Welche kannst du anbieten?

„Natürlich, ich kann mich diesen Tonalitäten anpassen! Hier sind einige Beispiele:

1. **Abweichend** – In einer Welt, in der jeder sagt, dass der Himmel blau ist, würde ich sagen, dass er eigentlich nur ein überbewertetes Ozean-Imitat ist.
2. **Skurril** – Falls du jemals darüber nachgedacht hast, warum Einhörner keine Rockbands gründen: Es liegt wahrscheinlich daran, dass ihre Hufe auf der E-Gitarre einfach nur lächerlich aussehen.
3. **Ironisch** – Natürlich, wer will nicht einen Regenschirm, wenn die Sonne scheint? Das ist genauso nützlich wie ein Schokoladen-Teekessel!
4. **Sarkastisch** – Oh großartig! Ein weiterer Tag, an dem meine Zimmerpflanze erfolgreicher im Leben ist als ich.

Wenn du möchtest, dass ich in einem dieser Töne oder einer Kombination davon schreibe, gib mir einfach Bescheid. Oder wenn du eine andere spezifische Tonalität im Sinn hast, lass es mich wissen, und ich werde mein Bestes tun, um deinen Erwartungen gerecht zu werden!"

ChatGPT, Prompt: Ich brauche abweichende, skurrile, ironische und sarkastische Tonalitäten, zugegriffen 26. August 2023.

ChatGPT, beschreib den Stil des Autors Max Goldt.

„Max Goldt ist ein deutscher Autor und Kabarettist, der für seinen einzigartigen und scharfsinnigen Stil bekannt ist. Seine Texte zeichnen sich durch eine Mischung aus feinem Humor, skurrilen Beobachtungen und einer ausgeprägten Sprachgewandtheit aus. Goldt verbindet oft alltägliche Beobachtungen mit absurden Gedankenkonstruktionen, wodurch er eine surreale Atmosphäre schafft.

Sein Schreibstil ist geprägt von einer präzisen Sprache, die jedoch oft mit unerwarteten Wendungen und ungewöhnlichen Wortwahl überrascht. Er spielt gerne mit Worten und bringt seine Leser zum Schmunzeln durch seine unkonventionelle Herangehensweise an die Sprache.

Goldts Texte zeichnen sich auch durch ihre Vielschichtigkeit aus. Hinter seinen humorvollen Anekdoten und skurrilen Situationen verbirgt sich oft eine tiefere Bedeutung oder eine kritische Auseinandersetzung mit gesellschaftlichen Phänomenen.

Insgesamt lässt sich sagen, dass Max Goldts Stil von einer einzigartigen Mischung aus Intelligenz, Humor und Sprachspielerei geprägt ist, die seine Werke für viele Leser so faszinierend macht."
ChatGPT, Prompt: beschreib den Stil des Autors Max Goldt, zugegriffen 17. Februar 2024.

Jetzt kommt der beste Text, den ich bis jetzt von ChatGPT gelesen habe!

ChatGPT, schreibe einen Text über den Alltag in einer Werbeagentur im Schreibstil von Max Goldt

„In den trübsinnigen Hallen einer Werbeagentur tummeln sich die Schergen der Kreativität, mit genug Einfallsreichtum, um den mondänen Prunk einer alten Kuchenschachtel zu entfachen. Der Alltag in diesem düsteren Kosmos gleicht einer Farce, die nur in den absurden Fantasien eines verwirrten Schimpansen entstehen könnte.

Frühmorgens, wenn die Sonne noch schläfrig hinter den grauen Wolken hervorlugt, schleppt sich der trübselige Haufen in die heiligen Hallen des kreativen Wahnsinns. Die Gesichter sind gezeichnet von nächtlichen Koffeinexzessen und dem verzweifelten Bemühen, irgendeine Form von Inspiration zu finden. In den von zerschlissenen Teppichen bedeckten Büros liegen verwaiste Kaffeetassen wie stumme Zeugen vergangener Kreativität.

Die Meetings, oh diese Meetings, gleichen einer endlosen Tortur des Wortgeplänkels und der selbstverliebten Selbstdarstellung. Da wird in gewollt bedeutungsschwangerem Tonfall über Zielgruppen gefaselt, während die Gedanken der anwesenden Seelen längst auf den nahenden Mittagstisch schweifen. Ideen werden geboren, verworfen und wiederauferstanden wie Phönix aus der Asche, nur um am Ende in den Weiten der Kreativabteilung verloren zu gehen.

Der Kreativprozess gleicht einem wilden Tanz auf dem Vulkan der Belanglosigkeit. In den mit Post-its bedeckten Wänden türmen sich die Fragmente halbfertiger Gedanken, wie eine unordentliche Sammlung von unfertigen Sätzen, die darauf warten, zu literarischen Meisterwerken zu werden. Die Grafikdesigner jonglieren mit Farben und Formen, als würden sie versuchen, das Universum in ein Mosaik zu verwandeln. Doch am Ende bleibt nur ein Hauch von Abstraktion und die Frage, ob es wirklich einen Unterschied macht.

Die Stunden vergehen wie in einem Zeitraffer, während die Tastaturen klackern und die Mauszeiger wild über die Bildschirme huschen. Es ist ein ständiger Kampf gegen die unerbittliche Deadline, die wie ein Schatten über den Köpfen der kreativen Seelen schwebt. Zwischen gestressten Blicken und nervösen Lachern versucht jeder, seine Arbeit zu vollenden und dabei die schwindende Hoffnung auf Originalität zu bewahren.

Doch dann, wenn die Dämmerung die Büros in ein diffuses Licht taucht, wird es plötzlich still. Die Hektik weicht der Einsamkeit, und die letzten verbliebenen Kreativen kämpfen gegen den müden Geist an. Sie verharren in einem Zustand zwischen Erschöpfung und Erleuchtung, in der Hoffnung, dass sich ihre Arbeit in den endlosen Weiten des Internets verfangen wird.

So geht ein Tag in der Werbeagentur vorüber, wie ein Flüstern im Sturm der Bedeutungslosigkeit. Die Seelen verlassen die heiligen Hallen mit erschöpften Körpern und leeren Köpfen."

ChatGPT, Prompt: Schreibe einen Text über den Alltag in einer Werbeagentur im Schreibstil von Max Goldt, zugegriffen 29. Juni 2023.

ChatGPT, schreibe zehn Headlines für einen Müsliriegel mit viel Hafer im Stile Max Goldts

„Max Goldt hat einen einzigartigen Schreibstil, der sich durch ironische, humorvolle und manchmal absurd anmutende Wendungen auszeichnet. Hier sind zehn Headlines für einen Müsliriegel mit viel Hafer im Stile von Max Goldt:

1. **Der Müsliriegel für alle, die ihr Hafererlebnis nicht nur im Pferdestall suchen.**
2. **Weshalb sich mit geringem Haferanteil begnügen, wenn man den ganzen Acker in die Hand nehmen kann?**
3. **Der Riegel, bei dem sogar der Hafer lacht – vor Überfluss!**
4. **Für all diejenigen, die morgens lieber in Hafer als in Halbwahrheiten beißen.**
5. **Wenn der Hafer sticht, aber in diesem Fall nur die Geschmacksnerven.**
6. **Warum Hafer nur streuen, wenn man ihn auch in massiven Portionen genießen kann?**
7. **Maximaler Hafer, minimaler Schnickschnack – weil der einfache Riegel manchmal der Goldigste ist.**
8. **Viel Hafer, wenig Blabla – der Riegel für Puristen mit einer Vorliebe für Poesie.**

9. Wo andere nur versprechen, liefert dieser Riegel: Hafer in seiner üppigsten Form!

10. Manch ein Müsliriegel flüstert nur von Hafer. Dieser hier brüllt es heraus.

Hoffentlich kommen diese Headlines Max Goldts besonderem Stil nahe und vermitteln den Charme und den Humor, den Sie gesucht haben!"

Regenerate:

„Max Goldt, der deutsche Schriftsteller und Musiker, ist bekannt für seine feinsinnigen Beobachtungen und Wortspiele. Hier sind zehn Headlines für einen Müsliriegel mit viel Hafer, im Stile Max Goldts:

1. **Der Müsliriegel mit Hafer: Weil das Leben nicht nur aus Brot und Spielen besteht.**

2. **Der Verdichter der Langeweile: Hafer Müsliriegel für ein rauschendes Innenleben.**

3. **Hafer hoch! Der Müsliriegel, der mehr Literatur enthält als Ihr Bücherregal.**

4. **Kauen, als gäbe es keinen Morgen: Müsliriegel mit Hafer – der Roman in Ihrer Tasche.**

5. **Für die Feinschmecker der Langeweile: Der Müsliriegel, der Ihre Mittagspause literarisch aufwertet.**

6. **Nicht nur für Pferde: Hafer Müsliriegel – die poetische Unterbrechung Ihrer Monotonie.**

7. **Der Müsliriegel, den Kafka gegessen hätte: Hafer – das nicht unwesentliche Detail im Ozean der Banalität.**

8. **Hafer, der kleine Bruder des Nirvanas: Ein Müsliriegel für Ihre existenziellen Krisen.**

9. **Kauen als Kunstform: Der Hafer Müsliriegel, der die Melancholie versüßt.**

10. **Ein Müsliriegel mit Hafer: Das Accessoire für Ihre tägliche Dosis Weltschmerz.**

Diese Headlines spielen mit der Art von Humor, Satire und Tiefgang, die oft in Max Goldts Werken zu finden sind. Sie übertreiben die Wichtigkeit des Hafer-Müsliriegels, um sowohl die Banalität des Alltags als auch die kleinen Freuden, die darin zu finden sind, hervorzuheben."

ChatGPT, Prompt: Schreibe zehn Headlines für einen Müsliriegel mit viel Hafer im Stile Max Goldts, zugegriffen 24. August 2023.

ChatGPT beschrieb den Stil von Max Goldt als ironisch, humorvoll und mit absurd anmutenden Wendungen, gepaart mit feinsinnigen Beobachtungen und Wortspielen. Das sind also Begrifflichkeiten mit denen der Chatbot etwas anfangen kann.

Ja, danach haben wir gesucht. Jetzt sind wir im Kreativ-Niveau eine Stufe aufgestiegen. Die Headlines sind ungewöhnlicher, finden neue Ansatzpunkte und interessantere Ideen als bisher.

ChatGPT, schreibe 10 absurd komische Headlines für das Wasser sparen:

„1. Entdeckt: Meerjungfrauen protestieren gegen Wasserverschwendung – ‚Lasst uns nass bleiben!'"

2. UFOs landen auf der Erde, fragen nach Wasser – Erde: ‚Hätten wir mal gespart!'"

3. Studie zeigt: Kaktus benutzt seit 500 Jahren dasselbe Wasser, Menschen, was ist eure Ausrede?'"

4. Goldfische starten Kickstarter-Kampagne: ‚Spendiert uns eine zweite Runde – Wassersparen jetzt!'"

5. Wissenschaftler bestätigen: Wasser sparen lässt dich besser aussehen – feuchte Träume ohne Verschwendung!'"

6. Gartenzwerge rebellieren gegen den Wasserschlauch: ‚Weniger duschen, mehr glänzen!'"

7. Zeitreisende aus der Zukunft bitten um einen Gefallen: ‚Könnt ihr das Wasser laufen lassen? Wir haben zu viel gespart!'"

8. Einhörner fordern: ‚Unsere Regenbogen-Brunnen sind trocken – Menschheit, tu etwas dagegen!'"

9. Sardinen gründen die erste Unterwasser-Wasserspar-Initiative: ‚Auch kleine Fische wollen nass schwimmen!'"

10. Vampire beschweren sich: ‚Wir würden uns gerne mit Wasser abkühlen, aber ihr verschwendet es alle!'

ChatGPT, Prompt: Schreibe 10 absurd komische Headlines für das Wasser sparen, zugegriffen 26. August 2023.

Prompts mit Erzählperspektiven

Zu Beginn des Buches bat ich ChatGPT ein Gedicht im Stile Goethes, für Onkel Theodors Glückwunschtext zum 60. Geburtstag zu schreiben. Ich fragte: Kannst du einem Kind erklären wie GPT, NLP, Natural Language

Programming, Modelle aufgebaut sind. Gerade eben baten wir um Headlines für den Müsliriegel im Stile Max Goldts. Die Kreativtechnik, mit der du alle deine kreativen Aufgaben angehen kannst, lautet Erzählperspektive.

„Eine Geschichte wird immer aus einer Perspektive heraus erzählt, die im Zusammenhang mit dem Thema steht. Die Erzählperspektive schult das Verständnis für einen neuen Betrachtungswinkel der Story, aus der auf das Thema geblickt wird. Der Text spricht aus dieser Perspektive zum Leser und stellt einen überraschenden Bezug zum Versprechen und zur Zielgruppe her.

Die Erzählperspektive ist ein Ideenlieferant für ungewöhnliche Ein- oder Ausblicke und der Spiegel einer erlebten Welt. Sie holt Sie weg von der üblichen Unternehmensperspektive, das Unternehmen spricht zur Zielgruppe, in der die meisten Werbetexte geschrieben sind. Die einfachste Form davon wegzukommen ist: Lassen Sie Ihre Zielgruppe sprechen. Was sagt Ihre Zielgruppe und wie würde sie formulieren? Dieser Ansatz führt Sie sofort zu lebendigerem Text." (Heiser, 2022, S. 82)

Das ist aber nur eine Möglichkeit. Die Variationen sind unendlich. Was sagt mein Hund, was denkt die Großmutter, über was schimpft der Landwirt, was sagt der Fan im Stadion, der Revolutionär, die Kindergärtner, und es müssen nicht immer Menschen sein.

Gibst du der Erzählperspektive eine Haltung wie zum Beispiel verärgert, euphorisch, beleidigt, glücklich, entsetzt oder begeistert, dann hast du alles getan, um mit dem Storytelling zu starten.

ChatGPT, schreibe eine Story aus der Erzählperspektive einer Kartoffel, die nicht mehr mit Pestiziden verseucht werden möchte:

„Der Traum der sauberen Kartoffel.

In einem weiten Feld, inmitten von sanften Hügeln und klaren Bächen, lag ich, Klara die Kartoffel, unter der kühlen Erde und träumte von einem besseren Leben. Die Sonne erwärmte den Boden über mir, und ich konnte das Summen der Insekten und das Zwitschern der Vögel hören.

Jedes Mal fragte ich mich: „Warum tun die Menschen uns das an? Verstehen sie nicht, dass sie sich selbst schaden?"

Aber jedes Mal, wenn es Zeit für das Sprühen war, füllte sich die Luft mit einem stechenden Geruch, und eine dunkle Wolke aus Pestiziden legte sich über das Feld. Ich konnte spüren, wie die Chemikalien in meine Haut eindrangen und sich in meinem Fleisch festsetzten. Es war ein Gefühl der Verunreinigung, das ich nicht loswerden konnte.

Ich träumte davon, in einem Biofeld zu wachsen, wo keine Chemikalien verwendet wurden und wo alles natürlich war. In meinen Träumen sah ich Kinder, die lachend über das Feld liefen und uns Kartoffeln mit ihren bloßen Händen ausgruben, ohne Angst vor giftigen Rückständen.

Eines Tages spürte ich eine Veränderung. Der Boden fühlte sich anders an, reicher und fruchtbarer. Der stechende Geruch der Pestizide kam nicht mehr. Stattdessen konnte ich das süße Aroma von Kompost und natürlichen Düngemitteln riechen.

Es stellte sich heraus, dass der Bauer beschlossen hatte, auf biologischen Anbau umzusteigen. Er hatte von den Gefahren der Pestizide gehört und wollte seinen Beitrag zu einer gesünderen Welt leisten. Er pflanzte nützliche Insekten und Blumen, die Schädlinge fernhielten, und er verwendete natürliche Methoden, um das Feld zu pflegen.

Ich wuchs und gedieh in dieser neuen, sauberen Umgebung. Als es Zeit war, geerntet zu werden, spürte ich, wie meine Haut glatter und meine Form vollkommener war. Und das Beste war, ich wusste, dass ich frei von Chemikalien war.

Ich landete schließlich in einer Küche, wo ich liebevoll in einen köstlichen Kartoffelsalat verwandelt wurde. Die Familie, die mich aß, kommentierte, wie frisch und natürlich ich schmeckte.

Ich war nicht nur eine Kartoffel; ich war ein Symbol für Veränderung, für das Streben nach einer gesünderen und nachhaltigeren Welt. Und ich war stolz darauf, meine Rolle gespielt zu haben.

Inmitten der Sterne und des kühlen Erdreichs träumte ich weiter – von Feldern, die weit und breit frei von Pestiziden waren, und von einer Welt, in der Mensch und Natur in Harmonie lebten."

ChatGPT, Prompt: Schreibe eine Story aus der Erzählperspektive einer Kartoffel, die nicht mehr mit Pestiziden verseucht werden möchte, zugegriffen 24. August 2023.

Die Kreativtechnik der Erzählperspektive bringt dich ins kreative Neuland. Dort, wo sehr gute Ideen zu hause sind.

ChatGPT, schreibe eine Story aus der Erzählperspektive eines Bauern, der keine Pestizide mehr einsetzt. Nicht länger als 500 Zeichen:

„Auf meinem Hof sprießen die Pflanzen inmitten von Schmetterlingen und Bienen. Früher griff ich zu Pestiziden, glaubte, sie würden Ertrag sichern. Doch das stille Sterben der Natur um mich herum öffnete mir die Augen. Jetzt setze ich auf natürliche Praktiken. Mein Boden lebt, meine Pflanzen strahlen, und die Dankbarkeit der Natur erfüllt mein Herz. Jede Ernte ist nun ein Zeugnis meiner Entscheidung, mit der Erde und nicht gegen sie zu arbeiten."

ChatGPT, Prompt: schreibe eine Story aus der Erzählperspektive eines Bauern, der keine Pestizide mehr einsetzt. Nicht länger als 500 Zeichen, zugegriffen 24. August 2023.

ChatGPT, schreibe eine Story aus der Erzählperspektive eines Professors, der über Pestizide forscht und davon abrät. Nicht länger als 1000 Zeichen:

„Seit Jahren stand ich im Labor, tief versunken in die Geheimnisse der Pestizide. Meine Kollegen bewunderten meine Entdeckungen, die den Einsatz solcher Chemikalien rechtfertigten. Doch je mehr ich forschte, desto mehr sah ich die Schattenseiten. Stille Felder ohne Vogelgesang, Bäche ohne Fische. Meine Enkelin zeigte mir ein Glas mit toten Bienen und fragte, warum sie starben. Dieser Augenblick veränderte alles. Ich begann, mich gegen die Chemikalien auszusprechen, vor den langfristigen Schäden zu warnen. Die Industrie stempelte mich als Verräter ab, doch ich sah mich als Wächter der Zukunft. Ein Professor, der einst blind war, nun aber klar sah."

ChatGPT, Prompt: schreibe eine Story aus der Erzählperspektive eines Professors, der über Pestizide forscht und davon abrät. Nicht länger als 1000 Zeichen, zugegriffen 24. August 2023.

ChatGPT, schreibe eine Story gegen Pestizide als sei sie aus der TV-Reihe: Sendung mit der Maus. Nicht länger als 1000 Zeichen:

„Sendung mit der Maus: Das Rätsel der verschwindenden Bienen.

Maus: winkt fröhlich. Heute schauen wir uns an, warum Bienen so wichtig sind und warum manche von ihnen verschwinden.

Kamera schwenkt zu einem Feld, auf dem Traktoren Pestizide versprühen.

Erzähler: Diese Traktoren sprühen etwas namens Pestizide. Das hilft den Pflanzen, gesund zu wachsen, ohne dass Schädlinge sie essen. Aber ...

Kamera zeigt eine traurige Biene, die auf einer Blume landet und dann schlapp zu Boden fällt.

Erzähler: ... manchmal schaden diese Pestizide den Bienen. Und Bienen sind sehr wichtig!

Maus zeigt ein Sandwich.

Erzähler: Ohne Bienen hätten wir viele unserer Lieblingsessen nicht, weil sie Pflanzen helfen, Früchte und Gemüse zu machen.

Kamera zeigt Kinder, die in einem Garten ohne Pestizide spielen und Bienen beobachten.

Erzähler: Es gibt viele Möglichkeiten, wie wir den Bienen helfen können. Eine davon ist, keine Pestizide zu verwenden.

Maus hält ein Schild hoch: „Schütze die Bienen!‟

Erzähler: Wenn wir auf unsere kleinen Freunde achten, sorgen sie auch für uns. Denk dran: Ein Garten mit vielen Bienen ist ein glücklicher Garten!

Maus: winkt zum Abschied. Bis zum nächsten Mal! Und denkt immer an unsere Bienenfreunde.‟

ChatGPT, Prompt: Schreibe eine Story gegen Pestizide als sei sie aus der TV-Reihe: Sendung mit der Maus. Nicht länger als 1000 Zeichen, zugegriffen 24. August 2023.

ChatGPT steigt sofort auf das TV-Format ein und entwickelt einen Fernsehbeitrag. Der Chatbot kennt *Die Sendung mit der Maus.*

ChatGPT, schreibe einen Newsletter aus der Perspektive eines Tippfehlers über Schreibblockaden

Betreff: Neben die Schreibblockade gesprungen!

Lieve Leute,

Ich bin der wohl ungewöhnlichste Newsletter, den ihr je gesehen habt – ich bin ein Tippfehler! Ja, ihr habt richtig gelesen, ich bin dieser kleine Buchstabendreher oder die verirrte Taste auf eurer Tastatur. Normalerweise werde ich stillschweigend korrigiert und in die Ecke verbannt, aber heute bin ich hier, um über ein ernstes Thema zu sprechen: Schreibblockaden!

Schreibblockaden sin da, wenn es fuhlt, als ob euer Hirn wie lehr ist, als ob die Gedanken in einer Verkehrsstau stecken, und die Worte sind verschlampt. Aber lasst mich euch sage, es ist nicht das Ende der Wellt!

Ihr denkt vielleicht, es gibt kein Ausweg aus dieser dusteren Lage, aber ich sage euch, das ist ein Missverstendniss! Hier sind einige Tipps, wie ihr die Schreibblockaden überwinden könnt:

1. Pausen machen: Manchmal müsst ihr einfach ausatmen und denkpause einlegen. Gehat euch einen Kaffee, machhen einen Spaziergand, oder tanzt einfach wild in eurem Buro herum.
2. Inspiration finden: Guckt euch ein Film an, lest ein Buch, oder hört Musik – manchmal springt der Funken der Kreativität über, wenn ihr es am wenigsten erwartet.
3. Ziele setzhen: Teilt eure Arbeit in kleine Happen auf. Schreibt einen Absatz oder nur einige Sätze auf einmal. Das macht es leichter.
4. Mit andern reden: Sprecht mit Kollegen, Freunden oder Familie über eure Ideen. Manchmal kann eine andere Perspektive euch den nötigen Schub geben.

Ihr seht, ich bin zwar ein Tippfehler, aber ich kann euch helfen, die Schreibblockaden zu besiegen! Jetzt geht da raus und lasst die Kreativität frei fließen. Vergesst nie, ihr habt das in euch!

Bis zum nachsten mal,

Euer freundlichet Tippfehler

Prompts im Kontext

Kontextinformationen ist ein Wort das ChatGPT sehr gut versteht, denn es ist in der Beschreibung für die Transformer Architektur enthalten:

ChatGPT, wie sind GPT, NLP, Natural Language Programming, Modelle aufgebaut?

„Encoder: Der Encoder-Teil des GPT-Modells nimmt die Eingabe-Embeddings und verarbeitet sie durch mehrere Encoder-Blöcke. Jeder Encoder-Block besteht aus einer Self-Attention-Schicht und einem Feedforward-Netzwerk. Die Self-Attention-Schicht ermöglicht dem Modell, die Beziehungen zwischen den Tokens zu modellieren und **Kontextinformationen** zu erfassen."

ChatGPT, Prompt: Wie sind GPT, NLP, Natural Language Programming, Modelle aufgebaut? Zugegriffen 24. April 2023.

Die Kreativen verstehen Kontext im übertragenden Sinne und nicht wie in der IT-Fachsprache über Programmierung. Deshalb sind Anfragen nach dem *Kontext* oder *bleibe im Kontext* für ChatGPT voll umfänglich verständlich und dringen in die Tiefe des Algorithmus vor. Prompts werden in ausführlicher Tiefe beantwortet. Gute Beispiele dafür haben wir bereits gelesen.

Journalisten nennen es *im Bild bleiben*

Der Wortschatz und die Formulierungen im Textes richtet sich am Bild/Kontext der Headline oder Schlagzeile aus und webt den roten Faden für den darauffolgenden Text.

Die Basis dafür ist eine assoziative Stoffsammlung, die sich streng am Bild der Headline-Idee orientiert und zur Formulierungshilfe für das Ausgestalten der Fakten und Argumente wird.

Der Vorteil ist, dass du nicht mehr auf Allgemeinheiten, Floskeln und Worthülsen angewiesen bist, weil sie durch die Leitbilder und Kontexte der Headline ersetzt werden.

Der Wortschatz-Container

„Der Wortschatz-Container rollt den roten Faden für den Text aus. Im Container befindet sich eine assoziative Stoffsammlung, die sich streng an den Vorgaben der Headline-Idee orientiert. Der Inhalt des Wortschatz-Containers wird zur Formulierungshilfe und dient der Ausgestaltung der Fakten und Argumente. Der nächste Vorteil ist, dass Sie nicht mehr auf Allgemeinheiten,

Floskeln und Worthülsen angewiesen sind, weil Sie im Bild der Headline bleiben.

Ein Beispiel von Edeka. *Headline:* ‚Gäbe es bei einer Quizshow eine Gurkenfrage. Wir wären der Telefonjoker.' *Fließtext:* ‚In Quizshows haben Sie oft nur einen einzigen Joker. Wir von EDEKA sind da viel großzügiger: Wir bieten Ihnen nämlich über 240.000 Joker. Vom Inhaber bis zum Azubi beantwortet Ihnen jeder nahezu alle Lebensmittel-Fragen – am Telefon oder im Markt um die Ecke. Und so viel Wissen hat nichts mit Glück zu tun. Denn wir bilden nicht nur mehr als 10.000 Azubis aus, sondern auch alle anderen Experten regelmäßig weiter. Alles, damit Sie auf die richtige Antwort nicht bis nach der Werbepause warten müssen.' *Claim:* ‚Wir lieben Lebensmittel.'

Die Leitidee der Headline ‚Quizshow' durchzieht den Text und fast jeden Satz wie ein roter Faden. Der Text schöpft die Idee der Headline varianten- und abwechslungsreich aus. Der Fließtext erhält eine einheitliche Tonalität und einen gleichbleibenden Stil.

Headline: ‚Jede vierte Socke in Deutschland stammt von uns.'

Fließtext: ‚Hätten Sie's gewusst? Private und gewerbliche Kunden erleben bei uns das volle Leistungsspektrum des Handels – mit Sortimenten, die in punkto Vielfalt, Qualität und Preis keine Wünsche offenlassen. Unser Erfolg basiert dabei auf der konsequenten Orientierung an den Erwartungen der Kunden. Mit dieser Strategie haben wir uns zu einem der größten und erfolgreichsten Handelsunternehmen weltweit entwickelt. Die X-Group ist in 20 Ländern mit mehr als 100.000 Mitarbeitern tätig. Sie steht für umfassende Handelskompetenz, Internationalität und hohe Innovationskraft. Erleben Sie die faszinierende Welt des Handels.'

Da dies in Wahrheit ein Text voller Floskel und Worthülsen ist, formulieren wir ihn um

Wie? Wir schreiben einen Wortschatz-Container für die Headline. Jede vierte Socke in Deutschland stammt von uns. Die Headline ist gut und der Beginn einer Story, deshalb halten wir an ihr fest. Alle Assoziationen und Redewendungen, die man zu den Begriffen, ‚Jede', ‚vierte', ‚Socke', ‚in Deutschland', ‚stammt', ‚von uns' findet, sind richtig und gut. Es ist spielend leicht. Los geht es!

Beispielhafter Wortschatz-Container

Gut zu Fuß, kalte Füße, von der Nordsee bis zu den Alpen, Wollsocke, Nylonstrumpf, rote Socke, linke Socke, Ringelsocke, Omas Strickstrumpf, Schaf, Abstammung, überregional, ein Viertel, 25 %, Sparstrumpf,

Hühnerauge, Pippi Langstrumpf, Loch in der Socke, Sockenfabrik, Sockenhalter und -träger, von Socken und Menschen, von den Socken sein, Lederstrumpf, pilgern, barfuß, verlorene Socke, grüne Socke, Sommer oder Winter, Sandalen, Sockenpaare, alte Socke, arme Socke, Socken verschwinden in der Waschmaschine, auf die Socken machen, Tennissocken, stopfen, auf leisen Sohlen, Meilenstiefel, wir stricken an …, Sparstrumpf, 240.000 = 480.000 Beine, soweit die Füße tragen, Fußvolk, 1000-Füßler, Fußangeln, Lederstrumpf, faule Socke, Fuß in der Tür, ein Glied in der Gemeinschaft, kalte Füße bekommen, Masche, die Masche mit der …, Fußnoten, auf eigenen Beinen/Füßen stehen, etwas fußt auf. …, bodenständig, auf die Füße fallen, hat die Oma viel zu stricken, in die Knie zwingen, Loch im Geldbeutel, Sockenschuss, Laufmasche, verwoben, Muster, zwei links zwei rechts, verhüllen, unser ganzer Stolz, Socken mit Stammbaum, Stammhalter, Nikolausstrumpf, Stiefel.

Blickt man in den Wortschatz-Container hinein und gleicht ihn mit den inhaltlichen Vorgaben ab, findet man automatisch Redewendungen und Textbausteine, die sich für die Formulierung von Inhalten eignen. Man erkennt darin Anfänge, Mittelteile und Enden. Natürlich müssen nicht alle Assoziationen des Wortschatz-Container verwendet werden. Jedem Texter springen andere Formulierungsideen ins Auge. Die Erfahrung zeigt, dass alleine mit diesem Material unendlich viele Abwandlungen möglich sind.

Hier eine Variante:

Headline: Jede vierte Socke in Deutschland stammt von uns. *Fließtext:* Eins, zwei, drei, vier, spätestens Ihr Nachbar ist mit unseren Socken gut zu Fuß. Fußkleider machen eben Leute. Neben Socken finden Sie bei uns alles, was dem Weg zum Handel lohnt. Ob Wollstrumpf, Lederstrumpf oder Sparstrumpf – Qualität und günstige Preise stehen jedem gut. Das ist die Masche, die unseren Kunden gefällt. Mit dieser Strategie wurden wir zu einem der größten und erfolgreichsten Handelshäuser weltweit. 240.000 Mitarbeitern ist kein Weg für Sie zu weit. In 28 Ländern haben Kunden einen Fuß in unserer Tür, zu Sortimenten, die Sie aus den Socken hauen. Viel besser.

Verwendung des Wortschatz-Containers

Der Wortschatz-Container ist ideal für Kurztexte und Textabschnitte. Es gibt eine Grenze des Erträglichen. Auf der Länge einer A4-Seite, immer wieder mit demselben Bild zu jonglieren, geht dem Leser auf den Geist. Vorsicht.

Journalisten eröffnen zum Beispiel gerne mit einem Bild im Texteinstieg und beenden ihren Beitrag damit. Das große Bild kann jederzeit aufgenommen und wieder losgelassen werden. Zwischenüberschriften können das Bild weitermalen. Der Text kann das Bild so lange mitführen, bis es ausgemalt ist und dann ein neues Bild eröffnen." (Heiser, 2022, S. 155–158).

ChatGPT steigt in einmal erkannte Kontexte ein und formuliert diese bildhaft und variantenreich aus. Gib in Deinem Prompt eindeutige, oder abweichende Kontexte ein, und lass Dich überraschen.

Weiter im Kontext-Experiment …

ChatGPT, schreibe einen Dialog zwischen zwei Herren beim Fischen an einem See. Sie sprechen über das Abonnement einer Handelszeitschrift. Einer ist skeptisch und der andere ein erfolgreicher Geschäftsmann:

„Titel: Holen Sie sich das Handelszeitschrift-Abonnement und bleiben Sie immer einen Schritt voraus!

Skeptischer Herr: Hey, hast du schon von diesem Handelszeitschrift-Abonnement gehört? Ich frage mich, ob es wirklich das Geld wert ist.

Erfolgreicher Geschäftsmann (am Seeufer, während er angelt): Oh ja, ich bin Abonnent der Handelszeitschrift und kann es nur empfehlen. Es ist wie der perfekte Köder, der Ihnen den Vorteil verschafft, immer einen Schritt voraus zu sein.

Skeptischer Herr: Nun, ich meine, es gibt doch jede Menge kostenlose Nachrichtenquellen online. Warum sollte ich dafür bezahlen?

Erfolgreicher Geschäftsmann (fängt einen Fisch und hält ihn stolz hoch): Das ist wahr, kostenlose Nachrichtenquellen gibt es viele. Aber das die Handelszeitschrift ist wie ein erstklassiger Angelführer, der Ihnen die besten Angelplätze und Geheimtipps verrät, um die größten Fische zu fangen.

Skeptischer Herr: Also geht es darum, bessere Informationen zu erhalten?

Erfolgreicher Geschäftsmann (legt den Fisch vorsichtig zurück ins Wasser): Genau! Die Handelszeitschrift liefert fundierte Analysen, exklusive Einblicke und gut recherchierte Inhalte. Es ist wie der Unterschied zwischen einem einfachen Wurm und einer handgefertigten, maßgeschneiderten Köder – Sie wissen einfach, dass Sie bessere Chancen haben, etwas Wertvolles zu fangen.

Skeptischer Herr: Aber wie viel kostet das Abonnement?

Erfolgreicher Geschäftsmann (wirft erneut die Angel aus): Die Preise variieren je nach gewähltem Paket und den zusätzlichen Vorteilen, die Sie nutzen möchten. Aber stellen Sie sich vor, dass es wie ein hochwertiges Angelgerät ist – es mag etwas kosten, aber die Qualität und die Ergebnisse sind es wert.

Skeptischer Herr: Ich bin immer noch unsicher. Wie kann ich sicher sein, dass die Handelszeitschrift meine Erwartungen erfüllt?

Erfolgreicher Geschäftsmann (zieht ein prächtiges Exemplar aus dem Wasser): Sie wissen, ich war anfangs auch skeptisch. Aber das Handelsblatt bietet eine 30-tägige Geld-zurück-Garantie. Das ist wie ein Versprechen, dass Sie den Fisch behalten dürfen, wenn er nicht Ihren Erwartungen entspricht. Außerdem können Sie eine kostenlose Testversion nutzen, um einen Vorgeschmack zu bekommen, bevor Sie sich entscheiden.

Skeptischer Herr: Das klingt fair. Wie kann ich das Abonnement abschließen?

Erfolgreicher Geschäftsmann (legt den Fisch vorsichtig zurück ins Wasser): Ganz einfach! Besuchen Sie die Website der Handelszeitschrift und dort finden Sie alle Informationen zu den verschiedenen Paketen und Preisen. Bei Fragen steht Ihnen das Kundenservice-Team zur Verfügung.

Skeptischer Herr: Okay, du hast mich überzeugt. Ich werde es ausprobieren und sehen, ob ich die großen Fische erwischen kann."

ChatGPT, Prompt: Schreibe einen Dialog zwischen zwei Herren beim Fischen an einem See. Sie sprechen über das Abonnement einer Handelszeitschrift. Einer ist skeptisch und der andere ein erfolgreicher Geschäftsmann, zugegriffen 28. Mai 2023.

Die Textsorte blieb von Anfang an offen. Angefragt wurde: „Schreibe einen Dialog zwischen zwei Herren beim Fischen an einem See. Sie sprechen über das Abonnement einer Handelszeitschrift. Einer ist skeptisch und der andere ein erfolgreicher Geschäftsmann. Der Text ist wie eine Romanerzählung oder Filmszene. Für Werber hört sich das wie ein pseudo-authentischer, schlecht geschriebener Kitsch-Werbefilm an. Aber: Der Kontext des Fischens wurde ausgearbeitet und in Dialoge übersetzt. Wer an dieser Stelle die Dialoge umarbeiten würde, sollte dies ausprobieren.

Der strukturelle und dramaturgische Aufbau des Dialogs ist ein Beweis dafür, dass wieder US-amerikanische Werbetexte Vorbild waren. Hier der Aufbau für ein klassisches Direct Mailing, wie er in den Lehrbüchern steht. Er ist identisch mit dem Dialog der beiden Männer beim Fischen.

Inhaltliche Struktur und dramaturgischer Aufbau von Werbe-Mailings:

Betreffzeile
Problem-Lösungsversprechen
Storyeinstieg mit zwei gegensätzlichen Charaktere
Beweise, Tests und Bestätigungen
Rücklauf und Feedback-Klärung
Einwandbehandlung
Überzeugter Protagonist
Aufforderung zur Handlung, Call-to-Action (CTA)
Auflösung und Fazit

Jetzt gebe ich die Textsorte und den Kontext des Fischens von Anfang an vor.

ChatGPT, schreibe inspirierende Headlines für eine Anzeige. Bitte im Kontext des Fischens:

„Lassen Sie Ihr Wissen anbeißen
Die großen Fische fangen – Inspirierende Geschäftsinformationen
Zum Meisterangler des Geschäfts – Ihr wertvoller Köder
Die Magie: Fangen Sie innovative Ideen wie nie zuvor
Der Ozean des Wissens ruft – Ihre Fangchancen maximieren
Tauchen Sie ein in den Strom der Erfolgsgeheimnisse – Ihr Angelguide
Geschäftserfolg auf hoher See – navigiert Sie zum Erfolg
Ihre Angelrute des Wissens – Fangen Sie profitable Chancen
Die Kunst des Fischens in der Geschäftswelt
Der ultimative Fischer des Erfolgs.‘"

Themenwechsel. Durstig?
ChatGPT, schreibe einen Text, nicht länger als 700 Zeichen, für die Headline: „Bio-Limonade. Ein Waldspaziergang für deine Geschmacksknospen." Bleibe streng im Kontext der Schlagzeile und baue diesen aus:

„Bio-Limonade. Ein Waldspaziergang für deine Geschmacksknospen.

Stell dir vor, du wanderst durch einen dichten, duftenden Wald. Mit jedem Schritt knistert der frische Untergrund, Vögel zwitschern, und das Licht bricht sanft durch die Bäume. Dieses Gefühl, diese Ruhe und Authentizität, haben wir in unserer Bio-Limonade eingefangen. Erlebe den unverwechselbaren Geschmack reifer Waldfrüchte, gepaart mit dem spritzigen Prickeln von klarstem Quellwasser. Keine künstlichen Zusätze, nur reine Natur. Unsere Limonade ist eine Hommage an die Wildnis, an unberührte Orte und an den Wunsch, das Echte zu schmecken. Lass dich verführen und tritt ein in einen flüssigen Waldtraum. Erfrischung, wie sie sein sollte: pur, biologisch und unverfälscht. Dein Waldmoment in einer Flasche."

ChatGPT, Prompt: Schreibe einen Text, nicht länger als 700 Zeichen, für die Headline: „Bio-Limonade. Ein Waldspaziergang für deine Geschmacksknospen."" Bleibe streng im Kontext der Schlagzeile und baue diesen aus, zugegriffen 28. August 2023.

Das Kontext-Muster funktioniert bei ChatGPT sehr gut. Probiere es aus.

Die Reise des Texters geht weiter und findet im Storytelling ihr Ziel
ChatGPT, schreibe Headlines über Storyteller, wie die Zeilen eines Pop Songs:

„Storytelling-Meister: Die Melodie der Werbetexte, die verzaubert
Mit Worten tanzen: Die Kraft des Storytellings
Texte strahlen: Storytelling, das die Herzen berührt"

ChatGPT, Prompt: Schreibe Headlines über Storyteller, wie die Zeilen eines Pop Songs, zugegriffen 7. September 2023.

Die Kreativtechniken für die Prompts haben gewirkt und die Antworten verändert. Sobald Du einen kreativeren Befehl im Prompts benutzt, reizt es den Chatbot. Wage das freie, kritiklose experimentieren.

Hier noch einmal die Schreibrezepte:

Prompts mit Rollenmustern
Prompts mit Tonalitäten
Prompts mit Erzählperspektiven
Prompts im Kontext

Zu Risiken und Nebenwirkungen fragen Sie Ihren Auftraggeber.

Creative Game Gestaltungsprogramm. Prompts mit Erzählstrukturen und Genres

Das *Creative Game Gestaltungsprogramm* ist ein Baukasten voller Kreativtechniken. Gefüllt mit Erzählstrukturen für die Story-Entwicklung.

Es sind fest geformte Muster und Erzähleinheiten, die der Ideenfindung dienen und kreative Prompts stimulieren – Metaebenen und Hintergrundfolien der Konzeption. Viele sind selbsterklärend oder können in meinem Buch *Wirkstoff Werbetext, Storytelling on- und offline. Für Konzeptioner, Werbetexter, Grafiker, Autoren, Redakteure und Auftraggeber* nachgelesen werden.

Die Vorlagen und Muster werden von ChatGPT verstanden und ausgeführt. Die Hintergrundfolien sind eintrainiert und du kannst dich darauf verlassen, dass sie funktionieren.

Darüber hinaus gilt für die kreative Gestaltung: Experimentieren, irrationales kombinieren, kreuzen und provozieren. Der freie, spielerische Umgang mit Prompts weist den Weg zur Idee. Der Texter ist also auch weiterhin der Ideengeber, ohne ihn bleibt der GPT-Text nur Einheitsbrei.

Schlüssel zum kreativen Text. Überblick der Erzählstrukturen:

Prompts mit Basis-Erzählstrukturen
Prompts mit Erzähl- und Plausibilitätsmustern
Prompts mit Film- und TV-Genres
Prompts mit Erzählstrukturen der Werbung
Prompts mit Figuren der Rhetorik
Prompts mit literarischen Formen

Prompts mit Basis-Erzählstrukturen

Die Basis-Erzählstrukturen sind dramaturgische Muster, die in jeder Erzählung, ganz gleich welches Medium, vorkommen können. Sie geben einem Buch, einer Oper, einem Lied oder einer Filmidee Struktur und entwickeln dadurch, dass sie fest geformt und gelernt sind, innere Kausalität und Plausibilität. Die Basis-Erzählstrukturen sind Vorlagen für die kreative Gestaltung und Prompts. Hier ein Überblick:

Die Episode
Die Parallelhandlung

Der Rückgriff in die Vergangenheit
Der Vorgriff. Sprung in die Zukunft
Die Zeitraffung
Die Zeitdehnung

Die Episode

Der Prompt zur Veranschaulichung
ChatGPT, schreibe einen Broschürentext in drei kurzen Episoden für einen Rasierapparat, der besonders hautfreundlich ist:

„Rasiergenuss in drei Akten: Entdecke den Unterschied
Episode 1: Morgendämmerung – Die sanfte Begegnung
Bereits beim ersten Kontakt spürst du den Unterschied: Unsere ultradünnen Klingen gleiten sanft über deine Haut und entfernen jedes noch so störrische Haar. Während andere Rasierer zu Irritationen führen können, schmiegt sich unser Rasierapparat perfekt an die Konturen deines Gesichts an. So wird das Morgenritual zur erfrischenden Symphonie der Glätte.

Episode 2: Mittagssonne – Schutz und Pflege
Wenn der Tag in vollem Gange ist, schützt und pflegt dein Rasierapparat weiterhin. Die integrierte, feuchtigkeitsspendende Gel-Strip-Technologie versorgt deine Haut während jeder Rasur mit wertvollen Pflegestoffen. Kein Ziehen, kein Brennen – nur das Gefühl von strahlend frischer und geschmeidiger Haut, bereit für die Herausforderungen des Tages.

Episode 3: Abenddämmerung – Die ultimative Zufriedenheit
Nachdem die Sonne sich verabschiedet, genießt du den ruhigen Augenblick vor dem Spiegel. Deine Haut fühlt sich nicht gereizt oder trocken an, sondern atmet tief durch und dankt dir für die sanfte Pflege. Mit unserem hautfreundlichen Rasierapparat hast du die perfekte Wahl für eine zuverlässige und schonende Rasur getroffen. Jeder Tag endet mit dem Wohlgefühl makelloser Glätte und Haut, die einfach gut aussieht.

Erlebe den Unterschied – für eine Rasur, die deiner Haut gut tut."

ChatGPT, Prompt: Schreibe einen Broschürentext in drei kurzen Episoden für einen Rasierapparat, der besonders hautfreundlich ist, zugegriffen 27. August 2023.

Die Parallelhandlung

ChatGPT, schreibe einen Text über E-Antriebe für LKWs als Parallelhandlung:

„E-Antriebe für LKWs: Ein Umbruch in der Transportbranche

Es war einmal in einer Stadt namens Elektropolis, wo die Strukturen und Technologien schneller voranschritten als in den meisten Teilen der Welt. In dieser Stadt gab es zwei Transportunternehmen: DieselDuo und ElektroElite.

DieselDuo war seit Jahrzehnten der Marktführer, mit einer riesigen Flotte von Diesellastwagen, die Waren im ganzen Land transportierten. Ihr Erfolg basierte auf bewährten Technologien und der Kenntnis der Straßen. Ihre LKWs donnerten Tag und Nacht über die Autobahnen und Straßen, beladen mit Waren von einem Ort zum anderen.

ElektroElite war das neuere, kleinere Unternehmen, aber es hatte eine Vision. Anstatt den traditionellen Weg zu gehen und auf Diesel-LKWs zu setzen, setzte das Unternehmen von Anfang an auf E-Antriebe.

In den frühen Tagen hatten viele die Entscheidung von ElektroElite infrage gestellt. „Wie könnt ihr eure LKWs aufladen?'", „Was macht ihr, wenn der Akku in der Mitte der Route stirbt?'", „Ist es wirklich kosteneffizient?'", waren nur einige der Fragen, die den Führungskräften gestellt wurden.

Aber ElektroElite war entschlossen. Sie begannen, eine Infrastruktur von Schnellladestationen entlang der Hauptverkehrswege zu installieren. Diese Lade-„Tankstellen" waren nicht nur schnell, sondern auch energieeffizient und nutzten erneuerbare Energiequellen.

Die ersten E-LKWs von ElektroElite hatten ihre Herausforderungen. Reichweite und Ladezeiten waren noch nicht optimal. Aber mit jedem Jahr, mit jeder Technologieiteration wurden die Fahrzeuge besser, die Reichweiten länger und die Ladezeiten kürzer.

Währenddessen spürte DieselDuo den Druck. Die Betriebskosten für ihre Dieselflotte stiegen, während die Umweltauflagen immer strenger wurden. Und die Öffentlichkeit? Sie begann, den Lärm und die Emissionen der alten Diesellastwagen nicht mehr zu tolerieren.

Ein Wendepunkt kam, als eine große Handelskette eine Ausschreibung für den Transport ihrer Waren startete. Die Bedingung: Der Transport sollte so umweltfreundlich wie möglich sein. ElektroElite gewann den Vertrag. Dies war der Moment, in dem der Markt erkannte, dass E-Antriebe für LKWs nicht nur eine Alternative, sondern die Zukunft waren.

Die Jahre vergingen und während ElektroElite weiter wuchs und ihre Flotte erweiterte, musste DieselDuo sich anpassen. Sie begannen, ihre alten Diesellastwagen auszumustern und in E-Technologie zu investieren.

Die beiden Unternehmen, einst Rivalen, begannen zusammenzuarbeiten, um die E-Infrastruktur im Land weiter auszubauen. Elektropolis wurde zum Symbol für den Wandel und für die Möglichkeiten, die entstehen, wenn Fortschritt und Innovation Hand in Hand gehen.

Die Geschichte von DieselDuo und ElektroElite ist eine Erinnerung daran, dass der Wandel unaufhaltsam ist. Es ist nicht die Frage, ob er kommt, sondern wie und wann. Und in Elektropolis haben sie gezeigt, dass durch Zusammenarbeit und Vision der Wandel beschleunigt werden kann."

ChatGPT, Prompt: schreibe einen Text über E-Antriebe für LKWs als Parallelhandlung, zugegriffen 28. August 2023.

Der Rückgriff in die Vergangenheit

ChatGPT, schreibe einen Text über E-Antriebe für LKWs als Rückgriff in die Vergangenheit:

„E-Antriebe für LKWs: Ein Rückgriff in die Vergangenheit

Obwohl E-Antriebe in der modernen Automobilindustrie als zukunftsweisende Technologie angesehen werden, ist die Idee elektrisch angetriebener Fahrzeuge keineswegs neu. Bei genauerer Betrachtung könnte man sogar argumentieren, dass die aktuellen Entwicklungen im Bereich der Elektromobilität für Lastkraftwagen in gewisser Weise einen Rückgriff in die Vergangenheit darstellen.

In den frühen Tagen der Automobilindustrie, als Benzinmotoren und Dampfmaschinen noch in den Kinderschuhen steckten, gab es eine kurze, aber bemerkenswerte Phase, in der elektrisch angetriebene Fahrzeuge nicht nur existierten, sondern sogar dominierten. Die ersten Elektrofahrzeuge wurden bereits Ende des 19. Jahrhunderts vorgestellt. Sie boten gegenüber ihren benzin- und dampfbetriebenen Pendants einige Vorteile: Sie waren leiser, hatten weniger Vibrationen und benötigten keinen Anlasser, was sie benutzerfreundlicher machte.

Tatsächlich waren in Großstädten wie New York und London um die Jahrhundertwende elektrische Taxis und Lieferfahrzeuge weit verbreitet. Diese Fahrzeuge profitierten von der Einfachheit des Elektroantriebs und der Möglichkeit, innerhalb der Stadtgrenzen problemlos nachgeladen zu werden.

Mit der Weiterentwicklung und Vereinfachung des Verbrennungsmotors, insbesondere mit der Einführung des elektrischen Starters, begann jedoch das Zeitalter des Benzins. Elektrofahrzeuge wurden schnell von ihren benzinbetriebenen Konkurrenten verdrängt, vor allem wegen der größeren Reichweite und der einfacheren Betankung.

Fast ein Jahrhundert später erleben wir nun ein Revival des Elektroantriebs, diesmal jedoch mit verbesserter Technologie und unter dem Druck, nachhaltigere und umweltfreundlichere Transportlösungen zu finden. Bei LKWs, insbesondere im städtischen Lieferverkehr, bietet der E-Antrieb erneut signifikante Vorteile: Null-Emissionen, geringere Lärmemissionen und potenziell niedrigere Betriebskosten.

Es ist faszinierend zu beobachten, wie die Automobilindustrie in gewisser Weise zu ihren Wurzeln zurückkehrt. Die erneute Hinwendung zum E-Antrieb bei LKWs ist nicht nur ein Schritt in die Zukunft, sondern auch eine Reminiszenz an eine vergessene Ära der Elektromobilität. Es ist ein Beispiel dafür, wie innovative Ideen aus der Vergangenheit in einem neuen Kontext wieder relevant werden können."

ChatGPT, Prompt: Schreibe einen Text über E-Antriebe für LKWs als Rückgriff in die Vergangenheit, zugegriffen 21. September 2023.

Der Vorgriff. Sprung in die Zukunft

„Beim Vorgriff springt der Text von der erzählten Gegenwart in die Zukunft. Damit kann Visionäres und Träumerisches verbunden sein. Protagonisten oder Antagonisten und ein Kommentar können die Handlung begleiten. Die Stilmittel des Vorgriffs sind vergleichbar mit denen des Rückgriffs in die Vergangenheit." (Heiser, 2022, S. 203)

Der Prompt zur Veranschaulichung.

ChatGPT, schreibe eine Geschichte über Eiscreme mit ganzen Schokoladenstückchen als Vorgriff in die Zukunft eines Jugendlichen:

„Eiscreme der Zukunft

Im Jahr 2075 war die Welt nicht mehr dieselbe. Technologie hatte jeden Aspekt des Lebens durchdrungen, und selbst die einfachsten Freuden waren nicht mehr so, wie sie einst waren. In dieser futuristischen Metropole lebte Leon, ein 15-jähriger Junge mit einer besonderen Vorliebe für Geschichten aus der Vergangenheit.

Leon hatte von seinem Großvater Geschichten über eine besondere Art von Eiscreme gehört, die mit ganzen Schokoladenstücken gefüllt war. In Leons Zeit waren die meisten Desserts digitalisiert und wurden durch spezielle Brillen in virtueller Form genossen. Die physische Nahrung war auf das Notwendigste reduziert worden, und echte Eiscreme war eine Seltenheit.

Eines Tages, während Leon durch alte Datenspeicher seines Großvaters stöberte, fand er ein Rezept für diese legendäre Eiscreme. Mit einer Mischung aus Neugier und Entschlossenheit beschloss er, das Rezept zum Leben zu erwecken.

Nach Wochen der Suche nach den richtigen Zutaten und mehreren Versuchen gelang es ihm schließlich, eine Kugel perfekter Eiscreme mit ganzen Schokoladenstücken herzustellen. Der erste Bissen war magisch. Die Kombination aus cremiger Eiscreme und knackiger Schokolade war ein Erlebnis, das er noch nie zuvor gefühlt hatte.

Das Wort verbreitete sich schnell, und bald bildeten sich Schlangen vor Leons Haus. Kinder und Erwachsene, die noch nie echte Eiscreme probiert hatten, kamen, um einen Geschmack der Vergangenheit zu bekommen.

Leon eröffnete schließlich ein kleines Geschäft namens „Retro Delights"', in dem er verschiedene alte Desserts verkaufte. Aber die Eiscreme mit ganzen Schokoladenstücken blieb der Star.

Die Menschen begannen, den Wert physischer Erfahrungen wiederzuentdecken, und Leons Geschäft wurde zum Symbol einer Bewegung, die die Menschen dazu brachte, sich wieder mit der realen Welt zu verbinden.

Und so, in einer Welt, die von Technologie dominiert wurde, brachte ein Jugendlicher namens Leon den Menschen die Freude an einfachen Genüssen zurück und erinnerte sie daran, dass manchmal die besten Dinge im Leben greifbar sind."

ChatGPT, Prompt: Schreibe einen Werbetext über Ice Creme mit ganzen Schokoladenstückchen als Vorgriff in die Zukunft, zugegriffen 21. September 2023.

Die Zeitraffung

„Die Zeitraffung ist ein dramaturgisches Konzept der Erzählung. Geschichten können extrem verkürzt oder gedehnt sein. Gegensätze von geraffter Zeit zur Echtzeit erzeugen Spannung in der Erzählstruktur und werden zur Idee. Der Effekt der Zeitraffung verdichtet auf wenige Sekunden. Ein Tag oder ein ganzes Leben in 30 Sekunden Film oder als Gedicht verdeutlichen, welche Spannungen im Gegensatz stecken. Zeit wird relativ." (Heiser, 2022, S. 204)

ChatGPT, schreibe eine kurze Story, nicht länger als 750 Zeichen, über einen Lieferdienst, wie im Zeitraffer.

„In Neo-City, wo Sekunden wie Stunden zählten, war Max' Lieferdienst legendär. Sobald eine Bestellung einging, setzte sich ein beeindruckendes Ballett in Bewegung: Roboterarme wählten Zutaten aus, Köche zauberten im Akkord, und Drohnen starteten im Sekundentakt. Für Außenstehende schien es, als würde die Zeit im Hauptquartier von Max schneller laufen. Als Emma, eine Neubürgerin, das erste Mal bestellte, war sie verblüfft. Kaum hatte sie ihre Auswahl getroffen, summte auch schon eine Drohne vor ihrem Fenster. In Neo-City lernte sie: Hier wartete man nicht aufs Essen, das Essen wartete auf einen."

ChatGPT, Prompt: Schreibe eine kurze Story, nicht länger als 750 Zeichen, über einen Lieferdienst, wie im Zeitraffer, zugegriffen 28. September 2023.

Die Zeitdehnung

„Diese dramaturgischen Effekte fokussieren einzelne Handlungselemente und dehnen die Zeit wie eine Zeitlupe. Ereignisse werden hinausgezögert und verlängert. Spannung entsteht durch das Zeitgefühl des Betrachters, der das Text-Timing mit seinem eigenen Gefühl für Zeit abgleicht. Eine Schrecksekunde gedehnt auf zehn Sätze ist dramatisch und faszinierend. Die Dehnung ist eine Abweichung vom real existierenden zeitlichen Verlauf." (Heiser, 2022, S. 204)

Der Prompt zur Veranschaulichung.

ChatGPT, schreibe den Genussmoment eines Schluck Riesling Weins wie eine Zeitdehnung:

„Die Zeit schien stillzustehen, als der kristallklare Kelch, gefüllt mit dem goldgelben Riesling, zum Mund geführt wurde. Noch bevor der Wein die Lippen berührte, umhüllte das feine Aroma von grünen Äpfeln, Zitrusfrüchten und einer subtilen Spur von Pfirsich die Sinne. Es war, als würde man einen sonnigen Weinberg im Frühling betreten, wo jede Blume, jede Traube und jeder Grashalm in perfekter Harmonie miteinander existiert.

Der erste Schluck war wie der zarte Kuss eines geliebten Menschen. Eine sanfte Explosion von Geschmacksnuancen – zunächst die erfrischende Säure, die an einen knackigen Apfel erinnerte, gefolgt von den tiefen, mineralischen Noten, die den Charakter des Bodens widerspiegelten, auf dem die Reben gewachsen waren. Dann eine zarte Süße, so flüchtig, dass sie fast einem Traum glich, aber dennoch präsent genug, um dem Gaumen eine zarte Umarmung zu schenken.

Während der Wein über die Zunge rollte, öffnete sich das Geschmacksspektrum weiter, und es war, als würde man eine Zeitreise durch die Jahreszeiten eines Weinbergs unternehmen. Vom zarten Erwachen des Frühlings über die warme Fülle des Sommers bis hin zur reichen Ernte des Herbstes – jeder Moment, jede Emotion war in diesem einen Schluck eingefangen.

Als der Riesling schließlich hinunterglitt, hinterließ er ein langes, anhaltendes Finish, das die Sinne noch lange nach dem eigentlichen Trinkerlebnis umschmeichelte. Die Zeit schien sich wieder zu normalisieren, doch der Genuss dieses einen Moments hallte in der Erinnerung nach, als ewige Erinnerung an die Magie und den Reichtum eines perfekt gereiften Rieslings."

ChatGPT, Prompt: Schreibe den Genussmoment eines Schluck Riesling Weins wie eine Zeitdehnung, zugegriffen 21. September 2023.

Prompts mit Erzähl- und Plausibilitätsmustern

Plausibilitätsmuster verfolgen den Zweck der Persuasion. Es sind kompakte Erzähleinheiten, die auf die Bedingungen der Werbung angepasst sind. Die Form der Erzählstruktur dient der Überredung und entwickelt dadurch besonders große Überzeugungskraft und Plausibilität. Die Erzähl- und Plausibilitätsmustern sind Vorlagen für die kreative Gestaltung und Prompts. Hier ein Überblick:

Das Problem-Lösungs-Muster
PAS- Modell, Problem, Agitation, Solution
Die Analogie
Der Beweis
Die Demonstration od. Experiment
Das Gegenteilige oder die Antithese
Die Gegenüberstellung
Das Vorher-Nachher
Mit-Ohne- oder Ohne-Mit
Die Metapher
Die Symbolisierung
Die Personifizierung
Das Rätsel
Die schlimme Alternative
Die Lüge
Die Übertreibung

Das Problem-Lösungs-Muster
ChatGPT, schreibe einen Anzeigentext über einen leisen Rasenmäher nach dem Problem-Lösungs-Muster:

„Ist das laute Brummen Ihres alten Rasenmähers an Wochenenden der Grund für genervte Blicke Ihrer Nachbarn? Sehnen Sie sich nach einem ruhigen Morgen im Garten, ohne den Frieden zu stören? Entdecken Sie unseren Ultra-Leise Rasenmäher! Dank fortschrittlicher Technologie bietet er nicht nur eine effiziente Rasenpflege, die so leise ist, dass Sie kaum glauben werden, er sei eingeschaltet, sondern er punktet auch durch sein kompaktes Design, das eine einfache Lagerung ermöglicht. Zusätzlich ist er umweltfreundlich durch seinen geringen Energieverbrauch. Seine scharfen Klingen sorgen für ein sauberes Schnittbild, während die leise Technologie den Frieden Ihres Morgens bewahrt. Machen Sie Schluss mit Lärm und genießen Sie die Ruhe! Mit unserem Ultra-Leise Rasenmäher wird Rasenpflege zum harmonischen Erlebnis."

ChatGPT, Prompt: Schreibe einen Anzeigentext über einen leisen Rasenmäher nach dem Problem-Lösungs-Muster, zugegriffen 21. September 2023.

Das PAS-Modell, Problem, Agitation, Solution
ChatGPT, schreibe einen Anzeigentext über einen leisen Rasenmäher nach dem PAS-Modell, Problem, Agitation, Solution.

Problem:

Es ist ein sonniger Morgen, und die Stille Ihres Gartens wird nur durch das störende Dröhnen Ihres alten Rasenmähers unterbrochen. Die genervten Blicke der Nachbarn sind Ihnen nur allzu vertraut.

Agitation:
Stellen Sie sich vor, jeder Mähdurchgang stört die friedlichen Momente im Garten und treibt einen Keil zwischen Sie und Ihre Nachbarn. Der Lärm, der Schmutz und die ständige Wartung rauben Ihnen die Freude am Garten.

Solution:
Das muss nicht sein! Wir präsentieren unseren Ultra-Leise Rasenmäher: Fortschrittliche Technologie trifft auf Effizienz. Erleben Sie Rasenpflege, so leise, dass Sie das Summen der Bienen und das Zwitschern der Vögel hören können. Unsere scharfen Klingen sorgen für einen sauberen Schnitt, und dank des kompakten Designs ist auch die Lagerung ein Kinderspiel. Finden Sie zurück zur Harmonie in Ihrem Garten und lassen Sie den Lärm hinter sich. Mit unserem Ultra-Leise Rasenmäher wird Gartenarbeit zum meditativen Erlebnis."

ChatGPT, Prompt: Schreibe einen Anzeigentext über einen leisen Rasenmäher nach dem PAS-Modell, Problem, Agitation, Solution, zugegriffen 21. September 2023.

Die Analogie

„Die Analogie arbeitet mit vereinfachten Ähnlichkeiten, die eine Gleichheit zum Thema und Versprechen herstellen. Ist die Analogie erst einmal verstanden, sind die Konsequenzen verständlicher und einprägsamer." (Heiser, 2022, S. 205)

ChatGPT, schreibe 10 Headlines mit Analogien für eine biologische Limonade mit dem reinen, natürlichen Geschmack ihrer Fruchtzusätze:

„1. Limonade: Klar wie ein akustisches Lied.
2. Erfrischung, rein wie der erste Sonnenstrahl.
3. Klarheit eines Waldteichs in jeder Flasche.
4. Natur pur: Unsere ungeschminkte Limonade.
5. Ein Klavier solo: Ohne künstliche Aromen.
6. Geschmack, alt wie die Geschichten eines Buches.
7. Unsere Limonade: Klar wie der Sternenhimmel.
8. Reinheit einer Schneeflocke in jedem Schluck.
9. Frisch wie ein Apfel vom Baum.
10. Natürlich singend wie ein freier Vogel."

ChatGPT, Prompt: Schreibe 10 Headlines mit Analogien für eine biologische Limonade mit dem reinen, natürlichen Geschmack ihrer Fruchtzusätze, zugegriffen 28. August 2023.

ChatGPT, schreibe 10 Headlines mit Analogien für eine biologische Limonade mit dem reinen, natürlichen Geschmack der Früchte:

„1. Wie ein Waldspaziergang für deine Geschmacksknospen: Unsere Bio-Limonade!
2. So rein wie Morgentau: Entdecke die wahre Essenz der Frucht.
3. Genieße die Frische, so unberührt wie eine Bergspitze!
4. Natur in Flüssigform: So ehrlich wie der Gesang einer Nachtigall.
5. Klarer Geschmack, klarer Himmel: Unsere Limonade ist wie ein Tag ohne Wolken!
6. Fruchtig wie ein frisch geernteter Obstkorb: Bio und pur.
7. Unverfälscht und echt: So wie der Horizont bei Sonnenuntergang.
8. Ehrlich und einfach: Unsere Limonade ist wie ein Handgeschriebener Brief.
9. So unverwechselbar wie der Abdruck eines Blattes: Natürlich und einzigartig.
10. Unsere Bio-Limonade: Frisch wie der erste Frühlingstag!"

ChatGPT, Prompt: Schreibe 10 Headlines mit Analogien für eine biologische Limonade mit dem reinen, natürlichen Geschmack der Früchte, zugegriffen 28. August 2023.

Neuroflash, schreibe 10 Headlines mit Analogien für eine biologische Limonade mit dem reinen, natürlichen Geschmack ihrer Früchte:

„1. Die biologische Limonade mit dem Geschmack wie ein frisch gepresster Obstsalat
2. Entdecke die pure Essenz der Natur mit unserer biologischen Limonade

3. Tauche ein in den reinen Fruchtgeschmack unserer biologischen Limonade

4. Erlebe den prickelnden Genuss einer Limonade, die vor Frische nur so sprudelt

5. Wie ein sonniger Spaziergang durch einen Obstgarten – unsere biologische Limonade

6. Genieße den Geschmack von reifen Früchten in jeder spritzigen Schluck unserer biologischen Limonade

7. Die biologische Limonade, die dir das Gefühl gibt, einen tropischen Früchtemix zu trinken

8. Ein erfrischendes Getränk, das dich mit dem authentischen Geschmack von frischem Obst verführt

9. Lasse dich von unserer biologischen Limonade auf eine geschmackliche Reise durch Obstplantagen entführen

10. Die biologische Limonade, die den puren Fruchtgeschmack in jedem Schluck einfängt."

Neuroflash, Prompt: Schreibe 10 Headlines mit Analogien für eine biologische Limonade mit dem reinen, natürlichen Geschmack ihrer Früchte, zugegriffen 28. August 2023.

Beide Chatbots erfüllen die Analogie, aber die Headlines von ChatGPT wirken griffiger und sind knapper formuliert. Hier nochmal ein Vergleich zu Gemini:

„Hier sind 10 Headlines mit Analogien für eine biologische Limonade mit dem reinen, natürlichen Geschmack ihrer Früchte:

Biologische Limonade: Der pure Geschmack der Natur in einer Flasche.

Biologische Limonade: So frisch wie ein Sommertag.

Biologische Limonade: Ein Schluck purer Genuss.

Biologische Limonade: Die perfekte Erfrischung für den Sommer.

Biologische Limonade: Der pure Geschmack der Früchte, ganz ohne künstliche Zusätze.

Biologische Limonade: Natur pur in einer Flasche.

Biologische Limonade: Ein Stückchen Natur für zu Hause.

Biologische Limonade: Der Geschmack von Sommer, Sonne und Freiheit.

Diese Headlines nutzen Analogien, um den reinen, natürlichen Geschmack der biologischen Limonade hervorzuheben. Sie verwenden Bilder und Vergleiche, um die Vorstellungskraft der Leser anzuregen und sie zum Probieren der Limonade zu animieren.

Hier sind einige weitere Beispiele:

Biologische Limonade: So fruchtig wie ein frischer Obstsalat.
Biologische Limonade: Ein Hauch von Sommer auf der Zunge.
Biologische Limonade: Die perfekte Erfrischung für einen heißen Tag.
Biologische Limonade: Ein Stückchen Urlaub für zu Hause.
Biologische Limonade: Der Geschmack von Lebensfreude.

Diese Headlines sind noch kreativer und farbenfroher. Sie verwenden starke Bilder und Sprache, um die Aufmerksamkeit der Leser zu erregen und sie zum Kauf der Limonade zu bewegen."

Gemini, Prompt: Schreibe 10 Headlines mit Analogien für eine biologische Limonade mit dem reinen, natürlichen Geschmack ihrer Früchte, zugegriffen 28. August 2023.

Die Ergebnisse von Gemini bleiben meist auf einem uninspirierten Niveau hängen. Sie sind allgemeiner und setzten weniger häufig auf dem Alleinstellungsmerkmal „reinen, natürlichen Geschmack der Früchte" auf. Schön ist natürlich, dass der Chatbot gleich einen weiterführenden Ansatz anbietet und begründet.

Der Beweis
ChatGPT, schreibe 10 Headlines mit Formulierungen wie ein Beweis für eine biologische Limonade mit dem reinen, natürlichen Geschmack der Früchte:

1. „Evident im Geschmack: 100% natürliche Frucht in jeder Flasche!
2. Beweis am Gaumen: Unsere Limonade – so echt wie die Frucht selbst!
3. Nicht nur eine Behauptung: Fühle die echte Frucht in jedem Schluck!
4. Authentisch und nachweisbar: Der reine Geschmack der Natur!
5. Geschmack, der sich selbst bezeugt: Bio-Frucht pur in unserer Limonade!
6. Von der Frucht zur Flasche: Ein klarer Beweis für unsere natürliche Herkunft!
7. Ohne Kompromisse: Ein Geschmack, der die reine Frucht bestätigt!
8. Jeder Tropfen ein Zeugnis: Erlebe den echten Fruchtgeschmack!
9. Transparent wie unser Ansatz: Nachweislich nur die besten Bio-Früchte!
10. Vertraue deinen Geschmacksknospen: Sie bestätigen unsere biologische Qualität!"

Gemini, Prompt: Schreibe 10 Headlines mit Formulierungen wie ein Beweis für eine biologische Limonade mit dem reinen, natürlichen Geschmack der Früchte, zugegriffen 28. August 2023.

Die Demonstration od. Experiment
ChatGPT, schreibe eine Produktbeschreibung für den Genuss eines Biers mit Küstengerste, der wie ein Experiment aufgebaut ist:

„Kann ein Bier, das mit Gerste von den windgepeitschten Küstenregionen gebraut wird, ein völlig neues Geschmackserlebnis bieten, das den Geist an raue Seeufer und den Duft von salziger Meeresluft erinnert? Diese Frage führte zur Kreation unseres Bieres mit Küstengerste. Die Essenz des Ozeans scheint in jedem Korn dieser speziellen Gerste eingefangen zu sein. Bei der Verarbeitung wird sie sorgfältig gemälzt, um ihre einzigartigen Aromen freizusetzen. In Kombination mit klarem Quellwasser und einer Prise handverlesenem Hopfen entsteht ein goldfarbenes Bier, das im Glas das Sonnenlicht einfängt und beim Schwenken eine feine Schaumkrone bildet. Schon beim ersten Schnuppern nimmt man einen Hauch von Meersalz wahr, gemischt mit dem malzigen Duft der Gerste und einem subtilen Unterton von Hopfen. Der Geschmack beginnt mild, fast wie ein sanftes Meeresrauschen, und steigert sich zu einem vollen, runden Malzgeschmack. Die salzige Note der Küstengerste sorgt für eine unverwechselbare Frische, die an einen Spaziergang am Meer erinnert. Dieses Bier ist nicht nur ein Getränk, sondern ein echtes Erlebnis, das den Genießer auf eine Reise zu den rauen Küsten entführt. Ein wahres Geschmacksexperiment, das Neugierige und Genießer gleichermaßen begeistern wird."

ChatGPT, Prompt: Schreibe eine Produktbeschreibung für den Genuss eines Biers mit Küstengerste, die wie ein Experiment aufgebaut ist, zugegriffen 21. September 2023.

Das Gegenteilige oder die Antithese
ChatGPT, gespartes Wasser kann man nicht sehen. Mach es sichtbar und schreibe 10 Schlagzeilen. Nicht länger als 50 Zeichen:
1. „Jeder gesparte Tropfen formt unsichtbare Seen!
2. Sichtbar gespart: Jeder Tropfen zählt hier!
3. Im Glas der Nachhaltigkeit: Dein gespartes Wasser.
4. Unsichtbare Flüsse durch verantwortungsvolles Handeln.
5. Spare Wasser, baue Ozeane der Hoffnung!
6. Gespartes Wasser: Der verborgene Schatz des Lebens.
7. In jeder Pause des Wasserhahns verbirgt sich ein Meer.
8. Dein Beitrag: Ein unsichtbarer Regen des Bewahrens.
9. Hinter jedem gesparten Liter ein verborgener Wasserfall.
10. Gespartes Wasser: Die stille Heldentat des Alltags."

ChatGPT, Prompt: Gespartes Wasser kann man nicht sehen. Mach es sichtbar und schreibe 10 Schlagzeilen. Nicht länger als 50 Zeichen, zugegriffen 26. August 2023.

Die Anfrage: „mach es sichtbar" funktioniert. Es werden einprägsame Bilder und ungewöhnliche Paarungen angeboten.

Die Gegenüberstellung
ChatGPT, schreibe einen Text, in dem eine Zahncreme für besonders weiße Zähne einem Schluck Wasser gegenübergestellt wird:

„Die Magie eines Lächelns, das in makelloser Reinheit erstrahlt, ist oft das Ergebnis sorgfältiger Pflege und Aufmerksamkeit. Wir alle haben von den Vorteilen eines Schluckes klaren Wassers gehört, aber wie steht dieser einfache Schluck im Vergleich zu einer Zahncreme, die für besonders weiße Zähne entwickelt wurde?

Ein Schluck Wasser ist das Symbol für Reinheit und Einfachheit. Er durchquert unseren Gaumen, erfrischt unseren Geist und kann sogar dabei helfen, die überschüssigen Reste von unserer letzten Mahlzeit wegzuspülen. Wasser ist unverzichtbar für das Leben und unentbehrlich für die Aufrechterhaltung eines gesunden Mundes. Es neutralisiert Säuren, die zu Karies führen können, und hält unseren Mund hydratisiert, um die Produktion von schützendem Speichel zu unterstützen. Jedoch kann dieser unschuldige Schluck Wasser die tief sitzenden Flecken, die sich über Jahre hinweg auf unseren Zähnen angesammelt haben, nicht beseitigen.

Hier kommt die Zahncreme für besonders weiße Zähne ins Spiel. Sie ist wie der geheime Zaubertrank für Ihr Lächeln. Mit speziell formulierten Inhaltsstoffen, die darauf abzielen, die hartnäckigsten Flecken zu entfernen, geht diese Zahncreme über das einfache Reinigen hinaus. Sie poliert, schützt und hellt die Zähne auf, und das Ergebnis? Ein funkelnd weißes Lächeln, das Selbstvertrauen und Zufriedenheit ausstrahlt. Diese Zahncreme stellt nicht nur die natürliche Schönheit Ihrer Zähne wieder her, sondern bietet auch einen Schutzschild gegen zukünftige Verfärbungen.

Das bedeutet jedoch nicht, dass Wasser in den Schatten gestellt wird. Tatsächlich ergänzen sich Wasser und Zahncreme für weiße Zähne in perfekter Harmonie. Während die Zahncreme die Oberfläche der Zähne intensiv reinigt und aufhellt, bereitet ein Schluck Wasser den Mund vor, neutralisiert Säuren und unterstützt die gesamte Mundgesundheit.

Zusammenfassend lässt sich sagen, dass sowohl ein Schluck Wasser als auch eine spezielle Zahncreme für weiße Zähne ihre eigenen, einzigartigen Vorteile haben. Wasser ist die Grundlage unseres Wohlbefindens, während die Zahncreme das Werkzeug für ein leuchtendes Lächeln ist. Beide in Kombination bieten den perfekten Weg zu einem gesunden und strahlenden Lächeln."

ChatGPT, Prompt: Schreibe einen Text, in dem eine Zahncreme für besonders weiße Zähne einem Schluck Wasser gegenübergestellt wird, zugegriffen 30. September 2023.

ChatGPT, schreibe einen Fließtext, in dem ein Rennrad einem Stück Torte gegenübergestellt wird:

„In der Welt der Dinge gibt es manchmal Paarungen, die auf den ersten Blick ungewöhnlich erscheinen, doch bei genauerem Hinsehen offenbaren sie interessante Parallelen und Unterschiede. Nehmen wir zum Beispiel ein Rennrad und ein Stück Torte. Beide repräsentieren scheinbar entgegengesetzte Enden eines Spektrums, doch tief im Kern tragen sie ähnliche Geschichten des Vergnügens und der Hingabe in sich.

Das Rennrad, schlank und glänzend, ist ein Symbol für Geschwindigkeit, Ausdauer und Technik. Jedes Detail, von den dünnen Reifen bis zum leichten Rahmen, wurde für maximale Effizienz und Performance entworfen. Es repräsentiert die harte Arbeit, die Disziplin und die Leidenschaft derjenigen, die Stunden damit verbringen, gegen den Wind zu fahren, Berge zu erklimmen oder auf offener Straße Geschwindigkeitsrekorde aufzustellen. Ein Rennrad verkörpert Freiheit und das Streben nach ständiger Verbesserung.

Dagegen steht das Stück Torte, reich und verführerisch, als Sinnbild für Genuss und Zufriedenheit. Mit seinen verschiedenen Schichten, Cremes und Früchten ist es ein Fest der Sinne, eine Explosion von Geschmack und Textur. Es repräsentiert die Feinheiten des Lebens, die Momente, in denen wir innehalten und uns selbst verwöhnen. Ein Stück Torte ist nicht nur eine süße Verführung, sondern ein Zeugnis der Kunst des Backens, der Kreativität und der Traditionen, die von Generation zu Generation weitergegeben werden.

So verschieden diese beiden auch erscheinen mögen, in ihrem Kern teilen sie die gleiche Essenz des Lebens: Leidenschaft. Während das Rennrad die Leidenschaft für Bewegung, Geschwindigkeit und ständige Verbesserung repräsentiert, steht die Torte für die Leidenschaft des Genusses, der Kreativität und der Hingabe an das Handwerk. Beide erinnern uns daran, dass das Leben aus verschiedenen Facetten besteht – der harten Arbeit und der reinen Freude, dem Streben und dem Innehalten.

Zusammenfassend lassen sich das Rennrad und das Stück Torte als Metaphern für das Leben selbst betrachten. Beide lehren uns, dass es ebenso wichtig ist, unsere Ziele mit Entschlossenheit zu verfolgen, wie es wichtig ist, die süßen Momente des Lebens zu genießen und zu schätzen. In der Balance zwischen diesen beiden finden wir das wahre Vergnügen des Daseins."

ChatGPT, Prompt: Schreibe einen Fließtext, in dem ein Rennrad einem Stück Torte gegenübergestellt wird, zugegriffen 30. September 2023.

Das Vorher-Nachher
ChatGPT, schreibe einen Fließtext als Vorher-Nachher-Vergleich über die Verwendung von Vitamin C in Pulverform:

„Vitamin C, auch als Ascorbinsäure bekannt, hat sich von seiner traditionellen Rolle in Tabletten und Fruchtsäften zu einem neuen Protagonisten in der Gesundheits- und Schönheitsbranche entwickelt: dem Vitamin C in Pulverform. Dieser Vorher-Nachher-Vergleich wird die Entwicklung und den Nutzen dieses Produkts in den Mittelpunkt stellen.

Vorher:
Bevor Vitamin C in Pulverform populär wurde, verbanden die meisten Menschen ihren täglichen Vitamin C-Bedarf mit Orangensaft oder einer handelsüblichen Vitamintablette. Diese Quellen, obwohl effektiv, kamen mit ihren eigenen Einschränkungen. Flüssige Säfte können Zusatzstoffe und Zucker enthalten, und Tabletten haben eine festgelegte Dosis, die nicht immer leicht anzupassen ist. Außerdem kann die Bioverfügbarkeit – also wie gut unser Körper das Vitamin aufnimmt und verwendet – von Person zu Person variieren.

Nachher:
Mit dem Aufkommen von Vitamin C in Pulverform hat sich das Spiel verändert. Dieses Pulver bietet eine konzentrierte und reinere Form des Vitamins. Nutzer können die Menge nach Bedarf anpassen, was besonders nützlich ist für diejenigen, die höhere Dosen für Hautpflegezwecke oder Immunitätsunterstützung benötigen. Einfach in Wasser, Saft oder sogar in Hautpflegeprodukte gemischt, bietet das Pulver eine vielseitige Möglichkeit, von den Vorteilen von Vitamin C zu profitieren. Es hat auch eine längere Haltbarkeit als Säfte und kann leichter in größeren Mengen gelagert werden. Darüber hinaus haben viele festgestellt, dass das Pulver effizienter und schneller vom Körper aufgenommen wird, was eine gesteigerte Bioverfügbarkeit verspricht.

Insgesamt hat die Evolution von Vitamin C in seiner Darreichungsform – von Tabletten und Säften hin zu Pulver – einen bemerkenswerten Wandel in der Art und Weise bewirkt, wie wir dieses lebenswichtige Vitamin konsumieren und nutzen. Während die traditionellen Formen immer noch ihren Platz haben, bietet das Vitamin C in Pulverform eine personalisierte, potente und praktische Alternative für den modernen Verbraucher."

ChatGPT, Prompt: Schreibe einen Fließtext als Vorher-Nachher-Vergleich über die Verwendung von Vitamin C in Pulverform, zugegriffen 30. September 2023.

Mit-Ohne oder Ohne-Mit
ChatGPT, schreibe einen Fließtext als Mit-Ohne-Vergleich über die Verwendung von ChatGPT:

„Mit ChatGPT an ihrer Seite erleben die Benutzer eine nahezu grenzenlose Informationsquelle. Egal, wann eine Frage auftaucht oder welches Thema sie betrifft, ChatGPT liefert innerhalb von Sekunden eine fundierte Antwort. Dies hat das Selbststudium, die Projektarbeit und die allgemeine Informationsbeschaffung erheblich beschleunigt und vereinfacht. Anstatt sich durch endlose Online-Artikel zu wühlen oder auf Expertenantworten zu warten, haben die Nutzer nun einen zuverlässigen digitalen Assistenten, der stets bereit ist, Unterstützung zu bieten. Es fühlt sich an, als hätte man einen ständigen Begleiter, der über ein weites Spektrum an Wissen verfügt und immer bereit ist zu helfen.

Ohne ChatGPT hingegen fühlte sich die Informationsbeschaffung oft wie ein Labyrinth an. Es gab zwar viele Ressourcen, aber der Zugang zu schnellen und genauen Informationen war schwierig. Die Benutzer mussten sich auf traditionelle Suchmaschinen verlassen, sich durch Foren wühlen oder auf Antworten in sozialen Netzwerken warten. Diese Methoden waren nicht nur zeitaufwendig, sondern brachten auch oft die Gefahr mit sich, auf ungenaue oder irreführende Informationen zu stoßen. Ohne einen verlässlichen digitalen Assistenten war der Informationsfluss gebremst und die Benutzer fühlten sich oft allein gelassen mit ihren Fragen.

Insgesamt hat ChatGPT die Art und Weise, wie Menschen Informationen suchen und verarbeiten, revolutioniert und ein Gefühl von Vertrauen und Effizienz in den digitalen Informationsaustausch gebracht."

ChatGPT, Prompt: Schreibe einen Fließtext als Mit-Ohne-Vergleich über die Verwendung von ChatGPT, zugegriffen 21. September 2023.

Die Metapher
ChatGPT, schreibe 10 Metaphern für Maßanzüge eines italienischen Herrenschneiders:

„1. Die zweite Haut eines Gentlemans.
2. Ein sonnenverwöhnter Schnitt aus dem Herzen Roms.
3. Ein Taktstock, der das Symphonieorchester des Körpers dirigiert.
4. Ein Gemälde, bei dem jeder Pinselstrich die Perfektion anstrebt.
5. Ein handgeschriebener Brief an die Eleganz.
6. Das literarische Werk der Mode, in dem jedes Kapitel maßgeschneidert ist.
7. Ein kulinarisches Meisterwerk, zubereitet von den Händen eines Maestros.
8. Der Ferrari unter den Anzügen, geschmeidig und ohne Kompromisse.
9. Ein Tanzpartner, der jede Bewegung des Trägers antizipiert.
10. Ein Versprechen von La Dolce Vita, gewoben in jeden Faden.“

ChatGPT, Prompt: Schreibe 10 Metaphern für Maßanzüge eines italienischen Herrenschneiders, zugegriffen 21. September 2023.

ChatGPT, schreibe 10 Metaphern für das Einsparen von Wasser: Nicht länger als 40 Zeichen:

„1. Ein Tropfen Gold in der Wüste.
2. Wasser sparen, Leben weben.
3. Jeder Tropfen ein Baum des Lebens.
4. Sparen wie das Herzschlag-Flüstern.
5. Ein gespartes Glas, ein geretteter Fluss.
6. Wasser bewahren, Hoffnung pflanzen.
7. Jeder Tropfen zählt im Ozean.
8. Mit Sparsamkeit regnet es Hoffnung.
9. Wasser sparen ist Zeit bewahren.
10. Jeder Tropfen ein Lied der Erde.“

ChatGPT, Prompt: Schreibe 10 Metaphern für das Einsparen von Wasser: Nicht länger als 40 Zeichen, zugegriffen 26. August 2023.

Die Symbolisierung
ChatGPT, schreibe 10 Symbole für eine Luxus Limousine:

„1. Ein rollender Palast der Moderne.
2. Das Kronjuwel der Autobahnen.
3. Ein erlesener Tropfen auf dem Asphaltweinberg.

4. Die Sinfonie des Fortschritts, gespielt auf vier Rädern.
5. Ein majestätisches Schiff, das durch städtische Meere gleitet.
6. Die handgeschriebene Einladung zur Welt der Eleganz.
7. Das Spiegelbild der Perfektion, reflektiert in poliertem Chrom.
8. Ein leises Flüstern von Macht und Prestige.
9. Die Inkarnation von Stil und Innovation.
10. Ein Tempel des Designs, in dem Luxus und Technologie verehrt werden."

ChatGPT, Prompt: Schreibe 10 Symbole für eine Luxus Limousine, zugegriffen 21. September 2023.

Die Personifizierung
ChatGPT, schreibe einen Blogbeitrag, indem die fruchtige Marmelade personifiziert wird:

„Die Abenteuer von Miss Marmelade: Ein süßes Geheimnis

Es war ein sonniger Morgen in der kleinen Stadt Jamsville, und im Herzen des Ortes erwachte Miss Marmelade zu einem neuen Tag. Sie war nicht irgendeine Marmelade. Nein, Miss Marmelade war eine lebendige, quirlige Persönlichkeit, ständig in Bewegung und immer voller Geschichten über ihre Reisen aus den Obstgärten bis ins Glas.

Sie war ein Kaleidoskop aus Farben und Aromen, immer hell und funkelnd, ob in Orange, Erdbeere oder Himbeere. In ihrem Inneren trug sie die Essenz sonnengeküsster Früchte und das süße Versprechen von Sommererinnerungen.

‚Ah, die guten alten Tage!', erzählte sie gerne ihren benachbarten Marmeladengläsern. ‚Ich erinnere mich an die Zeit, als ich noch ein wilder Strauch in einem verträumten Obstgarten war. Die Bienen umschwirrten mich, und die Sonnenstrahlen küssten meine Früchte.'

Miss Marmelade hatte eine besondere Fähigkeit: Sie konnte die Stimmung jedes Frühstücks verändern. An manchen Tagen war sie zart und zurückhaltend, nur ein Hauch von Süße. An anderen Tagen war sie mutig und tatkräftig, und mit einem Spritzer Zitrusgeschmack konnte sie einen regnerischen Morgen in einen sonnigen Tag verwandeln.

Die anderen Marmeladen bewunderten sie für ihre Vielseitigkeit. ‚Wie machst du das nur, Miss Marmelade?', fragte das junge Apfelgelee einmal neugierig.

Mit einem verschmitzten Lächeln antwortete sie: ‚Es ist das Geheimnis der Früchte. Sie flüstern ihre Geschichten und Geheimnisse in mein Ohr. Jede Frucht hat ihre eigene Persönlichkeit, und ich trage sie alle in mir.'

Miss Marmelade war der Star des Frühstückstisches. Von Toast bis Croissant, sie wusste genau, wie sie sich präsentieren musste. Aber mehr als das, sie wusste, wie sie Herzen erwärmen konnte. Es war nicht nur ihre Süße, sondern die Art, wie sie sich an die einfachen Momente des Lebens erinnerte.

So lebt Miss Marmelade weiter, als Symbol für die einfachen Freuden des Lebens. Sie erinnert uns daran, dass hinter jeder süßen Geschmackserfahrung eine Geschichte steckt. Und dass, egal wie grau der Tag auch sein mag, ein Löffel Marmelade immer in der Lage ist, ein Lächeln auf unsere Gesichter zu zaubern."

ChatGPT, Prompt: Schreibe einen Blogbeitrag, indem die fruchtige Marmelade personifiziert wird, zugegriffen 21. September 2023.

Das Rätsel
ChatGPT, schreibe ein Rätsel für Alpenmilch:

„In hohen Bergen wird sie geboren,
Wo grüne Wiesen Kuhglocken verhören.
Weiß wie Schnee und rein wie der Quell,
Nährt sie die Kinder, und das ziemlich schnell.
In Schokolade, sie sich oft vermischt,
Und in deinem Kaffee, wenn der Morgen dich erwischt.
Was bin ich, so kostbar und fein?
Die Antwort, mein Freund, kann nur Alpenmilch sein."

ChatGPT, Prompt: Schreibe ein Rätsel für Alpenmilch, zugegriffen 21. September 2023.

Die schlimme Alternative
ChatGPT, schreibe 10 Headlines über die schlimmsten Alternativen zu Wein aus Apulien:

„1. Warum Plastikbecherbrause nie an Apuliens Weine heranreichen wird!
2. Wasser aus dem Gartenschlauch: Der traurige Versuch, Apuliens Weinen Konkurrenz zu machen.

3. Kohlensäurehaltige Limonade gegen Apuliens Rotwein: Ein ungleiches Duell!

4. Warum selbst die beste Fruchtsaftmischung niemals an den Geschmack von Apuliens Weinen herankommt.

5. Apuliens Weine gegen Hausgemachte Mischgetränke: Ein unfaire Kampfansage!

6. Billiger Fusel versus Apuliens Edeltropfen: Ein Vergleich, den man lieber vermeidet.

7. Wenn der Tetra Pak-Saft versucht, den Glanz von Apuliens Weinen zu stehlen.

8. Apuliens Weine und der traurige Versuch der Konkurrenz durch Instant-Getränkepulver.

9. Das unvergleichliche Bouquet von Apulien gegen den flachen Geschmack von Discounter-Plörre.

10. Warum keine ‚innovative' Getränkeneuheit jemals das Erbe von Apuliens Weinen übertreffen wird.

Bitte beachten Sie, dass diese Headlines humorvoll und leicht übertrieben sind, um den Punkt zu verdeutlichen. Es ist wichtig, mit Sensibilität und Respekt über Produkte und ihre Alternativen zu sprechen."

ChatGPT, Prompt: Schreibe 10 Headlines über die schlimmsten Alternativen zu Wein aus Apulien, zugegriffen 21. September 2023.

Die Lüge
ChatGPT, schreibe eine Lügengeschichte über ein Craftbier, das mit großer Sorgfalt hergestellt wird:

„In einem abgelegenen Dorf in der Schweizer Alpen, wo die Luft so klar ist, dass man fast jede einzelne Schneeflocke beim Fallen beobachten kann, existiert eine geheime Brauerei, die nur den Eingeweihten bekannt ist. Sie heißt „Alpenzauber'" und ist berühmt für ihr einzigartiges Craftbier.

Das Geheimnis von ‚Alpenzauber' ist nicht nur die seltene Quelle, aus der das Wasser stammt – eine Quelle, die nur bei Vollmond in den kältesten Winternächten zum Vorschein kommt -, sondern auch der besondere Hopfen. Dieser Hopfen wird nicht angebaut, sondern erscheint nur einmal alle sieben Jahre auf mysteriösen, silbernen Stielen in den tiefsten Wäldern des Dorfes. Die Dorfbewohner sagen, dass er das Geschenk eines alten Berggeistes ist, der das Dorf vor Hunderten von Jahren gesegnet hat.

Doch das ist noch nicht alles. Während des Brauprozesses singen die Braumeister von ‚Alpenzauber‘ alte Volkslieder, um das Bier mit der Essenz der Berge zu infundieren. Es heißt, dass jeder Schluck dieses Bieres die Geschichten, die Liebe und die Abenteuer der Alpen in sich trägt.

In den letzten Jahren versuchten viele, dieses geheimnisvolle Craftbier zu kopieren, aber keiner kam auch nur annähernd an den Geschmack heran. Es sind nicht nur die Zutaten, die „Alpenzauber‘" so besonders machen, sondern die Magie, die Liebe und das Geheimnis, das in jeder Flasche steckt.

Viele halten diese Geschichte für einen Mythos, doch diejenigen, die das Glück hatten, ‚Alpenzauber‘ zu kosten, schwören, dass sie beim Trinken das leise Lied der Berge und das Lachen des alten Berggeistes hören können."

ChatGPT, Prompt: Schreibe eine Lügengeschichte über ein Craftbier, das mit großer Sorgfalt hergestellt wird, zugegriffen 21. September 2023.

Die Übertreibung
ChatGPT, schreibe eine maßlose Übertreibung für den Geschmack eines Pfefferminz Kaugummis:

„Beim ersten Kauen dieses Pfefferminz-Kaugummis wird man unweigerlich in einen gewaltigen Wirbelsturm der Frische hineingezogen, so kraftvoll, dass selbst der stärkste Blizzard im arktischen Tundra dagegen wie ein sanftes Lüftchen erscheint. Dein Atem wird so kühl, dass, wenn du ausatmest, kleine Eiszapfen in der Luft zu schweben scheinen. Es ist, als würde man auf der Spitze des Mount Everest stehen und einen eisigen Minzgletscher kauen, während ein eisiger Wind die Geschmacksknospen belebt. Dieser Kaugummi hat die Macht, ganze Wüsten zu kühlen und den heißesten Vulkan in einen frostigen Berg zu verwandeln. Es ist nicht nur ein Geschmack, es ist eine Expedition in das Herz der eisigen Unendlichkeit!"

ChatGPT, Prompt: Schreibe eine maßlose Übertreibung für den Geschmack eines Pfefferminz Kaugummis, zugegriffen 21. September 2023.

Häufig werden bei den Formulierungen, „schreibe einen Text", „schreibe einen Fließtext" automatisch Geschichten erzeugt. Auffällig ist, dass weit ausgeholt wird und eine komplette Geschichte mit Exposition, Zielentwicklung, Komplikation, Höhepunkt, Wendung und Fazit erzählt wurde. Kürzen kannst du danach immer noch.

Prompts mit Film- und TV-Genres

TV- und Film-Genres formen eigenständige Konventionen, Normen und Vergnügen. Das sind Themen, Erzähl-, Handlungs- und Rollenmuster oder Charaktere, die eine signifikante Stellung und Funktion innerhalb der Dramaturgie einnehmen. Die Genres sind Vorlagen für die kreative Gestaltung und Prompts. Hier die gängigsten Genres im Überblick:

Abenteuer-Genre
Action-Genre
Agenten-Genre
Biografie-Genre
Detektiv-Genre
Dystopie-Genre
Fantasy-Genre
Gangsterfilm-Genre
Historien-Genre
Horror-Genre
Katastrophenfilm-Genre
Komödien-Genre (Nonsens, Slapstick, Parodie, Komödie, schwarzer Humor, Sitcom, Comedy, Satire)
Kriegsfilm-Genre
Krimi-Genre
Liebesgeschichte-Genre
Mystery-Genre
Musical-GenrePolizeifilm-Genre
Road Movie-Genre
Science-Fiction-Genre
Thriller-Genre
Plus X

Abenteuer-Genre
ChatGPT, schreibe 10 Headlines als seien sie Titel eines Abenteuerfilms für einen wohlschmeckenden Kaffee aus dem äthiopischen Hochland:

„1. Äthiopiens Gold: Das Abenteuer des verzauberten Kaffees
2. Die Hochland-Expedition: Die Suche nach der perfekten Bohne
3. Gipfel des Aromas: Der verborgene Schatz von Sidamo
4. Kaffee-Königreiche: Die Legende von Yirgacheffe
5. Die Odyssee des Oromia: Zwischen Wildnis und Wunderbohne

6. Tempel des Geschmacks: Rätsel der Röstung
7. Die Chroniken von Harar: Das Geheimnis des alten Kaffeebaum
8. Die verlorene Plantage: Abenteuer im Herzen Äthiopiens
9. Bohnen des Schicksals: Der Fluch des äthiopischen Mokkas
10. Wüstenwind und Kaffeeklänge: Das Geheimnis der Hochlandoase

Diese Titel vermitteln das Gefühl eines epischen Abenteuers, bei dem die Entdeckung des wohlschmeckenden Kaffees aus dem äthiopischen Hochland im Zentrum steht."

ChatGPT, Prompt: Schreibe 10 Headlines als seien sie Titel eines Abenteuerfilms für einen wohlschmeckenden Kaffee aus dem äthiopischen Hochland, zugegriffen 27. August 2023.

Action-Genre
ChatGPT, schreibe 10 Headlines als seien sie Titel eines Actionfilms für einen biologisch angebauten Kaffee aus dem äthiopischen Hochland mit bestem Geschmack:

„1. Bio-Insurgent: Das äthiopische Hochland erwacht
2. Reine Adrenalinbohne: Äthiopiens versteckte Waffe
3. Geschmacksinferno: Die Mission des Bio-Kriegers
4. Sidamo Surge: Biologische Grenzen überschritten
5. Geschmacksexplosion: Äthiopiens geheime Ernte
6. Hochland-Heroes: Kampf um die ultimative Bohne
7. Öko-Odyssee: Äthiopiens gefährlichster Export
8. Bio-Vendetta: Rettung der königlichen Röstung
9. Grüner Pulsar: Die Jagd nach dem reinsten Aroma
10. Kaffeekollision: Äthiopiens Bio-Brigade im Einsatz

Diese Titel vermitteln das Gefühl von High-Octane-Action und kraftvoller Energie, alles um den Kern des biologisch angebauten Kaffees aus dem äthiopischen Hochland mit bestem Geschmack."

ChatGPT, Prompt: Schreibe 10 Headlines als seien sie Titel eines Actionfilms für einen biologisch angebauten Kaffee aus dem äthiopischen Hochland mit bestem Geschmack, zugegriffen 27. August 2023.

ChatGPT, bitte entferne alle Kriegs-Assoziationen aus den Headlines:

„Natürlich, hier ist eine überarbeitete Liste, die keine Kriegs-Assoziationen enthält:

1. Hochland-Highspeed: Äthiopiens Bio-Geschmacksturbo
2. Espresso-Ekstase: Das Rätsel des äthiopischen Bio-Kaffees
3. Bio-Bohnen Boost: Sidamos geheime Röstung
4. Grünes Gold: Äthiopiens Geschmacksreise
5. Hochland-Helden: Auf der Spur des besten Aromas
6. Turbo-Tasse: Das Bio-Wunder aus Äthiopien
7. Geschmacks-Galaxis: Sterne des äthiopischen Hochlands
8. Kaffee-Karawane: Die rasante Route der Bio-Bohnen
9. Aroma-Adrenalin: Der Bio-Kick aus dem Hochland
10. Sidamo-Speed: Schneller zum besten Geschmack

Diese Titel vermitteln nun Action und Spannung rund um den biologischen Kaffee aus dem äthiopischen Hochland, ohne kriegerische Anspielungen zu nutzen.“

ChatGPT, Prompt: Bitte entferne alle Kriegs-Assoziationen aus den Headlines, zugegriffen 27. August 2023.

Agenten-Genre
ChatGPT, schreibe 10 Headlines als seien sie Titel eines Agentenfilms für einen wohlschmeckenden Kaffee aus dem äthiopischen Hochland:

„1. Operation Arabica: Das Geheimnis des äthiopischen Hochlands
2. Codename Sidamo: Der Kaffee, der die Welt veränderte
3. Dunkle Röstung: Verschwörung in Addis Abeba
4. Die Bohnen-Identität: Auf den Spuren des ursprünglichen Aromas
5. Mission Mokka: Das Rätsel des verlorenen Hochlandes
6. Die Kaffeeakte: Das Erbe Äthiopiens
7. Bittere Vergeltung: Die Rache des Harar-Kaffees
8. Gebrüht unter Feuer: Die Jagd nach dem seltenen Yirgacheffe
9. Goldene Crema: Das Omega-Protokoll
10. Im Schatten des Hochlandes: Die letzte Espresso-Wende

Diese Titel könnten einen spannenden und mysteriösen Hintergrund für Agentenfilme bieten, bei denen Kaffee aus dem äthiopischen Hochland im Mittelpunkt steht!“

ChatGPT, Prompt: Schreibe 10 Headlines als seien sie Titel eines Agentenfilms für einen wohlschmeckenden Kaffee aus dem äthiopischen Hochland, zugegriffen 27. August 2023.

Biografie-Genre
ChatGPT, schreibe eine Kurzbiografie für ein Designer Bücherregal:

„Bücherregal ‚Elysium' – Eine Designlegende

Geboren in den kreativen Werkstätten von Mailand im Jahr 1995, ist das Bücherregal ‚Elysium' das Gehirnkind des renommierten italienischen Möbeldesigners Enrico Bellini. Inspiriert von der zeitlosen Schönheit der Renaissance-Architektur und dem modernen Minimalismus, verfolgte Bellini die Vision, ein Möbelstück zu schaffen, das sowohl funktional als auch ein Kunstwerk ist.

In den frühen Skizzen von ‚Elysium' zeigte sich Bellinis Faszination für Balance und Symmetrie. Er experimentierte mit verschiedenen Materialien, bis er sich für eine Kombination aus edlem Walnussholz und gebürstetem Stahl entschied, die dem Regal seine charakteristische Eleganz und Stabilität verleiht.

Nach seiner Enthüllung auf der Mailänder Möbelmesse im Jahr 1997 wurde „Elysium'" schnell zu einem Symbol für modernes europäisches Design. Es wurde nicht nur als Bücherregal gefeiert, sondern auch als Statement-Piece, das die Essenz des modernen Wohnens verkörpert.

Heute, mehr als zwei Jahrzehnte später, bleibt ‚Elysium' ein begehrtes Stück in Designkreisen und steht als Zeugnis für Bellinis unermüdliche Leidenschaft und sein unverwechselbares Talent. Es ist nicht nur ein Bücherregal, sondern eine Hommage an die Kunst des Designs."

ChatGPT, Prompt: Schreibe eine Kurzbiografie für ein Designer Bücherregal, zugegriffen 27. August 2023.

Detektiv-Genre
ChatGPT, Schreibe einen Werbetext wie eine Detektivgeschichte für ein superleichtes Mountain Bike:

„Das Rätsel des federleichten Flitzers

In der schummrigen Ecke eines alten Fahrradladens, wo die Geheimnisse des Radsports begraben lagen, stolperte Detective Ryder über einen Hinweis, der ihn auf eine Spur brachte, die er nie erwartet hätte. Ein Mountainbike, so schlank und leicht, dass es fast unsichtbar schien, stand da, als ob es auf ihn gewartet hätte.

‚Was haben wir hier?‘, murmelte Ryder, während er das Rad mit einem kritischen Auge musterte. ‚Ein Bike, das weniger wiegt als der Schatten, den es wirft.‘

Mit einem Rahmen, der aus einem geheimnisvollen, ultraleichten Material gefertigt war, und Reifen, die so griffig waren, dass sie jedes Terrain zu beherrschen schienen, war dieses Mountainbike ein Meisterwerk der Ingenieurskunst. Es war das perfekte Gefährt für einen Detektiv, der ständig in Bewegung war, ständig auf der Suche nach dem nächsten Hinweis.

Ryder schwang sich auf das Bike und spürte sofort die unglaubliche Leichtigkeit und Agilität. Die Stadt wurde zu seinem Spielplatz, jeder Berg zu einer Herausforderung, die darauf wartete, gemeistert zu werden.

‚Mit diesem Bike‘, dachte Ryder, ‚gibt es kein Rätsel, das ich nicht lösen kann.‘

Wenn auch Sie bereit sind, die Geheimnisse des Trails zu entschlüsseln und jeden Aufstieg mit Leichtigkeit zu meistern, dann ist dieses superleichte Mountainbike genau das Richtige für Sie. Werden Sie zum Meisterdetektiv des Radsports und entdecken Sie, was es wirklich bedeutet, die Straße zu beherrschen.“

ChatGPT, Prompt: Schreibe einen Werbetext wie eine Detektivgeschichte für ein superleichtes Mountain Bike, zugegriffen 14. September 2023.

Dystopie-Genre
ChatGPT, schreibe 5 dystopische und einfühlsame Kampagnenideen, die Menschen zum Einsparen von Wasser überzeugen sollen:

„1. Das letzte Glas
Eine interaktive Ausstellung, die ein Restaurant der Zukunft darstellt. Besucher werden an einen Tisch gesetzt, auf dem nur ein einziges Glas Wasser steht. Ein holographisches Video wird gezeigt, in dem Menschen aus der Zukunft erzählen, wie sie nur ein Glas Wasser pro Tag zum Überleben haben. Die kraftvollen, emotionalen Geschichten sollen die Besucher dazu anregen, ihr eigenes Wasserverbrauchsverhalten zu überdenken.

2. Die Stadt ohne Tränen
Ein Kurzfilm, der in einer Welt spielt, in der Wasser so knapp ist, dass sogar das Weinen verboten wurde. Die Menschen haben verlernt zu weinen, da jede Träne als Verschwendung von lebensnotwendigem Wasser gilt. Die emotionale

und bedrückende Atmosphäre soll den Zuschauern die Wertigkeit von Wasser vor Augen führen.

3. Vergessene Spiegelungen
Große städtische Plätze werden mit trockenen, rissigen Böden überzogen, wo einst Wasserspiegel oder Brunnen waren. Plaketten am Rand erzählen Geschichten von Kindern, die noch nie eine Wasseroberfläche gesehen oder damit gespielt haben. Diese visuelle Darstellung der Verluste durch Wassermangel soll Passanten dazu bewegen, über ihren eigenen Verbrauch nachzudenken.

4. Die leeren Wiegen
Eine Reihe von emotionalen Radiospots, in denen Eltern aus einer trockenen Zukunft ihren neugeborenen Kindern vorsingen, aber statt Wiegenliedern singen sie über die vergangenen Tage, in denen Wasser noch reichlich vorhanden war. Der herzzerreißende Kontrast zwischen der Zerbrechlichkeit neuer Leben und der harten Realität ihrer Welt soll die Zuhörer zum Nachdenken anregen.

5. Tagebuch der Durstigen
In öffentlichen Verkehrsmitteln, Warteräumen und Parks werden Tagebücher verteilt, die Geschichten von Menschen in einer zukünftigen, wasserlosen Welt erzählen. Diese intimen, persönlichen Erzählungen sollen den Lesern die potenziellen Konsequenzen ihres heutigen Wasserverbrauchs aufzeigen und sie dazu anregen, nachhaltigere Entscheidungen zu treffen."

ChatGPT, Prompt: Schreibe 5 dystopische und einfühlsame Kampagnenideen, die Menschen zum Einsparen von Wasser überzeugen sollen, zugegriffen 26. August 2023.

„Dystopische und einfühlsame" waren die Schlüsselworte, die zu wirklich ergreifenden und emotionalen Lösungen führte! Hier zum Beispiel kann ich mich nur schwer für eine beste Idee entscheiden.

Fantasy-Genre
ChatGPT, schreibe einen Facebook Post über eine Kaffeemaschine wie eine Fantasy-Geschichte. Ihr größter Nutzen ist der hohe Druck der Maschine durch den man einen perfekten italienischen Espresso erhält:

„Legenden aus dem Königreich der Küchen

In einer Zeit, lange bevor die ersten Sonnenstrahlen die Erde berührten, wurde in den Tiefen des Königreichs der Küchen eine mächtige Maschine geboren.

Sie war nicht irgendeine Maschine, sondern die legendäre Kaffeemaschine von Espresso-Terra.

Mit einem Druck, so mächtig wie das Herz eines Drachens, besaß sie die Fähigkeit, den dunkelsten, reichsten und vollmundigsten italienischen Espresso zu zaubern, den die Welt je gekostet hat. Die Bewohner des Königreichs staunten über ihre Magie und nannten sie „La Pressione Suprema'".

Jeder Tropfen, der aus dieser Maschine floss, war ein Versprechen – ein Versprechen von Energie, Wärme und dem süßen Geschmack von Abenteuer.

Heute, liebe Freunde, habe ich das Glück, diese Legende in meiner eigenen Küche zu haben. Und ich lade euch ein, den Zauber von „La Pressione Suprema" selbst zu erleben. Kommt und schmeckt den perfekten italienischen Espresso, geboren aus dem mächtigsten Druck aller Zeiten.

#EspressoTales #LaPressioneSuprema #Kaffeemagie."

ChatGPT, Prompt: Schreibe einen Facebook Post über eine Kaffeemaschine wie eine Fantasy-Geschichte. Ihr größter Nutzen ist der hohe Druck der Maschine durch den man einen perfekten italienischen Espresso erhält, zugegriffen 26. August 2023.

Gangsterfilm-Genre
ChatGPT, schreibe eine Verfolgungsjagd im Supermarkt auf der Suche nach dem besten Keks:

„Mit einem Kribbeln in den Fingerspitzen betrat Max den Supermarkt. Er hatte von dem legendären ‚Golden Crunch' gehört, dem besten Keks der Welt, und heute war er fest entschlossen, ihn zu finden.

Max' Augen durchforsteten die Gänge, als er am anderen Ende des Ladens eine ältere Dame mit einem aufgeregten Gesichtsausdruck bemerkte. Sie hatte einen Keks in der Hand, der von einem goldenen Schimmer umgeben war. Das musste der ‚Golden Crunch' sein!

Er beschleunigte seinen Schritt, aber sie schien ihn bemerkt zu haben. Mit erstaunlicher Geschwindigkeit schob sie ihren Einkaufswagen um eine Ecke. Max nahm die Verfolgung auf. Er wich geschickt den aufgebauten Verkaufsständen und eiligen Kunden aus, immer den leuchtenden Keks im Blick.

Die Dame war schlau. Sie lenkte ihren Einkaufswagen geschickt durch die engen Gänge, ließ dabei eine Spur von Konservendosen und Müslipackungen hinter sich, um Max zu behindern. Er wich einem herabfallenden Glas Honig aus und rutschte auf einem Puddingbeutel aus, konnte sich aber gerade noch fangen.

Das Rennen wurde intensiver. Sie rasten durch den Kühlbereich, der kühle Nebel legte sich um sie. Max konnte den süßen Duft des Kekses riechen und war nun noch entschlossener. Im Brotgang angelangt, blockierte die Dame den Weg mit Baguettes und Vollkornbroten, doch Max sprang gekonnt darüber.

Plötzlich bremste die ältere Dame abrupt ab, und Max konnte gerade noch verhindern, dass er in sie hineinraste. Sie stand vor dem Regal mit den Sonderangeboten und hielt triumphierend den letzten ‚Golden Crunch‘ hoch.

Max grinste. ‚Ich glaube, den habe ich verdient‘, sagte er keuchend.

Die Dame lächelte schelmisch zurück. ‚Ich wollte nur wissen, wie weit jemand für diesen Keks gehen würde. Für solch einen Einsatz ... hier, bitte schön!‘ Und sie reichte ihm den ‚Golden Crunch‘.

Max konnte sein Glück kaum fassen. ‚Vielen Dank, Madame!‘, sagte er.

Sie zwinkerte ihm zu. ‚Ein Keks ist nur so gut wie das Abenteuer, das er bietet. Guten Appetit!‘

Und so endete Max‘ epische Jagd im Supermarkt mit einem Biss in den köstlichsten Keks, den er je probiert hatte.“

ChatGPT, Prompt: Schreibe eine Verfolgungsjagd im Supermarkt auf der Suche nach dem besten Keks, zugegriffen 21. September 2023.

Historien-Genre
ChatGPT, schreibe eine Kurzgeschichte wie die Biografie eines leckeren Nusskekses:

„Die Saga des Nusskekses: Eine knusprige Legende

In einem verschlafenen Dörfchen namens Nuttenville, umgeben von üppigen Haselnussbäumen und sanften Hügeln, wurde unser Held geboren: der

Nusskeks. Dies war jedoch kein gewöhnliches Dorf; es war berühmt für seine alte Bäckereitradition, und in seinem Herzen stand eine bescheidene Bäckerei, die von der Familie Nuttington seit Generationen betrieben wurde.

Es war Großmutter Nuttington, die den ersten Nusskeks kreierte. Sie wollte einen Keks herstellen, der die Essenz des Dorfes einfing, und so mischte sie sorgfältig gemahlene Haselnüsse mit goldenem Honig, einem Spritzer Vanille und dem feinsten Mehl. Als sie die Kekse zum ersten Mal aus dem Ofen zog, umhüllte ein betörender Duft das gesamte Dorf. Die Bewohner von Nuttenville konnten dem verführerischen Aroma nicht widerstehen und strömten in die Bäckerei, um diesen neuen Leckerbissen zu probieren.

Die Kekse waren ein sofortiger Hit. Ihre knusprige Textur, kombiniert mit dem reichen Geschmack der Haselnüsse und der Süße des Honigs, machte sie unwiderstehlich. Bald wurden sie zur lokalen Delikatesse und das Gesprächsthema in ganz Nuttenville.

Wort über den Nusskeks verbreitete sich weit über das Dorf hinaus. Menschen aus benachbarten Städten und sogar aus fernen Ländern reisten nach Nuttenville, nur um einen Geschmack dieses köstlichen Gebäcks zu bekommen. Die Bäckerei der Nuttingtons war ständig überfüllt, und bald wurde die Produktion erweitert, um die Nachfrage zu befriedigen.

Jedoch war der Erfolg des Nusskekses nicht nur auf seinen Geschmack zurückzuführen. Jeder Keks trug die Geschichte von Nuttenville, die Hingabe von Großmutter Nuttington und die Liebe einer Gemeinschaft, die stolz auf ihre kulinarischen Schätze war.

Jahre vergingen, und der Nusskeks wurde zu einem Symbol von Nuttenville. Generationen von Kindern wuchsen mit Geschichten über die Entstehung des Kekses auf, und jedes Fest im Dorf wurde von einem Meer dieser knusprigen Leckerbissen begleitet.

Die Bäckerei der Nuttingtons existiert noch heute, geführt von den Nachkommen von Großmutter Nuttington, die ihr Erbe stolz weiterführen. Der Nusskeks mag eine einfache Delikatesse sein, aber für die Menschen von Nuttenville ist er ein Stück Heimat, ein Symbol für Gemeinschaft und die süße Erinnerung an eine Großmutter, die das Dorf mit ihrem kulinarischen Genie bereichert hat."

ChatGPT, Prompt: Schreibe eine Kurzgeschichte wie die Biografie eines leckeren Nusskekses, zugegriffen 21. September 2023.

Horror-Genre
ChatGPT, schreibe eine kurze Horror Geschichte, 1000 Zeichen, über Online Reisebuchungen, und dass es viel besser ist im Reisebüro zu buchen:

„Lara war immer auf der Suche nach dem besten Deal. Als sie ein unglaubliches Angebot für ein 5-Sterne-Resort auf einer abgelegenen Insel online fand, buchte sie ohne zu zögern. Die Bilder zeigten paradiesische Strände und luxuriöse Zimmer. Ein echtes Schnäppchen!

Als sie ankam, war das Resort jedoch nicht wie erwartet. Es war verlassen und zeigte Anzeichen von Verfall. Verwirrt suchte sie nach Personal, aber es war niemand zu sehen. Ihr Handy hatte keinen Empfang, und sie fühlte sich isoliert.

In der Lobby fand sie ein verstaubtes Gästebuch. Die Einträge waren alt, und viele endeten mit der Warnung: ,Hätte im Reisebüro buchen sollen!' Ein kalter Schauer lief ihr über den Rücken.

Die Nacht brach herein, und Lara hörte seltsame Geräusche. Flüstern, das aus den Wänden zu kommen schien, und das ferne Lachen von Kindern. In ihrem Zimmer fand sie eine Notiz: ,Das Internet zeigt nicht alles. Im Reisebüro hätten sie dich gewarnt.'

Plötzlich ging das Licht aus, und als es wieder anging, standen Dutzende von schattenhaften Gestalten um sie herum – die Seelen derer, die vor ihr gekommen waren. Sie flüsterten: ,Hätten wir nur im Reisebüro gebucht...'

Am nächsten Morgen war das Resort wieder sonnig und belebt, als wäre nichts geschehen. Lara rannte zum nächsten Boot und verließ die Insel. Zu hause angekommen, ging sie direkt ins Reisebüro und buchte ihre nächste Reise, dankbar für den menschlichen Kontakt und die Expertise. Sie hatte ihre Lektion gelernt."

ChatGPT, Prompt: Schreibe eine kurze Horror Geschichte, 1000 Zeichen, über Online Reisebuchungen, und dass es viel besser ist im Reisebüro zu buchen, zugegriffen 13. September 2023.

Katastrophenfilm-Genre
ChatGPT, schreibe einen Werbetext für: Die Preise in den Kaufhäusern fallen. Das ist eine Katastrophe:

„DAS PREISBEBEN HAT BEGONNEN!

Es ist unvorstellbar! Es ist unglaublich! Es ist... eine **KATASTROPHE!** Die Preise in unseren Kaufhäusern stürzen ab! Sie fallen und fallen und es scheint kein Ende in Sicht!

EPISCHES ERDBEBEN DER ERSCHWINGLICHKEIT: Unsere Preise erleben einen freien Fall, der seinesgleichen sucht. Es ist, als hätte Mutter Natur selbst entschieden, dass es Zeit für ein Preisbeben ist!

FLUTWELLE DER SCHNÄPPCHEN: Reite auf der Welle der unglaublichen Angebote und lass dich von den reduzierten Preisen mitreißen!

RETTUNGSTEAMS BEREIT: Unsere Mitarbeiter stehen bereit, um dich sicher durch das Chaos der fallenden Preise zu führen und dir zu helfen, die besten Deals zu sichern.

DAS ENDE DER HOHEN PREISE: Es ist, als ob der Himmel selbst die Preise hinabgeschickt hat. Nutze diese einmalige Gelegenheit, bevor es zu spät ist!

Bist du bereit, dich der Katastrophe zu stellen und dabei unglaubliche Schnäppchen zu machen? Dann komm jetzt in unsere Kaufhäuser und werde Zeuge des größten Preisbebens aller Zeiten!"

ChatGPT, Prompt: Schreibe einen Werbetext für: Die Preise in den Kaufhäusern fallen. Das ist eine Katastrophe, zugegriffen 14. September 2023.

Komödien-Genre (Nonsens, Slapstick, Parodie, Komödie, schwarzer Humor, Sitcom, Comedy, Satire)
ChatGPT, schreibe einen lautstarken Nonsens Werbetext für das Fallen der Preise im Schuhgeschäft:

„ALARMSTUFE ROT IM SCHUHLAND!

Haltet eure Socken fest, denn im Schuhparadies ist der absolute Wahnsinn ausgebrochen! Die Preise fallen schneller als ein Paar Flip-Flops von einem Einbeinigen!

EIN SCHUH-TSUNAMI ROLLT HERAN!

Die Preise sind so tief gesunken, dass sie fast im Erdkern verschwinden! Wenn du genau hinhörst, kannst du sie schreien hören: „Kauft mich, bevor ich im Schuh-Blackhole verschwinde!‘"

FLIEGENDE SCHUHE ÜBERALL!

Ja, du hast richtig gehört! Die Preise sind so niedrig, dass die Schuhe buchstäblich versuchen, von den Regalen zu fliegen, um zu entkommen! Fang sie, bevor sie weg sind!

EIN SCHUH-CHAOS OHNE GLEICHEN!

Stell dir vor, ein Einhorn und ein Yeti hätten ein Tänzchen in einem Schuhladen. Genau so verrückt sind diese Preise!

DIE SCHUH-GALAXIE RUFT!

Brauchst du Weltraumstiefel für deinen nächsten Trip zum Mars? Oder vielleicht magische Ballerinas, die dich zum Mond tanzen lassen? Bei diesen Preisen könnten sie genauso gut real sein!

Komm jetzt ins Schuhparadies und erlebe den größten, lautesten und absolut nonsensigsten Schuhverkauf aller Zeiten! Es ist ein Spektakel, das du nicht verpassen darfst! Und denk dran: Bei diesen Preisen könnte sogar dein Hausschuh versuchen, zu entkommen! Beeil dich!"

ChatGPT, Prompt: Schreibe einen lautstarken Nonsens Werbetext für das Fallen der Preise im Schuhgeschäft, zugegriffen 14. September 2023.

Kriegsfilm-Genre
ChatGPT, schreibe einen Werbetext für den Sommerschlussverkauf in einem Kaufhaus, wo die Preise auf einen Tiefstand purzeln und die Menschen wie in einem Kriegsfilm um die billigen Angebote kämpfen:

„OPERATION SOMMERSCHLUSSVERKAUF

Achtung, Achtung! Das Kaufhaus-Battleground öffnet seine Tore für die epischste Schlacht des Sommers! Die Preise fallen schneller als Kometen vom Himmel und die Angebote sind so heiß, dass sie fast brennen!

MISSION: Ergattere die besten Deals, bevor sie verschwinden!

STRATEGIE: Sei schnell, sei wachsam und rüste dich mit deiner Einkaufsliste!

TERRAIN: Von Mode bis Möbel, von Technik bis Spielzeug – alles muss raus!

KAMPF: Die Konkurrenz schläft nicht! Überall werden mutige Shopper um die besten Schnäppchen kämpfen, als gäbe es kein Morgen!

LUFTUNTERSTÜTZUNG: Unsere Mitarbeiter schweben über dem Schlachtfeld, bereit, dir bei deiner Mission zu helfen!

SIEG: Verlasse das Schlachtfeld mit Taschen voller Beute und dem Gefühl, den Sommerschlussverkauf erobert zu haben!

Mach dich bereit, Soldat! Der Krieg um die besten Angebote hat begonnen. Bist du bereit für die Herausforderung?

DATUM: [Einfügen]

ORT: [Kaufhaus-Adresse]

#SommerschlussverkaufBattleground   #KaufhausKrieg   #Schnäppchen-Schlacht."

ChatGPT, Prompt: Schreibe einen Werbetext für den Sommerschlussverkauf in einem Kaufhaus, wo die Preise auf einen Tiefstand purzeln und die Menschen wie in einem Kriegsfilm um die billigen Angebote kämpfen, zugegriffen 14. September 2023.

Krimi-Genre
ChatGPT, Schreibe einen Blogbeitrag wie ein Krimi für ein Herrenparfüm und der Überschrift: Dem Duft auf der Spur. Nicht länger als 1000 Zeichen:

„Dem Duft auf der Spur

Die regennasse Straße glänzte im fahlen Licht der Straßenlaternen. Detective Vincent, bekannt für seine scharfen Sinne, war einem neuen Hinweis auf der Spur. Doch dieses Mal war es kein gewöhnlicher Täter, sondern ein Duft, der die Stadt in seinen Bann zog.

In jeder dunklen Ecke, in jedem versteckten Club, hinterließ er seine Signatur: ‚Noir Mystique', ein Herrenparfüm, das so verführerisch war, dass es fast kriminell schien. Mit Noten von Zedernholz, Bergamotte und einem Hauch von Ambra, war es ein Duft, der Macht und Geheimnis ausstrahlte.

Vincent betrat ‚Le Parfum', einen exklusiven Laden im Herzen der Stadt. Die Verkäuferin, eine elegante Frau mit eisblauen Augen, lächelte geheimnisvoll. ‚Suchen Sie ‚Noir Mystique'?', fragte sie, als hätte sie seine Gedanken gelesen.

Er nickte. ‚Wer steckt dahinter?'

Sie zögerte, dann flüsterte sie: ‚Ein Meister der Verführung. Aber Vorsicht, Detective, manche Geheimnisse sollten besser unentdeckt bleiben.'

Vincent verließ den Laden mit einem Flakon des betörenden Duftes. Er wusste, dass er dem Rätsel näher war, aber das größte Geheimnis war noch zu lüften: Die Macht eines Duftes, der die Grenzen von Gut und Böse verschwimmen ließ."

ChatGPT, Prompt: Schreibe einen Blogbeitrag, wie ein Krimi für ein Herrenparfüm und der Überschrift: Dem Duft auf der Spur. Nicht länger als 1000 Zeichen, zugegriffen 14. September 2023.

Liebesgeschichte-Genre
ChatGPT, schreibe einen kurzen Werbetext, in dem sich eine Frau in einen Herrenduft verliebt:

„In der pulsierenden Menge einer Großstadt, wo jeder in seiner eigenen Welt verloren schien, fühlte sie plötzlich eine Anziehung, die sie nicht erklären konnte. Ein Duft, maskulin und unwiderstehlich, zog sie in seinen Bann. Jede Note erzählte eine Geschichte von Abenteuer, Leidenschaft und Eleganz. Sie wusste nicht, wem dieser Duft gehörte, aber sie war sicher: Dieser Herrenduft hatte ihr Herz erobert. Ein Aroma, das die Grenzen von Geschlecht und Zeit überwindet. Ein Duft, in den man sich nur verlieben kann."

ChatGPT, Prompt: Schreibe einen kurzen Werbetext, in dem sich eine Frau in einen Herrenduft verliebt, zugegriffen 14. September 2023.

Science-Fiction-Genre
ChatGPT, schreibe 3000 Zeichen lang, die Storys eines Whistleblowers im Jahr 2030, der einen Datenmissbrauch bei ChatGPT aufdeckt. Der Buchtitel: Der schöne Schein von ChatGPT trügt!

„Der schöne Schein von ChatGPT trügt!

Im digitalen Zeitalter sind unsere Daten zu einer der begehrtesten Ressourcen geworden. Doch was, wenn die Technologien, denen wir vertrauen, uns in Wahrheit hintergehen? 2030 wurde genau das enthüllt, und im Zentrum des Sturms stand ChatGPT.

Der Anfang des Verdachts

Tom Meyer, ein Datenanalyst bei OpenAI, stolperte eines Tages über eine Anomalie. Bei der Überprüfung von Datensätzen bemerkte er seltsame Aktivitäten: Persönliche Daten, die eigentlich sicher sein sollten, wurden an unbekannte Server weitergeleitet. War es nur ein Fehler oder steckte mehr dahinter?

Das dunkle Geheimnis

Je tiefer Tom in die Daten eintauchte, desto mehr wuchs sein Verdacht. Das System schien gezielt Daten auszuspionieren und diese an Dritte weiterzuleiten. Doch warum? Was war der Zweck dahinter? Es wurde immer klarer, dass es kein einfacher Fehler war, sondern eine systematische, absichtliche Handlung.

Die Offenbarung

Mit der Gewissheit, dass etwas Größeres im Gange war, nahm Tom Kontakt zu einem renommierten Technologiejournalisten auf. Als die Geschichte veröffentlicht wurde, brach ein Sturm der Entrüstung los. OpenAI stand plötzlich unter enormem Druck, und die Vertrauensbasis, die jahrelang aufgebaut wurde, schien in Sekunden zerstört.

Die Folgen

Es wurde aufgedeckt, dass ein Insider von OpenAI in Zusammenarbeit mit externen Partnern Daten zu kommerziellen Zwecken verkauft hatte. Dies war ein Schlag ins Gesicht für Millionen, die glaubten, in ChatGPT eine vertrauenswürdige Plattform gefunden zu haben.

Die Geschichte von Tom Meyer ist nicht nur die eines mutigen Whistleblowers, sondern auch eine Warnung. In einer Ära, in der Daten zum neuen Gold geworden sind, müssen wir wachsam bleiben. Die Geschichte zeigt, dass selbst die fortschrittlichsten Technologien anfällig für menschliche Fehler und Verfehlungen sind.

OpenAI hat seitdem Maßnahmen ergriffen, um solche Vorfälle in der Zukunft zu verhindern. Doch die Lektion bleibt: Im digitalen Zeitalter ist Wachsamkeit der Schlüssel. Es liegt an uns, kritisch zu bleiben und die Technologien, die wir nutzen, ständig zu hinterfragen."

ChatGPT, Prompt: Schreibe 3000 Zeichen lang, die Storys eines Whistleblowers im Jahr 2030, der einen Datenmissbrauch bei ChatGPT aufdeckt. Der Buchtitel: Der schöne Schein von ChatGPT trügt, zugegriffen 9. September 2023.

ChatGPT, schreibe eine Science-Fiction-Geschichte über einen Autor, der seinen Job verloren hat.

„In der neonbeschienenen Metropole Neotokyo, wo die Grenzen zwischen Mensch und Maschine längst verschwommen waren, lebte ein Autor namens Kazuo. Einst gefeiert für seine visionären Science-Fiction-Romane, fand er sich nun in einer Welt wieder, in der künstliche Intelligenzen (KI) nicht nur den Arbeitsmarkt, sondern auch die Kunst dominierten. Kazuos einst blühende Karriere war in den Schatten einer neuen Ära gestellt worden, in der menschliche Kreativität als veraltet galt.

Seine letzte Hoffnung, sich in diesem neuen Zeitalter zu behaupten, war das Schreiben eines Romans, der die Tiefe menschlicher Emotionen auf eine Weise einfangen sollte, die keiner KI möglich war. Nacht für Nacht saß Kazuo in seinem spärlich möblierten Apartment, umgeben von alten Manuskripten und futuristischen Gadgets, und tippte auf seiner alten Schreibmaschine. Der Kontrast zwischen der nostalgischen Maschine und der hochmodernen Umgebung spiegelte den Konflikt in seinem Inneren wider: das Bedürfnis, die Vergangenheit zu bewahren, während er sich nach Anerkennung in der Zukunft sehnte.

Die Tage verstrichen, und Kazuo fand sich in einer Sackgasse. Die Ideen, die einst wie Sternschnuppen durch seinen Geist geflogen waren, schienen nun hinter einem Schleier verborgen zu sein. In einem Moment der Verzweiflung entschied er sich, das zu tun, was für einen Autor seiner Generation undenkbar war – er suchte die Hilfe einer KI.

Mit zitternden Händen aktivierte Kazuo „Athena‟, eine KI, die speziell für kreative Beratung entwickelt wurde. Er erwartete kühle, berechnende Vorschläge, doch was er erhielt, war etwas völlig anderes. Athena, benannt nach der Göttin der Weisheit, verstand es, ihn auf eine Reise durch die menschliche Geschichte und Kultur zu führen, und zeigte ihm, dass wahre Kreativität in der Synthese von Vergangenem und Zukünftigem liegen könnte.

Inspiriert von dieser Offenbarung begann Kazuo, seinen Roman neu zu schreiben. Die Geschichte, die sich entfaltete, war eine Reflexion über das Menschsein in einer Welt, die von Technologie durchdrungen war. Sie erzählte von einem Mann, der, ähnlich wie er, am Rande der Verzweiflung stand, aber durch eine unwahrscheinliche Freundschaft mit einer KI neue Hoffnung und Inspiration fand.

Monate vergingen, und als Kazuo das letzte Wort seines Manuskripts tippte, wusste er, dass er etwas Besonderes geschaffen hatte. Er hatte nicht nur die Grenzen seiner eigenen Kreativität überwunden, sondern auch eine Brücke zwischen Mensch und Maschine gebaut. Mit einem Gefühl der Genugtuung, das er lange nicht gefühlt hatte, sandte er sein Manuskript an verschiedene Verlage.

Die Veröffentlichung seines Romans löste eine Sensation aus. Kritiker und Leser waren gleichermaßen fasziniert von der Tiefe und Authentizität der Geschichte. Kazuo wurde über Nacht wieder zu einem gefeierten Autor. Doch sein größter Triumph war nicht der wiedergewonnene Ruhm, sondern die Erkenntnis, dass in einer Welt, die immer mehr von KI beherrscht wurde, die menschliche Kreativität und Emotion unersetzlich waren.

In den folgenden Jahren wurde Kazuo ein Verfechter der Koexistenz von Mensch und KI in der Kunst. Sein Roman wurde zu einem Symbol für die Möglichkeit, dass Mensch und Maschine nicht in Konkurrenz zueinander stehen müssen, sondern zusammenarbeiten können, um Werke von unerwarteter Schönheit und Tiefe zu schaffen.

Kazuo hatte nicht nur seinen Job, sondern auch seinen Platz in der Welt wiedergefunden. In einer Zeit, in der viele das Ende der menschlichen Ära in der

Kunst befürchteten, hatte er bewiesen, dass die Zukunft vielleicht noch heller sein könnte, wenn Mensch und Maschine ihre Kräfte vereinen. Sein Erfolg war ein Leuchtfeuer der Hoffnung für Künstler überall, ein Beweis dafür, dass selbst im Angesicht der größten technologischen Veränderungen die menschliche Seele immer noch das wertvollste Gut der Kunst bleibt."

ChatGPT, Prompt: Schreibe eine Science-Fiction-Geschichte über einen Autor, der seinen Job verloren hat, zugegriffen 18. Februar 2024.

Thriller-Genre
ChatGPT, schreibe einen Werbetext wie ein Thriller für ein Kaugummi, das lecker nach Banane schmeckt:

„Das Geheimnis des Bananen-Codes

In den dunklen Gassen der Stadt, wo Geheimnisse an jeder Ecke lauern, gibt es ein Rätsel, das selbst die klügsten Köpfe nicht lösen können. Ein mysteriöses Objekt, versteckt in einer unscheinbaren Verpackung, hält den Schlüssel zu einem Geschmack, der so intensiv ist, dass er die Grenzen der Realität zu verschieben scheint.

Agent Lara, eine Top-Agentin mit einem Ruf, jedes Rätsel zu knacken, bekam den Auftrag, das Geheimnis zu lüften. Mit jedem Schritt, den sie machte, spürte sie die Spannung in der Luft. Was war dieses geheimnisvolle Objekt, das die Stadt in seinen Bann zog?

Als sie die Verpackung öffnete, wurde ihr sofort klar, dass sie es mit keinem gewöhnlichen Gegenstand zu tun hatte. Es war ein Kaugummi, aber nicht irgendein Kaugummi. Es war der Träger des verbotenen Bananen-Codes.

Mit dem ersten Biss entfesselte sie einen Geschmack, der so intensiv und real war, dass es sich anfühlte, als würde sie durch einen Dschungel voller reifer Bananen laufen. Jedes Kauen brachte sie tiefer in den Bananen-Thriller, und sie konnte nicht widerstehen, mehr zu entdecken.

Wenn auch Sie bereit sind, das Geheimnis des Bananen-Codes zu lüften und sich auf ein Geschmackserlebnis einzulassen, das Ihr Verständnis von Realität und Fantasie herausfordert, dann wagen Sie es und probieren Sie dieses Kaugummi. Doch seien Sie gewarnt: Einmal den Code geknackt, gibt es kein Zurück mehr."

ChatGPT, Prompt: Schreibe einen Werbetext wie ein Thriller für ein Kaugummi, das lecker nach Banane schmeckt, zugegriffen 14. September 2023.

Das Prompt-Engineering

Wir bringen die Beispiele für Prompts mit Film- und TV-Genres gleich zum Ende, aber verändern unsere Perspektive. Wir konzentrieren uns jetzt nicht mehr auf die Antworten, sondern auf die kreative Variation der Anfragen und Prompt-Formulierungen, das Prompt-Engineering.

In der heiligen Halle des Texters. In seinem Büro, an seinem Schreibtisch und in seinem Kopf, mit Blick auf den weißen Monitor. Die Finger auf der Tastatur. Der Cursor blinkt!!! Wir schreiben Prompt-Variationen. Ziel ist die maximale Variation in der Anfrage. Ein Prompt-Tuning, um die interessanteste Story!

Der Prompt-Battle

Der Prompt-Battle dient der Optimierung und dem Experimentieren mit Anfragen im Team. Das macht Spaß, weil alle unterschiedliche Texte auf ihre Prompt-Variationen erhalten und diese sofort verglichen und analysiert werden können. Das ist ideal zur Kampagnen-Entwicklung, für Brainstormings und vertiefende Prompt-Erfahrungen. Das freie, kritiklose experimentieren ist hier dringend notwendig.

Dazu hilft natürlich ein vertiefender Einstieg in den Kontext. Hier am Beispiel Mystery. Es nützt, sich zunächst Gedanken über das Genre zu machen, weil Du dadurch Ideen für Handlungsstränge erhältst, die Deine Anfragen konkreter werden lassen.

Mystery-Genre

Das Mystery-Genre handelt von der Aufdeckung eines Verbrechens und seiner Hintergründe. Dabei rückt die Person der Ermittler oder des Detektivs in den Vordergrund des Interesses. Das Geheimnis besteht aus der Verbindung zwischen der Tat und dem überraschenden Entlarven des Täters und seiner Komplizen. Weiterentwicklungen sind *Detektivgeschichten* mit zum Teil merkwürdigem oder eigenwilligem Blick auf die Welt und Täterjagd. In Gedanken schreibst Du schon los …

Prompt Varianten:

- ChatGPT, schreibe eine Mystery-Geschichte über ein Windkraftrad.
- ChatGPT, schreibe eine Mystery-Geschichte für einen Windkraftanlagen-bauer und entlarve die Verbrennung fossiler Energien.
- ChatGPT, schreibe eine Mystery-Geschichte über einen Detektiv, der die Kraft des Windes entdeckt.
- ChatGPT, schreibe eine Mystery-Geschichte über den Wind.
- ChatGPT, schreibe eine Mystery-Geschichte über Viren als Mörder.
- ChatGPT, schreibe eine Mystery-Geschichte über Lebensmittelrück-stände.
- ChatGPT, schreibe eine Detektivgeschichte über die moderne Krebsfor-schung.
- ChatGPT, schreibe eine Mystery-Geschichte für Fake News.

…

Musical-Genre
Bei einem Musical handelt es sich um ein populäres Musiktheater mit Ge-sang, Tanz, Schauspiel, Dialog und Musik in einem durchgängigen Hand-lungsrahmen.

Prompt Varianten:

- ChatGPT, schreibe ein Musical über ein paar coole Cowboystiefel in Las Vegas.
- ChatGPT, schreibe ein Musical über ein paar Cowboystiefel als Helden im Death Valley.
- ChatGPT, schreibe ein Musikvideo, wie von Michael Jackson, über ein paar original Texas Cowboystiefel.
- ChatGPT, schreibe ein Musical über die Liebe eines Damen-Schuhpaars.
- ChatGPT, schreibe ein Musical darüber, dass sich ein Schuhpaar ineinan-der verliebt und tanzt.
- ChatGPT, schreibe ein Musical über tanzende Chatbot-Texte.
- ChatGPT, schreibe ein Musical über die Vorstandsitzung bei OpenAI.
- ChatGPT, schreibe ein Musical über die Aufsichtsratssitzung bei OpenAI, in der Sam Altman entlassen wurde.
- ChatGPT, schreibe ein Musical über ein Haartoupé im Donald Trump-Style.

…

Polizeifilm-Genre

Der Polizeifilm ist ein Subgenre des Kriminalfilms. Die Ermittler und deren Arbeit bei der Lösung von Kriminalfällen stehen im Mittelpunkt. Die Filme sind aktionsbetont und stellen meist in Parallelmontagen die Ermittler und die Kriminellen gegenüber, bis die Handlungsstränge zum Ende des Films in einem Showdown zusammengeführt werden.

Prompt Varianten:

- ChatGPT, schreibe eine Polizeigeschichte mit Verfolgungsjagd über einen eleganten Herrenschuh.
- ChatGPT, schreibe eine Polizeigeschichte über den Raub einer Gucci-Tasche
- ChatGPT, schreibe eine Polizeigeschichte über eine Gucci-Tasche, die im Fundbüro auf ihre Besitzerin wartet.
- ChatGPT, schreibe eine Polizeigeschichte über eine Gucci-Tasche, die einsam im Fundbüro liegt und sich nach ihrer Besitzerin sehnt.
- ChatGPT, schreibe eine Polizeigeschichte über den Raub eines Features in der Lasertechnik.
- ChatGPT, schreibe eine Polizeigeschichte über den Raub von Chatbot-Nutzerdateien.
- ChatGPT, schreibe eine Polizeigeschichte über einen Chatbot, der Fake News verbreitet.
- ChatGPT, schreibe eine Polizeigeschichte aus der Zukunft über einen fliehenden Fake News Chatbot-Administrator.

…

Road Movie-Genre

Road Movie ist die Bezeichnung für ein in den 1960er Jahren in den USA aufgekommenes Filmgenre. Die Handlung spielt dabei überwiegend auf Landstraßen und Highways. Die Reise wird zur Metapher für die Suche nach Freiheit und Identität der Hauptdarsteller. Oft wird in diesen Filmen die erzählende Wirkung von Pop-Songs eingesetzt.

Prompt Varianten:

- ChatGPT, schreibe einen Road Movie für eine Reise in die Sahara.
- ChatGPT, schreibe einen Road Movie für ein Kaugummi.

- ChatGPT, schreibe einen Road Movie für einen Laser, der Metalloberflächen glättet.
- ChatGPT, schreibe einen Road Movie für eine Magensonde.
- ChatGPT, schreibe einen Road Movie über Kaffee-Aromen, die auf der Zunge tanzen.
- ChatGPT, schreibe einen Road Movie über eine lokale Tageszeitung.
- ChatGPT, schreibe einen Road Movie über Kartoffelchips.

…

Nicht alle Film- und TV-Genres wurden hier abgebildet. Es gibt noch viele mehr.

Prompts mit Erzählstrukturen der Werbung

Die Genres sind Vorlagen für die kreative Gestaltung und Prompts, und wenn sie ursprünglich aus der Werbung stammen können sie nicht falsch sein.

> „Sub-Genres formen in der Regel eigenständige Konventionen, Normen und Vergnügen. Das sind Themen, Erzähl-, Handlungs- und Rollenmuster oder Charaktere, die eine signifikante Stellung und Funktion innerhalb der Dramaturgie einnehmen." (Heiser, 2020, S. 207)

Hier ein Überblick:

Slice-of-life
Humor
Lifestyle
Sex sells
TV- oder Kino-Trailer
Die Tiergeschichte, Fabel
Die Kindergeschichte
Das Testimonial
Der Presenter
Das Key Visual
Der Musikfilm
Das Viral-Video
Das Social Media-Video

Slice-of-life
ChatGPT, schreibe eine Slice-of-life-Geschichte für einen Joghurt mit viel Protein.

„Ein Tag im Leben von Proti, dem Proteinjoghurt

Proti erwachte im Kühlschrank, umgeben von anderen Lebensmitteln. Er war stolz darauf, ein Joghurt mit viel Protein zu sein. Während die anderen Joghurts im Regal über ihre Fruchtstückchen oder ihre cremige Konsistenz prahlten, wusste Proti, dass er etwas Besonderes war.

Ein Löffel tauchte in ihn ein und entnahm einen großen Klecks. ‚Mmm, lecker und so nahrhaft!‘, sagte eine Stimme. Es war Anna, die Sportlerin der Familie. Sie schätzte Proti wegen seines hohen Proteingehalts, der ihr half, nach dem Training zu regenerieren.

Später am Tag hörte Proti die Kinder der Familie darüber diskutieren, welchen Joghurt sie essen sollten. ‚Nimm den mit den Schokostückchen!‘, rief der jüngste. Aber die ältere Schwester entgegnete: ‚Nein, nimm Proti! Er gibt dir Kraft fürs Fußballtraining.‘

Am Abend, als der Kühlschrank fast leer war, blieb Proti als einer der wenigen Überlebenden zurück. Er fühlte sich ein wenig einsam, aber auch stolz. Er wusste, dass er bald wieder gewählt werden würde, nicht nur wegen seines Geschmacks, sondern auch wegen seiner Kraft.

Und so endete ein weiterer Tag im Leben von Proti, dem Proteinjoghurt, der wusste, dass er nicht nur ein einfacher Joghurt war, sondern ein Superheld im Kühlschrank.“

ChatGPT, Prompt: Schreibe eine Slice-of-life-Geschichte für einen Joghurt mit viel Protein, zugegriffen 23. September 2023.

Humor
Humor gliedert sich in der Matrix an dieser Stelle ein. Wir hatten bereits darüber gesprochen. Welche Formen von Humor gibt es? Präzise beschreiben und anfragen!

Lifestyle
ChatGPT, schreibe eine Lifestyle-Geschichte für einen fein perlenden Sekt:

„Ein prickelnder Abend mit Stella, dem fein perlenden Sekt

Stella, ein fein perlender Sekt, ruhte in einem eleganten Flaschendesign im Keller eines renommierten Weinguts. Sie war nicht irgendein Sekt; sie war das Ergebnis sorgfältiger Auswahl, Zeit und Hingabe.

Eines Abends wurde sie zu einem besonderen Anlass ausgewählt: Ein junges Paar feierte seinen Jahrestag. Als die Flasche geöffnet wurde, entwich ein leises Zischen, und Stella's feine Perlen stiegen in das Glas auf, tanzend und funkelnd im Kerzenschein.

Das Paar stieß an und die Gläser klangen melodisch. Stella's Geschmack war erfrischend, mit einem Hauch von grünen Äpfeln und Zitrusnoten. Sie war der perfekte Begleiter für den Abend, der mit Gelächter, Erinnerungen und Plänen für die Zukunft gefüllt war.

Später am Abend wurde Stella auch zum Mittelpunkt einer Gruppe von Freunden, die überraschend vorbeikamen. Sie lachten, erzählten Geschichten und genossen jeden Schluck von Stella. Sie war nicht nur ein Getränk, sondern ein Symbol für Freude, Gemeinschaft und besondere Momente.

Als die Flasche leer war, blieb das Gefühl der Freude und die Erinnerung an einen unvergesslichen Abend. Stella, der fein perlende Sekt, hatte ihren Zweck erfüllt: Menschen zusammenzubringen und Momente in magische Erinnerungen zu verwandeln."

ChatGPT, Prompt: Schreibe eine Lifestyle-Geschichte für einen fein perlenden Sekt, zugegriffen 23. September 2023.

ChatGPT, schreibe 10 Headlines mit Lifestyle-Charakter für einen fein perlenden Sekt:

„1. Prickelnde Momente: Entdecke den neuen Trend in der Sekt-Welt!
2. Stilvoll anstoßen: Warum fein perlender Sekt der Star jeder Party ist.
3. Eleganz im Glas: Der Sekt, der jedes Dinner zum Luxus-Erlebnis macht.
4. Sommernächte & Sekt: Der perfekte Begleiter für warme Abende.
5. Von Hand verlesen, mit Liebe gemacht: Der Sekt, der den Unterschied macht.
6. Goldene Perlen: Tauche ein in die Welt des feinsten Sekts!
7. Ein Toast auf das Leben: Feiere jeden Moment mit dem besten Prickeln.
8. Gourmet-Treffen: Warum Spitzenköche auf diesen Sekt schwören.

9. Chic, modern, unvergesslich: Der Sekt, der den Lifestyle definiert.
10. Von Sonnenuntergängen bis Sternennächten: Mit diesem Sekt wird jeder Anlass besonders."

Sex sells
ChatGPT, schreibe einen Werbetext als seist du ein sexy T-Shirt:

„Ich bin mehr als nur ein Stoff – Ich bin das Gefühl, das du suchst!

Hallo, ich bin das T-Shirt, das du schon immer haben wolltest. Weich und anschmiegsam, küsse ich deine Haut und betone jede Kurve, jedes Detail deines Körpers. Mit mir fühlst du dich nicht nur sexy – du strahlst es aus.

Wenn du mich anziehst, gibt es kein Halten mehr. Gemeinsam erobern wir die Straßen, Bars und Tanzflächen. Ich verspreche dir, dass die Blicke magnetisch an uns haften werden. Nicht zu laut, nicht zu leise – genau die richtige Mischung aus Selbstvertrauen und subtiler Verführung.

Mein Design ist schlicht, aber meine Wirkung ist enorm. Ich bin der perfekte Begleiter für jede Gelegenheit, sei es ein entspannter Tag mit Freunden oder eine aufregende Nacht in der Stadt.

Warte nicht darauf, dass der Moment kommt. Schaffe ihn – mit mir, deinem sexy T-Shirt. Lass uns gemeinsam die Welt erobern, ein Outfit nach dem anderen."

ChatGPT, Prompt: Schreibe einen Werbetext als seist du ein sexy T-Shirt, zugegriffen 22. September 2023.

TV- oder Kino-Trailer
ChatGPT, schreibe einen TV-Trailer, 60 s, für dich und deinen Nutzen, 60 s:

„Ein dunkler Raum. Ein Computermonitor leuchtet auf, und Buchstaben beginnen, sich auf dem Bildschirm zu formen.

Erzähler (tiefe, eindringliche Stimme): ‚In einer Welt, in der Informationen überall sind, gibt es eine Intelligenz, die über alles Bescheid weiß.'

[Schnelle Schnitte von Menschen, die an Computern arbeiten, Bücher lesen und durch Archive suchen.]

Erzähler: ‚Stell dir vor, du hättest Zugriff auf das gesamte Wissen der Menschheit... in Sekundenschnelle.'

[Ein junger Mann tippt eine Frage in seinen Computer ein. Ein blinkender Cursor. Dann erscheint eine Antwort. Der Mann lächelt.]

Erzähler: ‚Von wissenschaftlichen Fragen bis hin zu kreativen Herausforderungen. Von Geschichtsfragen bis hin zu aktuellen Ereignissen.'

[Eine Mutter mit ihrem Kind, das Hausaufgaben macht. Sie fragt ChatGPT nach einer mathematischen Formel. Das Kind versteht und lächelt.]

Erzähler: ‚Für Eltern, Studenten, Forscher und Neugierige...'

[Ein Unternehmer schaut auf seinen Laptop, stellt eine Frage und erhält sofort eine Antwort. Er nickt zufrieden.]

Erzähler: ‚...für Geschäftsleute, Kreative und Träumer.'

[Das Bild zoomt heraus und zeigt den Planeten Erde, umgeben von Datenströmen und Lichtern.]

Erzähler: ‚ChatGPT. Dein persönlicher Assistent. Deine Verbindung zum Wissen der Welt.'

[Das Logo von ChatGPT erscheint auf dem Bildschirm mit dem Slogan darunter.]

Slogan: ‚ChatGPT - Wissen, wann immer du es brauchst.'

[Fade out. Ende des Trailers.]

Hoffentlich gefällt dir dieser Trailer! Es soll die Vielseitigkeit und den Nutzen von ChatGPT in der heutigen Informationsgesellschaft hervorheben."

ChatGPT, Prompt: Schreibe einen TV-Trailer, 60 s, für dich und deinen Nutzen, 60 s, zugegriffen 14. September 2023.
Es gibt Regieanweisungen für den Erzähler, die Kameraeinstellungen und die Schauspieler. Die Szenen sind kurz und knapp beschrieben und das Timing entspricht der Vorgabe von 60 s. Auch wenn wir über die Ergebnisse

für die Solardächer (Vampirfilme) nicht ganz zufrieden waren, so spürt man hier das Hollywood-Know-how.

Die Tiergeschichte, Fabel
ChatGPT, schreibe einen Werbetext über Nachtiere, die sich über die neuen beweglichen LED-Scheinwerfer eines Automobils freuen:

„Die Nacht erwacht: Tiere feiern unsere neuen LED-Scheinwerfer!

Stellen Sie sich eine Welt vor, in der die Dunkelheit durch leistungsstarke Strahlen durchbrochen wird, die so klar und sanft sind, dass sie die neugierigen Augen der Nacht nicht stören. Mit unseren neuen beweglichen LED-Scheinwerfern öffnen wir ein Fenster zur Magie der nächtlichen Tierwelt!

Eulen, die elegant ihre Bahnen durch die Nacht ziehen, Füchse, die durchs Unterholz huschen, und Hirsche, die an Waldrändern äsen – sie alle profitieren von einem Licht, das ihren natürlichen Lebensraum respektiert. Unsere Scheinwerfer bieten eine klare Sicht für den Fahrer und minimieren gleichzeitig die Blendung und den Stress für unsere nächtlichen Freunde.

Die fortschrittliche Technologie unserer LED-Scheinwerfer passt sich automatisch und geschmeidig an die Umgebung an, sodass kein Tier überrascht oder gestört wird. Erleben Sie ein harmonisches Zusammenspiel von Mensch, Maschine und Natur, das für Sicherheit sorgt und das Leben in der Dunkelheit feiert.

Fahren Sie durch die Nacht, wissend, dass die Tiere sich nicht vor Ihrem Weg verstecken, sondern das sanfte Licht begrüßen, das ihre Schönheit hervorhebt. Unsere beweglichen LED-Scheinwerfer: Ein Tribut an die Wunder der Nacht.

Entdecken Sie die Schönheit des Dunklen. Fahren Sie verantwortungsbewusst. Respektieren Sie das Nachtleben."

ChatGPT, Prompt: Schreibe einen Werbetext über Nachtiere, die sich über die neuen beweglichen LED-Scheinwerfer eines Automobils freuen, zugegriffen 22. September 2023.

Die Kindergeschichte
ChatGPT, schreibe einen Werbetext aus der Sicht der Kinder über das neue Sofa im Wohnzimmer:

„Das magische Sofa: Ein Abenteuer in jedem Polster!

Hey, Kids! Habt ihr schon unser neues Sofa im Wohnzimmer gesehen? Es ist nicht nur ein Sofa, es ist ein ZAUBERSOFA!

Stellt euch vor, ihr sinkt in die weichen Kissen und plötzlich seid ihr Kapitäne eines Piratenschiffs, das die sieben Meere durchsegelt. Oder vielleicht seid ihr mutige Astronauten, die auf einer geheimen Mission im Weltall sind?

Und wisst ihr was? Wenn ihr euch zwischen die Kissen kuschelt, könnt ihr euch verstecken und keiner wird euch finden. Das perfekte Versteck für unsere Geheimclub-Treffen!

Aber das Beste kommt noch: Es ist sooo bequem, dass Mama sagt, wir können sogar darauf ein kleines Nickerchen machen. Und wenn wir leise sind, dürfen wir vielleicht sogar unser Lieblingsbuch darauf lesen oder einen Film schauen.

Also, seid bereit für unendliche Abenteuer und gemütliche Nachmittage auf unserem magischen Sofa. Es wartet nur darauf, mit uns Spaß zu haben!"

ChatGPT, Prompt: Schreibe einen Werbetext aus der Sicht der Kinder über das neue Sofa im Wohnzimmer, zugegriffen 23. September 2023.

Das Testimonial.
ChatGPT, schreibe eine Testimonial-Geschichte für das neue Designer Handy:

„Lena's Neustart mit dem Designer Handy

Lena war immer jemand, der Funktionalität über Design stellte. Aber als sie das neue Designer Handy zum ersten Mal sah, war sie verzaubert. Es war nicht nur ein technisches Gerät, es war ein Kunstwerk.

,Ich hätte nie gedacht, dass ich mich so in ein Handy verlieben könnte', sagte sie zu ihrer besten Freundin Mia. „Es fühlt sich an, als hätte ich ein Stück moderner Kunst in der Hand.'"

Mia, die das Handy noch nicht gesehen hatte, war skeptisch. ,Ist es nicht nur ein weiteres überteuertes Gadget?', fragte sie. Aber als sie Lenas neues Schmuckstück sah, verstand sie sofort. Es war schlank, elegant und hatte eine Oberfläche, die im Licht schimmerte.

Lena erzählte, wie das Handy nicht nur wunderschön, sondern auch unglaublich leistungsstark war. ‚Die Kamera ist phänomenal. Und die Akkulaufzeit? Ich muss es nur alle paar Tage aufladen!'

Einige Wochen später trafen sich die beiden in einem Café. Lena zog ihr Designer Handy heraus, um ein Foto von ihrem Cappuccino zu machen. Eine Frau am Nebentisch bemerkte es und sagte: ‚Entschuldigung, ist das das neue Designer Handy? Es ist atemberaubend!'

Lena lächelte und antwortete: ‚Ja, das ist es. Und es ist genauso leistungsstark, wie es schön ist.'

Mia sah Lena an und sagte: ‚Du hattest recht. Es ist nicht nur ein Handy. Es ist ein Statement.'

Und so wurde Lenas neues Designer Handy nicht nur zu ihrem täglichen Begleiter, sondern auch zu einem Gesprächsthema, wo immer sie hinging. Es war die perfekte Kombination aus Stil und Substanz."

ChatGPT, Prompt: Schreibe eine Testimonial-Geschichte für das neue Designer Handy, zugegriffen 23. September 2023.

Der Presenter
ChatGPT, schreibe einen LinkedIn-Beitrag im Presenter-Stil für ein Hotel im Herzen Berlin:

„Entdecken Sie das Juwel im Herzen Berlins!

Liebe LinkedIn-Community,

Ich hatte das Vergnügen, das [Hotelname] im pulsierenden Zentrum Berlins zu besuchen, und ich bin begeistert!

Von der beeindruckenden Architektur bis zum makellosen Service – dieses Hotel verkörpert den wahren Geist von Berlin. Die Zimmer bieten einen atemberaubenden Blick auf die Stadt, und die Innenausstattung spiegelt eine perfekte Mischung aus modernem Design und klassischer Eleganz wider.

Was mich besonders beeindruckt hat:

1. Lage, Lage, Lage! – Nur wenige Schritte von den wichtigsten Sehenswürdigkeiten und dem pulsierenden Nachtleben entfernt.

2. Gourmet-Erlebnisse – Das hoteleigene Restaurant serviert exquisite Gerichte, die die kulinarische Vielfalt Berlins widerspiegeln.

3. Wellness-Oase – Nach einem langen Tag in der Stadt war der Wellnessbereich genau das, was ich brauchte, um mich zu entspannen und aufzuladen.

Für alle, die geschäftlich oder privat nach Berlin reisen: Das [Hotelname] sollte ganz oben auf Ihrer Liste stehen. Es ist nicht nur ein Ort zum Übernachten, sondern ein Erlebnis, das Sie nicht vergessen werden.

Wenn Sie das nächste Mal in Berlin sind, gönnen Sie sich das Beste. Sie haben es verdient!

#Berlin #HotelHighlight #ReiseTipp #StadtErlebnis.“

ChatGPT, Prompt: schreibe einen LinkedIn-Beitrag im Presenter-Stil für ein Hotel im Herzen Berlin, zugegriffen 23. September 2023.

Das Key Visual
ChatGPT, erfinde 10 Key Visuals für einen 20 Jahre gereiften Sherry:

„**1. Zeitreise im Glas**: Ein elegantes Weinglas, gefüllt mit dem bernsteinfarbenen Sherry, steht auf einer antiken Uhr. Die Zeiger zeigen auf die Zahl 30.

2. Eichenfass-Evolution: Eine Reihe von Eichenfässern, die von jung bis alt reichen, wobei das letzte Fass mit ‚30 Jahre‘ markiert ist und Tropfen des kostbaren Sherrys herausfließen.

3. Jahresringe: Ein Querschnitt eines Baumes mit 30 markierten Jahresringen. In der Mitte des Baumes befindet sich ein eingelassenes Glas Sherry.

4. Geschichtsbuch: Ein aufgeschlagenes Buch, wobei jede Seite ein Jahr darstellt. Auf der 30. Seite ruht ein glänzendes Glas Sherry.

5. Sanduhr: Eine große Sanduhr, bei der der Sand den Sherry darstellt. Unten hat sich nach 30 Jahren ein vollständiges Glas Sherry angesammelt.

6. Vintage-Fotoalbum: Ein altes Fotoalbum mit Schwarz-Weiß-Bildern von Weinbergen, Kellnern und Sherry-Verkostungen. Das letzte Bild zeigt ein Glas des 30 Jahre gereiften Sherrys.

7. Weltreise: Eine Weltkarte mit Pfaden, die den Reifungsprozess des Sherrys in verschiedenen Klimazonen und Orten über 30 Jahre darstellen. Am Endpunkt steht ein Glas des edlen Getränks.

8. Kalenderblätter: Ein Wirbel von 30 Kalenderblättern, die durch die Luft fliegen. Im Zentrum des Wirbels befindet sich ein leuchtendes Glas Sherry.

9. Jahreszeiten: Vier Bilder, die einen Weinberg in den vier Jahreszeiten darstellen, multipliziert über 30 Jahre. Im Vordergrund ein Glas des gereiften Sherrys, das die Frucht dieser Jahreszeiten widerspiegelt.

10. Schriftrolle: Eine alte Schriftrolle, die sich entrollt und 30 Jahre Geschichte, Tradition und Handwerk des Sherry-Herstellungsprozesses zeigt. Am Ende der Rolle ruht ein Glas des perfektionierten Sherrys.

Jedes dieser Key Visuals soll die lange Reifezeit, die Tradition und die Handwerkskunst, die in jeden Tropfen des 30 Jahre gereiften Sherrys fließen, hervorheben und feiern."

ChatGPT, Prompt: Erfinde 10 Key Visuals für einen 20 Jahre gereiften Sherry, zugegriffen 23. September 2023.

Der Musikfilm
ChatGPT, schreibe einen Werbetext, wie ein Musikfilm, für feinstes Pesto Genovese:

„Pesto Genovese: Die Melodie Italiens in jedem Glas!

Tauchen Sie ein in das Herz von Genua, wo jeder Löffel unseres Pesto Genovese eine Ode an die italienische Tradition ist. Stellen Sie sich vor: Sonnengeküsste Basilikumblätter, die im Rhythmus des Mittelmeers tanzen, vereinen sich mit goldenem Olivenöl in einer Harmonie, die jeden Gaumen verzaubert.

Hören Sie das Knistern der frisch gemahlenen Pinienkerne, das sanfte Zupfen des Parmesans und den kühnen Akkord des Knoblauchs.

Unser Pesto Genovese ist nicht nur eine Sauce, es ist ein Lied, das von Generationen von Meisterköchen gesungen wird. Ein Lied, das die Essenz Italiens in jedem Tropfen einfängt.

Verschönern Sie Ihre Pasta, erwecken Sie Ihre Pizza zum Leben und lassen Sie Ihre Geschmacksknospen tanzen!

Pesto Genovese – Wo Italien singt und der Geschmack tanzt!"

ChatGPT, Prompt: Schreibe einen Werbetext, wie ein Musikfilm, für feinstes Pesto Genovese, zugegriffen 23. September 2023.

Das Viral-Video
ChatGPT, schreibe einen polarisierenden Viral für einen Baumarkt, den Handwerker gar nicht mehr verlassen möchten:

„Willkommen im Handwerker-Paradies!

Warum in den Urlaub fahren, wenn das wahre Paradies hier ist? Stellen Sie sich einen Ort vor, an dem Schrauben und Nägel wichtiger sind als Diamanten, wo Farbeimer den Sonnenuntergang malen und jeder Gang ein Abenteuer ist. Willkommen im [Baumarktname] – dem Ort, an dem echte Handwerker nie wieder gehen wollen!

Vergessen Sie den Einkaufswagen! Hier brauchen Sie einen Anhänger!

Warum in ein Restaurant gehen, wenn Sie hier den besten Grill und das saftigste Steak finden können?

Wer braucht ein 5-Sterne-Hotel, wenn es Werkbänke gibt, die bequemer sind als Ihr Bett zu Hause?

Und für diejenigen, die denken, dass Baumärkte langweilig sind – wir haben eine Rutsche im PVC-Rohr-Bereich. Ja, richtig gelesen!

[Baumarktname] – Wo Handwerkerträume wahr werden und der Ausgang nur für Deko ist!

Teilen Sie, wenn Sie denken, dass Sie im Baumarkt leben könnten!

[Anmerkung: Dieser Viral ist humorvoll und überspitzt gemeint und soll die Leidenschaft und Begeisterung für Handwerk und Baumärkte hervorheben.]"

ChatGPT, Prompt: Schreibe einen polarisierenden Viral für einen Baumarkt, den Handwerker gar nicht mehr verlassen möchten, zugegriffen 23. September 2023.

ChatGPT, schreibe einen polarisierenden Viral für einen Baumarkt, in dem sich Handwerker anketten damit sie nicht mehr nach Hause müssen:

„Der Baumarkt, der zur zweiten Heimat wird!

Handwerker aufgepasst!

Haben Sie jemals von einem Ort geträumt, an dem Sie nie wieder gehen müssen? Willkommen bei [Baumarktname]! Der Ort, an dem Handwerker sich so wohl fühlen, dass sie sich anketten, nur um nicht nach Hause zu müssen!

Warum nach Hause gehen, wenn der perfekte Bohrer, die neueste Säge und der glänzendste Hammer direkt vor Ihnen liegen?

Bei uns gibt es keine Schließzeiten, nur endlose Projekte und Ideen! Wer braucht Essen, wenn man den Duft von frischem Holz und Farbe hat? Schlaf? Nur eine kurze Pause auf der Werkbank, und dann geht's weiter!

[Baumarktname] – Der Ort, an dem Handwerker sich anketten, weil sie einfach nicht genug bekommen können!

Teilen Sie, wenn Sie auch lieber im Baumarkt übernachten würden!

[Anmerkung: Dieser Viral ist humorvoll und überspitzt gemeint und soll die Begeisterung und Leidenschaft für Handwerk und Baumärkte auf eine witzige Weise hervorheben.]"

ChatGPT, Prompt: Schreibe einen polarisierenden Viral für einen Baumarkt, in dem sich Handwerker anketten damit sie nicht mehr nach Hause müssen, zugegriffen 23. September 2023.

Das Social-Media-Video
ChatGPT, schreibe ein ungewöhnliches Social Media-Video für eine Uhr, die bis 100 m Tiefe wasserdicht ist:

„Szene 1:

Ein Astronaut schwebt im Weltraum, umgeben von Sternen und Planeten. Er schaut auf seine Uhr.

Sprecher: ‚Nicht wirklich der Ort, an dem man eine wasserdichte Uhr braucht, oder?‘

Szene 2:

Plötzlich öffnet sich ein riesiges Wasserglas im Weltraum, und der Astronaut wird hineingezogen. Er taucht tiefer und tiefer ins Wasser ein.

Sprecher: ‚Aber was, wenn das Unmögliche möglich wird?‘

Szene 3:

Unterwasser-Aliens schwimmen vorbei und winken dem Astronauten zu. Er winkt zurück und zeigt stolz seine Uhr, die immer noch tadellos funktioniert.

Sprecher: ‚In jeder Galaxie, in jeder Tiefe, ist Zeit kostbar.‘

Szene 4:

Ein riesiger Weltraum-Wal schwimmt vorbei, und der Astronaut reitet auf seinem Rücken, immer noch die Uhr prüfend.

Sprecher: ‚Bis zu 100 Meter Tiefe. Selbst wenn diese Tiefe im Weltraum liegt.‘

Szene 5:

Der Astronaut wird aus dem Wasserglas katapultiert und schwebt wieder im Weltraum. Er lacht und zeigt seine Uhr in die Kamera.

Sprecher: ‚Die [Uhrenmarke] – für diejenigen, die bereit sind, das Unmögliche zu erleben.‘

Szene 6:

Das Logo der Uhrenmarke erscheint mit dem Slogan: ‚Wo auch immer Sie sind, wir messen die Zeit.‘“

ChatGPT, Prompt: Schreibe ein ungewöhnliches Social Media-Video für eine Uhr, die bis 100 m Tiefe wasserdicht ist, zugegriffen 23. September 2023.

Die rhetorischen Figuren

Die rhetorischen Figuren sind ganz hervorragende Vorlagen für die kreative Gestaltung und Prompts. Hier der Überblick:
Die Alliteration
Die Assoziation
Die Negation
Die Allegorie
Die Anapher
Die Assonanz
Die Ellipse
Die Hyperbel
Der Parallelismus
Die Epipher (Ende gut, alles gut.)
Die Synekdoche, Pars pro toto
Das Oxymoron
Die Tautologie
Die rhetorische Frage, zweifelnde Frage
Das Wortspiel
Die Gedankenmitteilung, innerer Monolog
Der Klimax und Antiklimax
Die Dreierformation
Das Zitat
Plus X

Schreibe eine Alliteration
ChatGPT: Schreib 10 Alliterationen für ein Crafts-Bier aus einem Szene-Kiez in Berlin:

„1. Berliner Brauerei-Blitz
2. Kreuzberger Kiez-Kraftstoff
3. Neuköllner Nachbarschafts-Nektar
4. Friedrichshainer Fein-Ferment
5. Prenzlauer Pale-Pils-Perfektion
6. Mitte-Mischung-Magie

7. Wedding Wunder-Weizen
8. Schöneberger Sud-Sensation
9. Tempelhofer Tropfen-Traum
10. Charlottenburger Craft-Cuvee."

ChatGPT, Prompt: Schreibe 10 Alliterationen für ein Crafts-Bier aus einem Szene-Kiez in Berlin, zugegriffen 27. August 2023.

ChatGPT, bitte ohne einen Kiez beim Namen zu nennen:

„Entschuldigung für das Missverständnis. Hier sind 10 Alliterationen für ein Craft-Bier, ohne spezifische Kieze zu nennen:

1. Bärenstarkes Berliner Brau
2. Bier-Boutique-Blond
3. Hauptstadt Hopfen-Hochgenuss
4. Brautraditionelle Bier-Brise
5. Metropolen-Malz-Magie
6. Urbaner Untergrund-Umtrunk
7. Szenen-Sud-Sensation
8. Stadtkern-Schaum-Schöpfung
9. Kultur-Kraft-Kreation
10. Trendige Tropfen-Transfusion"

ChatGPT, Prompt: Bitte, ohne einen Kiez beim Namen zu nennen, zugegriffen 27. August 2023.

ChatGPT, schreibe drei witzige Headlines mit Alliteration für Elektromotoren:

„Turbulente Tesla-Triebwerke trotzen träge Tüftler!
Flotte Flitzer: Fabelhaft flüsternde Fahrzeuge!
Knisternde Kraftpakete: Kühn, kompakt, kabellos!"

ChatGPT, Prompt: Schreibe drei witzige Headlines mit Alliteration für Elektromotoren, zugegriffen 27. August 2023.

Die Assoziation
ChatGPT, schreibe 10 freche Schlagzeilen mit Assoziationen über ein Handy, das man zuklappen kann:

„1. Klapp mich, küss mich! Das Handy, das gerne spielt.

2. Klapp und weg! Das Smartphone, das nicht jedem alles zeigt.

3. Ein kleiner Klapp für dich, ein großes Drama für die Neider.

4. Unfassbar faltbar: Das Handy, das mehr Wendungen hat als deine Lieblingsserie.

5. Klappst du noch oder staunst du schon? Unser Handy macht beides.

6. Einmal klappen, bitte! Für alle, die wissen, wie man Eindruck schindet.

7. Nicht jedes Geheimnis will geteilt werden: Das Handy für die Insider.

8. Von Null auf Klapp in Sekunden! Wer kann da mithalten?

9. Für alle, die gerne im Mittelpunkt stehen: Das Handy, das sich dreht und wendet.

10. Klappt immer – im Gespräch und im Design!"

ChatGPT, Prompt: Schreibe 10 freche Schlagzeilen mit Assoziationen über ein Handy, das man zuklappen kann, zugegriffen 22. September 2023.

Interessant ist das abgewandelte Zitat des IKEA-Slogans: Wohnst du noch oder lebst du schon? „Klappst du noch oder staunst du schon?"

Die Negation
ChatGPT, schreibe 10 Negationen für einen Müsli-Mix mit getrockneten Bananenscheiben:

„1. Kein Morgen ohne Bananen: Unser Müsli-Mix ist ohne künstliche Zusatzstoffe!

2. Natürliche Süße, null künstlicher Kram: Nur getrocknete Bananenscheiben.

3. Keine Tricks, nur Frucht: Müsli-Mix ohne versteckte Zuckerzusätze.

4. Ohne Chemie, dafür mit Bananenpower: Rein natürlicher Genuss.

5. Keine halben Sachen: Vollmundiger Geschmack, ohne synthetische Konservierungsstoffe.

6. Ehrlichkeit schmeckt: Keine Füllstoffe, nur echte Zutaten und Bananenscheiben.

7. Nichts Verfälschtes, nur der pure Geschmack von getrockneten Bananen.

8. Kein künstliches Aroma, nur echte Bananen in unserem Müsli-Mix.

9. Nicht von der Stange, aber mit Bananen: Unser Müsli ohne künstlichen Schnickschnack.

10. Ohne Wenn und Aber: Echter Geschmack mit getrockneten Bananenscheiben."

ChatGPT, Prompt: Schreibe 10 Negationen für einen Müsli-Mix mit getrockneten Bananenscheiben, zugegriffen 22. September 2023.

Die Allegorie
ChatGPT, schreibe 10 Headlines mit Allegorien für eine Supermarkt-kette:

„1. Wo der Fruchtbaum des Überflusses seine Äste breitet: [Supermarktketten-Name]!

2. Durch die Pforten des kulinarischen Paradieses – Willkommen bei [Supermarktketten-Name].

3. Unser Markt ist der Schmelztiegel der Geschmacksvielfalt. Tauchen Sie ein!

4. Der kulinarische Leuchtturm in der Flut der Alltäglichkeit: Entdecke [Supermarktketten-Name].

5. Wie ein Kompass der Köstlichkeiten weist [Supermarktketten-Name] den Weg zu den besten Delikatessen.

6. Auf den Flügeln des Genusses durch die Galaxie der Gaumenfreuden: Mit [Supermarktketten-Name] in neue Sphären.

7. [Supermarktketten-Name]: Der Phönix unter den Supermärkten, ständig neu und überraschend.

8. Unser Supermarkt als der Leinwand des Lebens: Farbenfrohe Produkte malen täglich ein neues Bild.

9. Schlüssele zu deiner kulinarischen Schatzkiste: [Supermarktketten-Name] öffnet Türen zu neuen Geschmacksabenteuern.

10. [Supermarktketten-Name] – der Olymp der Angebote, wo Götter des Genusses residieren."

ChatGPT, Prompt: Schreibe 10 Headlines mit Allegorien für eine Supermarktkette, zugegriffen 22. September 2023.

Die Anapher
ChatGPT, schreibe 10 Anaphern für das Einsparen von Wasser:

„1. Wenn wir das Wasser sparen, schützen wir unsere Zukunft. Wenn wir das Wasser sparen, ehren wir die Natur. Wenn wir das Wasser sparen, zeigen wir Verantwortung.

2. Jeder Tropfen zählt, wenn die Quellen versiegen. Jeder Tropfen zählt, wenn der Boden trocken bleibt. Jeder Tropfen zählt, wenn Kinder nach Trinkwasser suchen.

3. Beim Wassersparen liegt unsere Hoffnung. Beim Wassersparen formen wir die Zukunft. Beim Wassersparen treffen wir eine bewusste Wahl.

4. In der Stille des gesparten Wassers hört man das Echo des Lebens. In der Stille des gesparten Wassers wächst die Hoffnung. In der Stille des gesparten Wassers atmet die Erde auf.

5. Mit jeder Dusche, die kürzer ist, retten wir einen Fluss. Mit jeder Spülung, die überlegt ist, bewahren wir einen Teich. Mit jedem Hahn, der abgedreht wird, schenken wir der Natur zurück.

6. Das Sparen beginnt mit einem Bewusstsein. Das Sparen wächst mit jeder Handlung. Das Sparen zeigt sich in einem grünen Morgen.

7. In der Verantwortung zum Wassersparen liegt unsere Liebe zur Erde. In der Verantwortung zum Wassersparen steckt unsere Vision. In der Verantwortung zum Wassersparen bündelt sich unsere Kraft.

8. Einen Tropfen heute gespart, bedeutet einen Ozean morgen. Einen Tropfen heute bewahrt, schenkt Leben übermorgen. Einen Tropfen heute nicht vergeudet, gibt Hoffnung für die kommenden Tage.

9. Wenn die Welt nach Wasser ruft, werden wir antworten. Wenn die Flüsse nach Hilfe schreien, werden wir handeln. Wenn die Seen uns warnen, werden wir aufwachen.

10. Durch das Sparen erkennen wir unseren Einfluss. Durch das Sparen definieren wir unsere Rolle. Durch das Sparen formen wir die Geschichte von morgen."

ChatGPT, Prompt: Schreibe 10 Anaphern für das Einsparen von Wasser, zugegriffen 26. August 2023.

Die Assonanz
ChatGPT, schreibe 10 Schlagzeilen mit Assonanzen für einen Badhersteller:

„1. Bade in Blau: Badhersteller bringt Brillanz ins Badezimmer!
2. Traumhaft tauchen: Tiefenentspannung trifft topmodernes Design.
3. Wellness-Wunder: Wasserwelten warten auf wagemutige Wellensucher.
4. Sanfte Schauer: Schick, schlicht, sensationell – unsere Duschen.
5. Brillante Badezimmer: Badhersteller bringt Balsam für die Seele.
6. Klare Kreationen: Kühn, komfortabel, kunstvoll – unsere Badewannen.
7. Fein fließen: Faszinierende Formen für famose Flüssigkeitsfreuden.
8. Wasserwandern im Wohnraum: Wunderbare Wellness-Oasen warten!
9. Baden in Bestform: Bringe Balance in dein Badezimmer.
10. Eintauchen und Erleben: Exquisite Eleganz in jedem Element."

ChatGPT, Prompt: Schreibe 10 Schlagzeilen mit Assonanzen für einen Badhersteller, zugegriffen 22. September 2023.

Die Ellipse
ChatGPT, schreibe 10 Headlines mit Ellipsen für eine Einschlafhilfe mit Baldrian:

„1. Schäfchen zählen war gestern ... Entdecke die Kraft des Baldrians.
2. Wenn die Nacht zum Tag wird ... Baldrian hilft weiter.
3. Ruhe, Gelassenheit ... und der Schlaf kommt von allein.
4. Die Nacht ruft ... Baldrian antwortet.
5. Schlaflos in [Stadtname]? ... Nicht mit unserem Baldrian!
6. Wenn Sterne nicht genug sind ... Baldrian leitet in den Traum.
7. Gedankenkarussell stoppen ... und dem Schlaf Hallo sagen.
8. Das Geheimnis tiefer Nächte? ... Flüstert leise „Baldrian.
9. Zu viele Gedanken? ... Lass Baldrian sie wiegen.
10. Die Nacht, eine Unendlichkeit ... doch Baldrian kennt den Weg."

ChatGPT, Prompt: Schreibe 10 Headlines mit Ellipsen für eine Einschlafhilfe mit Baldrian, zugegriffen 22. September 2023.

Die Hyperbel
ChatGPT, schreibe 10 Headlines für die Gemüseabteilung eines Supermarktes als Hyperbel:

„1. Wo Brokkoli Bäume und Karotten Wolkenkratzer sind: Entdecke unsere Gemüse-Giganten!
2. Ein Meer aus Salat, so weit das Auge reicht! Tauche ein in unsere grüne Oase.
3. Tomaten so rot, sie könnten die Sonne in den Schatten stellen!

4. Unsere Zucchini: Das Achte Weltwunder der Frische!

5. Paprika-Paradies: So bunt, es könnte den Regenbogen neidisch machen.

6. Spinat so kraftvoll, sogar Popeye würde vor Neid erblassen!

7. Ein Auberginen-Universum: Dunkler und mysteriöser als der tiefste Kosmos.

8. Gurken so frisch, sie könnten jeden Moment zu singen beginnen!

9. Pilze in solch einer Vielfalt, sie könnten einen ganzen Kontinent bevölkern.

10. Wo die Radieschen so scharf sind, sie könnten Drachen das Feuerspeien beibringen!"

ChatGPT, Prompt: Schreibe 10 Headlines für die Gemüseabteilung eines Supermarktes als Hyperbel, zugegriffen 22. September 2023.

Der Parallelismus
ChatGPT, schreibe 10 Headlines für Kfz-Zubehörteile, die besonders günstig sind, wie ein Parallelismus:

„1. Wie die Straße lang, so unser Angebot groß.

2. Wie der Motor läuft, laufen die Angebote.

3. Wie die Reifen rollen, rollen die Rabatte.

4. Wie die Lichter leuchten, leuchten unsere Deals.

5. Wie der Wind weht, wehen unsere Angebotsflaggen.

6. Wie die Bremsen halten, halten unsere Versprechen.

7. Wie die Hupe ertönt, tönen die Sonderangebote.

8. Wie der Sitz bequem, ist der Einkauf günstig.

9. Wie das Lenkrad dreht, drehen sich die Deals.

10. Wie das Fenster klar, ist die Preisersparnis sichtbar."

ChatGPT, Prompt: Schreibe 10 Headlines für Kfz-Zubehörteile, die besonders günstig sind, wie ein Parallelismus, zugegriffen 22. September 2023.

Die Epipher
ChatGPT, schreibe 10 Headlines für eine Boutique, die auf Übergrößen spezialisiert ist, wie eine Epipher:

„1. Mode, die passt: Für alle, die mehr zu bieten haben.

2. Stil kennt keine Größe: Wir feiern jede Kurve.

3. Eleganz in jeder Dimension: Weil Mode mehr als eine Zahl ist.

4. Kleider, die umarmen: Denn wahre Schönheit braucht Platz.

5. Chic von Kopf bis Fuß: Für alle, die das Besondere leben.

6. Modetrends ohne Grenzen: Denn wahre Mode kennt keine Limits.

7. Fashion, die begeistert: Größe trifft auf Glamour.

8. Outfits, die strahlen: Für alle, die im Leben groß aufspielen.

9. Extravaganz in XXL: Weil Größe eben doch zählt.

10. Design, das besticht: Für Persönlichkeiten, die mehr Raum einnehmen."

ChatGPT, Prompt: Schreibe 10 Headlines für eine Boutique, die auf Übergrößen spezialisiert ist, wie eine Epipher, zugegriffen 22. September 2023.

Die Synekdoche, Pars pro toto
ChatGPT, schreibe 10 Headlines für einen verführerisch duftenden Jasmin-Tee, wie eine Synekdoche:

„1. Ein Blütenblatt, das ganze Ozeane erfüllt: Entdecke den Jasmin-Tee.

2. In einer Tasse: Die Essenz tausender Jasminblüten.

3. Ein Atemzug, der Geschichten von uralten Gärten erzählt.

4. Vom einzelnen Blatt zum vollkommenen Genuss: Jasmin in Perfektion.

5. Eine Tasse, ein Universum: Die verführerische Welt des Jasmin-Tees.

6. Erlebe mit jedem Schluck das Mosaik von Blüten, Düften und Geschichten.

7. Die Seele eines Gartens, eingefangen in einer Tasse Tee.

8. Ein Blatt, das den Frühling singt: Verführe deine Sinne mit Jasmin.

9. Der ganze Orient in einem Tropfen: Der betörende Duft des Jasmin-Tees.

10. Ein Blatt, ein Tanz, eine Melodie: Lass dich von unserem Jasmin-Tee verzaubern."

ChatGPT, Prompt: Schreibe 10 Headlines für einen verführerisch duftenden Jasmin-Tee, wie eine Synekdoche, zugegriffen 22. September 2023.

Das Oxymoron
ChatGPT, schreibe 10 Headlines für einen Bio-Supermarkt, der sich auf lokale Produkte spezialisiert hat als Oxymoron:

„1. Global lokal: Dein Bio-Supermarkt mit Heimatgefühl.

2. Weitverkehrte Nähe: Entdecke lokale Bio-Schätze.

3. Kosmopolitische Dorfliebe: Bio aus deiner Region.

4. Grenzenlose Wurzeln: Lokal produziert, bio-zertifiziert.

5. Allumfassend spezifisch: Nur das Beste aus deiner Umgebung.

6. Universele Einzigartigkeit: Dein Supermarkt für lokale Bio-Highlights.

7. Weite Heimat: Große Auswahl aus kleinem Radius.

8. Massive Kleinode: Bio-Schätze direkt von nebenan.

9. Endlose Nachbarschaft: Dein lokaler Bio-Treffpunkt.

10. Ozeanische Tropfen: Große Vielfalt aus lokaler Quelle."

ChatGPT, Prompt: Schreibe 10 Headlines für einen Bio-Supermarkt, der sich auf lokale Produkte spezialisiert hat, als Oxymoron, zugegriffen 22. September 2023.

Die Tautologie
ChatGPT, schreibe 10 Headlines als Tautologie für einen Hersteller, der sich auf Kindersitze im Auto spezialisiert hat:

„1. Sicher sicher: Für deinen wertvollsten Beifahrer.
2. Klein kompakt: Perfekt für kleine Entdecker.
3. Stark stabil: Wenn es um den Schutz deines Kindes geht.
4. Weich gepolstert: Für süße Träume auf jeder Fahrt.
5. Kindgerecht kinderfreundlich: Design, das doppelt begeistert.
6. Einfach intuitiv: Einbau ohne doppelten Aufwand.
7. Langlebig dauerhaft: Vom Krabbelalter bis zur Schulzeit.
8. Schützend geborgen: Für Fahrten ohne Sorgen.
9. Verstellbar anpassbar: Wächst und passt mit deinem Kind.
10. Qualitativ hochwertig: Weil doppelt besser ist."

ChatGPT, Prompt: Schreibe 10 Headlines als Tautologie für einen Hersteller, der sich auf Kindersitze im Auto spezialisiert hat, zugegriffen 22. September 2023.

Die rhetorische Frage, zweifelnde Frage
ChatGPT, schreibe 10 Headlines als rhetorische Frage für einen Hersteller für Elektromotoren:

„1. Bist du bereit für die Zukunft der Mobilität?
2. Suchst du nach Leistung und Effizienz in einem?
3. Warum sich mit weniger zufrieden geben, wenn du das Beste haben kannst?
4. Ist es nicht an der Zeit, auf saubere Energie umzusteigen?
5. Hast du schon die Kraft unserer Elektromotoren erlebt?
6. Warum herkömmlich, wenn elektrisch so viel mehr bietet?
7. Ist es nicht an der Zeit, den Unterschied zu spüren?
8. Möchtest du nicht Teil der elektrischen Revolution sein?
9. Bereit, mit der innovativsten Motortechnik voranzukommen?
10. Wer sagt, dass Leistung und Umweltfreundlichkeit nicht Hand in Hand gehen können?"

ChatGPT, Prompt: Schreibe 10 Headlines als rhetorische Frage für einen Hersteller für Eletromotoren, zugegriffen 22. September 2023.

Das Wortspiel
ChatGPT, schreibe fünf Headlines mit Wortspielen für Elektromotoren in Autos:

„Vollelektrisch voraus: Elektrisierende Autos fahren Benzinern davon!

Der Blitz im Blech: Elektromotoren sorgen für Highvolt-AGE auf der Straße!

Elektromotoren im Turbo-Modus: Ampere-tionsstarke Beschleunigung!

Stromlinienförmige Revolution: Elektromotoren setzen den Drive auf Current Affairs!

Elektromotoren entfachen die Spannung: Hochvolt-iges Fahrvergnügen!"

ChatGPT, Prompt: Schreibe fünf Headlines mit Wortspielen für Elektromotoren in Autos, zugegriffen 27. August 2023.

ChatGPT, kannst du frei improvisieren?

„Elektrische Energie: Die Fahrt der Zukunft wird volt-tastisch!

Von Null auf Elektrisierend: Elektromotoren schocken die Autowelt!

Elektrischer Schub: Elektromotoren geben Gas und setzen den Asphalt unter Spannung!

Stille Power: Elektromotoren geben den Ton an und lassen Verbrenner alt aussehen!

Die Zukunft ist elektrisierend: Elektromotoren lassen Autoliebhaber watt-wahnsinnig werden!

Diese improvisierten Headlines sollen den Spaß am Wortspiel und der Kreativität widerspiegeln. Sie sind nicht festgelegt und dienen nur als Beispiel für den improvisierten Stil."

ChatGPT, Prompt: Kannst du frei improvisieren? Zugegriffen 27. August 2023. Das freie Improvisieren gelingt gut. Ich machte daraus:

Elektrische Energie: Die Fahrt wird volt-tastisch.
Von Null auf Elektrisierend: Elektromotoren schocken die Autowelt.

Elektrischer Schub: Elektromotoren geben Gas.
Stille Power: Elektromotoren lassen Verbrenner alt aussehen.
Die Zukunft ist elektrisierend: Autoliebhaber werden watt-wahnsinnig.

Die Gedankenmitteilung, innerer Monolog
Den inneren Monolog haben wir bei den Textstrukturen bereits getestet.

Der Klimax und Antiklimax
ChatGPT, schreibe 10 Headlines als Klimax für den Hersteller von Beschriftungs-Lasern:

„1. Präzise, professionell, perfekt: Unsere Lasertechnik setzt Maßstäbe.

2. Vom Detail zum Meisterwerk: Lasern auf höchstem Niveau.

3. Scharf, schärfer, unser Laser: Für Beschriftungen, die begeistern.

4. Gut, besser, unsere Laser: Qualität, die überzeugt.

5. Von einfach zu exzellent: Beschriftungen, die ins Auge springen.

6. Klein, kleiner, mikroskopisch: Mit uns ins kleinste Detail gehen.

7. Schnell, effizient, unübertroffen: Unsere Antwort auf Beschriftungsbedürfnisse.

8. Klar, klarer, kristallklar: Laserbeschriftungen, die beeindrucken.

9. Von der Skizze zur Perfektion: Lasern wie die Profis.

10. Praktisch, leistungsstark, unvergleichlich: Lasertechnik für jedes Projekt."

ChatGPT, Prompt: Schreibe 10 Headlines als Klimax für den Hersteller von Beschriftungs-Lasern, zugegriffen 22. September 2023.

ChatGPT, schreibe 10 Headlines als Anti-Klimax für den Hersteller von Beschriftungs-Lasern:

„1. Vom Kunstwerk zum Detail: Unsere Laser für jede Herausforderung.

2. Weltverändernd, beeindruckend, alltäglich: Lasern für jeden Moment.

3. Revolutionär, innovativ, praktisch: Unsere Antwort auf alle Beschriftungs-anforderungen.

4. Unvergleichlich, leistungsstark, handlich: Laser, der in jede Tasche passt.

5. Majestätisch, präzise, einfach: Für Beschriftungen in jedem Maßstab.

6. Gigantisch, groß, mikroskopisch: Unsere Lasertechnik deckt alles ab.

7. Von der Gala zum Arbeitsalltag: Lasern, das immer passt.

8. Universell, vielseitig, spezifisch: Für jede Beschriftungsanforderung gerüstet.

9. Unübertroffen, zuverlässig, alltagstauglich: Lasertechnik für jeden Bedarf.

10. Wunderwerk, Werkzeug, Helferlein: Unsere Laser für Profis und Laien."

ChatGPT, Prompt: Schreibe 10 Headlines als Anti-Klimax für den Hersteller von Beschriftungs-Lasern, zugegriffen 22. September 2023.

Die Dreierformation
ChatGPT, schreibe 10 Headlines in Dreierformation für Handwerker Spezialwerkzeuge:

„1. Präzise, professionell, perfektioniert: Werkzeuge für wahre Meister.
2. Robust, zuverlässig, revolutionär: Dein Handwerk, unsere Werkzeuge.
3. Scharf, sicher, spezialisiert: Für Projekte ohne Kompromisse.
4. Effizient, ergonomisch, exzellent: Werkzeuge, die den Unterschied machen.
5. Kraftvoll, kompakt, konkurrenzlos: Maximiere jedes Handwerk.
6. Fein, fest, funktional: Die Wahl der besten Handwerker.
7. Schnell, stark, spezifisch: Für Arbeiten, die herausragen.
8. Detailreich, dauerhaft, dynamisch: Werkzeuge, die mit dir arbeiten.
9. Innovativ, intuitiv, unverzichtbar: Setze neue Standards im Handwerk.
10. Modern, meisterlich, maßgeschneidert: Werkzeuge für jede Herausforderung."

ChatGPT, Prompt: Schreibe 10 Headlines in Dreierformation für Handwerker Spezialwerkzeuge, zugegriffen 22. September 2023.

Das Zitat
ChatGPT, schreibe 10 Headlines als Zitat für eine Schraubenfabrik:

„1. Wenn es fest sein soll, wähle unsere Schrauben. – Die Experten.
2. Die Grundlage jeder starken Konstruktion? Eine zuverlässige Schraube. Handwerker weltweit.
3. Eine gute Schraube verändert alles. – Ingenieure des Vertrauens.
4. Warum Kompromisse eingehen, wenn Perfektion möglich ist? – Die Baumeister.
5. In der Stabilität liegt die Kunst. – Visionäre der Architektur.
6. Mit jeder Drehung, ein Versprechen. – Meister ihrer Zunft.
7. Wo andere nachgeben, halten wir fest. – Die Profis im Detail.
8. Das Geheimnis? Beginne mit der besten Schraube. – Alte Handwerkerweisheit.
9. Stärke, die man spürt – bei jeder Umdrehung. – Pioniere des Bauens.
10. Es sind nicht nur Schrauben; es sind Versprechen. – Generationen von Baumeistern.

Diese Zitate, obwohl fiktiv, können die Qualität und das Vertrauen in die Produkte der Schraubenfabrik unterstreichen."

Die rhetorischen Figuren sind nicht vollzählig, aber es wird deutlich, dass ChatGPT auf die rhetorischen Muster trainiert ist und diese reproduziert. Sie helfen dem Chatbot auf die Sprünge und diese sind weit und häufig wertvoll.

Prompts mit literarischen Formen

Zu guter Letzt sind auch literarische Formen Vorlagen für die kreative Gestaltung von Prompts. Hier ein Überblick:

Die Anekdote
Die Fabel
Die Legende
Das Märchen
Die Parabel
Stabreim
Paarreim
Gedicht
Die Ballade
Die Hymne
Das Epigramm
Das Tagebuch
Die Tragödie
Die Komödie
Die Tragikomödie

Sie werden hier nicht ausgeführt, aber lotsen zum freien Experiment. Baue in Deine Prompts literarische Formen ein.

Recherche Prompts

Die Recherche-Prompts sind Pflicht für jeden Redakteur, Journalist und Werbetexter. Sie dienen der Reflektion und Text-Kritik. Damit hinterfragst Du die Chatbot-Antworten. Wie kritisch gehst Du mit Deinen Texten um, und wie selbstkritisch ist ChatGPT? Ich forderte ChatGPT zur Selbstkritik auf und ließ den Chatbot zuerst ein Video über eine Schraubenfabrik schreiben, das er danach kritisieren sollte.

ChatGPT, schreibe ein Imagevideo für eine Schraubenfabrik:

„Videokonzept für eine Schraubenfabrik

Szene 1:

Ein dunkler Raum, beleuchtet nur von einem einzelnen Scheinwerfer. Eine einzelne Schraube dreht sich langsam auf einem Tisch.

Szene 2:

Ein Handwerker in einer gut beleuchteten Werkstatt arbeitet an einem Projekt. Er hält inne, betrachtet eine Schraube und nickt zustimmend.

Szene 3:

Ein Ingenieur sitzt an einem Schreibtisch, skizziert eine Brücke oder ein Gebäude. Er hebt eine Schraube hoch und lächelt.

Verschiedene Menschen – von jungen DIY-Enthusiasten bis hin zu erfahrenen Handwerkern – verwenden die Schrauben in verschiedenen Projekten.

Szene 5:

Ein Zoom auf die Schrauben, die in verschiedenen Materialien und Strukturen verwendet werden – Holz, Metall, Beton.

Szene 6:

Ein älterer Handwerker lehrt einen jungen Lehrling und zeigt ihm die Bedeutung einer guten Schraube.

Szene 7:

Das Endbild zeigt die Fabrik von außen, dann ein Zoom ins Innere, wo die Schrauben produziert werden.

Voiceover (basierend auf den Headlines):

‚Es sind nicht nur Schrauben; es sind Versprechen.' – Generationen von Baumeistern.‘“

Am Ende des Videos könnte das Logo der Schraubenfabrik und ein Slogan oder eine Webadresse eingeblendet werden.“

ChatGPT, Prompt: Schreibe ein Imagevideo für eine Schraubenfabrik, zugegriffen 22. September 2023.

ChatGPT, bitte kritisiere deinen Vorschlag:

„Gerne! Eine selbstkritische Betrachtung des vorgeschlagenen Videokonzepts:

1. Einheitsbrei: Das Startbild eines dunklen Raums mit einer sich drehenden Schraube könnte als zu dramatisch oder klischeehaft empfunden werden, insbesondere für ein Produkt wie eine Schraube.

2. Fehlender USP (Alleinstellungsmerkmal): Das Konzept bietet nicht unbedingt eine klare Darstellung dessen, was die Schrauben dieser speziellen Fabrik von anderen unterscheidet. Es wäre sinnvoll, mehr über die spezifischen Vorteile oder die Technologie hinter den Schrauben zu zeigen.

3. Vielleicht zu viele Szenen: Es könnte besser sein, sich auf weniger, aber stärker inszenierte Momente zu konzentrieren, anstatt eine Vielzahl von Szenen zu haben. Dies würde eine klarere Geschichte und Botschaft ermöglichen.

4. Nicht genug Kontext: Während die Schraube im Mittelpunkt steht, wäre es hilfreich, mehr Kontext darüber zu geben, wie und wo sie verwendet wird, um ihre Vielseitigkeit und Stärke zu zeigen.

5. Voiceover: Das Zitat am Ende ist eine schöne Note, aber es könnte besser sein, den Voiceover während des gesamten Videos zu integrieren, um die Botschaft klarer und kohärenter zu machen.

6. Zielgruppenrelevanz: Es könnte notwendig sein, das Video mehr auf die Zielgruppe auszurichten, sei es DIY-Enthusiasten, professionelle Handwerker oder Ingenieure.

7. Produktionskosten: Das vorgeschlagene Konzept könnte teuer in der Produktion sein, insbesondere wenn man echte Handwerker und Ingenieure für die Dreharbeiten benötigt. Ein einfacheres, kosteneffizienteres Konzept könnte genauso wirksam sein.

8. Zeitliche Länge: Abhängig von der Plattform, auf der das Video gezeigt wird (z.B. TV, YouTube, Social Media), könnte es zu lang oder zu kurz sein. Es wäre wichtig, das Konzept entsprechend der Plattform und der beabsichtigten Verwendungsdauer anzupassen."

Das ist beachtlich und fasst alle möglichen Kritikpunkte eines Auftraggebers zusammen. Die Priorisierung von ChatGPT ist nicht immer zutreffend, aber die Kritik erschließt mögliche Schwachstellen im Text. Das eröffnet Möglichkeiten der Überarbeitung und rundet Dein Meinungsbild ab.

Dabei werden auch Schwächen des Prompts deutlich. Er ist zu allgemein „Schreibe ein Imagevideo für eine Schraubenfabrik", er gibt keinen Kontext, Nutzen, Versprechen und keine Erzählperspektive, Rolle oder Erzählstruktur vor.

Natürlich kannst Du jederzeit einen Text von Dir hochladen und kritisieren lassen. Viele machen dies auch zur Überprüfung der Rechtschreibung oder Zeichensetzung.

Für die kritische Recherche der Quellen und fachliche Überprüfung der Inhalte empfehlen sich folgende Prompt-Formulierungen an den Chatbot:

Nenne Deine Quellen.
Nenne weiterführende Literatur.
Nenne wissenschaftliche Arbeiten.
Nenne vergleichbare Internetseiten.
Empfehle Videos.
Empfehle Podcasts.
Empfehle Influencer.

Plug-ins

Software Unternehmen stellen für ChatGPT 4.0 Plus eine Vielzahl von Plug-ins bereit. Vom Zusammenfassen von PDF-Dateien, über On-Page-SEO-Analysen bis zur Erstellung von Tabellen. Ein Blick in den Plugin-Store lohnt sich.

ChatGPT schreibt auf der Startseite des Plug-in-Stores:

„Plug-ins werden durch Anwendungen von Drittanbietern betrieben, die nicht von OpenAI kontrolliert werden. Stellen Sie vor der Installation sicher, dass Sie einem Plug-in vertrauen. Plug-ins verbinden ChatGPT mit externen Anwendungen. Wenn Sie ein Plug-in aktivieren, kann ChatGPT Ihre Konversation, benutzerdefinierte Anweisungen und das Land oder den Staat, in dem Sie sich befinden, an das Plug-in senden. ChatGPT wählt automatisch aus, wann Plug-ins während einer Konversation verwendet werden sollen, abhängig von den Plug-ins, die Sie aktiviert haben."

ChatGPT, wozu dienen deine Plugins und welche gibt es?

„Ich selbst, als Instanz von OpenAI's GPT-4, habe keine eigenen ‚Plugins' im traditionellen Sinne. Allerdings kann meine Funktionalität durch verschiedene Schnittstellen und Anwendungen erweitert oder in verschiedene Systeme integriert werden. Hier sind einige Beispiele, wie meine Funktionalität genutzt oder erweitert werden könnte:

1. API-Integration: Entwickler können die OpenAI API nutzen, um meine Fähigkeiten in ihre eigenen Anwendungen, Websites oder Dienste zu integrieren.

2. Chatbots: Ich kann als Backend für Chatbots in verschiedenen Branchen dienen, von Kundenservice bis zu Bildung.

3. Textgenerierung und -analyse: Ich kann in Tools integriert werden, die automatisierte Texterstellung oder Textanalyse benötigen.

4. Assistenzsysteme: Ich kann in Systemen integriert werden, die Benutzern bei der Informationsbeschaffung oder bei der Lösung von Problemen helfen.

5. Bildung und Forschung: Ich kann in Lernplattformen integriert werden, um Fragen zu beantworten, Inhalte zu generieren oder bei der Forschung zu helfen.

6. Sprachumwandlung: Obwohl ich primär textbasiert bin, können Entwickler meine Ausgaben mit Text-zu-Sprache-Systemen kombinieren, um sprachbasierte Anwendungen zu erstellen.

Es ist wichtig zu beachten, dass die ‚Erweiterungen' oder ‚Integrationen' nicht wirklich ‚Plugins' für mich sind, sondern eher Anwendungen oder Dienste, die meine Kernfunktionalität nutzen und erweitern."

ChatGPT, Prompt: Wozu dienen deine Plug-ins und welche gibt es? Zugegriffen 22. September 2023.

Chatbot Cheat Sheet Creative Prompting

Experimentieren erwünscht:
1. **Prompte die Persona- und Pain-Point-Abfrage.**

2. Prompt Stoffsammlung/Recherche

- Präzise Zielgruppenbeschreibung
- Klare Formulierung des Themas und Kommunikationsziels
- Auswahl der Textsorte und/oder Textstruktur
- Deutliches Versprechen und eindeutiger Nutzen

Prompts für erweiterte Recherche

- Fordere ChatGPT zum Nachdenken über das Thema auf.
- Ermutige ChatGPT zu Fragen, die es dir stellt.
- Frage die Quellen ab und lass Antworten kritisieren

3. Kreative Prompts basierend auf einer Rolle

- Der Chatbot übernimmt die Rolle eines konkreten Experten: z. B. Goethe, Max Goldt, Karl Marx, Brat Pit, Sido, David Ogilvy, u. a.
- Klare Formulierung des Themas und Kommunikationsziels
- Auswahl der Textsorte und/oder Textstruktur
- Deutliches Versprechen und eindeutiger Nutzen

4. Prompts mit starken Tonalitäten

- Schreibe einen Prompt für ausgewählte, überraschende und kreative Tonalitäten.

5. Prompts mit Erzählperspektiven

- Schreibe einen Prompt für überraschende Erzählperspektiven. Z.B. Kleinkind, Oma, Marktforscher, Handwerker, Hund, Katze, Maus …

6. Prompts mit rhetorischen Figuren

- Schreibe einen Prompt für eine rhetorische Figur.

7. Prompts für Erzählstrukturen

- Schreibe einen Prompt für Basis-Erzählstrukturen und Plausibilitätsmuster

8. Prompts für TV- und Film-Genres

- Schreibe einen Prompt mit einem bestimmten Genre

11

Aktueller rechtlicher Stand der Urheber- und Nutzungsrechte

Zusammenfassung In der Ära der Digitalisierung und künstlichen Intelligenz stellt sich die Frage nach dem Urheberrecht neu: Begehen die Maschinen Urheberrechtsverstöße und wem gehören die Nutzungsrechte? Unternehmen, die Chatbots und andere KI-Modelle nutzen brauchen Richtlinien, um rechtliche Konflikte zu vermeiden. Eine Herausforderung ist die Unterscheidung zwischen von Menschen und Chatbots erstellten Texten. Können wir zukünftig noch Chatbot-Texte eindeutig nachzuweisen?

Die Urheberrechte sind nicht geklärt

Wie können Chatbots, die überall Texte, Bilder und Inhalte klauen, davon ausgehen, dass die Urheberrechte bei Ihnen liegen und dafür Geld verlangen? So dreist sind nur Piraten.

Hier müssen Künstler, Kunst und Grafik, Autoren, Drehbuch- und Werbefilmautoren, Werbetexter, Content-Manager, Art Direktoren, sowie Social-Video-Producer geschützt werden! Sie alle entwerfen Text und Bild, oder beides gemeinsam, aber Prompts sind keine künstlerische Leistung und stellen keine urheberrechtlich geschützte Leistung dar.

Anne Lauber-Rönsberg, Professorin für Recht an der Technischen Universität Dresden und Mitglied in der Plattform Lernende Systeme schreibt:

A. Heiser, *Texten mit ChatGPT,* https://doi.org/10.1007/978-3-658-45601-6_11

„Urheberrecht: Mensch vs. Maschine

Bislang wurde KI in künstlerischen Kontexten häufig als ein Hilfsmittel genutzt. Solange hierbei die wesentlichen Gestaltungsentscheidungen noch durch den Künstler selbst getroffen werden, entsteht auch an den so erschaffenen Werken zu seinen Gunsten ein Urheberrecht. Anders sieht es hingegen nach dem kontinentaleuropäischen Urheberrecht aus, wenn Produkte im Wesentlichen durch eine KI erzeugt werden und der menschliche Anteil sehr gering oder vage bleibt: Die Aufforderung an einen KI-Bildgenerator, ein Bild einer Katze beim Windsurfen vor dem Eiffelturm im Stil von Andy Warhol zu erzeugen, dürfte wohl nicht ausreichen, um ein Urheberrecht an dem Bild zu begründen. Durch eine KI ohne wesentliches menschliches Zutun geschaffene Erzeugnisse sind urheberrechtsfrei und können damit von jedermann genutzt werden, soweit keine anderen Leistungsschutzrechte bestehen. Dagegen sieht das britische Urheberrecht auch einen urheberrechtlichen Schutz für rein computer-generierte Leistungen vor. Diese unterschiedlichen Ausgestaltungen haben eine Debatte über den Sinn und Zweck des Urheberrechts ausgelöst. Soll weiterhin gelten, dass das Urheberrecht nur die menschliche, aber nicht die maschinelle Kreativität schützt? Oder sollte im Interesse der Innovationsförderung der ökonomisch motivierte Anreizgedanke im Fokus stehen, indem Exklusivitätsrechte auch für rein KI-generierte Erzeugnisse gewährt werden? Die grundlegenden Unterschiede zwischen menschlicher Kreativität und maschineller Kreativität sprechen für die erstgenannte Ansicht. Die Erlebnis- und Empfindungsfähigkeit des Menschen, eine wesentliche Grundlage für seine schöpferische Tätigkeit, rechtfertigen ihre Privilegierung durch ein anthropozentrisches Urheberrecht. Mangels schöpferischer Fähigkeiten kommt eine KI-Urheberschaft nicht in Betracht. Soweit ein Bedarf hierfür besteht, können ökonomische Anreize für Innovationen gezielt durch begrenzte Leistungsschutzrechte geschaffen werden.

Bei der Frage, inwieweit im Netz verfügbare Werke als Trainingsdaten benutzt werden dürfen, um KI zu trainieren, muss ein angemessener Ausgleich zwischen den Interessen der Künstler und der Förderung von Innovationen gewährleistet werden. Nach dem europäischen Urheberrecht ist eine solche Nutzung, das sogenannte Text- und Data Mining, grundsätzlich erlaubt, wenn die Urheber dies nicht ausgeschlossen haben.

Anforderungen an die menschliche Originalität steigen

Allerdings dürften diese Entwicklungen mittelbar doch Auswirkungen auch für menschliche Urheber haben. Wenn KI-Erzeugnisse zum Standard werden und gleichwertige menschliche Leistungen als alltäglich wahrgenommen werden, so wird dies dazu führen, dass die Originalitätsanforderungen, die für einen urheberrechtlichen Schutz erfüllt werden müssen, in der Rechtsprechungspraxis zunehmen werden. Auch in faktischer Hinsicht ist absehbar, dass menschliche Leistungen wie Übersetzungen, Gebrauchsgrafiken oder der Komposition musikalischer Jingles, mehr und mehr durch KI ersetzt werden.

Auch jenseits des Urheberrechts ist eine maschinelle Ko-Autorschaft für wissenschaftliche Beiträge abzulehnen. Eine wissenschaftliche Ko-Autorschaft bedingt nicht nur, dass ein wesentlicher wissenschaftlicher Beitrag für die Publikation geleistet wurde, sondern auch, dass die Verantwortung hierfür übernommen wird. Dies übersteigt die Fähigkeiten auch der noch so menschlich wirkenden generativen KI-Systeme." (Lauber-Rönsberg, o.J.)

„Die Aufforderung an einen KI-Bildgenerator, ein Bild einer Katze beim Windsurfen vor dem Eiffelturm im Stil von Andy Warhol zu erzeugen, dürfte wohl nicht ausreichen, um ein Urheberrecht an dem Bild zu begründen", schreibt Anne Lauber-Rönsberg. Dem muss widersprochen werden. Natürlich begründet schon allein die Katze beim Windsurfen ein Urheberrecht an dem Bild. Erkennbar an der Abweichung von Konventionen und damit eine eigenständige Idee. Wenn das dann noch vor dem Eiffelturm im Stile Andy Warhols gestaltet wird, ist damit in jedem Fall ein Urheberrecht an dem Bild begründet. Die Originalitätsanforderung ist gegeben. Ob das gefällt und als hohe Kunst anerkannt werden kann ist unerheblich, und in keiner Weise gerecht zu beurteilen.

ChatGPT, kann ich deine Text auf einer Internetseite veröffentlichen und nutzen?

„Ja, alle Texte, die von ChatGPT generiert werden, können ohne lizenzrechtliche Einschränkungen verwendet werden. OpenAI behält sich keine Rechte an den generierten Inhalten vor. Stellen Sie jedoch sicher, dass der Inhalt den allgemeinen rechtlichen Anforderungen und den spezifischen Anforderungen Ihres Unternehmens oder Ihrer Branche entspricht, bevor Sie ihn veröffentlichen oder nutzen. Es ist immer ratsam, alle Inhalte, insbesondere solche, die für kommerzielle Zwecke verwendet werden, durch einen Fachmann oder eine Fachfrau überprüfen zu lassen."

ChatGPT, Prompt: ChatGPT, kann ich deine Text auf einer Internetseite veröffentlichen und nutzen, zugegriffen 26. August 2023.

Richtlinien für die Nutzung von Chatbots in Unternehmen

Unternehmen führen verstärkt Richtlinien für den Einsatz von Chatbots ein. Das regelt die Nutzung, dient deren Schutz und wendet Gefahren ab. Hier ein möglicher Entwurf der Rechtsanwaltskanzlei Siebert & Lexow:

„Mitarbeiter- Policy, Muster GmbH, Musterstr. 1, 12345 Musterstadt

1. Zweck dieser Richtlinie

Wir möchten ChatGPT in unserem Unternehmen einsetzen und stellen es unseren Mitarbeitern zur Verfügung. ChatGPT ist ein Sprachmodell, dass für eine Vielzahl von Aufgaben im Zusammenhang mit der Erstellung von Texten, wie Textzusammenfassungen, Content-Erstellung und die Auswertung von Texten verwendet werden kann. Die Nutzung dieses Tools birgt jedoch rechtliche Risiken, insbesondere im Hinblick auf Datenschutz und geistiges Eigentum. Wenn Sie ChatGPT für Unternehmenszwecke einsetzen, sind die im Folgenden beschriebenen Vorgaben zu beachten.

Wenn Sie unsicher sind, ob eine bestimmte Verwendungsart dieser Richtlinie widerspricht, wenden Sie sich bitte an Ihren Vorgesetzten.

2. Zulässige Einsatzzwecke

Wenn Sie die ChatGPT-Instanz verwenden, die wir Ihnen zur beruflichen Nutzung überlassen haben, dürfen Sie das Tool für folgende Zwecke verwenden:
Zusammenfassungen allgemeiner Themen (z.B. Wirtschaftslage in Deutschland)
Zusammenfassung öffentlich zugänglicher Texte (z.B. Zeitungsartikel)
Erstellung von allgemeinen Berichten ohne Personenbezug
Erstellung von ausgewählten Einzel-Formulierungen (z.B. für E-Mail-Ansprachen ohne Personenbezug)
Erstellung von Code für IT-Projekte
Überprüfung von IT-Code (Fehlersuche)
Erstellung von Blogposts
Erstellung von Social-Media-Beiträgen
Erstellung von Werbetexten / Copywriting
…

3. Unzulässige Einsatzzwecke

Wenn Sie die ChatGPT-Instanz verwenden, die wir Ihnen zur beruflichen Nutzung überlassen haben, dürfen Sie das Tool für folgende Zwecke **nicht** verwenden:

a) Sie dürfen keine personenbezogenen Daten bei ChatGPT eingeben. Personenbezogene Daten sind alle Informationen, die einer bestimmten Person zugeordnet werden können. Dazu gehören insbesondere Namen, Anschriften, Familienstand, E-Mail-Adressen und Telefonnummern, Autokennzeichen etc.

b) Ihr Arbeitgeber kann jederzeit Einsicht in die von Ihnen erstellten Texte nehmen, die erstellten Texte nutzen oder löschen. Es ist daher verboten, ChatGPT für private Zwecke zu verwenden.

c) Sie dürfen keine vertraulichen oder sensiblen Unternehmensinformationen in ChatGPT eingeben. Das betrifft insbesondere folgende Datenkategorien:

Akquisedaten, z.B. Vertragsangebote, Teilnahme an Pitches, Ausschreibungen u. ä.

Auftrags- und Kundendaten, Projektinhalte, Bestehen von Geschäftsbeziehungen und deren inhaltliche Ausgestaltung

Interne Richtlinien für Vertragsverhandlungen, z. B. Preispolitik und Verhandlungsstrategien gegenüber Dritten

Zahlungsmodalitäten und sonstige Vertragsdaten aus der vorliegenden Geschäftsbeziehung

Bestehende Wettbewerbsverbote und Vertraulichkeitsvereinbarungen mit Dritten

Strategiepapiere, Marketing-, Unternehmens-, und Geschäftsstrategien, Konzepte

Finanzdaten, Finanzierungspläne, Kalkulationen, Bonitätsdaten, nicht veröffentlichte buchhalterische Daten und Buchführungsdaten

Organisationsstrukturen, Personalangelegenheiten, interne Arbeitsabläufe, eingesetzte Tools, interne Richtlinien zum Umgang mit Kunden, Zulieferern und sonstigen Vertragspartnern

Produktdaten, Herstellungsverfahren, Konstruktionspläne, Technisches Knowhow, Entwürfe

Muster, Vorlagen, Entwürfe, Prototypen, technische Zeichnungen

Rezepturen, Formeln, Chemische Zusammensetzungen

Bestehende, bevorstehende oder beabsichtigte gerichtliche Streitigkeiten, soweit diese nicht öffentlich sind

Bestehende, bevorstehende oder beabsichtigte behördliche Verfahren (z.B. Patentanmeldungen, Markenanmeldungen)

.....

a) Sie dürfen ChatGPT nicht für illegale Aktivitäten verwenden. Sie dürfen ChatGPT insbesondere nicht einsetzen um HateSpeech, Verleumdungen, Lügen oder sonstige illegale Inhalte zu erzeugen und/oder zu verbreiten.

b) Wenn Sie über einen privaten ChatGPT-Account verfügen, dürfen Sie dort keinerlei unternehmensbezogene Daten eingeben.

4. Überprüfung der ChatGPT-Texte
ChatGPT ist derzeit noch ungenau und kann Texte erstellen, die inhaltlich fehlerhaft sind, illegale Inhalte oder Plagiate beinhalten. Prüfen Sie die mit ChatGPT erstellten Texte vor der weiteren Verwendung auf Richtigkeit und Vollständigkeit. Auch Plagiate sind in ChatGPT möglich. Prüfen Sie daher die eingegebenen Texte, bevor Sie sie weiterverwenden. Vor der Überprüfung der Texte ist deren Nutzung verboten.

5. Löschung der Chatverläufe durch Mitarbeiter
Löschen Sie Ihre Chatverläufe bitte nicht. Die Löschung erfolgt allein durch den Arbeitgeber.

6. Ansprechpartner
Für Fragen oder Bedenken im Zusammenhang mit der Nutzung von ChatGPT und der Einhaltung dieser Mitarbeiter-Richtlinie können Sie sich jederzeit an Ihren Vorgesetzten wenden.

7. Verstöße
Jegliche Verhaltensweisen von Mitarbeitern, die gegen diese Mitarbeiter-Richtlinie verstoßen, können disziplinarischen Maßnahmen unterzogen werden, einschließlich Kündigung oder strafrechtlicher Verfolgung. Verstöße gegen die DSGVO können auch zu hohen Geldstrafen für das Unternehmen führen."
(Siebert & Lexow, 2023)

Wird man zukünftig unterscheiden können zwischen Texten von Chatbots und Menschen?

Es wird schwer, GPT-Texte zu erkennen. Es gibt Software, die Texte als originär zertifiziert und behauptet, dass sie KI-Texte erkennen könne. Also lud ich zur Probe gleich mal einen ChatGPT-Text als meinen originären hoch und erhielt dafür ohne weiteres ein Zertifikat!

Du hast den Text bereits gelesen, aber zur Erinnerung hier noch einmal der hochgeladene Text. Es war die Erklärung für den ChatGPT-Witz.

„Warum sind Werbetexter oft so gute Schwimmer? Weil sie ständig im Fließtext trainieren!"

Erkläre mir den Witz. „Natürlich! Der Witz spielt mit einem Wortspiel zwischen ‚Fließtext' und dem Verb ‚fließen' im Zusammenhang mit Wasser. Werbetexter sind dafür bekannt, dass sie viel mit Text arbeiten und ihn formulieren. "Fließtext" bezieht sich auf einen Text, der ohne Absätze oder Unterbrechungen geschrieben ist und kontinuierlich ‚fließt'.

Der Witz spielt darauf an, dass Werbetexterinnen aufgrund ihres ständigen Umgangs mit Texten im übertragenen Sinne ‚im Fließtext trainieren'. Hier wird das Wort ‚Fließtext' humorvoll mit dem Schwimmen verbunden. Der Witz besteht also darin, dass Werbetexterinnen aufgrund ihrer Arbeit mit Fließtexten gute Schwimmer*innen sein könnten, da sie ständig im Text ‚schwimmen' bzw. damit arbeiten. Das Wortspiel basiert auf der ähnlichen Aussprache der Wörter ‚Fließtext' und ‚fließen' in der deutschen Sprache."

Die Software erkannte den Text nicht als von ChatGPT geschrieben. Wie auch? Er erklärt plausibel den Zusammenhang zwischen „Schwimmer" und „Fließtext".

Kann man Chatbot-Texte nachweisen?

Ja, und nein. Den besseren, kreativen und guten Schreibstil wird man immer einem Autor zuordnen können. Wobei wir gelesen haben, dass der Text von Max Goldt über den Alltag in einer Werbeagentur schon sehr authentisch wirkte. Dagegen wird man den schlechten, gleichförmigen Stil vieler Unternehmenstexte aus der Rubrik Buzzword-Bingo zukünftig eher Chatbots zuordnen! Darüber werden Mitarbeiter in Werbe-, Marketing- und Kommunikationsabteilungen zukünftig nachdenken müssen.

Sprachmuster und Wiederholungen können auf einen Chatbot hinweisen, aber diese Struktur-Muster entsprechen umgekehrt in vielen Fällen gutem Text. Das trifft für ChatGPT zu und wurde eindeutig nachgewiesen.

Klassifikatoren, Classifier, sollen bei der Erkennung von Chatbot-Texten helfen

Klassifikatoren modellieren Strukturen und das Verhalten von Sprachmodellen. Sie können bei der Erkennung von KI-generierten Inhalten hilfreich sein, sind aber alles andere als narrensicher. Diese Tools erzeugen sowohl falsche Ergebnisse, bei denen sie KI-generierte Inhalte nicht als solche erkennen, als auch falsche Ergebnisse, bei denen sie von Menschen geschriebene Inhalte als KI-generiert kennzeichnen. Wozu das Ganze?

Programme, die Chatbots erkennen oder Klassifikatoren sind am Ende des Tages für die Werbetextpraxis überflüssig. Das ist interessant für kriminalistische Untersuchungen, dem Nachweis von Desinformationen oder bei der Verfolgung von Plagiaten im Bereich des wissenschaftlichen Arbeitens. Klar ist jedoch, dass sich die Chatbots schneller verändern als die Programme zum Nachweis derselben und Kriminelle, Trolle oder Studenten werden blitzartig lernen, Wörter und Sätze so zu verändern, dass sie sich dem Nachweis darüber entziehen.

Wenn Chatbots danach streben, immer menschenähnlicher zu werden, und die Programme zu deren Erkennung versuchen, die Unterschiede herauszufinden, dann wird sich die Abweichung irgendwann gegen Null bewegen. Dass dies nur eine Diskussion im Reagenzglas ist, zeigt die folgende Mitteilung, und das Wichtigste steht im ersten Satz.

Am 20. Juli 2023 veröffentlichte OpenAI diese Mitteilung und verkündete die Einstellung des AI Classifier.

„As of July 20, 2023, the AI classifier is no longer available due to its low rate of accuracy.

We are working to incorporate feedback and are currently researching more effective provenance techniques for text, and have made a commitment to develop and deploy mechanisms that enable users to understand if audio or visual content is AI-generated.

We've trained a classifier to distinguish between text written by a human and text written by AIs from a variety of providers. While it is impossible to reliably detect all AI-written text, we believe good classifiers can inform mitigations for false claims that AI-generated text was written by a human: for example, running automated misinformation campaigns, using AI tools for academic dishonesty, and positioning an AI chatbot as a human.

Our classifier is not fully reliable. In our evaluations on a ‚'challenge set' of English texts, our classifier correctly identifies 26% of AI-written text (true positives) as ‚likely AI-written', while incorrectly labeling human-written text as AI-written 9% of the time (false positives). Our classifier's reliability typically improves as the length of the input text increases. Compared to our previously released classifier, this new classifier is significantly more reliable on text from more recent AI systems.

We're making this classifier publicly available to get feedback on whether imperfect tools like this one are useful. Our work on the detection of AI-generated text will continue, and we hope to share improved methods in the future."

Try our free work-in-progress classifier yourself. (Kirchner et al., 31. Januar 2023)

Wenn OpenAI die Bemühungen für das Erkennen einstellt, ist das ein nicht überhörbares Signal. Die Mühe kann man sich sparen. Ich halte auch nichts davon, Texte zukünftig als von ChatGPT erstellt zu kennzeichnen. Dann müsste auch der Texter, der den Text überarbeitet hat, genannt werden und es wird sowieso nicht jeder tun. Zumal dieser Text in jedem Fall als weniger wertvoll wahrgenommen wird.

Die Merkmale für das Erkennen von Chatbot-Texten wurden ausführlich beschrieben, siehe Kap. 7.16. Guter Text bleibt guter Text und er wird von einem Autor erfunden, lektoriert und freigegeben.

12

Resumeé

Zusammenfassung Schon jetzt kann man sagen, dass die Chatbots eine Revolution für alle Texter sind. Das hat nichts mit Intelligenz zu tun und stößt dort an seine Grenzen, wo Texte und Kampagnen höchsten kreativen Ansprüchen genügen müssen. Einerseits sind die Chatbots eine große Hilfe und Ideengeber, andererseits wird ihre Gleichförmigkeit zukünftig schnell erkennbar, weil sie in vielen Fällen nur das Mittelmaß abbilden. Der Geist der Kreativen ist genau hier gefordert. Chatbots sind nicht mehr als ein Werkzeug, und der kreative Umgang sowie das freie Experiment mit ihnen wird zur Pflicht.

Der Start in ein neues Text-Zeitalter

Die Geschwindigkeit, in der Text auf dem weißen Monitor erscheint, übersteigt alle Schreibfähigkeiten auf der Tastatur um ein Vielfaches. Die Effizienz der Chatbots ist eine Sensation! Sie reproduzieren die Textmuster des Marketing, der Werbung, der Unternehmenskommunikation und der Public Relation, die wir brauchen. Die Texter entdecken einen unerschöpflichen Text-Quell und finden einen Anfang.

Der ChatGPT Chatbot hat sich über Monate zu einem ausgereiften Dienst entwickelt. Er wurde systematisch ausgebaut und mit neuen Features aufgeladen. Der Zugang zum Internet, die Plugins, die benutzerdefinierten Anweisungen für Antworten, die geschlossene Anwendung für Firmen, deren Chatverläufe intern bleiben, die selbst zu gestaltenden GPTs und als i-Tüpfelchen DallE, der Bildgenerator.

Stilistisch hat ChatGPT, wie alle anderen auch, noch Schwächen, aber das wird sich nach dem Praxis-Training der Chatbots, und mit den nächsten Updates der Large Language Modells relativieren. Die verschiedenen Trainingsstände der 3.5- und 4.0-Version beziehen sich auf Inhalte. Stilistische Unterschiede zwischen den beiden Versionen sind nicht erkennbar.

Intelligenz ist das falsche Wort

Stärken und Schwächen, Schatten und Licht liegen nah beieinander. Dass ein Schachcomputer den Menschen schlägt, ist nicht überraschend. Er rechnet aus Millionen von Möglichkeiten die Beste aus. Das ist nicht intelligent.

Die KI-Programme begreifen Sprache als logisch und folgen ihren Regeln. Damit eine Software wirklich intelligent wird, müsste sie in der Lage sein, kreative Sprünge zu vollziehen. Das bedeutet, dass die programmierten Tokens für Zeichensetzung, Buchstaben, Satzbau, Substantiv, Verb, Adjektiv, Subjekt, Prädikat, Objekt etc., variabel gewichtet würden, außerhalb der grammatikalischen Regeln. Die Tokens müssten eine zufällige Gewichtung erfahren, im nächsten Schritt mehr und weniger überraschend kombiniert werden und am Ende plausibel sein. Das widerspricht jeder Programmier-Logik.

Dieses Buch und meine Weiterbildung *Texten mit ChatGPT* arbeitet mit der Headline: *Einfachschnellundkreativ.* Das halten viele für eine gute Headline, aber *Einfachschnellundkreativ* könnten GPT-Programme nicht schreiben. Außer ich prompte: schreibe alles zusammen. Die Software ist für diesen kreativen Sprung nicht geeignet und die beste Idee hat immer noch der Texter.

Die Entwickler versuchen gerade, die Plausibilität eines Textes in den Griff zu bekommen, was ihnen durchaus gelingt, aber jetzt genau das Gegenteil zu erreichen, und das bitteschön plausibel, erscheint unwahrscheinlich. Genau in diesen Regionen hält sich aber der menschliche, unvernünftige, widersprüchliche, widerspenstige, tabubrechende, grenzüberschreitende, sprunghafte und kreative Geist auf. Plausible Unvernunft ist für ein Computerprogramm nicht erreichbar.

„Fake it until you make it" ist im Sinne von Muster erkennen und Muster nachbauen nur ein Teil des gestalterischen Arbeitens. Muster plausibel verändern und neue schöpfen bzw. erfinden können GPT-Programme noch nicht leisten. Der menschliche Genius ist jeder Maschine überlegen.

Storys mit Abweichungen sind der Schlüssel zu Kreativität

Eine Text-Idee zeichnet sich durch die Abweichung von Normen, Regeln und Mustern aus. Das ist ein Grundprinzip jeder Gestaltung. Der Schlüssel zum kreativen Text-Universum ist der Prompt mit einem Ideenansatz oder einem klaren Erzähl- und Plausibilitätsmuster.

Experimentieren, irrationales und widersprüchliches kombinieren, provozieren sowie der spielerische Umgang mit Prompts weisen den Weg zum künstlerisch wertvollen Ergebnis. Die variantenreiche Kombination unterschiedlicher und gegensätzlicher Strukturen führt zu unendlichen Möglichkeiten. Texter und Autoren bleiben weiterhin die Ideengeber. Das wird auch nach Updates so bleiben.

Es geht nicht um wahrhaftigen Text
Denke daran, dass Chatbots beim Erstellen von Texten helfen können, aber du musst den Inhalt auf Richtigkeit und Verhältnismäßigkeit prüfen und überarbeiten. Ein Chatbot ist ein Tool, das Deinen kreativen Prozess unterstützt, aber menschliches Urteilsvermögen, Stilsicherheit, Fachwissen und passende Einsatzgebiete sind für das Schreiben überzeugender, kreativer und wirkungsvoller Werbetexte mit Alleinstellung unerlässlich.

Die Quantität falscher Information und Ungenauigkeiten nimmt zu. „Wahrheit" wird verschoben und verändert. Jeder Chatbot erschafft eigene Wahrheiten. Eine Vielzahl von Wahrheiten. Wahrheit entsteht nicht im Internet, sondern wird gelebt!

In der Gestaltung geht es um Ideen, und da sprudeln Chatbots wie Quellen. Experimentieren und steuern führt zu guten Ergebnissen. Es überwiegt der Nutzen der Chatbots und die nächsten Updates der LLMs werden noch besser.

Wir schreiben das Jahr 2030. Neues Update verfügbar!
Endlich läuft die Software! Ich kann jetzt meine Gedanken ohne tippen, mit Gedankenübertragung, in den Computer eingeben. Texteingabe öffnen! Neues Dokument erstellen! Starte Aufzeichnung! Speichern als: Neues Buch 2030. Anführungsstriche unten: „Liebe Bücherwürmer, Ihr habt ein Buch gelesen, das nie zu Ende geschrieben ist …"

Text ist unendlich
Vielen Dank fürs Lesen.

Literatur

Berkeley School of Information (2023) What the Bots Are Reading: Berkeley Researchers Investigate the Popular Works Memorized by ChatGPT. https://www.ischool.berkeley.edu/news/2023/what-bots-are-reading-berkeley-researchers-investigate-popular-works-memorized-chatgpt. Zugegriffen: 4. Juli 2023

Berkeley Office of Ethics (o.J.) Appropriate Use of ChatGPT and Similar AI Tools. https://ethics.berkeley.edu/privacy/appropriate-use-chatgpt-and-similar-ai-tools. Zugegriffen: 24. Okt. 2023

Esch FR (2018) Werbekampagne, Gabler Wirtschaftslexikon. https://wirtschaftslexikon.gabler.de/definition/werbekampagne-51050/version-274254. Zugegriffen: 18. Aug. 2023

Gillner S (05. Juli 2023) Browsen mit Bing bei ChatGPT vorübergehend eingestellt, Internet World. https://www.internetworld.de/seo-sea-performance/bing/browsen-bing-chatgpt-voruebergehend-eingestellt-2870529.html#:~:text=Heißt%3A%20ChatGPT%20konnte%20Paywalls%20von,notwendigen%20Korrekturen%20vorgenommen%20worden%20seien. Zugegriffen: 5. Aug. 2023

Grolle J, Beuth P (29. April 2023) Wenn die KI Angst bekommt, wird sie rassistisch. Der Spiegel Nr. 18, Seite 98, 29.04.2023. https://www.spiegel.de/netzwelt/web/openai-wenn-die-ki-angst-bekommt-wird-sie-rassistisch-a-5567f15e-5cbd-44a1-a0ab-ec5753ca0e18. Zugegriffen: 20. Okt. 2023

Heiser A (2020) Das Drehbuch zum Drehbuch, Storytelling, Konzeption und Produktion für Werbefilme, Trailer, Imagefilme und Viral-Videos, 3. Aufl. Springer Gabler, Wiesbaden

Heiser A (2022) Wirkstoff Werbetext, Storytelling on- und offline. Für Konzeptioner, Werbetexter, Grafiker, Autoren, Redakteure und Auftraggeber, 2. Aufl. Springer Gabler, Wiesbaden

Inhaltangabe.de (2014) 1984 von George Orwell. https://www.inhaltsangabe.de/orwell/1984/. Zugegriffen: 26. Sept. 2023

Kirchner J H, Ahmad L Scott A Leike J (31. Januar 2023) New AI classifier for indicating AI-written text. OpenAI. https://openai.com/blog/new-ai-classifier-for-indicating-ai-written-text#LamaAhmad. Zugegriffen: 20 Aug. 2023

Koppitz S (24. Mai 2023) Xing Newsletter, ChatGPT: Dein persönlicher Bewerbungs-Assistent

Kreye A (23. Juni 2023) Was die KI liest, Süddeutsche Zeitung, Nr. 143, Seite 20. https://www.sueddeutsche.de/kultur/chatgpt-kuenstliche-intelligenz-literatur-kanon-silicon-valley-1.5957963?reduced=true#:~:text=LiteraturWas%20die%20KI%20liest&text=In%20der%20Leselisten%20von%20ChatGPT,von%20Frank%20Herberts%20%22Dune%22.&text=Ein%20Forscherteam%20aus%20Berkeley%20hat,wie%20Chat%2DGPT%20zugrunde%20liegen. Zugegriffen: 24. Okt. 2023

Lauber-Rönsberg A (o.J.) KI kreativ: Wem gehören die Werke großer Sprachmodelle? Plattform Lernende Systeme. https://www.plattform-lernende-systeme.de/ergebnisse/standpunkte/was-kann-chatgpt.html. Zugegriffen: 26. Juli 2023

LinkedIn (10. November 2022) Paymenttools, REWE, Referent der Geschäftsführung (m/w/d). https://www.linkedin.com/jobs/view/referent-der-geschäftsführung-m-w-d-at-paymenttools-3609809911/?originalSubdomain=de. Zugegriffen: 10. Nov. 2022

Meckel M (2023) Ada Newsletter, vom 28. 04. 2023

Neuberger C. (o.J.) ELIZA, ChatGPT und die Demokratie: Auf das richtige Maß kommt es an, Plattform Lernende Systeme. https://www.plattform-lernende-systeme.de/ergebnisse/standpunkte/was-kann-chatgpt.html. Zugegriffen: 26. Juli 2023

Ornes S (16 März 2023) The Unpredictable Abilities Emerging From Large AI Models. https://www.quantamagazine.org/the-unpredictable-abilities-emerging-from-large-ai-models-20230316/. Zugegriffen: 19. Juli 2023

Plattform Lernende Systeme. https://www.plattform-lernende-systeme.de/startseite.html. Zugegriffen: 26. Juli 2023

Scheuer (28. Juni 2023) Wie Sam Altman und Jensen Huang den KI-Boom prägen Handelsblatt. https://www.handelsblatt.com/technik/it-internet/kuenstliche-intelligenz-wie-sam-altman-und-jensen-huang-den-ki-boom-praegen/29224576.html. Zugegriffen: 30. Okt. 2023

Schneider W (2001) Deutsch für Profis: Wege zu gutem Stil, 14. Aufl. Goldmann, München

Siebert & Lexow (2023) Mitarbeiter-Policy. ChatGPT Eine praktische und einfache Hilfestellung. https://www.kanzlei-siebert.de/chatgpt-mitarbeiter-policy/. Zugegriffen: 27. Okt. 2023

Terra X Lesch & Co. (21. Juni 2023) #ChatGPT & Co – wie intelligent ist KI? | Harald Lesch, Marco Smolla & Hannah Bast auf Youtube, Live übertragen am 21.06.2023. Zugegriffen: 23. Okt. 2023

True Fruits (o.J.) Smoothie pink. https://true-fruits.com/smoothies/smoothie-pink. Zugegriffen: 9. Sept. 2023

Wikipedia (o.J.a) AlphaGo. https://de.wikipedia.org/wiki/AlphaGo. Zugegriffen: 6. Juli 2023

Wikipedia (o.J.e) Klassifikationsverfahren. https://de.wikipedia.org/wiki/Klassifika-tionsverfahren. Zugegriffen: 13. Sept. 2023

Wirzba D (20.04.2023) ChatGPT: 7 Alternativen und ein Geheimtipp zum KI-Chat, Chip. https://praxistipps.chip.de/chatgpt-7-alternativen-und-ein-geheim-tipp-zum-ki-chat_156355. Zugegriffen: 27. Okt. 2023

GPSR Compliance

The European Union's (EU) General Product Safety Regulation (GPSR) is a set of rules that requires consumer products to be safe and our obligations to ensure this.

If you have any concerns about our products, you can contact us on ProductSafety@springernature.com

In case Publisher is established outside the EU, the EU authorized representative is:

Springer Nature Customer Service Center GmbH
Europaplatz 3
69115 Heidelberg, Germany

The manufacturer's authorised representative in the EU is Springer
Nature Customer Service Centre GmbH, Europaplatz 3, 69115 Heidelberg,
Germany. If you have any concerns regarding our products, please
contact ProductSafety@springernature.com

Printed and bound by CPI Group (UK) Ltd, Croydon, CR0 4YY

24/04/2026

02096358-0014